第一册

周威烈王二十三年戊寅起
漢惠帝七年癸丑止

資治通鑑

卷一至
一十二

中華書局

圖書在版編目(CIP)數據

資治通鑑/(宋)司馬光編著. —北京:中華書局,1956.6
(2025.2 重印)

ISBN 978-7-101-08112-1

Ⅰ.資… Ⅱ.司… Ⅲ.中國歷史:古代史-編年體
Ⅳ.K204.3

中國版本圖書館 CIP 數據核字(2011)第 144077 號

特約編輯:李晨光
責任編輯:胡　珂
責任印製:陳麗娜

資 治 通 鑑

(全二十册)

〔宋〕司馬光 編著

*

中 華 書 局 出 版 發 行

(北京市豐臺區太平橋西里 38 號　100073)

http://www.zhbc.com.cn

E-mail:zhbc@zhbc.com.cn

三河市中晟雅豪印務有限公司印刷

*

880×1230 毫米 1/32 · 314¼印張 · 40 插頁 · 6000 千字

1956 年 6 月第 1 版　2011 年 8 月第 2 版

2025 年 2 月第 33 次印刷

印數:320001-330000 册　定價:588.00 元

ISBN 978-7-101-08112-1

標點資治通鑑說明

資治通鑑是我國著名的古典編年史。作者司馬光（一〇一九——一〇八六年）和他的重要助手劉恕、劉攽、范祖禹等人根據大量的史料，通鑑採用資料，除正史以外，所採雜史多至二百二十二種。花了十九年的時間，才把從戰國到五代（公元前四〇三——公元九五九年）這段錯綜複雜的歷史編寫成年經事緯的巨著。

通鑑一向爲歷史學者所推崇，有很多人摹做它，寫成同樣體裁的編年史；它在祖國的歷史編纂學上曾起過巨大的影響。固然由於時代局限，這部古典歷史著作已不能滿足我們現在的要求，但司馬光等人畢竟在收集史料、考訂事實、編排年月以及文字的剪裁、潤色等方面下過一番工夫，它仍然是祖國文化遺產裏的重要典籍，因此有必要把它標點重印出來，以供學習歷史的人們做參考。

通鑑自從宋朝以來，有很多刻本。這次標點排印的是根據清胡克家翻刻的元刊胡注本。因原刊本已不易購得，只好用胡刻本來代替。原因是：這個本子有元朝著名學者胡三省的注文，對於閱讀通鑑有很大的幫助；它把司馬光的考異散注在正文之下而不單獨刊行，閱讀起來也比較方便。而且章鈺曾根據胡刻本校過宋、明各本，並參考了以前人校過的宋、元、明本記錄，寫成胡刻通鑑正文校宋記，現在我們根據同一刻本標點排印，便於把章鈺的校記擇要附注在正文之下，這樣，宋、元、明各本的長處就彙集在一起了。

標點之外，我們也增添了一些校注以及其他方面的加工，茲分述如下。

一、標點、分段

除破折號（——）、曳引號（～～）和疑嘆號（?!）以外，其餘一般現在通用的標點符號，在標點這部書時都使用了。有些用法，需要在這裏說明。

（一）人名標號

凡謚號、尊號，不論名詞長短，一律加標號，如「太祖高皇帝」、「文惠皇后」、「從天生大突厥天下賢聖元子伊利居盧設莫何沙鉢略可汗」。

非眞實姓名而習慣上已用作一人私名者，加標號，如「圯上老人」、「角里先生」、「赤松子」、「南郭先生」。

爵名如「齊王」、「魏公」、「淮陰侯」、「新沓伯」、「貢符子」、「奉春君」之類，在爵銜之上有的冠以地名，有的冠以封號，爲求統一起見，一律於爵銜之旁加標號。惟如「魏主燾」、「燕主儁」之類，因「主」字爲泛稱，故不加標號。

有的人名和官名，習慣上往往連在一起稱呼，則作爲一個名詞，連同官名加標號，如「師尙父」、「王子比干」、「司馬穰苴」等是。也有在人名之上加封爵的，則分別在封爵與名字之旁加標號，如「屈侯鮒」、「鬼王訶」等是。

（二）地名標號

凡地名，不論所指區域大小，一律加標號，如「中華」、「浙江」、「山南道行臺」、「廣通渠」、「臨春閣」、「南内」。「河」如果專指「黃河」，「江」如果專指「長江」，也加上標號，一般泛稱江河，則不加標號。

凡民族專名，同地名一樣的加標號；但有時民族專用名詞變爲普通名詞，則不加標號。如「胡」專指匈奴，「蕃」專指吐蕃，加標號；一般泛稱的胡番，不加標號。

（三）代名標號

朝代名有時加次序、方位及統治者的姓氏以示區別於其他同名的朝代，則連同所添之字加標號，如「前漢」、「後漢」、「西晉」、「東晉」、「曹魏」、「拓跋魏」、「李唐」、「後唐」、「南唐」。

（四）書名標號

凡簡稱的書名，如「五代志」、指隋書中的某一志。「舊傳」，指舊唐書中的某列傳。仍加書名標號；簡稱書的作者及其所作之書，如「班書」、指班固漢書。「班志」，指漢書中的某一志。則加人名標號及書名標號。

歌舞名詞，加書名標號，如「五夏：昭夏、皇夏、誠夏、需夏、肆夏。二舞：文、武二舞。」

(五)引號

凡比較特殊的事物加引號，如「楊素造大艦，名曰『五牙』，上起樓五層，容戰士八百人；次曰『黃龍』，置兵百人。」

一般人常說的成語也加引號，如「文士元萬頃等常於北門候進止，時人謂之『北門學士』。」

通鑑正文及考異引書，均加引號；胡三省注引書，一般不加引號。

「臣光曰」、「漢紀曰」、「班固曰」等議論按語，低兩格排，不加引號；論中引文，則加用引號。

(六)分段

原書一卷中每年提行，一年中依事分段，各空一格。現將年份獨立成一行，頂格排印。年下紀事，每段一律提行，首行低兩格排印，加標「1」「2」「3」「4」等號碼，藉以保存原來分段面目。至每事細爲分段，則不標號碼，表示是此次標點者所加。但胡刻分段，間有應空格而不空格，也有不應空格而誤空格處，現在都糾正過來。

二、選錄章鈺胡刻通鑑正文校宋記作注

章鈺以胡刻通鑑爲底本，曾校勘過宋刊本通鑑九種，章鈺簡稱爲十二行本，甲、乙十五行本、十四行本，甲、乙十六行本，甲、乙十一行本，傳校北宋本。參校過明刊本通鑑一種，即孔天胤本，章鈺簡稱爲孔本。並參閱張敦仁資治通鑑刊本識誤、張瑛資治通鑑校勘記章鈺以張校、退齋校代表以上二書。及熊羅宿胡刻資治通鑑校字記等書，寫成胡刻通鑑正文校宋記三十卷，校出胡刻通鑑中的很多錯處；據章鈺統計，胡刻「二百九十四卷中，脫、誤、衍、倒四者，蓋在萬字以上，内脫文五千二百餘字，關係史實爲尤大。」

我們把章鈺書中的重要校勘都收入本書做注文（用新五號鉛字排印，加一「章」字，並用括號【】括出，以示注文爲此次所加，非胡刻原有），如卷一，頁二五，周安王八年「齊伐魯，取最」句下，章鈺根據宋、明刊本、張敦仁識誤及張瑛校勘記諸書校出有「韓救魯」三字，因在「最」字下括注：

【章：十二行本「最」下有「韓救魯」三字；乙十一行本同；孔本同；張校同；退齋校同。】

這是校出脫漏的例子。

卷一八三，頁五八一五，隋煬帝大業十二年十月，「李密……亡去，抵其妹夫雍丘令丘君明……密自雍州亡命，往來諸帥間……」章鈺據宋、明刊本及張敦仁識誤校出「雍州」爲「雍丘」之誤，因在「雍州」下括注：

章：十二行本「州」作「丘」；乙十一行本同；孔本同；張校同。

這是校出錯字的例子。

卷二六，頁八七一，漢宣帝神爵二年，「匈奴虛閭權渠單于將十餘萬騎旁塞獵，欲入邊爲寇，未至，會其民題除渠堂亡降漢言狀，漢以爲言兵鹿奚鹿盧侯。」「言兵鹿奚鹿盧侯」漢書匈奴傳作「言兵鹿奚盧侯」，章鈺校宋刊本及張瑛校勘記也作「言兵鹿奚盧侯」，因在「鹿盧」下括注：

章：甲十五行本無「鹿盧」「鹿」字；乙十一行本同；退齋校同。

這是校出衍文的例子。

卷二四，頁八一〇，漢宣帝本始三年，女醫淳于衍夫「謂衍『可過辭霍夫人（顯），行爲我求安池監。』衍如言報顯，顯因心生，辟左右，字謂衍曰：『少夫幸報我以事……』」，「心生」二字不辭，章鈺據宋、明刊本及張敦仁、張瑛二書校出應作「顯因生心辟左右」，因在「心生」下括注：

章：甲十五行本二字互乙；乙十一行本同；孔本同；張校同；退齋校同。

這是校出顛倒錯誤的例子。

凡章鈺所謂「脫誤衍倒」的錯誤，我們一般只是把校文注在正文之下，並不改正原文。只有比較重要的遺漏，才把它補作正文。如卷五，頁一六四，胡刻於周赧王「五十一年」下脫「秦武安君伐韓，拔九城，斬首五萬。田單爲齊相。五十二年」二十二字，這樣，正文便少了一年的歷史，並把五十二年的事錯爲五十一年的事。章鈺據宋、明刊本及張敦仁識誤校出這段脫文是非常重要的，故本書據以補入正文，並注明：

以上二十二字，胡刻本缺，據章校補；章氏係據十二行本、乙十一行本及孔本。

章鈺把張敦仁識誤、張瑛校勘記及嚴衍資治通鑑補校勘通鑑的異文而無別本可資印證處，列爲附錄，我們也選錄了一些作注文（用「張」、「退」、「嚴」等字代表上舉三書）。

章鈺書裏有一篇胡刻通鑑正文校宋記述略，我們把它放在第一册的前面，以便明瞭他的校勘過程和他用的是些什麼本子。

還得指出，章鈺校記和他所列的附錄，有很多異文是不關重要甚而是錯誤的，需要大量删汰，例如：

卷二七三，頁九○四○，後唐同光二年三月，「李存審……屢表求退」，章鈺在「屢表」下的校文是：「十二行本『屢』作『累』」。這兩個字在這句話裏，意義没什麼大差別，故不選錄。

卷一○六，頁三四一八，晉太元十一年七月，狄道長苻登「秦主丕之族子也」，章鈺附錄嚴衍的改訂是：「秦主堅之族孫也」。苻丕是苻堅的兒子，苻登既是苻丕的族子，自然就是苻堅的族孫。故不選録。

卷二一〇，頁六七九三，唐先天元年八月，「乙巳，於鄭州北置渤海軍」，章鈺在「鄚」字下的校文是：「十二行本『鄚』作『漠』……」，按唐代河北並無漠州，但有鄚州，「鄚」字不誤，十二行本作「漠」反而錯了。故不選録。

卷一三三，頁四二四八，劉宋元徽二年「夏五月壬午，桂陽王休範反……庚寅，大雷戍主杜道欣馳下告變……辛卯，休範前軍已至新林。」章鈺附録張敦仁識誤說「寅」作「辰」。按通鑑這一段敍事，日期排得很清楚，由壬午而庚寅而辛卯，順序也對。假如把「庚寅」改成「庚辰」，那就錯了，因爲庚辰是在壬午的前兩天。故不選録。

我們在選録章鈺書時，經過一番斟酌去取，因此，不少校文被删去了。

三、其他的加工

我們作了以下的加工：

（一）根據四部叢刊影宋本通鑑考異並參考了胡元常據萬曆刊本所作的校記，將胡刻本所附考異校勘了一遍，校出遺文十一條，並改正了若干誤字和錯簡。考異原爲單刊本，元刊胡注本散入正文，有的地方放得不合適，現在都依據宋本改正。

（二）凡胡刻一般明顯的錯字，如「刺史」誤爲「剌史」，「段規」誤爲「叚規」，以及「羨」、「羡」不分，「汜」、「氾」無別等，均爲改正；其字體寫法歧異者，如「強」或作「彊」，「法」或作「灋」之類，都改歸一律。又所有帝王名諱缺筆及封建性的抬頭、空格之類，也統加更正。

（三）凡胡注誤文，不爲擅改，而括注正字於誤字之下，如卷一四，頁四六〇，胡注將長安志的作者「宋敏求」誤爲「沈敏求」，則括注「宋」字於「沈」字之下。其有衍文、脱漏，也括注出來。如卷一〇四，頁三三二九，胡注：「北人謂父爲鮮卑母爲鐵弗，因以爲姓。」文義不明。考胡三省此段文字是採自李延壽北史，北史夏赫連氏傳「謂」下有「胡」字，但文義仍不很通曉。再考北史是鈔自魏收魏書，魏書鐵弗劉虎傳原文爲「北人謂胡父鮮卑母爲鐵弗」。因在「謂」下括「胡」字，「爲」下括「衍」字，意思才明白。

（四）凡胡注缺文，可以據書增補的，則概加增補，並加括弧。如卷八五，頁二七二六，「劉昫曰：義陽……唐爲」以下有空白數字，今據舊唐書於「爲」字下括補「中州義陽縣」五字。其無法增補的，則依據原書空格的多少，括注「原缺若干字」。

（五）胡三省音注間有錯誤處，就我們所能知道的加以改正，並括注所改之字於原字下。音注有時錯放了地方，也改正了。

（六）通鑑以爾雅釋天中歲陽、歲陰諸名詞作紀年符號，但這些名詞早已不通用。因此注上干支。如在卷一，頁一，周紀一「著雍攝提格」下括注「戊寅」二字，於「玄黓困敦」下括注「壬子」二字。又在每年之下括注干支和公曆，如周威烈王二十三年下注出「戊寅、前四〇三」等字；這樣，對於讀者比較方便些。

這次標點是由十二位同志分擔的，另由其中四位同志組成校閱小組，每卷標點完，一般都經過兩次的校閱（標點及校閱者姓名列在各卷之末）。本書付排時，承古籍出版社校閱的同志提出一些意見，又加以修改，同時校閱小組中的聶崇岐同志校看了全書的校樣，又作了若干修正。雖然我們努力使它沒有錯誤，可是限於能力，又因爲時間倉促，沒有來得及廣泛地參考書籍，標點及校勘的錯誤一定還很不少，希望讀者們多提意見，以便再版時更正。

標點資治通鑑委員會

胡刻通鑑正文校宋記述略

有宋天台胡身之先生，身丁末造，避兵山谷，前爲資治通鑑撰著之作既燬，乃復購他本，二字見自序，說詳下。以成今日流傳之注本。按胡氏，宋史無傳。宋寶祐四年登科録，胡三省爲五甲一百二十一名進士，與文、謝、陸三公同榜。事略見袁桷清容集師友淵源録，有云：釋通鑑三十年，兵難，稿三失。乙酉歲，留袁氏塾，日鈔定注，己丑寇作，以書藏窖中得免。定注今在家。全祖望鮚埼亭集有胡梅磵藏書窖記云：南湖袁學士橋卽清容故居，東軒有石窖，卽梅磵藏書之所。清容又有祭胡氏文，專舉注通鑑一事，稱爲司馬氏功臣。而全氏記中又疑胡氏本深寧王氏高第弟子，當時師弟同居南湖，深寧方作通鑑答問及地理通釋，何以胡氏未將此書與深寧商榷，謂其故不可曉。鈺考深寧遺文，惟赤城書堂記有「前進士胡君三省爲之録」一語。宋元學案列胡氏於深寧門人，亦僅收通鑑注與史炤釋文辯誤兩序。所著竹素園集一百卷，盧文弨宋史藝文志補、錢大昕補元史藝文志皆載其目。江東十鑑、四城賦，全記已云不可得見，是則胡氏著述散佚者久矣。歸安陸心源宋史翼，采台州府志，列胡氏於遺獻傳，無他事跡可考；有竹葉稿一百卷，當係竹素園集之誤。惟胡氏所謂他本之外，就注文考之，有云蜀本者，有云杭本者，有云傳寫本者，後賢之爲通鑑學者，大都爲胡注匡益，於正文則尠致力也。吾鄉顧磵蘋先生序張敦仁通鑑識誤有云：興文署本非興文署刊，考詳海寧王國維觀堂集林，下均沿用通稱。非出梅磵親刊。欲糾其誤，必資於興文本之上。今兩宋大字、中字、小字附釋文、未附釋文諸刊，卽零卷殘帙，猶艱數覯，目爲難之又難。蓋舊槧之難得而異文之待校，前人固有欲爲之而無從措手者。鈺自宣統辛亥以後，僑寄津郊，以校書遣日。丙辰冬日，江安傅君沅叔用鉅金得宋槧通鑑百衲本，約鈺同用鄱陽胡氏翻刻興文署本校讀，并約各校各書，校畢互勘，以免脱漏，閱今已一星終矣。比以上海涵芬樓四部叢刊中有宋刻一種，出百衲本之外，逐字比勘，可供佐證。又以明孔天胤刊無注本源出宋槧，先後從沅叔借校，亦多佳處。始知張敦仁識誤及常熟張瑛校勘記，功未及半；辜較二百九十四卷中，脱、誤、衍、倒四者蓋在萬字以上；内脱文五千二百餘字，關係史事爲尤大。初擬彙集衆説，統加考定，頭白汗青，逡巡縮手。阮文達序山井鼎七經孟子考文，訾其但能詳記同異，未敢決擇是非，皆爲才力所限，若爲鈺也言之。顧以桑海餘生，得見老輩所未見，業已耗日力於此，亦安忍棄而置之！爰手寫校記七千數百條，編爲三十卷，備列所見，不厭其詳，以便覆按。讀涑水書者，或有取焉。

戊辰歲寒，長洲章鈺式之甫記。

校各宋本：

宋槧百衲本七種　此書已由傅氏影印行世，各本大概具詳傅氏後記，茲更撮錄其要，并以鈺所見者雜識之。

第一種，半葉十二行，行二十四字，字體方整渾厚，避諱至「構」字止，「慎」字間有刓去痕跡。第二百四十一卷、二百四十九卷之末，均有「左文林郎知紹興府嵊縣丞臣季祐之校正」字樣。此種，記刊板始末雖佚，涵芬樓印十一行本載有紹興二年餘姚縣重刊時銜名，祐之名列校刊監視中，「左文林」作「右脩職」，「季」作「桂」。是爲紹興二年浙東茶鹽公使庫刊於餘姚之確證。涵芬本非紹興本，說詳下。各卷有「宋本」橢圓朱文，「焦氏家藏」大方朱文，「顧從德」聯珠白朱文，「項子昌氏」朱文，「毛氏九疇珍玩」白文，「季振宜」長方朱文，「汪士鐘印」白文，「藝芸主人」朱文各印。存卷數：一至八內卷一、卷二各缺一葉。三十七至四十五內卷四十五缺一葉。九十五至一百十一內卷一百零六缺一葉。一百二十四至一百二十七　一百三十六至一百五十　一百五十九至一百七十六　一百八十至二百二十　二百二十二至二百三十　二百三十六至二百三十七　二百四十一至二百九十三　計一百七十六卷。——校記省稱「十二行本」。

第二種，半葉十五行，行二十五字，點畫勻整，字形略長，避諱至「慎」字、「敦」字止，當是光宗朝刊本，有「東吳沈天用記」長方朱文印，季、汪兩家藏印同上。存卷數：十一至十六內卷十五、卷十六各缺一葉。二十三至二十七　計十一卷。——校記省稱「甲十五行本」。凡行數同者以甲、乙別之。

第三種，半葉十四行，行二十四字，字體古勁疏秀，似江南圖書館之景祐本唐書，「敦」字不避，當是光宗以前刻本，有「宋本」橢圓及季、汪兩家藏印同上。存卷數：十九至二十二內卷二十、卷二十二各缺一葉。三十至三十三　計八卷。——校記省稱「十四行本」。

第四種，半葉十六行，行二十七字，間有二十八九字，不及他刻之工，避諱不謹嚴。有沈天用及季、汪兩家藏印同上。存卷數：三十五至三十六　四十六至五十二　六十九至七十五　一百十九至一百二十一　二百二十一　計二十卷。——校記省稱「甲十六行本」。

第五種，半葉十六行，行二十七字，古雅疏勁，刻手極精，避諱至「慎」字止，「敦」字不避，是光宗以前刻本，有季、汪兩家藏印同上。存卷數：五十三至五十六內卷五十四、卷五十五、卷五十六各缺一葉。二百三十二至二百三十五　計八卷。——校記省稱「乙十六行本」。

第六種，半葉十一行，行二十一字，「郭」、「敦」字皆缺筆，當是寧宗以後刻本，大字精楷，秀麗方峭，刻工有鋒穎，極似黄善夫史記、劉元起漢書，是建本之佳者。有「季振宜印」朱文；「御史之章」長方朱文，「滄葦」朱文各印及汪氏藏印同上。存卷數：五十七至六十八內卷五十八缺二葉，卷五十九缺一葉。七十六至九十四內卷八十三缺六葉半，卷九十一缺半葉，卷九十四缺二葉半。一百十二至一百十八　一百二十二至一百二十三　一百二十八至一百三十五內卷一百二十八缺兩半葉。一百五十一至一百五十八　一百七十七至一百七十九　二百三十八至二百四十計六十二卷。——校記省稱「甲十一行本」。

第七種，半葉十五行，行二十四字，字體精勁，與第三種十四行本相類，是光宗以後刻本，有「宋本」橢圓及季、汪兩家藏印同上。存卷數：二百三十一　計一卷。——校記省稱「乙十五行本」。

以上七種所記缺葉均據百衲本原書，百衲本又有鈔補之卷九、卷十、卷十七、卷十八、卷二十八、卷二十九、卷三十四、卷二百九十四。傅氏影印本凡缺葉之卷及鈔補整卷，與全書之卷首、卷末，均已用涵芬樓本抽換印成，全部皆宋刻，與原書微有不符。

涵芬樓影印宋本，半葉十一行，行二十一字。四部叢刊書録云：避諱至「構」字止。鈺細勘本書卷三之三十一葉五行，此葉數、行數，均指胡克家翻刻胡三省注本；下同。「飾詞以相惇」，「惇」字已缺筆；避光宗諱、避嫌名者屢見，則謂避高宗諱字止者非也。首尾完全，首載御序，末載總目、進書表、獎諭詔、元祐元年杭州鏤板時銜名及紹興二年紹興府餘姚縣重刊時銜名、校勘監視人銜名。板匡字體與百衲本之第六種皆相似，惟逐葉板匡外皆有耳題，爲顯然兩刻。校其正文，如第五十九卷二十七葉六行「誅其無道」，百衲本「誅」誤「非」，此本不誤。同卷二十八葉五行「操責讓之」，百衲本脱「操」字，此本「操」字與上句末「取」字並刻一格。第八十七卷十九葉十一行「揚言」，百衲本「揚」作「陽」，此本作「颺」。第一百十八卷十七葉十一行，百衲本「秦雍人」下空三格，此本「秦雍人」上有「姚泓滅」三字。類此者不知凡幾。百衲本定爲建刻，此本當爲建刻之重校本也。有「盧文弨印」白文，「汪士鐘印」白文印。餘如趙子昂、文徵明、唐伯虎等各藏印，均不可信。存全部。——校記稱「乙十一行本」。

京師圖書館藏北宋殘本，半葉十一行，行十九字，附音釋。爲廣都費氏進脩堂刻。傅氏以百衲本中有明鈔補本，因就館本對校，鈺卽從之傳録，館目存卷較多，餘未及也。

傅校卷數：九至十　十七　二十八至二十九　計五卷。——校記稱「傅校北宋本」。

參校本：

明孔天胤本，半葉十行，行二十字，首尾完全。天胤序云：「嘉靖甲辰六月開局，明歲三月完工。與考異三十卷，俱從唐太史宋板文字。」唐太史，卽荆川，見儀顧堂題跋。署銜爲「中憲大夫提督浙江學校按察副使河汾孔天胤」，逐册有「江西提學副使徐官書，嘉靖四十五年發貯本道」楷書。「隆慶壬申，提學副使邵晒理書籍關防」篆書。兩大長印。又「乙亭田氏藏書之印」、「方扶南入京後收藏」兩朱文印。此本與各宋本異同多相應，間有佳處，出各宋本之外。又有胡注本云誤而此本不誤者，疑卽據胡說改正，不敢遽信爲全出宋本也。此書嘉靖乙巳刻成，至四十五年丙寅，僅二十一年，檢本書二百六十卷之十六葉、二百六十一卷之十二葉，均係補鈔，且用刻成空板，中縫刻有通鑑卷數字樣。爲時未久，何以已有缺葉？能刻空葉，何不影刻補全？此事之不可解者。流傳既罕，又不避宋諱，宜有人誤認爲北宋刻也。皕宋樓藏書續志徑題爲明仿宋刻本。又，胡注本卷二百二十三之三十六葉十二行有二空格，孔本同之。檢宋十二行本、宋乙十一行本，空格乃「滅絕」二字，頗疑孔刊板時或缺此卷之宋本，卽用胡注本補刊。同葉十四行「安隱」之「隱」作「穩」，當係用胡說改正文也。

采用各校本：

資治通鑑刊本識誤三卷，陽城張敦仁撰。自序云：「取紀事本末大字本及明萬曆間杭州所刻無注本參校。」杭本，即吴勉學本，見本書每卷之首，脱卷二百四十三、卷二百四十四、卷二百四十五，共三卷，係用陳仁錫本補校，見本書自記。按張氏訂補正文，每與宋本暗合，鈺既校各宋本，應采入校記以資佐證，餘説詳後。——校記稱「張校本」。

資治通鑑校勘記，宋本五卷，元本二卷，常熟張瑛字退齋。撰。凡例略云：「初校用興文署原本改正胡克家本，又以紹興本對校」云云。是張氏以宋本校胡注正文，先鈺從事。所云紹興本，疑即同縣瞿氏鐵琴銅劍樓所藏，與涵芬樓印行者爲一本，即百衲本之第六種，定爲建本者也。涵芬樓缺葉即用此本補足；見四部叢刊書録。凡校宋本者，亦采入校記以資佐證，餘説詳後。——校記稱「退齋以別於陽城張氏。校本」。張瑛校元本二卷，以校胡注文爲多，關涉正文者大都見宋刻，故未另録。

胡刻資治通鑑校字記，四卷，豐城熊羅宿撰。意在訂正張瑛校記。自序云：「得興文署原本，取胡克家初印本逐一讎之」云云。今取關涉正文者録之，亦以資佐證也。——校記稱「熊校本」。

校例：

一、凡胡氏注疑正文有誤，云「當作某字」，或云「當脱某字」，如卷一之六葉十一行，正文「美鬢」，注云：「通鑑俗傳寫者多作美鬢，非也。」今校十二行本正作「鬢」，與注合。卷二之十一葉十七行，正文「大良造伐魏」，注云：「大良造之下當有衞鞅二字」，今校十二行本正有「衞鞅」二字，與注合。此類甚多，校記中必全行照録，以志胡氏遭亂僻居，未見佳刻，凡所擬議，今日得以證實，爲校此書者第一快事，餘説詳後。

一、此記據校各本稍多，每卷下必分別注明，曰「校宋某本」，「校兩宋本」，曰「校宋某本又某本」。次參校本，曰「參校某本」，又次曰「録某校本」。間有傳校傳校本，曰「傳校本」。

一、校字之例：凡脱一字，曰「某本某下有某字」，脱二字或脱多字，曰「某本某下有某某幾字」。誤字，曰「某本某作某」。衍一字，曰「某本無某字」。衍二字或衍多字，曰「某本某下無某某幾字」。倒而可通者，曰「某本某某二字互乙」。不可通者，曰「某本作某某」。又通用字一見數見，胡注逐處注明者，則於第一見録胡注，下記「下同」或「後同」字，以免煩瑣。至甲本與乙本有同異者，同者曰「某本同」，異者曰「某本作某」。又宋本脱誤之甚者，亦間記出，以資考證。

一、校文用經典釋文例，任舉二字或三數字標明，不出全句。

一、宋帝廟諱，已略見各宋本記略，於文義無關皆不記。古今字如无無、埶勢、皃貌、絜潔、孰熟、矦侯、灋法、陳陣、創瘡、亢吭之類，正俗字如因囙、國囯、體躰、館舘、懼惧、怪恠、恥耻、牀床、弔吊、遷迁之類，通用字如誼義、辨辯、修脩、游遊、耀燿、歡驩、案按、災灾、乃迺、與予之類，苟於文義無關，亦不記。

一、葉數、行數均指胡克家翻興文署本，以蘇、鄂各局本皆重翻胡刻，取其便於檢對。

附錄：

胡氏注通鑑，凡事實有疑者，皆見注中，於文字歧異者亦然。鈺校各宋本，既將注文錄入卷中，證明胡氏存疑之有據。餘凡不能以鈺所見本證其是非者，如卷一之二十三葉，正文「取襄陽」，注云：「陽」當作「陵」，各宋本仍作「陽」之類。今均分別輯出，以待別得善本校之。此體胡氏苦心，鈔胥之誚，所不計也，是爲附錄一。

張敦仁通鑑刊本識誤三卷，計三千餘條，鈺用各宋本校胡克家覆元刻本，既逐條錄入以證其同；餘凡張氏校出而不見於各宋本者，另行錄存，俾便參考，是爲附錄二之一。又，張瑛資治通鑑校勘記宋本五卷，計九百餘條，自記云：「以紹興本對勘。」鈺按紹興本惟百衲本中半葉十二行本爲有確據，今涵芬樓印行本亦云紹興本，其實非紹興原槧，鈺既於上文略言之。涵芬本有缺佚，云用常熟鐵琴銅劍樓本補完。張、瞿同家虞麓，頗疑用瞿藏本爲之。鈺既用涵芬本合校，而核諸此記，尚餘若干條出涵芬本之外，是張校之是否即用瞿本，遂不敢定。

既全錄所校入校宋記以證其同，更錄張云宋本而不見於他宋本者以免遺漏，是爲附錄二之二。

嘉定嚴衍氏於明季成資治通鑑補二百九十四卷，爲四庫所未收，先後有江夏童氏、武進盛氏排印本，其書專訂涑水本書，錢大昕氏撰嚴先生傳極推重之。張敦仁通鑑刊本識誤外，別輯嚴氏書成通鑑補正略三卷；自序略云：「嚴氏通鑑補卷帙繁鉅，茲舉改正、移置、存疑、備考、補注各條，彙而錄之。」鈺按嚴書改正一類，其別凡三：一曰改，一曰删，一曰補。删、補二項，於讀通鑑者固有裨益，是否有當溫公編集本旨，未敢置議。改字一項，内分兩例，一爲嚴氏糾正通鑑而徑改本文者，一爲傳刻字誤而改者。張敦仁有「嚴氏皆由考證而來」一說。茲爲校胡刻正文完備計，專輯改正誤字一類，如上附錄例存之，是爲附錄三。

校餘雜記

溫公此書，於元豐七年表進，元祐元年下杭州鏤板，表文及鏤板時銜名，胡注本均附刻。惟考公本集乞黄庭堅同校通鑑副本奏，有「去年九月奉旨國子監鏤板」之說。菊坡叢話原書未見，見宋詩記事引。言之尤詳，云：「元祐初，溫公還朝，作門下侍郎，用宰相蔡持正劄子付下國子監開板，板成，偏賜宰執。」張舜民畫墁集有賜資治通鑑呈范淳父七律一首，黄庭堅集劉道原墓志，亦有「元祐七年刻資治通鑑版書成，詔賜其家。」以范祖禹、劉恕均預脩書之役，故當時均得賜本也。三朝名臣言行録又載「陳忠肅瓘官太學博士，因發策引神宗序文，蔡卞有密令學中置板高閣」之舉。是杭本之外別有監本，監本之有無流傳，各藏家均未明載。稍後又有成都費氏進脩堂一刻。此三者，皆屬北宋本。費本，皕宋志目爲北宋本，適園志但稱宋本。檢胡氏釋文辯誤，謂進脩堂本正文下附注多本之史炤。按史書係紹興三十年所刻，馮時行序稱「見可年幾七十，好學不衰」云云，作同時人語。如費本所采爲史氏釋文，則費刻之果否在北宋，實一疑問。姑援不訾重器之例，沿其舊稱。又皕宋志別載一殘本，亦目爲北宋刻，每葉二十行，行二十一字，「貞」「恆」字皆缺避，亦未知其審。南渡以後，則以紹興二年餘姚官刻爲最先，此記目爲第一種。又有建本，此記目爲第六種。涵芬本卽建本之重校者。皆存當今藏家，明白可信。此外則檢明以來藏目，天祿琳瑯續編，著錄全帙，餘如脈望館之二種，近古堂之一種，傳是樓之三種，絳雲樓之二種，海源閣之一種，均標明宋本而不言何刻與夫行數、字數。年禩遼遠，幾經流轉，不能詳知究共幾刻及今日尚存與否。鈺就所見揣之，百衲本之第二、第三、第四、第五、第七各種，凡密行細字者，大都爲天水坊刻，板心皆有正鑑幾字樣。第七種作鑑幾。必前刻目録三十卷，後刻考異三十卷，與宋史藝文志載涑水原書爲三百五十四卷正同。蘇軾撰溫公行狀作資治通鑑二百九十四卷，考異三十卷，不及目録。顧棟高編溫公年譜引行狀作三百二十四卷，考異三十卷，未知何以互歧。私計官私所藏，大都不能出此十種內外。惟進脩堂本，鈺僅傳沅叔校本五卷，京師圖書館目列殘本三種，當有零葉可供校補，適園藏書志所載存卷尤多，志中於七、八兩卷舉出異文八條，就此校記核之，合者六條，「桐柱」「博狼」兩條卽不見他宋本，知可校者必多，羼窮垂老，乞假無由，祗得徐以俟之。

胡氏初以資治通鑑音義、釋文各本乖異，刊正爲廣注九十七卷，著論十卷。遇亂失前書，復購他本爲之注，始以考異及所著者散入各文之下。本台州府志，見宋史翼。此本自序言「寶祐丙辰始肆力是書」，不言用何本。「復購他本注之」，亦不言何本。「他本」二字，自序外一見卷三十二之二十四葉注，觀堂集林謂卽興文署本。鈺按胡氏義不臣元，故以他字外之，理極可信。注中稱蜀本者最多，凡十七見，卷六十之二十五葉，卷六十九之二葉，又十七葉，卷七十二之二十二葉，卷一百十四之二十八葉，卷一百十五之十二葉，卷一百十八之二十八葉，卷一百三十七之九葉，卷一百五十三之九葉，卷一百七十九之二十二葉，卷一百八十七之十八葉，卷二百十一之十六葉，卷二百十六之二十五葉，卷二百四十四之六葉，卷二百五十之十七葉，卷二百五十二之二十六葉，卷二百七十七之九葉。知卽進脩堂本。稱「杭本」者一見，卷一百七十之二十九葉。知卽元祐元年杭州鏤板本。餘則無可徵者。今所見宋刻，或殘或完至七八種，校勘之頃，竟未有一本與注本吻合者，究不知胡氏所注時專據何本。又有注明「傳寫本」者凡七見，卷一之六葉，卷十三之二十七葉，卷十七之二十二葉，卷四十八之二十一葉，卷五十九之二十五葉，卷七十六之二十七葉，卷一百五十四之十葉。則更無從取證。頗疑胡氏掇拾各殘本彙集成部而注之，躬遭國變，苦學如此，前脩在望，不禁奮起。

胡氏注此書，謹嚴至極，至嚴氏通鑑補有「身之立意不改原文，每每將錯就錯，誤人不淺」

之譏。嚴書一百十八卷。鈺統全書核之，不但注所疑正文於注中，卽尋常脫文亦不添補，如卷一百四十五目高祖武皇帝下注云：「此卷武皇帝下合有一字。」又筆畫微異，亦必校出，如卷四之二十二葉正文畫以五采，注云：「畫古畫字通。」又兩字顛倒，可隨筆乙轉，亦必加注，如卷二百四十八之二十二葉正文「詔魏」，注云：「魏字當在詔字之上。」是則全書之注悉遵所用舊本，可以類推。卷二百六十四之十九葉注云：「昭宗實錄皆云辛巳，今從之。」是胡注間有據他書校補正文處，惟僅此一見，非全書通例也。今胡翻元槧無「辛巳」二字，乃係刻時脫文。宋十二行本、乙十一行本皆不脫。惟書由手注，加注所在，可自審定，乃卷十五之十六葉正文「以饗士卒私養錢」，胡氏於「錢」下注云：「當從漢書以私養錢屬下句。」卷一百八十六之二十七葉正文「熊耳山南據要道」，胡氏於「山」下注云：「熊耳山在熊州南。」又於「道」下注云：「南字當屬上句。」未免多費筆墨。至卷二百之三十葉正文「不敢復出福信」，注「復，扶又翻。」四字於福字下，則疑出寫刻之誤也。胡氏注中錄考異亦不改字，見卷八十四之二葉等處，有脫字則識之，見卷二百四十八之二十五葉；疑考異有闕文則注之，見卷二百五十八之十四葉；有移置處則注之，見卷二百七十三之四葉。蓋尊考異與正文同也。又注引他書亦不改字，如卷六十之六葉注引醫書云：「閏當作閒。」卷一百四十三之四葉注引通典云：「泰始三年，劉勔破劉順於宛唐，宛唐卽死虎，字之誤也。」此類甚多，不悉舉。然亦有校他書之誤入通鑑注者，如卷一百四十一之二十三葉校齊書王敬則傳直閤將軍一條，卷一百四十四之三十二葉校梁書鎮軍一條是也。

胡氏注本非興文署刊，王國維觀堂集林考之詳矣，大意謂興文署刊行本當在至元十年間，胡氏注成於至元二十三年，作序之王磐，致仕在至元二十一年，無從爲胡氏作序，且序文亦無一語及於梅磵，故定興文署刊爲溫公原書而非胡注。鈺按王磐序有「興文署剡刻版本，頒布天下，以資治通鑑爲起端之首」數語，尤可證成此說。是王磐所序之本必係無注本，卽觀堂定爲胡氏所云「他本」者，各藏目均未之見也。讀胡氏自序有云：「前注之失，吾知之，吾注之失，吾不能知。」又云：「古人注書，文約而義見；今注博則博矣，反之於約，有未能焉。」是注本爲梅磵手定；淸容且云「定注今在家」，若無可疑者，今檢卷二百五十八之二十一葉「營于趙城」下注，先引史記注，又引九域志，下云：「余按宋白旣以趙城爲造父所封之地，此又引史記注，何所折衷哉！」「余按」云云。頗似校書者駁注文語氣，此可疑者一。卷一百四十之二十葉「八姓」下注：「嵇恐當作奚。今據魏書官氏志自有嵇姓，嵇敬之嵇。」是竟似自駁前說，未定一是，此可疑者二。卷二百七十八之二十一葉注，「年六十七。按下文云登極之年已踰六十，則是年年六十八。」一條，亦自駁前說，與上同例。又卷一百九十三之十一葉注云：「一本此下有考異。」按宋本通鑑考異突利可汗入朝下無考異。按溫公通鑑與考異各自爲書，未聞有考異散入正文之本，胡氏據注本當亦同之。此注云云，似校刻時另見胡氏他稿有考訂處乃加此一語，此可疑者三。有此數疑，是定注之說，似屬難信。至卷一百三十一之六葉「請徵」下注云：「請下當有徵字。」今胡克家翻刻元本有「徵」字，是元刻底本未必從原稿出，尤其明證也。

新註資治通鑑序

古者國各有史以紀年書事，晉乘、楚檮杌雖不可復見，春秋經聖人筆削，周轍既東，二百四十二年事昭如日星。秦滅諸侯，燔天下書，以國各有史，刺譏其先，疾之尤甚。詩、書所以復見者，諸儒能藏之屋壁。諸國史記各藏諸其國，國滅而史從之，至漢時，獨有秦記。太史公因春秋以爲十二諸侯年表，因秦記以爲六國年表，三代則爲世表。當其時，黃帝以來諜記猶存，具有年數，子長稽其曆、譜諜、終始五德之傳，咸與古文乖異，且謂「孔子序書，略無年月；雖頗有，然多闕。夫子之弗論次，蓋其慎也。」子長述夫子之意，故其表三代也，以世不以年。汲冢紀年出於晉太康初，編年相次，起自夏、殷、周，止魏哀王之二十年，此魏國史記，脫秦火之厄而晉得之，子長不及見也。子長之史，雖爲紀、表、書、傳、世家，自班孟堅以下不能易，雖以紀紀年，而書事略甚，蓋其事分見志、傳，紀宜略也。自荀悅漢紀以下，紀年書事，世有其人。獨梁武帝通史至六百卷，侯景之亂，王僧辯平建業，與文德殿書七萬卷俱西，江陵之陷，其書燼焉。唐四庫書，編年四十一家，九百四十七卷，而王仲淹元經十五卷，蕭穎士依春秋義類作傳百卷，逸矣。今四十一家書，存者復無幾。乙部書以遷、固等書爲正史，編年類次之，蓋紀、傳、表、志之書行，編年之書特以備乙庫之藏耳。

宋朝英宗皇帝命司馬光論次歷代君臣事迹爲編年一書，神宗皇帝以鑑于往事，有資於治道，賜名曰資治通鑑，且爲序其造端立意之由。溫公之意，專取關國家盛衰，繫生民休戚，善可爲法，惡可爲戒者以爲是書。治平、熙寧間，公與諸人議國事相是非之日也。蕭、曹畫一之辯不足以勝變法者之口，分司西京，不豫國論，專以書局爲事。其忠憤感槩不能自已於言者，則智伯才德之論，樊英名實之說，唐太宗君臣之議樂，李德裕、牛僧孺爭維州事之類是也。至於黄幡綽、石野猪俳諧之語，猶書與局官，欲存之以示警，此其微意，後人不能盡知也。編年豈徒哉！

世之論者率曰：「經以載道，史以記事，史與經不可同日語也。」夫道無不在，散於事爲之間，因事之得失成敗，可以知道之萬世亡弊，史可少歟！爲人君而不知通鑑，則欲治而不知自治之源，惡亂而不知防亂之術。爲人臣而不知通鑑，則上無以事君，下無以治民。爲人子而不知通鑑，則謀身必至於辱先，作事不足以垂後。乃如用兵行師，創法立制，而不知迹古人之所以得，鑑古人之所以失，則求勝而敗，圖利而害，此必然者也。

孔子序書，斷自唐、虞，訖文侯之命而繫之秦；魯春秋則始於平王之四十九年；左丘明傳春秋，止哀之二十七年趙襄子惎智伯事，通鑑則書趙興智滅以先事。以此見孔子定書而作春秋，通鑑之作實接春秋左氏後也。

溫公徧閱舊史，旁採小説，抉擿幽隱，薈稡爲書，勞矣。而脩書分屬，漢則劉攽，三國訖于南北朝則劉恕，唐則范祖禹，各因其所長屬之，皆天下選也，歷十九年而成。則合十六代一千三百六十二年行事爲一書，豈一人心思耳目之力哉！

公自言：「脩通鑑成，惟王勝之借一讀；他人讀未盡一紙，已欠伸思睡。」是正文二百九十四卷，有未能徧觀者矣。若考異三十卷，所以參訂羣書之異同，俾歸于一。目錄三十卷，年經國緯，不特使諸國事雜然並錄者粲然有別而已，前代曆法之更造，天文之失行，實著於目錄上方，是可以凡書目錄觀邪！

先君篤史學，淳祐癸卯始患鼻衄，讀史不暫置，灑血漬書，遺跡故在。每謂三省曰：「史、漢自服虔、應劭至三劉，註解多矣。章懷註范史，裴松之註陳壽史，雖間有音釋，其實廣異聞，補未備，以示博洽。晉書之楊正衡，唐書之竇苹、董衝，吾無取焉。徐無黨註五代史，粗言歐公書法義例，他未之及也。通鑑先有劉安世音義十卷，而世不傳。釋文本出於蜀史炤，馮時行爲之序，今海陵板本又有溫公之子康釋文，與炤本大同而小異。公休於書局爲檢閱官，是其得溫公辟咡之教詔，劉、范諸公羣居之講明，不應乖剌乃爾，意海陵釋文非公休爲之。若能刊正乎？」三省捧手對曰：「願學焉。」

乙巳，先君卒，盡瘁家蠱，又從事科舉業，史學不敢廢也。寶祐丙辰，出身進士科，始得大肆其力於是書。游宦遠外，率攜以自隨；有異書異人，必就而正焉。依陸德明經典釋文，釐爲廣註九十七卷；著論十篇，自周訖五代，略敍興亡大致。咸淳庚午，從淮壖歸杭都，延平廖公見而韙之，禮致諸家，俾讎校通鑑以授其子弟，爲著讎校通鑑凡例。廖轉薦之賈相國，德祐乙亥，從軍江上，言輒不用，既而軍潰，間道歸鄉里。丙子，浙東始騷，辟地越之新昌；師從之，以孥免，失其書。亂定反室，復購得他本爲之註，始以考異及所註者散入通鑑各文之下；曆法、天文則隨目錄所書而附註焉。汔乙酉冬，乃克徹編。凡紀事之本末，地名之同異，州縣之建置離合，制度之沿革損益，悉疏其所以然。若釋文之舛謬，悉改而正之，著辯誤十二卷。

嗚呼！註班書者多矣：晉灼集服、應之義而辨其當否，臣瓚總諸家之說而駁以己見。至小顏新註，則又譏服、應之疏紊尚多，蘇、晉之剖斷蓋尠，訾臣瓚以差爽，詆蔡謨以牴牾，自謂窮波討源，構會甄釋，無復遺恨；而劉氏兄弟之所以議顏者猶顏之議前人也。人苦不自覺，前註之失，吾知之，吾註之失，吾不能知也。又，古人註書，文約而義見；今吾所註，博則博矣，反之於約，有未能焉。世運推遷，文公儒師從而凋謝，吾無從而取正。或勉以北學於中國，嘻，有志焉，然吾衰矣！

旃蒙作噩，冬，十有一月，乙酉，日長至，天台胡三省身之父書于梅磵蠖居。

興文署新刊資治通鑑序

古今載籍之文，存於世者多矣。苟不知所決擇而欲遍觀之，則窮年不能究其辭，没世不能通其義，是猶入海算沙，成功何年！善乎孟子之言曰：「堯、舜之智而不遍知，急先務也。」大抵士君子之學，期於適用而已；馳鶩乎高遠，陷溺乎異端，放浪於詞華，皆不足謂之學矣。易曰：「君子多識前言往行以畜其德。」説命曰：「學古入官，議事以制，政乃不迷。」若此者可謂適用之學矣。

前脩司馬文正公，遍閲歷代舊史，旁採諸家傳記，删繁去冗，舉要提綱，纂成資治通鑑二百九十四卷，上起戰國，下終五季，一千三百六十二年之間，賢君、令主、忠臣、義士、志士、仁人，興邦之遠略，善俗之良規，匡君之格言，立朝之大節，叩函發帙，靡不具焉。其於前言往行，蓋兼畜而不遺矣；其於裁量庶事，蓋擬議而有準矣。士之生也，苟無意於斯世則已；如其抱負器業，未甘空老明時，將以奮發而有爲也，其於是書，可不熟讀而深考之乎！

朝廷憫庠序之荒蕪，歎人材之衰少，乃於京師剏立興文署，署置令、丞幷校理四員，咸給禄廩，召集良工，剡刻諸經子史版本，頒布天下，以資治通鑑爲起端之首，可謂知時事之緩急而審適用之先務者矣。

噫！遐鄉小邑，雖有長材秀民，嚮慕於學而無書可讀，憫默以空老者多矣。是書一出，其爲天下福澤利益，可勝道哉！昔圯上老人出袖中一書，而留侯爲萬乘師；穆伯長以昌黎文集鏤板，而天下文風遂變。今是書一布，不及十年，而國家人材之盛可拭目而觀之矣。

翰林學士王磐序。

資治通鑑序

御製

朕惟君子多識前言往行以畜其德，故能剛健篤實，輝光日新。書亦曰：「王，人求多聞，時惟建事。」詩、書、春秋，皆所以明乎得失之迹，存王道之正，垂鑑戒於後世者也。

漢司馬遷紬石室金匱之書，據左氏國語，推世本、戰國策、楚漢春秋，采經摭傳，罔羅天下放失舊聞，考之行事，馳騁上下數千載間，首記軒轅，至于麟止，作爲紀、表、世家、書、傳，後之述者不能易此體也。惟其是非不謬於聖人，褒貶出於至當，則良史之才矣。

若稽古英考，留神載籍，萬機之下，未嘗廢卷。嘗命龍圖閣直學士司馬光論次歷代君臣事迹，俾就祕閣繙閱，給吏史筆札，起周威烈王，訖于五代。光之志以爲周積衰，王室微，禮樂征伐自諸侯出，平王東遷，齊、楚、秦、晉始大，桓、文更霸，猶託尊王爲辭以服天下；威烈王自陪臣命韓、趙、魏爲諸侯，周雖未滅，王制盡矣！此亦古人述作造端立意之所繇也。其所載明君、良臣，切摩治道，議論之精語，德刑之善制，天人相與之際，休咎庶證之原，威福盛衰之本，規模利害之效，良將之方略，循吏之條敎，斷之以邪正，要之於治忽，辭令淵厚之體，箴諫深切之義，良謂備焉。凡十六代，勒成二百九十六【章：乙十一行本，「六」作「四」。】卷，列于戶牖之間而盡古今之統，博而得其要，簡而周于事，是亦典刑之總會，册牘之淵林矣。

荀卿有言：「欲觀聖人之迹，則於其粲然者矣，後王是也。」若夫漢之文、宣，唐之太宗，孔子所謂「吾無間焉」者。自餘治世盛王，有慘怛之愛，有忠利之教，或知人善任，恭儉勤畏，亦各得聖賢之一體，孟軻所謂「吾於武成取二三策而已」。至于荒墜顛危，可見前車之失；亂賊姦宄，厥有履霜之漸。詩云：「商鑑不遠，在夏后之世。」故賜其書名曰「資治通鑑」，以著朕之志焉耳。

治平四年十月初開經筵，奉聖旨讀資治通鑑。其月九日，臣光初進讀，面賜御製序，令候書成日寫入。

資治通鑑目次

附錄　通鑑釋文辯誤

資治通鑑卷第一

朝散大夫右諫議大夫權御史中丞充理檢使上護軍賜紫金魚袋臣司馬光奉敕編集

後學天台胡三省音註

周紀一

起著雍攝提格（戊寅），盡玄黓困敦（壬子），凡三十五年。

爾雅：太歲在甲曰閼逢，在乙曰旃蒙，在丙曰柔兆，在丁曰強圉，在戊曰著雍，在己曰屠維，在庚曰上章，在辛曰重光，在壬曰玄黓，在癸曰昭陽，是爲歲陽。在寅曰攝提格，在卯曰單閼，在辰曰執徐，在巳曰大荒落，在午曰敦牂，在未曰協洽，在申曰涒灘，在酉曰作噩，在戌曰掩茂，在亥曰大淵獻，在子曰困敦，在丑曰赤奮若，是爲歲名。周紀分註「起著雍攝提格」，起戊寅也。「盡玄黓困敦」，盡壬子也。閼，讀如字；史記作「焉」，於乾翻。著，陳如翻。雍，於容翻。黓，逸職翻。單閼，上音丹，又特連翻；下烏葛翻，又於連翻。牂，作郎翻。涒，吐魂翻。灘，吐丹翻。困敦，音頓。杜預世族譜曰：周，黃帝之苗裔，姬姓。后稷之後，封於邰；及夏衰，稷子不窋竄於西戎。至十二代孫太王，避狄遷岐；至孫文王受命，武王克商而有天下。自武王至平王凡十三世，自平王至威烈王又十八世，自威烈王至赧王又五世。張守節曰：因太王居周原，國號曰周。地理志云：右扶風美陽縣岐山西北中水鄉，周太王所邑。括地志云：故周城一名美陽城，在雍州武功縣西北二十五里。紀，理也，統理衆事而繫之年月。溫公繫年用春秋之法，因史、漢本紀而謂之紀。邰，湯來翻。夏，戶雅翻。窋，竹律翻。

在雍，於用翻。

威烈王名午，考王之子。諡法：猛以剛果曰威；有功安民曰烈。沈約曰：諸複謚，有謚人，無謚法。

二十三年（戊寅、前四〇三）上距春秋獲麟七十八年，距左傳趙襄子惎智伯事七十一年。惎，毒也，音其冀翻。

1 初命晉大夫魏斯、趙籍、韓虔爲諸侯。此溫公書法所由始也。魏之先，畢公高後，與周同姓；其苗裔曰畢萬，始封於魏。至魏舒，始爲晉正卿；三世至斯。趙之先，造父後；至叔帶，始自周適晉；至趙夙，始封於耿。至趙盾，始爲晉正卿；六世至籍。韓之先，出於周武王；至韓武子事晉，封於韓原。至韓厥，爲晉正卿；六世至虔。三家者，世爲晉大夫，於周則陪臣也。周室既衰，晉主夏盟，以尊王室，故命之爲伯。三卿竊晉之權，暴蔑其君，剖分其國，此王法所必誅也。威烈王不惟不能誅之，又命之爲諸侯，是崇奬奸名犯分之臣也。通鑑始於此，其所以謹名分歟！

臣光曰：臣聞天子之職莫大於禮，禮莫大於分，分莫大於名。分，扶問翻；下同。何謂禮？紀綱是也。何謂分？君、臣是也。何謂名？公、侯、卿、大夫是也。夫以四海之廣，夫以，音扶。兆民之衆，受制於一人，雖有絕倫之力，高世之智，莫【章：十二行本「莫」下有「敢」字；乙十一行本同；孔本同。】不奔走而服役者，豈非以禮爲之紀綱【章：十二行本，二字互乙；乙十一行本同；孔本同。】哉！是故天子統三公，統，他綜翻。三公率諸侯，諸侯制卿大夫，卿大夫治士庶人。治，直之翻。貴以臨賤，賤以承貴。上之使下猶心腹之運手足，根本之制支葉，下之事上猶手足之衛心腹，支葉之庇本根，然後能上下相保而國家治安。治，直吏翻。故曰天子之職莫大於禮也。

文王序易，以乾、坤爲首。孔子繫之曰：「天尊地卑，乾坤定矣。卑高以陳，貴賤位矣。」繫，戶計翻。言君臣之位猶天地之不可易也。春秋抑諸侯，尊王【章：十二行本「王」作「周」；乙十一行本同；孔本同；退齋校同。】室，王人雖微，序於諸侯之上，以是見聖人於君臣之際未嘗不惓惓也。惓，逵員翻。漢劉向傳：忠臣畎畝，猶不忘君惓惓之義也。惓惓，猶言勤勤也。非有桀、紂之暴，湯、武之仁，人歸之，天命之，君臣之分當守節伏死而已矣。是故以微子而代紂則成湯配天矣，史記：商帝乙生三子：長曰微子啓，次曰中衍，季曰紂。紂之母爲后。帝乙欲立啓爲太子，太史據法爭之曰：「有妻之子，不可立妾之子。」乃立紂。紂卒以暴虐亡殷國。孔〔鄭〕玄義曰：物之大者莫若於天；推父比天，與之相配，行孝之大，莫大於此，所謂「嚴父莫大於配天」也。又孔氏曰：禮記稱萬物本乎天，人本乎祖。俱爲其本，可以相配，故王者皆以祖配天。諡法：除殘去虐曰湯。然諡法起於周；蓋殷人先有此號，周人遂引以爲諡法。分，扶問翻。長，知兩翻。卒，子恤翻。以季札而君吳則太伯血食矣，吳王壽夢有子四人：長曰諸樊，次曰餘祭，次曰餘眛，次曰季札。季札賢，壽夢欲立之，季札讓不可，於是立諸樊。諸樊卒，以授餘祭，欲兄弟以次相傳，必致國於季札；季札終讓而逃之。其後諸樊之子光與餘眛之子僚爭國，至於夫差，吳遂以亡。宗廟之祭用牲，故曰血食。太伯，吳立國之君。范甯曰：太者，善大之稱；伯者，長也。周太王之元子，故曰太伯。陸德明曰：壽夢，莫公翻。餘祭，側介翻。餘眛，音末。然二子寧亡國而不爲者，誠以禮之大節不可亂也。故曰禮莫大於分也。

夫禮，辨貴賤，序親疏，裁羣物，制庶事，非名不著，非器不形；名以命之，器以別之，夫，音扶。別，彼列翻。然後上下粲然有倫，此禮之大經也。名器既亡，則禮安得獨在哉！昔仲叔于奚有功於衛，辭邑而請繁纓，孔子以爲不如多與之邑。惟名與器，不可以假人，君之所司也；政亡則國家從之。左傳：衛孫桓子帥師與齊師戰于新築，衛師敗績。新築人仲叔于奚救孫桓子，桓子是以免。既而衛人賞之邑，辭；請曲縣、繁纓以朝，許之。孔子聞之曰：「不如多與之邑，惟名與器不可以假人。」繁纓，馬飾也。繁，馬鬣上飾；纓，馬膺前飾。晉志註曰：纓在馬膺如索帬。繁，音蒲官翻。纓，伊盈翻。索，昔各翻。衛君待孔子而爲政，孔子欲先正名，以爲名不正則民無所措手足。見論語。夫繁纓，小物也，而孔子惜之；正名，細務也，而孔子先之：先，悉薦翻。誠以名器既亂則上下無以相保故也。夫事未有不生於微而成於著，聖人之慮遠，故能謹其微而治之，治，直之翻；下同。衆人之識近，故必待其著而後救之；治其微則用力寡而功多，救其著則竭力而不能及也。易曰：「履霜堅冰至，」坤初六爻辭。象曰：「履霜堅冰，陰始凝也。馴致其道，至堅冰也。」書曰：「一日二日萬幾，」皋陶謨之辭。孔安國註曰：幾，微也。言當戒懼萬事之微。幾，居依翻。謂此類也。故曰分莫大於名也。分，扶問翻。

嗚呼！幽、厲失德，周道日衰，綱紀散壞，下陵上替，諸侯專征，謂齊桓公、晉文公至悼公以及楚莊王、吳夫差之類。大夫擅政，謂晉六卿、魯三家、齊田氏之類。禮之大體什喪七八矣，喪，息浪翻。然文、武之祀猶緜緜相屬者，屬，聯屬也，音之欲翻。凡聯屬之屬皆同音。蓋以周之子孫尚能守其名分故也。何以言之？昔晉文公有大功於王室，請隧於襄王，襄王不許，曰：「王章也。未有代德而有二王，亦叔父之所惡也。不然，叔父有地而隧，又何請焉！」文公於是懼而不敢違。太叔帶之難，襄王出居于氾。晉文公帥師納王，殺太叔帶。既定襄王于郟，王勞之以地，辭；請隧焉，王弗許云云。杜預曰：闕地通路曰隧，此乃王者葬禮也。諸侯皆縣柩而下。王章者，章顯王者異於諸侯。古者天子謂同姓諸侯爲伯父、叔父。隧，音遂。惡，烏路翻。難，乃旦翻。氾，音汎。勞，力到翻。闕，其月翻。縣，音玄。柩，其久翻。是故以周之地則不大於曹、滕，以周之民則不衆於邾、莒，曹、滕、邾、莒，春秋時小國。莒，居許翻。然歷數百年，宗主天下，雖以晉、楚、齊、秦之強不敢加者，何哉？徒以名分尚存故也。至於季氏之於魯，田常之於齊，白公之於楚，智伯之於晉，魯大夫季氏，自季友以來，世執魯國之政。季平子逐昭公，季康子逐哀公，然終身北面，不敢篡國。田常，即陳恆。田氏本陳氏；溫公避國諱，改「恆」曰「常」。陳成子得齊國之政，殺闞止，弒簡公，而亦不敢自立。史記世家以陳敬仲完爲田敬仲完，陳成子恆爲田常，故通鑑因以爲據。白公勝殺楚令尹子西、司馬子期，石乞曰：「焚庫弒王，不然不濟！」白公曰：「弒王不祥，焚庫無聚。」智伯當晉之衰，專其國政，侵伐鄰國，於晉大夫爲最強；攻晉出公，出公道死。智伯欲并晉而不敢，乃奉哀公驕立之。其勢皆足以逐君而自爲，然而卒不敢者，卒，子恤翻，終也。豈其力不足而心不忍哉，乃畏奸名犯分而天下共誅之也。奸，居寒翻，亦犯也。分，扶問翻。今晉大夫暴蔑其君，剖分晉國，史記六國年表：定王十六年，趙、魏、韓滅智伯，遂三分晉國。天子既不能討，又寵秩之，使列於諸侯，是區區之名分復不能守而并棄之也。陸德明經典釋文：凡復字，其義訓又者，並音扶又翻。先王之禮於斯盡矣！

或者以爲當是之時，周室微弱，三晉強盛，三家分晉國，時因謂之「三晉」，猶後之三秦、三齊也。雖欲勿許，其可得乎！是大不然。夫三晉雖強，苟不顧天下之誅而犯義侵禮，則不請於天子而自立矣。不請於天子而自立，則爲悖逆之臣，夫，音扶。悖，蒲内翻，又蒲沒翻。天下苟有桓、文之君，必奉禮義而征之。今請於天子而天子許之，是受天子之命而爲諸侯也，誰得而討之！故三晉之列於諸侯，非三晉之壞禮，乃天子自壞之也。壞，音怪，人毁之也。

烏呼！君臣之禮既壞矣，此壞，其義爲成壞之壞，讀如字。則天下以智力相雄長，長，知兩翻。遂使聖賢之後爲諸侯者，社稷無不泯絕，謂齊、宋亡於田氏，魯、陳、越亡於楚，鄭亡於韓也。泯，彌忍翻，盡也，又彌鄰翻。毛晃曰：沒也，滅也。生民之類糜滅幾盡，說文曰：糜，糝也；取糜爛之義，音忙皮翻。幾，居依翻，又渠希翻，近也。豈不哀哉！

2 初，智宣子將以瑤爲後，智果曰：「不如宵也。韋昭曰：智宣子，晉卿荀躒之子申也。瑤，宣子之子智伯也，謚曰襄子。智果，智氏之族也。宵，宣子之庶子也。按謚法：聖善周聞曰宣。智氏溢美也。瑤之賢於人者五，其不逮者一也。韋昭曰：不仁也。美鬢長大則賢，通鑑俗傳寫者多作「美鬚」，非也。國語作「美鬢」，今從之。【章：十二行本正作「鬢」；孔本同。乙十一行本作「鬚」。】射御足力則賢，伎藝畢給則賢，巧文辯惠則賢，韋昭曰：給，足也。巧文，巧於文辭。伎，渠綺翻。強毅果敢則賢；如是而甚不仁。夫以其五賢陵人而以不仁行之，其誰能待之？韋昭曰：待，猶假也。若果立瑤也，智宗必滅。」弗聽。智果別族於太史，爲輔氏。此事見國語。按左傳哀公二十三年，晉荀瑤伐齊，始見于傳。哀二十三年，史記元王五年也。荀躒，智文子也。定十四年，智文子猶見于傳。智宣子之事，傳無所考。立瑤之議，當在元王五年之前。韋昭曰：太史掌氏姓，周禮春官之屬；小史掌定世繫，辨昭穆。鄭司農註云：史官主書，故韓宣子聘魯，觀書于太史。世繫，謂帝繫、世本之屬是也；小史主定之。賈公彥疏曰：註引太史證之者，太史史官之長，共其事故也。蓋周之制，小史定姓氏，其書則太史掌之。智果欲避智氏之禍，故於太史別族。宋祁國語補音：別，彼列翻；又如字。

趙簡子之子，長曰伯魯，幼曰無恤。趙簡子，文子之孫鞅也。諡法：一德不懈曰簡。白虎通曰：子，孳也，孳孳無已也。趙岐曰：子者，男子之通稱也。長，知兩翻。將置後，不知所立，乃書訓戒之辭於二簡，孔穎達曰：書者，舒也。書緯璇璣鈐云：書者，如也。則書者，寫其言如其意，得展舒也。世本曰：沮誦、蒼頡作書。釋文〔名〕曰：書，庶也，紀庶物也；亦言著也，著之簡紙，求不滅也。簡，竹策也。以授二子曰：「謹識之！」識，職吏翻，記也。三年而問之，伯魯不能舉其辭；求其簡，已失之矣。問無恤，誦其辭甚習；習，熟也。求其簡，出諸袖中而奏之。毛晃曰：奏，進上也。於是簡子以無恤爲賢，立以爲後。

簡子使尹鐸爲晉陽，姓譜：尹，少昊之子，封於尹城，子孫因爲氏。韋昭曰：晉陽，趙氏邑。爲，治也。班志曰：晉陽，故詩唐國。周成王滅唐，封弟叔虞。龍山在西，晉水所出，東入汾。臣瓚曰：所謂唐，今河東永安縣是也，去晉四百里。括地志曰：晉陽故城，今名晉城，在蒲州虞鄉縣西。今按水經註：晉水出晉陽縣西龍山。昔智伯遏晉水以灌晉陽，其水分爲二流，北瀆卽智氏故渠也。同過水出沾縣北山，西過榆次縣南，又西到晉陽縣南。榆次縣南水側有鑿臺，戰國策所謂「智伯死於鑿臺之下」，卽此處也。參而考之，晉陽故城恐不在蒲州。水經註又云：叔虞封於唐，縣有晉水，故改名爲晉。子夏序詩，「此晉也而謂之唐」，是也，與班志合。瓚說及括地志未知何據。請曰：「以爲繭絲乎？抑爲保障乎？」簡子曰：「保障哉！」繭絲，謂浚民之膏澤，如抽繭之緒，不盡則不止。保障，謂厚民之生，如築堡以自障，愈培則愈厚。宋祁曰：障，之亮翻，又音章。尹鐸損其戶數。韋昭曰：損其戶，則民優而稅少。簡子謂無恤曰：「晉國有難，而無以尹鐸爲少，而，汝也。難，乃旦翻，患也，阨也。少，音多少之少。重之爲多，輕之爲少。無以晉陽爲遠，必以爲歸。」

及智宣子卒，卒，子恤翻。智襄子爲政，謚法：有勞定國曰襄。爲政，爲晉國之政。與韓康子、魏桓子宴於藍臺。韓康子，韓宣子之曾孫莊子之子虔（虎）也。魏桓子，魏獻子之子曼多之孫駒也。謚法：溫柔好樂曰康；辟土服遠曰桓。爾雅：四方而高曰臺。智伯戲康子而侮段規。姓譜：段，鄭共叔段之後。智國聞之，諫曰：「主不備難，【章：十二行本無「難」字；乙十一行本同。】難必至矣！」春秋以來，大夫之家臣謂大夫曰主。難，乃旦翻；下同。智伯曰：「難將由我。我不爲難，誰敢興之！」對曰：「不然。夏書有之：『一人三失，怨豈在明，不見是圖。』書五子之歌之辭。夏，戶雅翻。見，賢遍翻，發見也，著也，形也。夫君子能勤小物，故無大患。今主一宴而恥人之君相，夫，音扶。段規，韓康子之相也。相，息醬翻；下同。又弗備，曰『不敢興難』，無乃不可乎！蜹、蟻、蜂、蠆，皆能害人，宋祁曰：蜹，如銳翻；又字林：人劣翻。秦人謂蚊爲蜹。今按：蜹，小蟲，日中羣集人之肌膚而嘬其血，蚊之類也。蜂，細腰而能螫人。蠆亦毒蟲，長尾，音丑邁翻。況君相乎！」弗聽。

智伯請地於韓康子，康子欲弗與。段規曰：「智伯好利而愎，不與，將伐我；不如與之。彼狃於得地，好，呼到翻。愎，弼力翻，狠也。狃，女九翻，驕忕也，又相狎也。必請於他人；他人不與，必嚮之以兵，然後【章：十二行本，「後」作「則」；乙十一行本同。】我得免於患而待事之變矣。」康子曰：「善。」使使者致萬家之邑於智伯。毛晃曰：邑，都邑。四井爲邑，四邑爲丘；邑方二里，丘方四里。載師以公邑之田任甸地，以家邑之田任稍地。註：公邑，謂六遂餘地。家邑，大夫之采地。此又與四井之邑不同。又都，國都；邑，縣也。左傳：凡邑有先君宗廟之主曰都，無曰邑。邑曰築，都曰城。此謂大縣邑也。杜預引周禮「四縣爲都，四井爲邑」，恐誤。四井之邑方二里，豈能容宗廟城郭！如論語「十室之邑」，西都賦「都都相望，邑邑相屬」，則是四縣四井之都邑也。若千室之邑、萬家之邑，則非井邑矣。項安世曰：小司徒井牧田野，以四井爲邑，凡三十六家；除公田四夫，凡三十二家；遂大夫會爲邑者之政，以里爲邑，凡二十五家。遂大夫蓋論里井之制，二十五家共一里門，即六鄉之二十五家爲一閭也；小司徒蓋論溝洫之制，四井爲邑，共用一溝，即匠人所謂「井間廣四尺深四尺謂之溝」也。居則度人之衆寡，溝則度水之衆寡，此其所以異歟！毛、項二説皆明周制，參而考之，戰國之所謂邑非周制矣。致，送至也。智伯悅。又求地於魏桓子，桓子欲弗與。任章曰：「何故弗與？」任章，魏桓子之相也。姓譜：黃帝二十五子，十二人各以德爲姓，第一曰任氏。又任爲風姓之國，實太昊之後，主濟祀，今濟州任城即其地。任，市林翻。桓子曰：「無故索地，故弗與。」任章曰：「無故索地，諸大夫必懼；索，山客翻，求也。吾與之地，智伯必驕。彼驕而輕敵，此懼而相親；以相親之兵待輕敵之人，智氏之命必不長矣。周書曰：『將欲敗之，必姑輔之。將欲取之，必姑與之。』逸書也。敗，補邁翻。主不如與之，以驕智伯，然後可以擇交而圖智氏矣，柰何獨以吾爲智氏質乎！」質，脂利翻，物相綴當也。又質讀如字，亦通。質，謂椹質也，質的也。椹質受斧，質的受矢。言智伯怒魏桓子，必加兵於魏，如椹質之受斧，質的之受矢也。桓子曰：「善。」復與之萬家之邑一。復，扶又翻。

智伯又求蔡、皐狼之地於趙襄子，康曰：皐，姑勞切；狼，盧當切；春秋蔡地，後爲趙邑。余據春秋之時，晉、楚爭盟，晉不能越鄭而服蔡。三家分晉，韓得成皐，因以并鄭，時蔡已爲楚所滅，鄭之南境亦入于楚，就使皐狼爲蔡地，趙襄子安得而有之！漢書地理志西河郡有皐狼縣，又有藺縣。漢之西河，春秋以來皆爲晉境，而古文「藺」字與「蔡」字近，或者「蔡」字其「藺」字之訛也。襄子弗與。智伯怒，帥韓、魏之甲以攻趙氏。帥，讀曰率。襄子將出，曰：「吾何走乎？」走，則豆翻，疾趨之也。趨，七喻翻。從者曰：「長子近，且城厚完。」從，才用翻。長子縣，周史辛伯所封邑。班志屬上黨郡。陸德明曰：長子之長，丁丈翻。顏師古曰：長，讀爲短長之長；今讀爲長幼之長，非也。崔豹古今註曰：城，盛也，所以盛受民物也。淮南子曰：鯀作城。盛，時征翻。襄子曰：「民罷力以完之，罷，讀曰疲。又斃死以守之，其誰與我！」韋昭曰：謂誰與我同力也。從者曰：「邯鄲之倉庫實。」邯鄲，卽春秋邯鄲午之邑也。班志，邯鄲縣屬趙國。張晏曰：邯鄲山在東城下。單，盡也。城郭從邑，故旁加邑。宋白曰：邯鄲本衞地，後屬晉；七國時爲趙都，趙敬侯自晉陽始都邯鄲。余按史記六國年表，周安王之十六年，趙敬侯之元年；烈王之二年，趙成侯之元年。成侯二十二年，魏克邯鄲，是年顯王之十六年也。二十四年，魏歸邯鄲。若敬侯已都邯鄲，魏克其國都而趙不亡，何也？至顯王二十二年，公子范襲邯鄲，不勝而死，是年肅侯之三年也。意此時趙方都邯鄲，蓋肅侯徙都，非敬侯也。邯，音寒。鄲，音丹，康多寒切。襄子曰：「浚民之膏澤以實之，韋昭曰：浚，煎也，讀曰醮。宋祁曰：浚，蘇俊翻；醮，子召翻；余謂浚讀當如宋音。浚者，疏瀹也，淘也，深也。又因而殺之，其誰與我！其晉陽乎，先主之所屬也，古者諸侯之大夫，其家之臣子皆稱之曰主，死則曰先主，考左傳可見已。屬，陟玉翻。尹鐸之所寬也，民必和矣。」乃走晉陽。

三家以國人圍而灌之，城不浸者三版；高二尺爲一版；三版，六尺。沈竈產鼃，民無叛意。沈，持林翻。顏師古漢書音義曰：鼃，黽也，似蝦蟇而長脚，其色青。史游急就章曰：蛙，蝦蟇。陸佃埤雅曰：鼃，似蝦蟇而長踦，瞋目如怒。鼃，與蛙同，音下媧翻。智伯行水，據經典釋文，凡巡行之行，音下孟翻；後倣此。魏桓子御，韓康子驂乘。兵車，尊者居左，執弓矢；御者居中；有力者居右，持矛以備傾側，所謂車右是也。韓、魏畏智氏之強，一爲之御，一爲之右。驂，與參同，參者，三也。三人同車則曰驂乘，四人同車則曰駟乘。左傳：齊伐晉，燭庸之越駟乘。杜預註曰：四人共乘者殿車。乘，石證翻。智伯曰：「吾乃今知水可以亡人國也。」桓子肘康子，康子履桓子之跗，以汾水可以灌安邑，絳水可以灌平陽也。跗，音夫，足趾也。班志：汾水出汾陽北山。汾陽縣屬太原郡，安邑縣屬河東郡。史記正義曰：安邑故城在絳州夏縣東北十五里。應劭曰：絳水出河東絳縣西南。平陽縣亦屬河東郡。安邑，魏絳始居邑。平陽，韓武子玄孫貞子始居之。桓、康二子之肘足接，蓋各爲都邑慮也。水經註曰：絳水出絳縣西南，蓋以故絳爲言，其水出絳山東，西北流而合于澮，猶在絳縣界中。智伯所謂「汾水可以灌安邑」，或亦有之；「絳水可以灌平陽」，未識所由。余謂自春秋之季至于元魏，歷年滋多，郡縣之離合，川谷之遷改，有不可以一時所睹爲據者。史記正義曰：韓初都平陽，今晉州也。括地志曰：絳水一名白，今名沸泉，源出絳山，飛泉奮湧，揚波注縣，積壑三十餘丈，望之極爲奇觀，可接引北灌平陽城。酈道元父範，歷仕三齊，少長齊地，熟其山川，後入關死於道，未嘗至河東也。此蓋因耳學而致疑。括地志成於唐之魏王泰，泰者，太宗之愛子，羅致天下一時名儒以作此書，其考據宜詳，當取以爲據。絺疵謂智伯曰：「韓、魏必反矣。」智伯曰：「子何以知之？」絺疵曰：「以人事知之。夫從韓、魏之兵以攻趙，趙亡，難必及韓、魏矣。夫，音扶。難，乃旦翻。今約勝趙而三分其地，城不沒者三版，人馬相食，城降有日，而二子無喜志，有憂色，是非反而何？」明日，智伯以絺疵之言告二子，二子曰：「此夫讒人欲爲趙氏游說，使主疑於二家而懈於攻趙氏也。不然，夫二家豈不利朝夕分趙氏之田，而欲爲危難不可成之事乎！」二子出，絺疵入曰：「主何以臣之言告二子也？」智伯曰：「子何以知之？」對曰：「臣見其視臣端而趨疾，知臣得其情故也。」智伯不悛。絺疵請使於齊。夫，音扶；餘並同。難，乃旦翻。降，戶江翻，下也，服也。說，輸芮翻。懈，居隘翻，怠也。危難，如字。悛，丑緣翻，改也，止也。絺，抽遲翻，姓也。康曰：「絺」當作「郗」，姓譜諸書未有從絲者，疑借字。余按姓譜：絺姓，周蘇忿生支子，封於絺，因氏焉。爲趙之爲，音于僞翻。使，疏吏翻。疵請出使以避禍也。

趙襄子使張孟談潛出見二子，曰：「臣聞脣亡則齒寒。今智伯帥韓、魏以攻趙，趙亡則韓、魏爲之次矣。」帥，讀曰率。二子曰：「我心知其然也；恐事未遂而謀泄，則禍立至矣。」張孟談曰：「謀出二主之口，入臣之耳，何傷也！」二子乃潛與張孟談約，爲之期日而遣之。姓譜：張氏本自軒轅第五子揮，始造弦，寔張網羅，世掌其職，後因氏焉。風俗傳云：張、王、李、趙，黃帝所賜姓也。又晉有解張，字張侯，自此晉國有張氏。唐姓氏譜：張氏出自姬姓，黃帝子少昊青陽氏第五子揮正始制弓矢，子孫賜姓張。周宣王卿士張仲，其後裔事晉爲大夫。襄子夜使人殺守隄之吏，而決水灌智伯軍。智伯軍救水而亂，韓、魏翼而擊之，襄子將卒犯其前，將，卽亮翻，又音如字。將，領也。卒，臧沒翻。說文：吏人給事者衣爲卒，卒衣有題識；其字從「衣」從「十」。大敗智伯之衆，以此敗彼曰敗。敗，比邁翻。遂殺智伯，盡滅智氏之族。史記六國年表，三晉滅智氏在周定王十六年，上距獲麟二十七年。皇甫謐曰：元王十一年癸未，三晉滅智伯。唯輔果在。以別族也。

臣光曰：智伯之亡也，才勝德也。夫才與德異，而世俗莫之能辨，夫，音扶。通謂之賢，此其所以失人也。夫聰察強毅之謂才，正直中和之謂德。才者，德之資也；德者，才之帥也。夫，音扶。帥，所類翻。雲夢之竹，天下之勁也；書禹貢：雲土夢作乂。孔安國註云：雲夢之澤在江南。左傳：楚王以鄭伯田江南之夢。杜預註云：楚之雲夢跨江南北。班志：雲夢澤在南郡華容縣南。祝穆曰：據左傳䢵夫人弃子文於夢中，言夢而不言雲，楚子避吳入于雲中，言雲而不言夢，則知雲、夢二澤也。漢陽志：雲在江之北，夢在江之南。又安陸有雲夢澤，枝江有雲夢城。蓋古之雲夢澤甚廣，而後世悉爲邑居聚落，故地之以雲夢得名者非一處。竹箭之產，荆楚爲良；雲夢，楚之地也。夢，如字，又莫公翻。然而不矯揉，不羽括，則不能以入堅。矯，舉夭翻。揉，如久翻。康曰：揉曲爲矯，揉所以橈曲而使之直也。羽者，箭翎。括者，箭窟受弦處。括，音聒，通作「筈」。棠谿之金，天下之利也；左傳：楚封吳夫概王於棠谿。戰國之時，其地屬韓，出金甚精利。劉昭郡國志：汝南郡吳房縣有棠谿亭。杜佑通典曰：棠谿在今汝州郾城縣界。九域志：蔡州有冶爐城，韓國鑄劍之地。然而不鎔範，不砥礪，則不能以擊強。毛晃曰：鎔，銷也，鑄也；說文：鑄器法也。董仲舒傳：猶金在鎔。註：鎔，謂鑄器之模範。範，法也，式也。禮運：範金合土。砥，軫氏翻，柔石也。礪，力制翻，礶也。是故才德全盡謂之「聖人」，才德兼亡謂之「愚人」；德勝才謂之「君子」，才勝德謂之「小人」。凡取人之術，苟不得聖人、君子而與之，與其得小人，不若得愚人。何則？君子挾才以爲善，小人挾才以爲惡。挾才以爲善者，善無不至矣；挾才以爲惡者，惡亦無不至矣。挾，檄頰翻。愚者雖欲爲不善，智不能周，力不能勝，譬如乳狗搏人，人得而制之。挾，戶頰翻。朱元晦曰：挾者，兼有而恃之之稱。勝，音升。乳，儒遇翻，乳育也。乳狗，育子之狗也。搏，伯各翻。小人智足以遂其姦，勇足以決其暴，是虎而翼者也，其爲害豈不多哉！虎而傅翼，其爲害也愈甚。夫德者人之所嚴，嚴，敬也。而才者人之所愛；愛者易親，嚴者易疏，易，以豉翻。是以察者多蔽於才而遺於德。自古昔以來，國之亂臣，家之敗子，才有餘而德不足，以至於顛覆者多矣，豈特智伯哉！故爲國爲家者苟能審於才德之分而知所先後，先，悉薦翻。後，戶遘翻。又何失人之足患哉！

3 三家分智氏之田。趙襄子漆智伯之頭，以爲飲器。說文：桼，木汁可以髤物；下從水，象桼如水滴而下也。漢書張騫傳：匈奴破月氏王，以其頭爲飲器。韋昭註曰：飲器，椑榼也。晉灼曰：飲器，虎子屬也。或曰，飲酒之器也。師古曰：匈奴嘗以月氏王頭與漢使歃血盟，然則飲酒之器是也。韋云椑榼，晉云虎子，皆非也。椑榼，即今之偏榼，所以盛酒耳，非用飲者也。虎子，褻器，所以溲便者。椑，音鼙。榼，克合翻。氏，音支。使，疏吏翻。歃，色甲翻。盛，時征翻。褻，息列翻。溲，疏鳩翻。便，毗連翻。智伯之臣豫讓欲爲之報仇，豫，姓也。讓，名也。戰國之時又有豫且，不知其同時否也。爲，音于僞翻；下同。乃詐爲刑人，挾匕首，入襄子宮中塗廁。挾，持也。劉向曰：匕首，短劍。鹽鐵論曰：匕首長尺八寸；頭類匕，故云匕首。匕，音比。廁，初吏翻，圊也。長，直亮翻。襄子如廁心動，索之，獲豫讓。索，山客翻。左右欲殺之，襄子曰：「智伯死無後，而此人欲爲報仇，眞義士也，吾謹避之耳。」乃舍之。舍，讀曰捨。豫讓又漆身爲癩，吞炭爲啞。癩，落蓋翻，惡疾也。啞，倚下翻，瘖也。行乞於市，神農日中爲市，致天下之民，聚天下之貨，交易而退，此立市之始也。鄭氏周禮註曰：市，雜聚之處。其妻不識也。行見其友，其友識之，爲之泣曰：「以子之才，臣事趙孟，必得近幸。自春秋之時，趙宣子謂之宣孟，趙文子謂之趙孟，其後遂襲而呼爲趙孟。孟，長也。子乃爲所欲爲，顧不易邪？易，以豉翻。何乃自苦如此？求以報仇，不亦難乎！」豫讓曰：【章：十二行本「曰」下有「不可」二字；乙十一行本同；孔本同；張校同；退齋校同。】「既已委質爲臣，經典釋文曰：質，職日翻。委質，委其體以事君也。後漢書註：委質，屈膝。而又求殺之，是二心也。凡吾所爲者，極難耳。然所以爲此者，將以愧天下後世之爲人臣懷二心者也。」襄子出，豫讓伏於橋下。襄子至橋，馬驚；索之，得豫讓，遂殺之。自智宣子立瑤，至豫讓報仇，其事皆在威烈王二十三年之前，故先以「初」字發之。溫公之意，蓋以天下莫大於名分，觀命三大夫爲諸侯之事，則知周之所以益微，七雄之所以益盛；莫重於宗社，觀智、趙立後之事，則知智宣子之所以失，趙簡子之所以得；君臣之義當守節伏死而已，觀豫讓之事，則知策名委質者必有霣而無貳。其爲後世之鑑，豈不昭昭也哉！

襄子爲伯魯之不立也，有子五人，不肯置後。封伯魯之子於代，代國在夏屋句注之北，趙襄子滅之。班志有代郡代縣。爲，于僞翻。夏，戶雅翻。曰代成君，早卒；成，諡也。諡法：安民立政曰成。立其子浣爲趙氏後。浣，戶管翻。襄子卒，弟桓子逐浣而自立；史記六國表，威烈王元年，襄子卒；二年，趙桓子元年，卒；明年，國人立獻侯浣。「浣」，索隱作「晚」。卒，子恤翻；下同。一年卒。趙氏之人曰：「桓子立非襄主意。」乃共殺其子，復迎浣而立之，是爲獻子。復，扶又翻；又音如字。獻子，卽獻侯。六國表：威烈王三年，獻侯之元年。蓋分晉之後，三晉僭侯久矣。謚法：知質有聖曰獻。**獻子生籍，是爲烈侯。**謚法：有功安民曰烈；秉德尊業曰烈。**魏斯者，魏桓子之孫也，是爲文侯。**謚法：學勤好問曰文；慈惠安民曰文。**韓康子生武子；武子生虔，是爲景侯。**謚法：克定禍亂曰武；布義行剛曰景。六國表：威烈王二年，魏文侯斯元年；十八年，韓景侯虔元年。蓋其在國僭爵已久，不敢以通王室；威烈王遂因而命之，識者重爲周惜。通鑑於此序三家之世也。

魏文侯以卜子夏、田子方爲師。卜，以官爲氏。田本出於陳，陳敬仲以陳爲田氏。徐廣曰：始食采地，由是改姓田氏。索隱曰：陳、田二聲相近，遂爲田氏。夏，戶雅翻。**每過段干木之廬必式。**過，工禾翻。唐人志氏族曰：李耳，字伯陽，一字聃；其後有李宗，魏封於段，爲干木大夫，是以段爲氏也。余按：通鑑赧王四十二年，魏有段干子，則段干，複姓也。書：武王式商容閭。註云：式其閭巷，以禮賢。記曲禮：國君撫式，士下之。註云：升車必正立，據式小俛，崇敬也。師古曰：式，車前橫木。古者立乘；凡言式車者，謂俛首撫式，以禮敬人。孔穎達曰：式，謂俯下頭也。古者車箱長四尺四寸而三分，前一後二，橫一木，下去車牀三尺三寸，謂之爲式；又於式上二尺二寸橫一木，謂之較，較去車牀凡五尺五寸。於時立乘，若平常則憑較，故詩云「倚重較兮」是也。若應爲敬，則落隱下式，而頭得俯俛，故記云「式視馬尾」是也。較，訖岳翻。**四方賢士多歸之。**

文侯與羣臣飲酒，樂，而天雨，命駕將適野。左右曰：「今日飲酒樂，天又雨，君將安之？」文侯曰：「吾與虞人期獵，雖樂，豈可無一會期哉！」乃往，身自罷之。周禮有山虞、澤虞，以掌山澤。註云：虞，度也，度知山林之大小及其所生。身自罷之者，身往告之，以雨而罷獵也。樂，音洛。

韓借師於魏以伐趙，文侯曰：「寡人與趙，兄弟也，不敢聞命。」趙借師於魏以伐韓，文侯應之亦然。二國皆怒而去。已而知文侯以講於己也，講，和也。皆朝于魏。朝，直遥翻。魏於是始大於三晉，諸侯莫能與之爭。

使樂羊伐中山，克之；樂，姓也。本自有殷微子之後。宋戴公四世孫樂呂爲大司寇。中山，春秋之鮮虞也，漢爲中山郡。宋白曰：唐定州，春秋白狄鮮虞之地。隋圖經曰：中山城在今唐昌縣東北三十一里，中山故城是也。杜佑曰：城中有山，故曰中山。以封其子擊。文侯問於羣臣曰：「我何如主？」皆曰：「仁君。」任座曰：「君得中山，不以封君之弟而以封君之子，何謂仁君！」文侯怒，任座趨出。任座亦習見當時鄰國之事而爲是言耳。任音壬，「座」一作「痤」，音才戈翻。次問翟璜，翟，姓也，音直格翻，又音狄。姓譜：翟爲晉所滅，子孫以國爲氏。今人多讀從上音。璜，戶光翻。對曰：「仁君。」文侯曰：「何以知之？」對曰：「臣聞君仁則臣直。嚮者任座之言直，臣是以知之。」文侯悅，使翟璜召任座而反之，親下堂迎之，以爲上客。

文侯與田子方飲，文侯曰：「鍾聲不比乎？比，音毗。不比，言不和也。左高。」此蓋編鍾之懸，左高，故其聲不和。田子方笑。文侯曰：「何笑？」子方曰：「臣聞之，君明樂官，不明樂音。今君審於音，臣恐其聾於官也。」明樂官，知其才不才；明樂音，知其和不和。五聲合和，然後成音。詩大序曰：聲成文，謂之音。文侯曰：「善。」

子擊出，遭田子方於道，下車伏謁。古文〔史〕考曰：黃帝作車，引重致遠；少昊氏加牛；禹時奚仲加馬。釋名曰：車，居也。韋昭曰：古唯尺遮翻，自漢以來，始有「居」音。蕭子顯曰：三皇氏乘祇車出谷口，車之始也。祇，翹移翻。子方不爲禮。子擊怒，謂子方曰：「富貴者驕人乎？貧賤者驕人乎？」子方曰：「亦貧賤者驕人耳，富貴者安敢驕人！國君而驕人則失其國，大夫而驕人則失其家。失其國者未聞有以國待之者也，失其家者未聞有以家待之者也。夫士貧賤者，言不用，行不合，則納履而去耳，安往而不得貧賤哉！」子擊乃謝之。夫，音扶。行，下孟翻。

文侯謂李克曰：「先生嘗有言曰：『家貧思良妻；國亂思良相。』今所置非成則璜，二子何如？」李氏出自顓頊曾孫皋陶，爲堯大理，以官命族爲理氏。商紂時，裔孫利貞逃難，食木子得全，改爲李氏。置，言置相也。相，息亮翻。難，乃旦翻。對曰：「卑不謀尊，疏不謀戚。臣在闕門之外，不敢當命。」在闕門之外，謂疏遠也。文侯曰：「先生臨事勿讓！」克曰：「君弗察故也。居視其所親，富視其所與，達視其所舉，窮視其所不爲，貧視其所不取，五者足以定之矣，何待克哉！」文侯曰：「先生就舍，吾之相定矣。」相，息亮翻。李克出，見翟璜。翟璜曰：「今者聞君召先生而卜相，果誰爲之？」克曰：「魏成。」翟璜忿然作色曰：「西河守吳起，臣所進也。班志：魏地，其界自高陵以東，盡河東、河內。高陵縣，漢屬馮翊，其地在河西，所謂「西河之外」者也。魏初使吳起守之，秦兵不敢東向。至惠王時，秦使衛鞅擊虜其將公子卬，遂獻西河之外於秦。吳，以國爲姓。相，息亮翻。守，式又翻。君內以鄴爲憂，臣進西門豹。班志，鄴縣屬魏郡。西門豹爲鄴令，鑿渠以利民。王符潛夫論姓氏篇曰：如有東門、西郭、南宮、北郭，皆因居以爲姓。西門蓋亦此類。鄴，魚怯翻。君欲伐中山，臣進樂羊。中山已拔，無使守之，臣進先生。君之子無傅，臣進屈侯鮒。傅者，傅之以德義，因以爲官名。傅，芳遇翻。屈，九勿翻，姓也。余按屈，晉地，時屬魏；鮒蓋魏封屈侯也。鮒，音符遇翻。以耳目之所睹記，臣何負於魏成！」不勝爲負。李克曰：「子【章：十二行本「子」下有「之」字；乙十一行本同；孔本同。】言克於子之君者，豈將比周以求大官哉？比，毗至翻。阿黨爲比。君問相於克，克之對如是。李克自叙其答魏文侯之言也。所以知君之必相魏成者，魏成食祿千鍾，孔穎達曰：祿者，穀也。故鄭註司祿云：祿也言穀，年穀豐然後制祿。援神契云：祿者，錄也。白虎通曰：上以收錄接下，下以名錄謹以事上是也。六斛四斗爲一鍾。什九在外，什一在內；是以東得卜子夏、田子方、段干木。夏，戶雅翻。此三人者，君皆師之；子所進五人者，君皆臣之。子惡得與魏成比也！」惡，讀曰烏，何也。翟璜逡巡再拜曰：「璜，鄙人也，失對，願卒爲弟子！」逡，七倫翻。逡巡，却退貌。卒，子恤翻，終也。孔穎達曰：先生，師也。謂師爲先生者，言彼先己而生，其德多厚也。自稱爲弟子者，言己自處如弟子，則尊其師如父兄也。

吳起者，衞人，仕於魯。齊人伐魯，魯人欲以爲將，起取齊女爲妻，將，卽亮翻；下同。取，讀曰娶。孔穎達曰：妻之爲言齊也；以禮見問，得與夫敵體也。魯人疑之，起殺妻以求將，大破齊師。或譖之魯侯曰：「起始事曾參，世本曰：曾姓出自鄫國。陸德明曰：參，所金翻，一音七南翻。母死不奔喪，曾參絕之；今又殺妻以求爲君將。起，殘忍薄行人也！行，下孟翻。且以魯國區區而有勝敵之名，則諸侯圖魯矣。」起恐得罪，聞魏文侯賢，乃往歸之。文侯問諸李克，李克曰：「起貪而好色；好，呼到翻。然用兵，司馬穰苴弗能過也。」司馬，官名。穰苴本齊田姓，仕齊爲是官，故以稱之；齊景公之賢將也。穰，如羊翻。苴，子余翻。於是文侯以爲將，擊秦，拔五城。

起之爲將，與士卒最下者同衣食，臥不設席，行不騎乘，騎馬爲騎，乘車爲乘，言起與士卒同其勞苦，行不用車馬也。親裹贏糧，師古曰：贏，擔也。此言起親裹士卒所齎擔之糧。贏，怡成翻。與士卒分勞苦。卒有病疽者，起爲吮之。疽，七余翻，癰也。吮，徐兗翻；說文：嗽也，康所角切。卒母聞而哭之。人曰：「子，卒也，而將軍自吮其疽，何哭爲？」母曰：「非然也。往年吳公吮其父疽，【章：十二行本無「疽」字；乙十一行本同；孔本同。】其父戰不旋踵，遂死於敵。吳公今又吮其子，妾不知其死所矣，是以哭之。」

4 燕湣公薨，子僖公立。燕自召公奭受封於北燕，其地則唐幽州薊縣故城是也。自召公至湣公三十二世。燕，因肩翻。湣，讀與閔同。謚法：使民悲傷曰閔；小心畏忌曰僖。

二十四年（己卯、前四〇二）

1 王崩，子安王驕立。

2 盜殺楚聲王，國人立其子悼王。周成王封熊繹於楚，姓芈氏，居丹陽，今枝江縣故丹陽城是也。括地志曰：歸州秭歸縣丹陽城，熊繹之始國。其後強大，北封畛於汝，南并吳、越，地方五千里。自熊繹至聲王三十世。索隱曰：聲王，名當。悼王，名疑。謚法：不生其國曰聲。註云：生於外家。年中早夭曰悼。註云：年不稱志。又云：恐懼從處曰悼。註云：從處，言險圮也。

安王謚法：好和不爭曰安。

元年（庚辰、前四〇一）

1 秦伐魏，至陽孤。周孝王邑非子於秦。徐廣曰：今隴西縣秦亭是也。括地志曰：秦州清水縣本名秦。十三州志曰：秦亭，秦谷是也。至襄公取周地，穆公霸西戎，日以強大。是年，秦簡公之十四年也。自非子至簡公二十八世。「陽孤」，史記作「陽狐」。【章：乙十一行本正作「狐」。】正義引括地志曰：陽狐郭在魏州元城縣東北三十里。余按此時西河之外皆爲魏境，若秦兵至元城，則是越魏都安邑而東矣。水經註：河東垣縣有陽壺城。九域志：絳州有陽壺城。識之以廣異聞，且俟知者。

二年（辛巳、前四〇〇）

1 魏、韓、趙伐楚，至桑丘。水經註：澺水自葛陂東南逕新蔡縣故城東，而東南流注于汝水；又東南逕下桑里，左地爲橫塘陂。史記作「乘丘」。正義：地理志，乘丘故城在兗州瑕丘縣西北三十五里。當從之。

2 鄭圍韓陽翟。周宣王封其弟友於鄭。杜預世族譜曰：封於咸林，今京兆鄭邑是也。幽王無道，友徙其人於虢、鄶之間，遂有其地，今河南新鄭是也。友，謚桓公。是年，鄭繻公駘之二十三年。自桓公至繻公二十二世。班志，陽翟縣屬潁川郡。索隱曰：翟，音狄，溫公類篇音萇伯切。繻，詢趨翻。駘，堂來翻。

3 韓景侯薨，子烈侯取立。

4 趙烈侯薨，國人立其弟武侯。

5 秦簡公薨，子惠公立。諡法：愛民好與曰惠。

三年（壬午、前三九九）

1 王子定奔晉。

2 虢山崩，壅河。徐廣曰：虢山在陝。裴駰曰：弘農陝縣，故虢國。北虢在大陽，東虢在滎陽。括地志曰：虢山在陝州陝縣，西臨黃河；今臨河有岡阜，似是頹山之餘。水經註曰：陝城西北帶河，水湧起方數十丈。父老云：石虎載銅翁仲至此沈沒，水所以湧。洪河巨瀆，宜不爲金狄梗流，蓋魏文侯時虢山崩壅河所致耳。陝，失冉翻。

四年（癸未、前三九八）

1 楚圍鄭。鄭人殺其相駟子陽。鄭穆公之子騑，字子駟；古者以王父之字爲氏，子陽其後也。相，息亮翻。騑，芳菲翻。

五年（甲申、前三九七）

1 日有食之。杜預曰：日行遲，一歲一周天。月行速，一月一周天；一歲凡十二交會。然日、月，動物，雖行度有大量，不能不小有贏縮，故有雖交會而不食者，或有頻交而食者。孔穎達曰：日月交會，謂朔也。周天三百六十五度四分度之一。日月皆右行於天，一晝一夜，日行一度，月行十三度十九分度之七，二十九日日有餘，而月行天一周，追及於日而與之會。交會而日月同道則食；月或在日道表，或在日道裏，則不食矣。又曆家爲交食之法，大率以一百七十有三日有奇爲限。然月先在裏，則依限而食者多；若月在表，則依限而食者少。杜預見其參差，乃云「雖行度有大量，不能不小有嬴縮，故有雖交會而不食者，或有頻交而食者」，此得之矣。蘇氏曰：交當朔則日食，然亦有交而不食者。交而食，陽微而陰乘之也；交而不食，陽盛而陰不能揜也。朱元晦曰：此則繫乎人事之感。蓋臣子背君父，妾婦乘其夫，小人陵君子，夷狄侵中國，所感如是，則陰盛陽微而日爲之食矣。是以聖人於春秋，每食必書，而詩人亦以爲醜也。今此書年而不書月與晦、朔，史失之也。釋名曰：日、月虧曰食；稍小侵虧，如蟲食草本之葉也。亦作「蝕」。

2 三月，盜殺韓相俠累。俠累與濮陽嚴仲子有惡。仲子聞軹人聶政之勇，以黃金百溢爲政母壽，欲因以報仇。相，息亮翻。俠，戶頰翻。累，力追翻。濮陽，春秋之帝丘，漢爲濮陽縣，屬東郡。應劭曰：濮水南入鉅野。水北爲陽。濮，博木翻。惡，如字，不善也；康烏故切，非。軹，春秋原邑，晉文公所圍者，漢爲軹縣，屬河內郡；音只。姓譜曰：楚大夫食采於聶，因以爲氏。聶，尼輒翻。溢，夷質翻。二十四兩爲溢。政不受，曰：「老母在，政身未敢以許人也！」及母卒，仲子乃使政刺俠累。卒，子恤翻。刺，七亦翻；又如字。俠累方坐府上，兵衛甚衆，聶政直入上階，上，時掌翻。刺殺俠累，因自皮面決【章：乙十一行本作「抉」。】眼，自屠出腸。韓人暴其尸於市，暴，步木翻，又音如字，露也。購問，莫能識。其姊嫈聞而往，哭之曰：「是軹深井里聶政也！」史記正義曰：深井里在懷州濟源縣南三十里。以妾尚在之故，重自刑以絕從。妾柰何畏歿身之誅，終滅賢弟之名！」遂死於政尸之旁。皮面，以刀剺面而去其皮。懸賞以募告者曰購。購，古候翻。嫈，烏莖翻。絶從之從，讀曰蹤，謂自絶其蹤跡。或曰：從，讀如字，謂絶其從坐之罪也。

六年（乙酉、前三九六）

1鄭駟子陽之黨弑繻公，繻者，謚法所不載。史記注：「繻」，或作「繚」。繻，詢趨翻。而立其弟乙，白虎通曰：弟，悌也，心順、行篤也。行，下孟翻。是爲康公。

2宋悼公薨，子休公田立。武王封微子啓於宋，唐宋州之睢陽縣是也。自微子二十七世至悼公，名購由。休，亦謚法所不載。

八年（丁亥、前三九四）

1齊伐魯，取最。【章：十二行本「最」下有「韓救魯」三字；乙十一行本同；孔本同；張校同；退齋校同。】武王封太公於齊，唐青州之臨淄是也。括地志曰：天齊水在臨淄東南十五里。封禪書曰：齊之所以爲齊者，以天齊。是年，康公貸之十一年。自太公至康公二十九世。成王封伯禽於魯，唐兗州之曲阜是也。是年，穆公之十六年。自伯禽至穆公凡二十八世。

2鄭負黍叛，復歸韓。據史記，繻公之十六年，敗韓於負黍，蓋以此時取之，而今復叛歸韓也。劉昭郡國志：潁川郡陽城縣有負黍聚。古今地名云：負黍山在陽城縣西南二十七里，或云在西南三十五里。

九年（戊子、前三九三）

1魏伐鄭。

2 晉烈公薨，子孝公傾立。周成王封弟叔虞於唐。括地志曰：故唐城在并州晉陽縣北二里，堯所築也。都城記曰：唐叔虞之子燮父徙居晉水旁，今并州理故唐城，即燮父初徙之處；其城南半入州城中。毛詩譜曰：燮父以堯墟南有晉水，改曰晉侯。自唐叔至烈公三十七世。烈公，名止。謚法：慈惠愛親曰孝。

十一年（庚寅、前三九一）

1 秦伐韓宜陽，取六邑。班志，宜陽縣屬弘農郡。史記正義曰：宜陽縣故城，在河南府福昌縣東十四里，故韓城是也。此邑即周禮「四井爲邑」之邑。

2 初，田常生襄子盤，盤生莊子白，白生太公和。此序齊田氏之世也。田常，即左傳陳成子恆也。溫公避仁廟諱，改「恆」曰「常」。自陳公子完奔齊，五世至常得政。謚法：勝敵志強曰莊。是歲，齊田和遷齊康公於海上，使食一城，以奉其先祀。

十二年（辛卯、前三九〇）

1 秦、晉戰于武城。此非魯之武城。左傳：晉陰飴甥會秦伯，盟于王城。杜預曰：馮翊臨晉縣東有王城，今名武鄉。括地志：故武城，一名武平城，在華州鄭縣東北十三里。

2 齊伐魏，取襄陽。「陽」，當作「陵」。徐廣曰：今之南平陽也。余據晉志，南平陽縣屬山陽郡。班志，陳留郡有襄邑縣。師古曰：圈稱云：襄邑，宋地，本承匡襄陵鄉也，宋襄公所葬，故曰襄陵。秦始皇以承匡卑濕，徙縣襄陵，因曰襄邑。

3 魯敗齊師于平陸。班志，東平國有東平陸縣，戰國時之平陸也。史記正義曰：平陸，兗州縣，即古厥國。

宋白曰：鄆州中都縣，漢爲平陸縣，史記「魯敗齊師于平陸」是也。敗，補邁翻。

十三年（壬辰、前三八九）

1秦侵晉。

2齊田和會魏文侯、楚人、衞人于濁澤，康曰：濁，水名；漢志：濁水出齊郡廣縣嬀山。余謂康說誤矣。徐廣史記註曰：長社有濁澤。水經註曰：皇陂水出胡城西北。胡城，潁陰之狐人亭也。皇陂，古長社之濁澤也。記：諸侯相見於郤地曰會。孔穎達曰：諸侯未及期而相見曰遇。會者，謂及期之禮，既及期，又至所期之地。求爲諸侯。魏文侯爲之請於王及諸侯，王許之。爲之之爲，于僞翻。

十五年（甲午、前三八七）

1秦伐蜀，取南鄭。譜記普（疑衍）云：蜀之先，肇自人皇之際。黄帝子昌意娶蜀山氏女，生帝俈。既立，封其支庶於蜀，歷虞、夏、商、周。周衰，先稱王者蠶叢。余據武王伐紂，庸、蜀諸國皆會于牧野。孔安國曰：蜀，叟也，春秋之時不與中國通。班志，南鄭縣屬漢中郡，唐爲梁州治所。「俈」，通作「嚳」，音括沃翻。

2魏文侯薨，太子擊立，王者以嫡長子爲太子，謂之國儲副君。諸侯曰世子。周衰，率上僭。孔穎達曰：太者，大中之大也。上，時掌翻。長，知兩翻。是爲武侯。

武侯浮西河而下，西河，卽禹貢之「龍門西河」。中流顧謂吳起曰：「美哉山河之固，此魏國之寶也！」對曰：「在德不在險。昔三苗氏，左洞庭，右彭蠡；德義不脩，禹滅之。武陵、長沙、零、桂之水，匯爲洞庭，周七百里。彭蠡澤在漢豫章郡彭澤縣西。書：有苗弗率，汝徂征。三苗所居，蓋今江南西道之地。蠡，里弟翻。夏桀之居，左河濟，右泰華，伊闕在其南，羊腸在其北；脩政不仁，湯放之。濟水出河東垣縣王屋山，南流貫河而南，合于滎瀆。禹貢所謂「導沇水，東流爲濟，溢爲滎」者也。自漢築滎陽石門，而濟與河合流而注于海，不入滎瀆。禹貢所謂「導沇水，東流爲濟，入于河」。桀都安邑，蓋恃以爲險。泰華山在京兆華陰縣南。水經：伊水出南陽縣西荀渠山，東北流至河南新城縣，又東南過伊闕中，大禹所鑿也。兩山相對，望之若闕。左傳「女寬守闕塞」，卽其地。括地志：伊闕山在洛州南十九里。班志，上黨壺關縣有羊腸阪。此安邑四履所憑，山河之固也。書曰：成湯放桀于南巢。濟，子禮翻。華，戶化翻。商紂之國，左孟門，右太行，常山在其北，大河經其南；脩政不德，武王殺之。水經註：孟門在河東北屈縣西，卽龍門上口也。淮南子曰：龍門未闢，呂梁未鑿，河出孟門之上，溢而逆流，無有丘陵，名曰洪水。太行山在河內野王縣西北。常山在常山郡上曲陽縣西北。河水自孟門南抵華陰，屈而東流；紂都朝歌，河經其南。北屈之孟門在朝歌西北，恐不可言「左」。索隱曰：孟門別一山，在朝歌東邊。此特左、右二字之差而誤耳。春秋說題辭：河之爲言荷也；荷精分布，懷陰引度也。釋名：河，下也，隨地下處而通流也。書曰：武王勝殷，殺紂。太行之行，戶剛翻。北屈，陸求忽翻，顏居勿翻。由此觀之，在德不在險。若君不脩德，舟中之人皆敵國也！」武侯曰：「善。」

魏置相，相田文。相，息亮翻。此田文非齊之田文。吳起不悅，謂田文曰：「請與子論功可乎？」田文曰：「可。」起曰：「將三軍，使士卒樂死，敵國不敢謀，子孰與起？」文曰：「不如子。」將，卽亮翻。樂，音洛。起曰：「治百官，親萬民，實府庫，子孰與起？」文曰：「不如子。」治，直之翻。起曰：「守西河，秦兵不敢東鄉，韓、趙賓從，子孰與起？」文曰：「不如子。」鄉，讀曰向。賓從，猶言賓服也。起曰：「此三者子皆出吾下，而位居吾上，何也？」文曰：「主少國疑，大臣未附，百姓不信，方是之時，屬之子乎，屬之我乎？」少，詩照翻。屬，子欲翻。起默然良久曰：「屬之子矣！」

久之，魏相公叔尚【章：十二行本「尚」下有「魏公」二字；乙十一行本同；孔本同；張校同；退齋校同。】主而害吳起。如淳曰：天子嫁女於諸侯，必使諸侯同姓者主之，故謂之公主。帝姊妹曰長公主，諸王女曰翁主。師古曰：如說得之。天子不親主婚，故謂之公主；諸王則自主婚，故其女曰翁主。翁者，父也，言父主其婚也；亦曰王主，言王自主其婚也。揚雄方言云：周、晉、秦、隴謂父曰翁。而臣瓚、王楙，或云「公者比於上爵」，或云「主者婦人尊稱」，皆失之。劉貢父曰：予謂公主之稱本出秦舊，男爲公子，女爲公主。古者大夫妻稱主，故以公配之。若謂同姓主之，故謂之公主，則周之事，秦不知用也。古之嫁女，禮當如周使大夫主之，何不謂之夫主乎？然則謂之王主者，猶言王子也；謂之公主者，緣公而生耳。毛晃曰：尚，崇也，高也，貴也，飾也，加也，尊也。娶公主謂之尚，言帝王之女尊而尚之，不敢言娶也。相，息亮翻。公叔之僕曰：「起易去也。起爲人剛勁自喜。易，以豉翻。去，起呂翻。師古曰：喜，許吏翻。子先言於君曰：『吳起，賢人也，而君之國小，臣恐起之無留心也。君盍試延以女，起無留心，則必辭矣。』子因與起歸而使公主辱子，起見公主之賤子也，必辭，則子之計中矣。」中，竹仲翻。公叔從之，吳起果辭公主。魏武侯疑之而未信，起懼誅，遂奔楚。

楚悼王素聞其賢，至則任之爲相。起明灋審令，相，息亮翻。灋，古法字。捐不急之官，廢公族疏遠者，以撫養戰鬭之士，要在強兵，破遊說之言從横者。捐，余專翻，弃也，除去也。漢書音義曰：以利合曰從，以威力相脅曰横。或曰：南北曰從，從者，連南北爲一，西鄉以擯秦。東西曰横，横者，離山東之交，使之西鄉以事秦。說，式芮翻。從，即容翻。「横」，亦作「衡」，音同。於是南平百越，韋昭曰：越有百邑。北卻三晉，西伐秦，諸侯皆患楚之強；而楚之貴戚大臣多怨吳起者。

3 秦惠公薨，子出公立。出，非謚也；以其失國出死，故曰出公。

4 趙武侯薨，國人復立烈侯之太子章，是爲敬侯。謚法：夙夜警戒曰敬。

5 韓烈侯薨，子文侯立。

十六年（乙未、前三八六）

1 初命齊大夫田和爲諸侯。田氏自此遂有齊國。田和是爲太公。

2 趙公子朝作亂，【章：乙十一行本「亂」下有「出」字；孔本同；退齋校同；此處百衲本缺。】奔魏；與魏襲邯鄲，不克。邯，音寒。鄲，音丹。

十七年（丙申、前三八五）

1 秦庶長改逆獻公于河西而立之；殺出子及其母，沈之淵旁。後秦制爵，一級曰公士，二上造，三簪裊，四不更，五大夫，六官大夫，七公大夫，八公乘，九五大夫，十左庶長，十一右庶長，十二左更，十三中更，十四右更，十五少上造，十六大上造，十七駟車庶長，十八大庶長，十九關內侯，二十徹侯。師古曰：庶長，言衆列之長。

註又詳見下卷顯王十年前。據史記：威烈王十一年秦靈公卒，子獻公師隰不得立，立靈公季父悼子，是爲簡公。出子，簡公之孫也。今庶長改迎獻公而殺出子。正義曰：西者，秦州西縣，秦之舊地。時獻公在西縣，故迎立之。余謂此言河西，非西縣也。靈公之卒，獻公不得立，出居河西；河西者，黄河之西，蓋漢涼州之地。「臮」，當作「褱」，乃了翻。更，工衡翻。乘，繩證翻。長，知丈翻。

2 齊伐魯。

3 韓伐鄭，取陽城；漢陽城縣屬潁川郡；是爲地中，成周於此以土圭測日景。伐宋，執宋公。

4 齊太公薨，子桓公午立。

十九年（戊戌、前三八三）

1 魏敗趙師于兔臺。史記趙世家曰：魏敗我兔臺，築剛平。正義曰：兔臺、剛平，並在河北。敗，補邁翻。

二十年（己亥、前三八二）

1 日有食之，旣。旣，盡也。

二十一年（庚子、前三八一）

1 楚悼王薨。貴戚大臣作亂，攻吳起；起走之王尸而伏之。之，往也，往赴王尸而伏其側。擊起之徒因射刺起，並中王尸。射，而亦翻。刺，七亦翻。中，竹仲翻。旣葬，肅王卽位，謚法：剛德克就曰肅；執心決斷曰肅。使令尹盡誅爲亂者；令尹，楚相也。坐起夷宗者七十餘家。夷，殺也；夷宗者，殺其同宗也。

二十二年（辛丑、前三八〇）

1齊伐燕，取桑丘。魏、韓、趙伐齊，至桑丘。此桑丘，非二年所書楚之桑丘。括地志曰：桑丘故城，俗名敬城，在易州遂城縣，蓋燕之南界也。

二十三年（壬寅、前三七九）

1趙襲衞，不克。成王封康叔於衞，居河、淇之間，故殷墟也。至懿公爲狄所滅，東徙度河。文公徙居楚丘，遂國於濮陽。是年，愼公穨之三十五年。自康叔至愼公凡三十二世。

2齊康公薨，無子，田氏遂并齊而有之。姜氏至此滅矣。是歲，齊桓公亦薨，子威王因齊立。謚法：強毅訅正曰威。訅，渠留翻。齊桓公，田午。訅，謀也。

二十四年（癸卯、前三七八）

1狄敗魏師于澮。漢之中山、上黨、西河、上郡，自春秋以來，狄皆居之，此亦其種也。水經：澮水出河東絳縣東澮山，西過絳縣南，又西南過虒祁宮南，又西南至王橋，入汾水。括地志：澮山在絳州翼城縣東北。敗，補邁翻。澮，古外翻。

2魏、韓、趙伐齊，至靈丘。史記正義曰：靈丘，河東蔚州縣。余按蔚州之靈丘，即漢代郡之靈丘，此時齊境安能至代北邪！此即孟子謂蚳鼃辭靈丘請士師之地。班志曰：齊地北有千乘、清河以南。漢清河郡有靈縣，清河北接趙、魏之境，此爲近之。蚳，音遲。鼃，烏花翻。

3晉孝公薨，子靖公俱酒立。謚法：柔衆安民曰靖；又，恭己鮮言曰靖。

二十五年（甲辰、前三七七）

1 蜀伐楚，取茲方。據史記：蜀伐楚，取茲方，楚爲扞關以拒之。則茲方之地在扞關之西。劉昭志：巴郡魚復縣有扞關。

2 子思言苟變於衛侯曰：「其才可將五百乘。」古者兵車一乘，甲士三人，步卒七十二人；五百乘，三萬七千五百人。國語曰：苟本自黃帝之子。將，卽亮翻；下同。乘，繩證翻。公曰：「吾知其可將；然變也嘗爲吏，賦於民而食人二雞子，故弗用也。」子思曰：「夫聖人之官人，猶匠之用木也，夫，音扶。取其所長，棄其所短；故杞梓連抱而有數尺之朽，良工不棄。今君處戰國之世，處，昌呂翻。選爪牙之士，而以二卵棄干城之將，詩：赳赳武夫，公侯干城。毛氏傳曰：干，扞也；音戶旦翻。鄭氏箋曰：干也，城也，皆所以禦難也。干，讀如字。此不可使聞於鄰國也。」公再拜曰：「謹受教矣！」

衛侯言計非是，而羣臣和者如出一口。和，戶臥翻。子思曰：「以吾觀衛，所謂『君不君，臣不臣』者也！「君不君，臣不臣，」論語載齊景公之言。公丘懿子曰：「何乃若是？」公丘，複姓。諡法：溫柔賢善曰懿。子思曰：「人主自臧，則衆謀不進。臧，善也。事是而臧之，猶卻衆謀，況和非以長惡乎！和，戶臥翻。長，知丈翻。夫不察事之是非而悅人讚己，闇莫甚焉；不度理之所在而阿諛求容，諂莫甚焉。度，徒洛翻。君闇臣諂，以居百姓之上，民不與也。若此不已，國無類矣！」

子思言於衛侯曰：「君之國事將日非矣！」公曰：「何故？」對曰：「有由然焉。君出言自以爲是，而卿大夫莫敢矯其非；卿大夫出言亦自以爲是，而士庶人莫敢矯其非。君臣既自賢矣，白虎通曰：君，羣也，羣下之所歸心也。臣，堅也，厲志自堅也。而羣下同聲賢之，賢之則順而有福，矯之則逆而有禍，如此則善安從生！詩曰：『具曰予聖，誰知烏之雌雄？』詩正月之辭。毛氏傳曰：君臣俱自謂聖也。鄭氏箋曰：時君臣賢愚適同，如烏之雌雄相似，誰能別異之乎？又曰：烏〔烏〕之雌雄不可別者，以翼〔知之〕，右掩左，雄，左掩右，雌，陰陽相下之義也。抑亦似君之君臣乎！」

3魯穆公薨，子共公奮立。諡法：布德就義曰穆；中情見貌曰穆；尊賢敬讓曰共；既過能改曰共；執事堅固曰共。共，讀曰恭。考異曰：司馬遷史記六國表：周威烈王十九年甲戌，魯穆公元年。烈王元年丙午，共公元年。顯王十七年己巳，康公元年。二十六年戊寅，景公元年。赧王元年丁未，平公元年。二十年丙寅，文公元年。四十三年己丑，頃公元年。五十九年乙巳，周亡。秦莊襄王元年壬子，楚滅魯。按魯世家，穆公三十三年卒，若元甲戌，終乙巳，則是三十二年也。共公二十二年卒，若元丙午，終戊辰，則是二十三年也。康公九年卒，景公二十五年卒，平公二十二年卒，若元丁未，終乙丑，則是十九年也。文公二十三年卒，頃公二十四年楚滅魯。班固漢書律曆志「文公」作「緡公」；其在位之年與世家異者，惟平公二十年耳。本志自魯僖公五年正月辛亥朔旦冬至推之，至成公十二年正月庚寅朔旦冬至，定公七年正月己巳朔旦冬至，元公四年正月戊申朔旦冬至，康公四年正月丁亥朔旦冬至，緡公二十二年正月丙寅朔旦冬至，漢高祖八年十一月乙巳朔旦冬至，武帝元朔六年十一月甲申朔旦冬至，元帝初元二年十一月癸亥朔旦冬至，其間相距皆七十六年，此最爲得實，又與魯世家註、皇甫謐所紀歲次皆合，今從之。六國表差謬，難可盡據也。余按考異自魯僖公五年至漢元帝初元二年六百餘年間，十二月朔旦冬至，相距皆七十六年，此最爲得實，又與魯世家註、皇甫謐所紀歲次皆合，蓋謂劉彝叟長曆也。且言「史記六國表差謬，難可盡據」。又按通鑑目錄編年用劉彝叟長曆。漢武帝太初元年，初用夏正定曆，史記曆書是年書閼逢攝提格，目錄書強圉赤奮若。閼逢攝提格，甲寅也，強圉赤奮若，丁丑也，有二十四年之差。溫公用彝叟曆，邵康節皇極經世書亦用彝叟曆。康節少自雄其才，既學，力慕高遠，一見李之才，遂從而受學，廬於共城百源，冬不爐，夏不扇，夜不就席者數年，覃思於易經也。皇極經世書不能違彝叟曆。及其來居於洛，而溫公亦奉祠以書局在洛，相過從稔，又夙所敬者也。余意其講明之間必嘗及此，而決於用彝叟曆。讀考異此一段，辭意可見。

4 韓文侯薨，子哀侯立。

二十六年（乙巳、前三七六）

1 王崩，子烈王喜立。

2 魏、韓、趙共廢晉靖公爲家人而分其地。唐叔不祀矣。

烈王名喜，安王之子。

元年（丙午、前三七五）

1 日有食之。

2 韓滅鄭，因徙都之。韓本都平陽，其地屬漢之河東郡；中間徙都陽翟。鄭都新鄭，其地屬漢之河南郡。鄭桓公始封於鄭，其地屬漢之京兆；後滅虢、鄶而國於溱、洧之間，故曰新鄭，左傳鄭莊公所謂「吾先君新邑於此」是也。今韓既滅鄭，自陽翟徙都之。韓既都鄭，故時人亦謂韓王爲鄭王，考之戰國策、韓非子可見。

3 趙敬侯薨，子成侯種立。種，章勇翻。

三年（戊申、前三七三）

1 燕敗齊師於林狐。敗，補邁翻。

魯伐齊，入陽關。徐廣曰：陽關在鉅平。班志，鉅平縣屬泰山郡。括地志：陽關故城在兗州博城縣南二十九里，其城之西臨汶水。汶，音問。

魏伐齊，至博陵。史記正義曰：博陵在濟州西界。宋白曰：史記，齊威王伐晉至博陵。徐廣曰：東郡之博平，漢爲縣。

2 燕僖公薨，子桓公立。

3 宋休公薨，子辟公立。辟亦謚法之所不載。

4 衞愼公薨，子聲公訓立。謚法：敏以敬曰愼。戴記：思慮深遠曰愼。

四年（己酉、前三七二）

1 趙伐衞，取都鄙七十三。周禮：太宰以八則治都鄙。註云：都之所居曰鄙。都鄙，卿大夫之采邑。蓋周之制，四縣爲都，方四十里，一千六百井，積一萬四千四百夫；五酇爲鄙，鄙五百家也。此時衞國褊小，若都鄙七十三，以成周之制率之，其地廣矣，盡衞之提封，未必能及此數也。更俟博考。

2 **魏敗趙師于北藺。** 班志，西河郡有藺縣。史記正義曰：在石州。其地於趙爲西北，故曰北藺。藺，離進翻。

五年（庚戌、前三七一）

1 **魏伐楚，取魯陽。** 左傳所謂「劉累遷于魯縣」，卽魯陽也。班志，魯陽縣屬南陽郡。史記正義曰：今汝州魯山縣。

2 **韓嚴遂弑哀侯，國人立其子懿侯。初，哀侯以韓廆爲相而愛嚴遂，二人甚相害也。嚴遂令人刺韓廆於朝，廆走哀侯，哀侯抱之；人刺韓廆，兼及哀侯。** 戰國策以聶政刺韓相事及幷中哀侯爲一事；此從史記。蜀本註曰：按太史公年表及韓世家，於韓烈侯三年皆書「聶政殺韓相俠累」，於哀侯六年又皆書「嚴遂弑哀侯」。以刺客傳考之，聶政殺俠累事在哀侯時；以戰國策考之亦然。從傳與戰國策，則是年表、世家於烈侯三年書「盜殺俠累」誤矣。通鑑於烈侯三年載聶政殺俠累事，又於哀侯六年載嚴遂殺其君哀侯，是從年表、世家所書。蓋刺客傳初不言併殺哀侯，止戰國策言之，通鑑豈以此疑之歟！故載併刺哀侯，不書聶政，止曰「使人」。以此求之，則通鑑之意不以嚴仲子爲嚴遂，亦不以俠累爲韓廆，止從年表、世家而不信其傳也。余按溫公與劉道原書，亦疑此事。廆，戶賄翻。相，息亮翻。刺，七亦翻。朝，直遙翻。走，音奏。

六年（辛亥、前三七〇）

3 **魏武侯薨，不立太子，子罃與公中緩爭立，國內亂。** 罃，於耕翻。中，讀曰仲。

1 齊威王來朝。是時周室微弱，諸侯莫朝，而齊獨朝之，天下以此益賢威王。朝，直遙翻。

2 趙伐齊，至鄄。班志，濟陰郡有鄄城縣。鄄，工掾翻。

3 魏敗趙師于懷。班志，河內郡有懷縣。魏收地形志，懷州武德郡有懷縣，縣管內有懷城。敗，補邁翻。

4 齊威王召卽墨大夫，語之曰：「自子之居卽墨也，毀言日至。班志，卽墨縣屬膠東國。然吾使人視括地志：卽墨故城，在萊州膠水縣南六十里。宋白曰：城臨墨水，故曰卽墨。語，牛倨翻；下同。卽墨，田野辟，辟，讀曰闢；下同。人民給，官無事，東方以寧；是子不事吾左右以求助也！」封之萬家。召阿大夫，語之曰：「自子守阿，譽言日至。阿，卽東阿縣；班志屬東郡。譽，音余；稱其美也。吾使人視阿，田野不辟，人民貧餒。昔日趙攻鄄，子不救；鄄，工掾翻。衞取薛陵，子不知；薛陵，春秋薛國之墟也。班志，薛縣屬魯國，而衞國在漢東郡陳留界。薛陵屬齊而近於衞，故爲所取。齊後封田嬰於此。是子厚幣事吾左右以求譽也！」是日，烹阿大夫及左右嘗譽者。於是羣臣聳懼，莫敢飾詐，務盡其情，齊國大治，強於天下。譽，音余。治，直吏翻。

5 楚肅王薨，無子，立其弟良夫，是爲宣王。

6 宋辟公薨，子剔成立。剔，他歷翻。

七年（壬子、前三六九）

1 日有食之。

2 王崩，弟扁立，據班書古今人表師古註：扁，音篇。是爲顯王。

3 魏大夫王錯出奔韓。姓譜：王氏之所自出非一。出太原、琅邪者，周靈王太子晉之後。北海、陳留，齊王田和之後。東海出自姬姓。高平、京兆，魏信陵君之後。天水、東平、新蔡、新野、山陽、中山、章武、東萊、河東者，殷王子比干爲紂所害，子孫以王者之後，號曰王氏。余謂此皆後世以諸郡著姓言之耳。春秋之時自有王姓，莫能審其所自出。公孫頎謂韓懿侯曰：「魏亂，可取也。」公孫，姓也。黄帝，公孫氏。頎，渠希翻。懿侯乃與趙成侯合兵伐魏，戰于濁澤，大破之，遂圍魏。史記正義曰：徐廣以爲長社濁澤，非也。括地志云：濁水源出蒲州解縣東北平地，爾時魏都安邑，韓、趙伐魏，豈至河南長社邪！解縣濁水近於魏都，常是也。成侯曰：「殺罃，立公中緩，割地而退，我二國之利也。」懿侯曰：「不可。殺魏君，暴也；割地而退，貪也。不如兩分之。魏分爲兩，不強於宋、衛，則我終無魏患矣。」趙人不聽。懿侯不悅，以其兵夜去。趙成侯亦去。罃遂殺公中緩而立，中，讀曰仲。是爲惠王。

太史公曰：魏惠王所以身不死、國不分者，二國之謀不和也。若從一家之謀，魏必分矣。故曰：「君終，無適子，其國可破也。」索隱曰：蓋古人之言及俗說，故云「故曰」。適，讀曰嫡。

資治通鑑卷第二

朝散大夫右諫議大夫權御史中丞充理檢使上護軍賜紫金魚袋臣　司馬光　奉敕編集

後　學　天　台　胡三省　音　註

周紀二

起昭陽赤奮若（癸丑），盡上章困敦（庚子），凡四十八年。

顯王

十一家謚法：行見中外曰顯；受祿于天曰顯；百辟惟刑曰顯。周公蓋未有此謚，而周之末世謚顯王曰顯，意謂後世傳寫周公謚法者遺之。

元年（癸丑、前三六八）

1 齊伐魏，取觀津。康曰：齊伐魏，魏惠王請獻觀以和，卽觀津。余按班志信都國有觀津縣，與齊相去甚遠，且趙地也。又東郡有畔觀縣。水經：大河故瀆東逕五鹿之野，又東逕衞國故城南，古斟觀也。此其魏之觀津歟！徐廣曰：觀，今衞縣。史記正義曰：魏州觀城縣，古觀國。國語云：觀國，夏太康第五弟之所封也。觀，工喚翻。

2 趙侵齊，取長城。劉昭志：濟北盧縣有長城。史記蘇代說燕王曰：「齊有長城鉅防，」卽此。

三年（乙卯、前三六六）

1 魏、韓會于宅陽。水經註曰：滎澤之際有沙城，世謂水城，非也。魏冉走芒卯，入北宅，卽此宅陽城。括地志曰：宅陽故城，在鄭州滎陽縣東十七里。

2 秦敗魏師、韓師于洛陽。洛陽在洛水之北，周公遷殷民於此，謂之成周。班志，屬河南郡。敗，補邁翻。

四年（丙辰、前三六五）

1 魏伐宋。

五年（丁巳、前三六四）

1 秦獻公敗三晉之師于石門，水經註：馮翊雲陽縣有石門山。括地志：在雍州三原縣西北三十二里。又曰：堯門山，俗名石門，上有路，其狀若門。故老云：堯鑿山爲門，因名之。武德中於此山南置石門縣，貞觀中改雲陽縣。斬首六萬。王賜以黼黻之服。黼者，刺繡爲斧形；黻者，刺繡爲兩「己」相背。孔穎達曰：白與黑謂之黼，黑與青謂之黻。黼，音甫。黻，音弗。

七年（己未、前三六二）

1 魏敗韓師、趙師于澮。澮，古外翻。括地志：澮水在絳州翼城縣東南二十五里，水側有皮牢城。

2 秦、魏戰于少梁，班志：馮翊夏陽縣，故少梁。師古曰：本梁國，爲秦所滅，至惠文王十一年，更名夏陽。康曰：魏有大梁，故此稱「少」以別之。少，詩沼翻。夏，戶雅翻。更，工衡翻。魏師敗績；獲魏公孫痤。左傳：師大崩曰敗績。痤，才何翻。

3 衛聲公薨，子成侯速立。

4 燕桓公薨，子文公立。燕，因肩翻。考異曰：史記蘇秦傳謂之「燕文侯」。按春秋時北燕簡公已稱公，文公之子易王尋稱王，豈文公獨稱侯乎！今從世家。

5 秦獻公薨，子孝公立。索隱曰：孝公，名渠梁。孝公生二十一年矣。是時河、山以東強國六，河自龍門上口，南抵華陰而東流，秦國在河之西。山自鳥鼠同穴連延爲長安南山，至于泰華，秦國在山之西。韓、魏、趙、齊、楚、燕六國皆在河、山以東。華，戶化翻。燕，因肩翻。淮、泗之間小國十餘，南陽郡平氏縣東南有桐柏、大復山，淮水所出，東南至淮陵入海。泗水出魯國卞縣西南，至方與入沛。宋、魯、鄒、滕、薛、郳等國，國於其間。齊威王所謂「泗上十二諸侯」。楚、魏與秦接界。魏築長城，自鄭濱洛以北有上郡；鄭縣，周宣王母弟鄭桓公封邑，班志屬京兆。洛，水名，非伊、洛之洛也。水經註：渭水東過華陰縣北，洛水入焉。洛水，古漆、沮之水也。又有長澗水，南出泰華之山側長城東而北流注於渭。史記所謂「魏築長城，自鄭濱洛」者也。宋白曰：今華州東南魏長城是也。上郡，漢屬幷州，隋、唐之綏州、延州，秦、漢之上郡地也。濱，音賓。楚自漢中，南有巴、黔中；漢中郡，漢屬益州，自晉以後爲梁州。巴，卽春秋巴子之國，漢爲巴郡，屬益州，唐爲巴、渝、渠、果諸州之地。黔中，漢爲牂柯郡之地，唐爲黔中節度。黔，渠今翻。皆以夷翟遇秦，翟，與狄同。擯斥之，不得與中國之會盟。擯，必刃翻。與，讀曰預。於是孝公發憤，布德修政，欲以強秦。憤，房粉翻，懣也，怒也。朱元晦曰：憤者，心求通而未得之意。

八年（庚申、前三六一）

1 孝公下令國中曰：「昔我穆公，自岐、雍之間修德行武，東平晉亂，以河爲界，西霸戎翟，廣地千里，天子致伯，諸侯畢賀，令，力正翻，號令也，命令也。令者，出於上而行於下者也。岐山，周太王所邑。班志，岐山在扶風美陽縣西。雍縣屬扶風。秦穆公娶晉獻公之女。獻公卒，晉國亂，穆公納惠公。惠公立而背河外之賂，又閉秦糴。穆公伐晉，執惠公，既而歸之；始征晉河東，置官司。惠公卒，子懷公立。穆公納文公而晉亂平。又能用由余及孟明，以霸西戎。天子致伯者，周禮九命作伯；古有九州，一爲王畿，八州八伯，各主其方之諸侯；致伯者，以方伯之任致之穆公也。雍，於用翻。伯，如字。背，蒲妹翻。爲後世開業甚光美。會往者厲、躁、簡公、出子之不寧，國家內憂，未遑外事。三晉攻奪我先君河西地，醜莫大焉。爲，于僞翻。史記：秦厲共公卒，子躁公立。躁公卒，立其弟懷公。四年，庶長鼂圍懷公，公自殺，乃立靈公。靈公卒，子獻公不得立，立靈公之季父，是爲簡公。公卒而惠公立。惠公卒，子出子立。二年，庶長改殺出子，迎立獻公于河西。河西地，即魏所有西河之外。史記正義曰：自華州北至同州，並魏河西之地。躁，則到翻。共，讀曰恭。鼂，古朝字。長，知兩翻。華，戶化翻。獻公卽位，鎭撫邊境，徙治櫟陽，史記：秦獻公二年，始治櫟陽。徐廣註曰：卽漢萬年縣。余按漢志，櫟陽、萬年爲兩縣，皆屬馮翊，後漢始省併。宋白曰：櫟陽，秦舊縣。漢高祖旣葬太上皇於萬年陵，仍分櫟陽置萬年縣以爲陵邑，理櫟陽城中，故櫟陽城亦名萬年城。後漢省櫟陽縣入萬年縣。後魏大統中，分萬年置鄠丘、宣武，又分置廣陽縣。周明帝省萬年入高陵、廣陽二縣，更於長安城中別置萬年縣。唐武德元年，又改廣陽爲櫟陽，元和十五年，並移隸奉先縣以奉景陵。櫟，音藥。且欲東伐，復穆公之故地，修穆公之政令。寡人思念先君之意，常痛於心。賓客羣臣有能出奇計強秦者，吾且尊官，與之分土。」謂裂地以封之，使各有分土。分，扶問翻。於是衞公孫鞅聞是令下，乃西入秦。

公孫鞅者，衛之庶孫也，好刑名之學。師古曰：劉向別錄云：申子學好刑名。刑名者，循名以責實，其尊君卑臣，崇上抑下，合於六經。說者曰：刑，刑家；名，名家；即太史公所論六家之二也。此說非。劉原父曰：刑名，卽幷學兩家術耳。公孫非姓氏，以其先出於衛，父爲衛侯則稱爲公子，祖爲衛侯則稱爲公孫。鞅，於兩翻。事魏相公叔痤，痤知其賢，未及進。會病，魏惠王往問之曰：「公叔病如有【章：十二行本二字互乙；乙十一行本同；孔本同。】不可諱，相，息亮翻。痤，才戈翻。不可諱，謂死也。俗語有之：「人不諱死。」將柰社稷何？」公叔曰：「痤之中庶子衛鞅，自戰國以來，大夫之家有中庶子，有舍人。年雖少，有奇才，少，詩照翻。願君舉國而聽之！」王嘿然。公叔曰：「君卽不聽用鞅，必殺之，無令出境！」王許諾而去。令，力丁翻。公叔召鞅謝曰：「吾先君而後臣，先、後，皆去聲。故先爲君謀，後以告子。此先、後，皆如字。爲，于僞翻。子必速行矣！」鞅曰：「君不能用子之言任臣，又安能用子之言殺臣乎！」卒不去。卒，子恤翻。王出，謂左右曰：「公叔病甚，悲乎，欲令寡人以國聽衛鞅也！既又勸寡人殺之，豈不悖哉！」悖，蒲內翻。衛鞅既至秦，因嬖臣景監以求見孝公，嬖，博計翻，又卑義翻。史記正義：監，甲暫翻。康曰：景，姓，楚之族。監，古銜切，非。說以富國強兵之術；公大悅，與議國事。說，式芮翻。

十年（壬戌、前三五九）

1 衛鞅欲變法，秦人不悅。衛鞅言於秦孝公曰：「夫民不可與慮始，而可與樂成。夫，音扶。樂，音洛。論至德者不和於俗，成大功者不謀於衆。是以聖人苟可以強國，不法其故。」索隱曰：言救弊爲政之術，所爲苟可以強國，則不必須要法於故事也。甘龍曰：「不然，索隱曰：甘，姓；龍，名。甘姓出春秋時甘昭公子帶之後。姓譜又曰：甘姓，商甘盤之後。緣法而治者，吏習而民安之。」治，直吏翻。衞鞅曰：「常人安於故俗，學者溺於所聞，溺，奴歷翻。以此兩者，居官守法可也，非所與論於法之外也。智者作法，愚者制焉；賢者更禮，不肖者拘焉。」更，工衡翻。公曰：「善。」以衞鞅爲左庶長。劉卲爵制曰：春秋傳有庶長鮑。商君爲政，備其法品爲十八級；合關内侯、列侯，凡二十等。其制因古義。古者天子寄軍政於六卿，居則以田，警則以戰，所謂「入使治之，出使長之，素信者與衆相得」也。故啓伐有扈，乃召六卿，大夫之在軍爲將者也。及周之六卿，亦以居軍。在國也，則以比長、閭胥、族師、黨、州長、卿大夫爲稱；其在軍也，則以司馬、將軍、卒、伍爲號，所以異在國之名也。秦依古制，其在軍賜爵爲等級，其帥人皆更卒也。有功賜爵，則在軍吏之例。自一等以上至不更，四等，皆士也。大夫以上至五大夫，五等，比大夫也。九等，依九命之義也。自左庶長至大庶長，比九卿也。關内侯者，依古圻内子男之義也。秦都山西，以關内爲王畿，故曰關内侯也。列侯者，依古列國諸侯之義也。然則卿、大夫、士下之品，皆倣古比朝之制而異其名，亦所以殊軍國也。古者以車戰，兵車一乘，步卒七十二人，分翼左右；車，大夫在左，御者處中，勇士爲右，凡七十五人。一爵曰公士者，步卒之有爵爲公士者也。二爵曰上造，造，成也，古者成士升於司徒曰造士；雖依此名，皆步卒也。三爵曰簪褭，御駟馬者。要褭者，古之名馬也；駕駟馬，其形似簪，故云簪褭也。四爵曰不更，不更者，爲車右，不復與凡更卒同也。五爵曰大夫，大夫在車左者也。六爵爲官大夫，七爵爲公大夫，八爵爲公乘，九爵爲五大夫，皆軍吏也。吏民爵不得過公乘者，得貰與子若同產。然則公乘者，軍吏之爵最高者也；雖非臨戰，得公乘車，故曰公乘也。十爵爲左庶長，十一爵爲右庶長，十二爵爲左更，十三爵爲中更，十四爵爲右更，十五爵爲少上造，十六爵爲大上造，十七爵爲駟車庶長，十八爵爲大庶長，十九爵爲關內侯，二十爵爲列侯。自左庶長至大庶長，皆卿大夫，皆軍將也；所將皆庶人、更卒也，故以「庶」、「更」爲名。大庶長，卽大將軍也；左、右庶長，卽左、右偏裨將軍也。長，知丈翻。卒定變法之令。令民爲什伍而相收司、連坐，索隱曰：收司，謂相糾發也。一家有罪，則九家連舉發；若不糾舉，則九家連坐。師古曰：五人爲伍，二伍爲什。康曰：司，猶管也。爲什伍之法，使之相司相管。秦有見知連坐法。余謂連坐者，一家有罪，什伍皆相連坐罪也；見知乃漢法。卒，子恤翻。告姦者與斬敵首同賞，索隱曰：謂告姦一人則得爵一級，故云與斬敵首同賞。不告姦者與降敵同罰。索隱曰：律：降敵者誅其身，沒其家。今匿姦者，言當與之同罰。降，戶江翻。有軍功者，各以率受上爵；率，音律。爲私鬬者，各以輕重被刑大小。僇力本業，耕織致粟帛多者，復其身；僇，力竹翻，古戮字；說文：幷力也。字林音遼。復，方目翻。漢法，除其賦、稅、役，皆謂之復。事末利及怠而貧者，舉以爲收孥。索隱曰：末利，謂工、商。糾舉而收錄其妻子，沒爲奴婢。秦法，一人有罪，收其室家。至漢文帝元年，始除收孥相坐法。孥，音奴。宗室非有軍功論，論，議也，有戰功之可論也。論，盧困翻，康盧昆切。不得爲屬籍。屬籍，宗屬之籍也。孔穎達曰：漢之同宗有屬籍，則周家繫之以姓是也。周禮小史之官，掌定帝繫、世本，知世代昭穆。屬，殊玉翻。明尊卑爵秩等級，各以差次，白虎通曰：爵者，盡也，所以盡人才也。毛晃曰：大夫以上預燕饗，然後賜爵秩，以章有德。秩，職也，官也，積也，次也，常也，序也。名田宅、臣妾、衣服。有功者顯榮，無功者雖富無所芬華。

令既具未布，恐民之不信，乃立三丈之木於國都市南門，募民有能徙置北門者予十金。予，讀曰與。民怪之，莫敢徙。復曰：「能徙者予五十金！」復，扶又翻。有一人徙之，輒予五十金。李云：金方寸重一斤，爲一金。程大昌演繁露曰：二十兩爲一金，亦爲一鎰。乃下令。

令行期年，秦民之國都之，往也，如也。言新令之不便者以千數。於是太子犯法。衛鞅曰：「法之不行，自上犯之。」太子，君嗣也，嗣，祥吏翻。不可施刑，刑其傅公子虔，黥其師公孫賈。墨涅其面曰黥。黥，音渠京翻。爲後秦殺商君鞅張本。明日，秦人皆趨令。索隱曰：趨者，向也，附也，音七喻翻。行之十年，秦國道不拾遺，山無盜賊，民勇於公戰，怯於私鬭，鄉邑大治。自是年至三十一年商鞅死，蓋鞅之行其法而致效在十年之間，又十年而致禍。治，直吏翻。秦民初言令不便者，有來言令便。衛鞅曰：「此皆亂法之民也！」盡遷之於邊。其後民莫敢議令。

臣光曰：夫信者，人君之大寶也。夫，音扶。國保於民，民保於信；非信無以使民，非民無以守國。是故古之王者不欺四海，孔穎達曰：自今本昔曰古。霸者不欺四鄰，善爲國者不欺其民，善爲家者不欺其親。不善者反之，欺其鄰國，欺其百姓，甚者欺其兄弟，欺其父子。上不信下，下不信上，上下離心，以至於敗。所利不能藥其所傷，所獲不能補其所亡，豈不哀哉！昔齊桓公不背曹沫之盟，晉文公不貪伐原之利，魏文侯不棄虞人之期，姓譜：曹本自顓頊之玄孫陸終之子六安，是爲曹姓。周武王封曹挾於邾，故邾，曹姓也。又云：曹，叔振鐸之後，武王母弟也，後以爲氏。史記：齊桓公伐魯，魯莊公請平，桓公許之，與盟於柯。將盟，曹沫以匕首劫桓公於壇上，請反魯之侵地。桓公許之，曹沫去匕首而就臣位。桓公後悔，欲殺曹沫，管仲不可，遂反所侵地於魯。諸侯聞之，皆信齊而欲附焉。左傳：晉文公圍原，命三日之糧。原不降，命去之。諜出，曰：「原將降矣。」軍吏曰：「請待之。」公曰：「得原失信，所亡滋多。」退一舍而原降。魏文侯事見上卷威烈王二十三年。背，蒲妹翻。索隱曰：沫，音亡葛翻。左傳、穀梁並作「曹劌」。然則沫宜音劌，沫、劌聲相近而字異耳。秦孝公不廢徙木之賞。此四君者道非粹白，而商君尤稱刻薄，又處戰攻之世，天下趨於詐力，猶且不敢忘信以畜其民，處，昌呂翻。趨，七喻翻。畜，許六翻，養也。況爲四海治平之政者哉！治，直吏翻。

2 韓懿侯薨，子昭侯立。謚法：昭德有勞曰昭；聖聞周達曰昭。

十一年（癸亥、前三五八）

1 秦敗韓師于西山。自宜陽熊耳東連嵩高，南至魯陽，皆韓之西山。敗，補邁翻。

十二年（甲子、前三五七）

1 魏、韓【章：十二行本「韓」作「趙」；乙十一行本同；孔本同；張校同。】會于鄗。班志，鄗縣屬中山郡。此時爲趙地，後漢改曰高邑，唐爲趙州柏鄉縣、贊皇縣地。鄗，呼各翻。

十三年（乙丑、前三五六）

1 趙、燕會于阿。燕，因肩翻。

2 趙、齊、宋會于平陸。

十四年（丙寅、前三五五）

1 齊威王、魏惠王會田于郊。惠王曰：「齊亦有寶乎？」威王曰：「無有。」惠王曰：「寡人國雖小，尚有徑寸之珠，照車前後各十二乘者十枚。乘，繩證翻。豈以齊大國而無寶乎？」威王曰：「寡人之所以爲寶者與王異。吾臣有檀子者，姓譜云：齊公族有食采於瑕丘檀城，因以爲氏。使守南城，城在齊之南境，故曰南城。則楚人不敢爲寇，泗上十二諸侯皆來朝。朝，直遥翻。吾臣有盼子者，使守高唐，則趙人不敢東漁于河。盼，匹莧翻，又披班翻。按丁度集韻，盼，與盻同。盼子，齊之同姓，卽田盼也。班志，高唐縣屬平原郡。杜預曰：祝阿西北有高唐城。宋白曰：齊州章丘縣，古高唐，春秋、戰國之時爲齊邑，故城在廢禹城縣西四十里。唐之禹城，漢祝阿也。吾吏有黔夫者，使守徐州，姓譜：齊有黔敖，則黔亦姓也，音其淹翻。司馬彪曰：魯國薛縣，六國時曰徐州。徐，音舒。丁度集韻「徐」作「俆」，音同。則燕人祭北門，趙人祭西門，燕在齊之北，趙在齊之西。賈逵曰：燕、趙畏齊，故祭以求福。燕，因肩翻。徙而從者七千餘家。吾臣有種首者，使備盜賊，則道不拾遺。種，章勇翻。此四臣者，將照千里，豈特十二乘哉！」惠王有慚色。

2 秦孝公、魏惠王會于杜平。班志，京兆有杜陵縣，故周之杜伯國也。史記灌嬰傳：嬰以昌平侯食邑於杜平鄉。正義曰：杜平在唐之同州澄城縣界。魏世家作「社平」。

3 魯共公薨，子康公毛立。共，讀曰恭。

十五年（丁卯、前三五四）

1 秦敗魏師于元里，史記正義曰：元里亦在同州澄城縣界。敗，補邁翻。斬首七千級，秦法戰而斬敵人一首者，賜爵一級，因謂之級。取少梁。少，詩照翻。

2 魏惠王伐趙，圍邯鄲。楚王使景舍救趙。邯，音寒。鄲，音丹。昭、屈、景，皆楚之同姓，楚強族也。屈，九勿翻。

十六年（戊辰、前三五三）

1 齊威王使田忌救趙。

初，孫臏與龐涓俱學兵法，姓譜：周文王子康叔封於衞，至武公子惠孫曾耳爲衞上卿，因氏焉，後有孫武、孫臏，俱善兵。趙明誠金石錄有漢安平相孫根碑云：先出自有殷之裔子，武王定周，封比干墓，胤裔分析，定曰孫焉。姓譜又曰：龐姓，畢公高之後，支庶封於龐，因氏焉。臏，頻忍翻，刖刑也，去膝蓋骨。鄭玄曰：周改臏作刖，刖，斷足也。書傳云：決關梁、踰城郭而略盜者，其刑臏。孫臏蓋以刖足故呼爲臏。說文：臏，膝耑也；類篇：毗賓切。龐，薄江翻。涓，古玄翻。龐涓仕魏爲將軍，將軍之官，自周以來有之。自以能不及孫臏，乃召之；至，則以法斷其兩足而黥之，斷，丁管翻。欲使終身廢棄。齊使者至魏，孫臏以刑徒陰見，說齊使者；齊使，疏吏翻，說，式芮翻。齊使者竊載與之齊。之，往也。田忌善而客待之，進於威王。威王問兵法，遂以爲師。於是威王謀救趙，以孫臏爲將；辭以刑餘之人不可，乃以田忌爲將而孫子爲師，居輜車中，坐爲計謀。將，即亮翻。字林曰：輧車，有衣蔽、無後轅者謂之輜。釋名曰：有邸曰輜，無邸曰輧。傅子曰：周曰輜車，即輦也。康曰：輧車也，軍行所以載輜重。輜，楚持翻。輧，蒲眠翻。重，直用翻。

田忌欲引兵之趙。孫子曰：「夫解雜亂紛糾者不控拳，索隱曰：謂事之雜亂紛糾也。解雜亂紛糾者，當善以手解之，不可控拳而擊之。余謂雜亂紛糾者，謂人鬭者耳，非事也。康曰：拳，與絭同。絭者，攘臂繩也。余謂當從索隱說，康說非。夫，音扶。救鬭者不搏撠，索隱曰：搏撠，音博戟，謂救鬭者當善搆解之，毋以手相搏撠，則其怒益熾矣。按撠，謂以手持撠以刺人也。余謂索隱之說善矣，但以撠爲持撠以刺人則非也。撠，如漢書「撠太后掖」之撠，師古曰：撠，謂拘持之也。毛晃曰：索持曰搏，拘持曰撠。批亢擣虛，形格勢禁，則自爲解耳。索隱曰：批，白結翻。亢，苦浪翻。按批者，相排批也，音白滅翻。亢，言敵人相亢拒也。擣者，擊也，衝也。虛，空也。謂前人相亢，必須批之，彼兵若虛則衝擣之，若批其相亢，擊擣彼虛，則是其形相格，其勢自禁止，則彼自爲解也。康曰：亢，極也，高也。擣，築也。乘其高亢而批之，乘其虛而擣之，則其勢自解。批亢擣虛，所謂形格勢禁也。余謂索隱之說爲長。蓋鬭者方相亢拒，則排批之使解；虛者，兩敵距鬭力所不及之處，擣之則雖欲鬭，其勢不能不解，此易見也。格，各額翻，格正也，又擊也，鬭也。吳都賦：「𡿩𡿩笑而被格」，本音如字，協韻音閣。𡿩，與狒同，音父沸翻。今梁、趙相攻，輕兵銳卒必竭於外，老弱疲於內；子不若引兵疾走魏都，據其街路，衝其方虛，康曰：虛，音墟。余謂虛，如字，衝其方虛，即上所謂「擣虛」也。索隱之說，義亦如此。

走，則湊翻。彼必釋趙以自救：是我一舉解趙之圍而收弊於魏也。」田忌從之。十月，邯鄲降魏。邯，音寒。鄲，音丹。降，戶江翻。魏師還，與齊戰于桂陵，魏師大敗。還，從宣翻，又音如字。水經註：濮渠與酸水會，水東逕滑臺城南，又東南逕瓦亭南，又東南會于濮。濮渠之側有漆城。桂城亦曰桂陵，卽田忌敗魏師處。史記正義曰：桂陵在曹州乘氏縣東南二十一里。濮，博木翻。

2韓伐東周，取陵觀、廩丘。周室衰微，戰國之時僅有七邑，漢時之河南、洛陽、穀成、平陰、偃師、鞏、緱氏是也。晉志曰：周考王封周桓公孫惠公於鞏，號東周，故戰國有東、西周，芒山、首山其界也。陵觀、廩丘皆當時邑聚之名，史無所考。廩丘，史記作「邢丘」。觀，古玩翻。

3楚昭奚恤爲相。江乙言於楚王曰：「人有愛其狗者，狗嘗溺井，昭、屈、景，楚之強族，所謂「三閭」者也。太史公曰：嬴姓分封爲江氏。相，息亮翻。溺，奴弔翻。其鄰人見，欲入言之，狗當門而噬之。今昭奚恤常惡臣之見，亦猶是也。噬，時制翻。見，謂見楚王也。惡，烏路翻。且人有好揚人之善者，王曰：『此君子也，』近之；好揚人之惡者，王曰：『此小人也，』遠之。好，呼到翻。近者，附近之近，去聲。遠，于願翻，推而遠之。推，吐雷翻。然則且有子弑其父、臣弑其主者，而王終已不知也。己，音紀。終已，猶言終身也。何者？以王好聞人之美而惡聞人之惡也。」王曰：「善，寡人願兩聞之。」江乙欲毀昭奚恤，故先設是言。

十七年（己巳、前三五二）

1 **秦大良造伐魏。**索隱曰：大良造，卽大上造。余謂大良造，大上造之良者也。按史記秦紀：孝公十年，衛鞅爲大良造，將兵圍魏安邑，降之。又按六國年表，秦孝公之十年，顯王之十七年，所謂大良造伐魏，卽衛鞅將兵也。是時魏都安邑，其兵猶強，龐涓、太子申、公子卬未敗，安邑不應遽降於秦。至顯王二十九年，卬軍既敗，魏獻河西之地於秦，始去安邑徙都大梁。史記六國表不書徙大梁而世家書之，魏世家於是年不書安邑降秦而秦紀孝公十年書之。通鑑從魏世家，於顯王二十九年書魏去安邑，徙大梁，而是年不書魏安邑降秦，蓋亦疑而除去之。但大良造之下當有「衛鞅」二字，意謂傳寫通鑑者逸之。【章：十二行本正有「衛鞅」二字；乙十一行本同；孔本同；退齋校同。】

2 **諸侯圍魏襄陵。**史記正義曰：襄陵故城，在兗州鄒縣。余按魏境時不至於鄒。班志，河東有襄陵縣。師古曰：晉襄公之陵，因以名縣。括地志：襄陵在晉州臨汾縣東南三十五里。宋白曰：後魏爲禽昌縣；隋大業二年改爲襄陵縣，以趙襄子、晉襄公俱陵於是邑也。

十八年（庚午、前三五一）

1 **秦衛鞅圍魏固陽，降之。**魏有上郡，北至固陽，漢五原郡稒陽縣是也。括地志：固陽在銀州銀城縣界。按魏築長城，自鄭濱洛，北抵銀州，至勝州固陽縣爲塞也。固陽有連山，東至黃河，西南至夏、會等州。降，戶江翻。夏，戶雅翻。

2 **魏人歸趙邯鄲。**邯，音寒。鄲，音丹。**與趙盟漳水上。**記曲禮曰：涖牲曰盟。盟者，殺牲歃血，誓於神也。天下太平之時，諸侯不得擅相與盟，惟天子巡狩至方岳之下，會畢，乃與諸侯相盟，同好惡，獎王室，以昭事神、訓民、事君，凡國有疑則盟，詛其不信者。至於五霸，有事而會，不協而盟。盟之爲法，先鑿地爲方坎，殺牲於坎上，割牲左耳，盛以珠盤；又取血，盛以玉敦；用血爲盟書，成，乃歃血而讀書。左傳云：「坎用牲加書，」是也。班志：濁漳水出上黨長子縣鹿谷山，東至鄴，入清漳。水經曰：出長子縣發鳩山，東至武安縣與清漳會，謂之交漳口。又東過鄴縣列人，又東北過鉅鹿信都，謂之衡漳；又東北過平舒縣南而東入海。漳，諸良翻。

3 韓昭侯以申不害爲相。諡法：昭德有勞曰昭；聖聞周達曰昭。姓譜：四岳之後封於申。周有申伯，鄭有大夫申侯，齊有申鮮虞。相，息亮翻。

申不害者，鄭之賤臣也，學黃、老、刑名，以干昭侯。黃、老，黃帝、老子之書。昭侯用爲相，内修政教，外應諸侯，十五年，終申子之身，國治兵強。治，直吏翻。

申子嘗請仕其從兄，從，才用翻；羣從之從同。昭侯不許，申子有怨色。昭侯曰：「所爲學於子者，欲以治國也。爲，于僞翻。治，直之翻。今將聽子之謁而廢子之術乎，已其行子之術而廢子之請乎？子嘗教寡人修功勞，視次第；今有所私求，我將奚聽乎？」申子乃辟舍請罪曰：「君眞其人也！」辟，讀曰避。

昭侯有弊袴，命藏之。袴，苦故翻，脛衣也。侍者曰：「君亦不仁者矣，不賜左右而藏之！」昭侯曰：「吾聞明主愛一嚬一咲，嚬有爲嚬，咲有爲咲。今袴豈特嚬咲哉！吾必待有功者。」言袴雖弊，其直猶重，固不止於嚬咲也。然人主之嚬咲，所關甚大，昭侯姑以此爲言耳。爲，于僞翻。嚬，與顰同，愁蹙之貌。咲，古笑字。

十九年（辛未、前三五〇）

1 **秦商鞅築冀闕宮庭於咸陽，**索隱曰：冀闕，卽魏闕也。爾雅：觀謂之闕。郭璞曰：宮門雙闕也。釋名：闕在門兩旁，中間闕然爲道也。三輔黃圖曰：人臣至此，必思其所闕少。爾雅：宮謂之室。郭璞曰：宮，謂圍繞之也。說文曰：庭，朝中也。蒼頡篇曰：庭，直也。風俗通曰：庭，正也。言縣庭、郡庭、朝庭，皆取平均正直也。三輔黃圖曰：山南爲陽，水北爲陽。山水皆在陽，故曰咸陽。漢高帝更名新城，武帝更名渭城，屬右扶風。括地志：咸陽故城，在雍州咸陽縣東十五里，在長安城北四十五里。宋白曰：咸陽縣本周王季所都，秦又都之。三秦記：秦都在九嵕山南，渭水北，山水俱陽，故名咸陽。二十九年，秦始封衛鞅於商，號商君；史以後所封書之。**徙都之。令民父子、兄弟同室內息者爲禁。**息，止也。秦俗，父子、兄弟同室居止；商君始更制，禁同室內息者。堯教民以人倫，教之有序有別。秦用西戎之俗，至於男女無別，長幼無序。商君今爲之禁，古道也，烏可例言之！白虎通曰：父，矩也，以法度教子也。子，孳也，孳孳無已也。兄，況也，況父法也。弟，悌也，心順、行篤也。**幷諸小鄉聚，集爲一縣，縣置令、丞，凡三十一縣。廢井田，開阡陌。**周禮，六鄉，鄉萬二千五百家。又百家之內曰鄉，五鄙爲縣，縣二千五百家，此六遂之縣也。四甸爲縣，此州里之縣也。周制：天子地方千里，分爲百縣，縣有四郡。左傳趙鞅所謂「上大夫受縣，下大夫受郡」者也。秦幷天下，置三十六郡，以監天下之縣，自是始統於郡矣。釋名曰：縣，懸也，懸於郡也。漢書音義所謂「大曰鄉，小曰聚」，亦秦制也。廣雅曰：聚，聚居也，音慈諭翻。縣令、丞之官始此。令，音力正翻。令，命也，告也，律也，法也，長也；使爲一縣之長，以行誥命法律也。丞，翊也，副貳也。成周之制，田方里爲井，井九百畝，八家各耕百畝；其中百畝，八十畝爲公田，二十畝爲廬舍。史記正義曰：南北曰阡，東西曰陌。劉伯莊曰：開田界道，使不相干。長，知兩翻。**平斗、桶、權、衡、丈、尺。**桶，索隱音統，非也；當作「甬」，音勇，斛也。沈括曰：予受詔考鍾律及鑄渾儀，求秦、漢以來度、量、斗、升，計六斗當今之一斗七升九合，秤三斤當今十三兩，一斤當今四兩三分兩之一，一兩當今六銖半。爲升中方，古尺二寸五分十分分之三，今尺一寸八分百分分之四十五強。

2 秦、魏遇于彤。彤，周彤伯所封之國，國於王畿之內。史記六國年表：商君反，死彤地。則其地當在漢京兆鄭縣界。彤，徒冬翻。

3 趙成侯薨，公子緤與太子爭立；緤敗，奔韓。緤，私列翻。趙成侯，敬侯之子，名種。太子，肅侯語也。

二十一年（癸酉、前三四八）

1 秦商鞅更爲賦稅法，行之。井田既廢，則周什一之法不復用，蓋計畝而爲賦稅之法。更，工衡翻。

二十二年（甲戌、前三四七）

1 趙公子范襲邯鄲，不勝而死。邯，音寒。鄲，音丹。

二十三年（乙亥、前三四六）

1 齊殺其大夫牟。

2 魯康公薨，子景公偃立。

3 衞更貶號曰侯，服屬三晉。周成王封康叔爲衞侯，其後世進爵爲公；今寖以弱小，貶號曰侯。貶，悲檢翻。

二十五年（丁丑、前三四四）

1 諸侯會于京師。時天下宗周，以洛陽爲京師。京，大也；師，衆也；京師，衆大之名也。

二十六年（戊寅、前三四三）

1 王致伯于秦，伯，如字。伯者，周二伯、九伯之任。諸侯皆賀秦。秦孝公使公子少官帥師會諸侯于逢澤以朝王。左傳：逢澤有介麋焉，宋地也。杜預註曰：地理志言逢澤在滎陽開封縣東北；遠，疑非。括地志曰：逢澤在汴州浚儀縣東南二十四里。帥，音率。

二十八年（庚辰、前三四一）

1 魏龐涓伐韓。韓請救於齊。齊威王召大臣而謀曰：「蚤救孰與晚救？」成侯曰：「不如勿救。」鄒忌爲齊相，封成侯。田忌曰：「弗救則韓且折而入於魏，折，而設翻。不如蚤救之。」孫臏曰：「夫韓、魏之兵未弊而救之，臏，頻忍翻，又毗賓翻。夫，音扶。是吾代韓受魏之兵，顧反聽命於韓也。且魏有破國之志，韓見亡，必東面而愬於齊矣。見亡，言見有亡國之勢也。愬，告愬也。吾因深結韓之親而晚承魏之弊，則可受重利而得尊名也。」王曰：「善。」乃陰許韓使而遣之。陰，闇也。使，疏吏翻。韓因恃齊，五戰不勝，而東委國於齊。齊因起兵，使田忌、田嬰、田盼將之，盼，與昐同，音匹莧翻。將，卽亮翻；下同。又音如字，領也。孫子爲師，以救韓，直走魏都。走，音奏。龐涓聞之，去韓而歸。龐，薄江翻。涓，工玄翻。魏人大發兵，以太子申爲將，以禦齊師。孫子謂田忌曰：「彼三晉之兵素悍勇而輕齊，將，卽亮翻。

悍，下罕翻，又音汗。齊號爲怯。善戰者因其勢而利導之。兵法：『百里而趣利者蹶上將，五十里而趣利者軍半至。』」此孫武子兵法也。趣，七喩翻。魏武帝曰：蹶，其月翻。蹶，猶挫也。劉氏曰：蹶，猶斃也。半至，謂軍趣利前後不相屬，半至半不至也。屬，陟玉翻。乃使齊軍入魏地爲十萬竈，明日爲五萬竈，又明日爲二萬竈。龐涓行三日，大喜曰：「我固知齊軍怯，入吾地三日，士卒亡者過半矣！」過，工禾翻。乃棄其步軍，句斷。龐，薄江翻。涓，圭淵翻。與其輕鋭倍日并行逐之。并行，兼程而行也。倍日，一日行兩日之程，亦兼程也。孫子度其行，暮當至馬陵，司馬彪志：魏郡元城縣。註云：左傳成七年，會馬陵；杜預註，在縣東南，龐涓死處。虞喜志林：馬陵在濮州鄄城東北六十里，澗谷深，可以置伏。度，徒洛翻。鄄，吉掾翻。馬陵道陿而旁多阻隘，可伏兵，陿，與狹同。隘，烏懈翻。乃斫大樹，白而書之曰：「龐涓死此樹下！」於是令齊師善射者萬弩夾道而伏，期日暮見火舉而俱發。龐涓果夜到斫木下，見白書，以火燭之，讀未畢，萬弩俱發，魏師大亂相失。龐涓自知智窮兵敗，乃自剄，曰：「遂成豎子之名！」龐，薄江翻。涓，工玄翻。剄，古頂翻，斷首也；康古定切，非。豎，殊遇翻。說文：豎使布短衣。齊因乘勝大破魏師，虜太子申。

2 成侯鄒忌惡田忌，鄒，以國爲氏。惡，烏路翻。使人操十金，卜於市，操，七刀翻。曰：「我，田忌之人也。我爲將三戰三勝，欲行大事，可乎？」卜者出，因使人執之。田忌不能自明，率其徒攻臨淄，臨淄，齊國都也；城臨淄水，因以爲名。班志，臨淄屬齊國。臣瓚曰：臨淄，卽營丘，太公營之。

淄，莊持翻。求成侯；不克，出奔楚。爲下齊復田忌張本。

二十九年（辛巳、前三四〇）

1 衛鞅言於秦孝公曰：「秦之與魏，譬若人有腹心之疾，非魏幷秦，秦卽幷魏。何者？魏居嶺阨之西，索隱曰：蓋安邑以東，山嶺險阨之地，今蒲州中條以東，連汾、晉之險嶝，皆其地也。阨，於革翻。都安邑，與秦界河，秦、魏以河爲界也。而獨擅山東之利，擅，市戰翻。利則西侵秦，病則東收地。今以君之賢聖，國賴以盛；而魏往年大破於齊，諸侯畔之，可因此時伐魏。魏不支秦，必東徙，然後秦據河、山之固，東鄉以制諸侯，鄉，讀曰嚮。此帝王之業也。」公從之，使衛鞅將兵伐魏。魏使公子卬將而禦之。

軍既相距，衛鞅遺公子卬書曰：「吾始與公子驩；今俱爲兩國將，將，卽亮翻。遺，于季翻。不忍相攻，可與公子面相見盟，樂飲而罷兵，以安秦、魏之民。」樂，音洛。公子卬以爲然，乃相與會；盟已，飲，盟已而飲也。而衛鞅伏甲士，襲虜公子卬，因攻魏師，大破之。

魏惠王恐，使使獻河西之地於秦以和。使使，下疏吏翻。因去安邑，徙都大梁。班志：陳留郡浚儀縣，故大梁。杜佑曰：汴州城西古城，戰國時魏惠王所築。乃歎曰：「吾恨不用公叔之言！」公叔言見上八年。

秦封衛鞅商於十五邑。班志：弘農郡商縣，商君邑。裴駰曰：商於之地在今順陽郡南鄉、丹水二縣，有商城在於中，故謂之商於。史記正義曰：丹水及商皆屬弘農，今言順陽，是魏、晉始分置順陽郡，商及丹水皆屬之也。水經註：丹水逕南鄉、丹水二縣之間，歷於中之北，所謂商於者也。杜佑曰：今鄧州內鄉縣東七里有於村，蓋秦所謂商州。商洛縣，古商邑，卨所封也；漢爲商縣。於，如字。號曰商君。

2 齊、趙伐魏。

3 楚宣王薨，子威王商立。

三十一年（癸未、前三三八）

1 秦孝公薨，子惠文王立。公子虔之徒告商君欲反，發吏捕之。商君亡之魏；之，如也，往也。魏人不受，復內之秦。內，讀曰納。怨其挾詐以破魏師，故不受。商君乃與其徒之商於，發兵北擊鄭。之，往也，如也。鄭，京兆之鄭縣也，周宣王弟鄭桓公采邑，唐屬華州。宋白續通典曰：鄭縣古城在華州郡城北。秦人攻商君，殺之，車裂以徇，盡滅其家。車裂，古之轘刑。轘，戶串翻。

初，商君相秦，用法嚴酷，嘗臨渭論囚，渭水盡赤。相，息亮翻。水經：渭水出隴西首陽縣鳥鼠山，東流至秦都咸陽南。商君蓋臨此以論囚。決罪曰論。論，盧困翻。爲相十年，人多怨之。按顯王十七年，秦以商鞅爲大良造；十九年，商鞅徙秦都咸陽，廢井田，開阡陌，平權量。二十一年，更賦稅法，爲相當在是年，至今年十年矣。趙良見商君，商君問曰：「子觀我治秦治，直之翻。孰與五羖大夫賢？」百里奚自賣以五羖羊之皮，爲人養牛；秦穆公舉以爲相，秦人謂之五羖大夫。羖，牡羊也。羖，音古。趙良曰：「千人之諾諾，不如一士之諤諤。引趙簡子之言。諾，應聲也。諤，謇直也。僕請終日正言而無誅，可乎？」商君曰：「諾。」趙良曰：「五羖大夫，荆之鄙人也，穆公舉之牛口之下孟子：百里奚，虞人也，以食牛干秦繆公。今曰荆之鄙人，按史記：晉滅虞，執百里傒，爲秦繆夫人媵。百里傒亡秦走宛，楚鄙人執之；繆公以五羖羊皮贖之，以爲上大夫。傒，讀與奚同。繆，讀與穆同。媵，以證翻。宛，於元翻。而加之百姓之上，秦國莫敢望焉。相秦六七年而東伐鄭，謂左傳僖三十年與晉圍鄭也。相，息亮翻。三置晉君，一救荆禍。三置晉君，謂立惠公、懷公、文公也。索隱曰：十二諸侯年表，穆公二十八年，會晉伐楚朝周；此云救荆，未詳。余按左傳，晉既敗楚于城濮，又敗秦於殽，穆公使鬬克歸楚求成，所謂救荆禍，蓋指此也。秦諱楚，故其國記率謂楚爲「荆」。太史公取秦記爲史記，通鑑又因史記而成書，故亦以楚爲荆。其爲相也，勞不坐乘，古者車立乘，惟安車則坐乘耳。暑不張蓋。周禮：輪人爲蓋。蓋，所以覆冒車上也。行於國中，不從車乘，乘，繩證翻。不操干戈。操，七刀翻。五羖大夫死，秦國男女流涕，童子不歌謠，舂者不相杵。記：鄰有喪，舂不相。註云：相杵者，以音聲相勸。相，息亮翻。今君之見也，因嬖人景監以爲主；事見上八年。嬖，卑義翻，又博計翻。監，甲暫翻。其從政也，淩轢公族，殘傷百姓。轢，郎擊翻。車踐曰轢。公子虔杜門不出已八年矣。君又殺祝懽而黥公孫賈。祝，姓也。古有巫、史、祝之官，其子孫因以爲姓。或曰：武王封黄帝之後於祝，其子孫因氏焉。黥，其京翻。詩曰：『得人者興，失人者崩。』逸詩也。此數者，非所以得人也。君之出也，後車載甲，多力而駢脅者爲驂乘，杜預曰：駢脅，合幹也。駢，步田翻。乘，繩證翻。驂，讀曰參。持矛而操闟戟者旁車而趨。薛綜曰：闟之爲言函也，取四戟函車邊。此蓋令力士旁車而趨，有急則操翕戟以禦之也。後漢志有闟戟車。晉志：闟戟車，長戟邪偃在後。唐韻：戟名曰闟，音所及翻。史記正義曰：顧野王云：矛，鋋也。方言云：矛，吳、楚、江、淮之間謂之鋋。釋名曰：戟，格也，旁有枝格。旁車之旁，音步浪翻。此一物不具，君固不出。書曰：『恃德者昌，恃力者亡。』逸書也。此數者，非恃德也。君之危若朝露，朝露易晞，言不久也。而尚貪商於之富，寵秦國之政，言以專秦國之政爲寵也。畜百姓之怨。畜，讀曰蓄。秦王一旦捐賓客而不立朝，朝，直遙翻。秦國之所以收君者豈其微哉！」微，少也。趙良言豈少，蓋謂太子與其師傅將挾怨而殺之也。商君弗從。居五月而難作。難，乃旦翻。史言商君尚刑愎諫之禍速。

三十二年（甲申、前三三七）

1韓申不害卒。卒，子恤翻。

三十三年（乙酉、前三三六）

1宋太丘社亡。班志，沛郡有太丘縣。又志曰：宋太丘社亡，周鼎淪沒於泗水中。爾雅：右陵太丘。釋云：謂丘之西有大阜者爲太丘。宋太丘社亡，蓋依丘作社，於時亡去，咎證也。

2鄒人孟軻見魏惠王，鄒，春秋之邾國也。班志，鄒縣屬魯國。宋白曰：淄州鄒平縣，漢舊縣。王曰：「叟，叟者，尊老之稱。稱，尺證翻。不遠千里而來，亦有以利吾國乎？」孟子曰：「君何必曰利，仁義而已矣！不遠千里，言不以千里爲遠也。君曰何以利吾國，大夫曰何以利吾家，士庶人曰何以利吾身，上下交征利而國危矣。未有仁而遺其親者也，未有義而後其君者也。」後，戶豆翻。王曰：「善。」通鑑於此段前後書王，因孟子之文也。中間敍孟子答魏王之言，獨改「王」曰「君」，不與魏之稱王也。

初，孟子師子思，嘗問牧民之道何先。子思曰：「先利之。」孟子曰：「君子所以敎民者，亦仁義而已矣，何必利！」子思曰：「仁義固所以利之也。上不仁則下不得其所，上不義則下樂爲詐也，樂，音洛。此爲不利大矣。故易曰：『利者，義之和也。』易乾卦文言。又曰：『利用安身，以崇德也。』易大傳之辭。此皆利之大者也。」

臣光曰：子思、孟子之言，一也。夫唯仁者爲知仁義之爲【章：十二行本無「爲」字；乙十一行本同。】利，不仁者不知也。夫，音扶。故孟子對梁王直以仁義而不及利者，所與言之人異故也。

三十四年（丙戌、前三三五）

1秦伐韓，拔宜陽。

三十五年（丁亥、前三三四）

1齊王、魏王會于徐州以相王。史記正義曰：竹書紀年云：梁惠王三十年，下邳遷于薛，改曰徐州。續漢志曰：魯國薛縣，六國時曰徐州。與竹書合。徐，音舒。相王者，相立爲王也。

2 **韓昭侯作高門，屈宜臼曰：「君必不出此門。**許慎曰：屈宜臼，楚大夫，時在韓。屈，九勿翻。**何也？不時。吾所謂時者，非時日也。夫人固有利、不利時。**夫，音扶。**往者君嘗利矣，不作高門。前年秦拔宜陽，今年旱，君不以此時恤民之急而顧益奢，此所謂時詘舉贏者也。**詘，區勿翻。徐廣曰：時衰耗而作奢侈，言國家多難而勢詘，此時宜恤民之急，而舉事反若有贏餘者，失其所以爲國之道矣。「時詘舉贏」，蓋古語也。贏，怡成翻。**故曰不時。」**

3 **越王無彊伐齊。**越王句踐之後。自句踐至無彊，凡六世。句，音鉤。踐，音慈淺翻。**齊王使人說之以伐齊不如伐楚之利。**說，式芮翻。**越王遂伐楚。楚人大敗之，**敗，補邁翻。**乘勝盡取吳故地，東至于浙江。越以此散，諸公族爭立，或爲王，或爲君，濱於海上，**吳之故地，漢會稽、九江、丹楊、豫章、廬江、廣陵、臨淮等郡是也。越初都會稽，其境北至於禦兒，不能全有漢會稽一郡地；及其滅吳，始幷有吳地。今楚取吳地至于浙江，則禦兒亦入于楚矣。浙江有三源：發於太末者謂之穀水，今之衢港是也；發於烏傷者，水經謂之吳寧溪，今之婺港是也；發於黝縣者，班志謂之漸江水，今之徽港是也：三水合爲浙江，東至錢唐入海。浙，折也，言水屈折於羣山之間也。釋名曰：江，共也，小水流入其中，所公共也。國於海上者，漢之甌越、閩越、駱越其後也。浙，之列翻。濱，音賓。會，古外翻。太末之太，孟康音闥。港，古項翻。婺，亡遇翻。黝，音伊。閩，眉巾翻。駱，音洛。**朝服於楚。**朝，直遙翻。

三十六年（戊子、前三三三）

1 楚王伐齊，圍徐州。徐，音舒。

2 韓高門成。昭侯薨，卒如屈宜臼言。卒，子恤翻。子宣惠王立。宣惠，複謚也。

3 初，洛陽人蘇秦說秦王以兼天下之術，說，式芮翻。姓譜：蘇，己姓，顓頊裔孫吳回生陸終，陸終生昆吾，封於蘇，至周，蘇公。秦王不用其言。蘇秦乃去，說燕文公曰：「燕之所以不犯寇被甲兵者，以趙之爲蔽其南也。燕，因肩翻。被，皮義翻。且秦之攻燕也，戰於千里之外；趙之攻燕也，戰於百里之內。燕南與趙接境；戰於百里之內，言其近也。秦欲攻燕，自蒲、潼下兵，則爲趙所隔，故必逕上郡之西，出雲中、九原然後至燕，故云戰於千里之外。夫不憂百里之患而重千里之外，計無過於此者。夫，音扶。計無過於此者，言燕計之過，無甚於此。願大王與趙從親，從，子容翻。天下爲一，則燕國必無患矣。」此蘇秦爲燕至計，先定於胸中者。

文公從之，資蘇秦車馬，以說趙肅侯曰：「當今之時，山東之建國莫強於趙，說，式芮翻。建國，猶言立國也。秦之所害亦莫如趙。然而秦不敢舉兵伐趙者，畏韓、魏之議其後也。秦之攻韓、魏也，無有名山大川之限，稍蠶食之，傅國都而止。傅，讀曰附，傅著之傅。韓、魏不能支秦，必入臣於秦；秦無韓、魏之規則禍中於趙矣。中，竹仲翻。臣以天下地【章：十二行本「地」作「之」；乙十一行本同；孔本同；張校同。】圖案之，諸侯之地五倍於秦，料度諸侯之卒十倍於秦。料，音聊，又如字。度，徒洛翻。六國爲一，并力西鄉而攻秦，鄉，讀曰嚮。秦必破矣。夫衡人者皆欲割諸侯之地以與秦，衡，讀曰橫。衡人，說客之連横者。秦成則其身富榮，國被秦患而不與其憂，與，讀曰預。是以衡人日夜務以秦權恐愒諸侯，以求割地。索隱曰：恐，起拱翻。愒，許曷翻，又呼曷翻，謂相恐脅也。鄒氏愒音憩，義疏。故願大王熟計之也！竊爲大王計，莫如一韓、魏、齊、楚、燕、趙爲從親以畔秦，從，子容翻。畔，反也，反秦之所爲也，秦之所爲者衡也。令天下之將相會於洹水之上，令，盧經翻，使也。將，即亮翻。相，息亮翻。徐廣曰：洹水出汲郡林慮縣。水經：洹水出上黨泫氏縣東北，出山逕鄴縣南，又東過内黄縣北，入于白溝。洹，音桓，又于元翻。慮，音廬。通質結盟，質，音致。約曰：『秦攻一國，五國各出鋭師，或橈秦，服虔曰：橈，弱也，音奴教翻，又音乃卯翻。或救之。有不如約者，五國共伐之！』諸侯從親以擯秦，秦甲必不敢出於函谷以害山東矣。」從，子容翻。擯，必刃翻。班志，弘農郡弘農縣有秦函谷關；漢武帝從楊僕之請，移關於新安縣。文穎曰：秦關在弘農縣衡嶺，後移在河南穀成縣。師古曰：今桃林縣有洪溜澗水，即古所謂函谷，其水北流入河，夾河之岸尚有舊關餘跡焉。穀成，即新安。杜佑曰：漢函谷關在漢新安縣東北一里，其秦關在今靈寶縣。肅侯大說，索隱曰：肅侯，名語。謚法：剛德克就曰肅；執心決斷曰肅。說，與悅同。厚待蘇秦，尊寵賜賚之，以約於諸侯。

會秦使犀首伐魏，大敗其師四萬餘人，禽將龍賈，取雕陰，犀首，魏官名。公孫衍爲此官，因號犀首，猶虎牙將軍之稱。龍姓出於龍伯氏，或云出於御龍氏。班志，上郡有雕陰道。括地志：雕陰故城，在鄜州洛交縣北二十里。敗，補邁翻。稱，尺證翻。且欲東兵。言引兵東下也。蘇秦恐秦兵至趙而敗從約，從，子容翻。念莫可使用於秦者，乃激怒張儀，入之於秦。

張儀者，魏人，與蘇秦俱事鬼谷先生，蓋居於鬼谷，因以稱之。隋志，馮翊郡韓城縣有鬼谷。風俗通義曰：鬼谷先生，六國時縱横家。索隱曰：扶風池陽、潁川陽城並有鬼谷，蓋是其人所居，因以爲號。又樂壹註鬼谷子書云：蘇秦欲神祕其道，故假名鬼谷。學縱横之術，縱，與從同，音子容翻。蘇秦自以爲不及也。儀游諸侯無所遇，困於楚，蘇秦故召而辱之。儀恐，「恐」，史記作「怒」。念諸侯獨秦能苦趙，遂入秦。蘇秦陰遣其舍人齎金幣資儀，文穎曰：舍人，主廄内小吏官名也。師古曰：舍人，親近左右之通稱也；後遂爲司屬官號。齎，則兮翻。儀得見秦王。秦王說之，說，讀曰悦。以爲客卿。秦有客卿之官，以待自諸侯來者，其位爲卿而以客禮待之也。舍人辭去，曰：「蘇君憂秦伐趙敗從約，敗，補邁翻。從，子容翻。以爲非君莫能得秦柄；故激怒君，使臣陰奉給君資，盡蘇君之計謀也。」張儀曰：「嗟乎，此吾在術中而不悟，吾不及蘇君明矣。爲吾謝蘇君，蘇君之時，儀何敢言！」爲吾之爲，于僞翻。爲後蘇秦死、儀方出說六國張本。說，式芮翻。

於是蘇秦說韓宣惠王曰：「韓地方九百餘里，帶甲數十萬，天下之強弓、勁弩、利劍皆從韓出。韓卒超足而射，百發不暇止。以韓卒之勇，被堅甲，蹠勁弩，被，皮義翻。蹠，之石翻，踏也。史記正義曰：欲放弩者皆坐，舉足踏弩材，手引湊機，然後發之。帶利劍，一人當百，不足言也。大王事秦，秦必求宜陽、成皋；韓之宜陽，西接境於秦，當函谷出兵之路。成皋，春秋鄭之制邑，亦曰虎牢，戰國時爲鄭之屏蔽，皆韓之地。班志，宜陽屬弘農郡，成皋屬河南郡。今茲効之，明年復求割地。復，扶又翻。與則無地以給之；不與則棄前功，受後禍。且大王之地有盡而秦求無已，以有盡之地逆無已之求，此所謂市怨結禍者也，市，買也。凡以物買賣貿易曰市。不戰而地已削矣。鄙諺曰：『寧爲雞口，無爲牛後。』諺，魚變翻，俗言也。史記正義曰：雞口雖小，猶進食；牛後雖大，乃出糞。爾雅翼曰：蘇秦說韓王，「寧爲雞尸，無爲牛從。」尸，主也；一羣之主，所以將衆也。從，從物者也，謂牛子也；隨羣而往，制不在我者也。言寧爲雞中之主，不爲牛子之從後也。此本諸延篤註戰國策。夫以大王之賢，挾强韓之兵，而有牛後之名，臣竊爲大王羞之！」夫，音扶。挾，戶頰翻。爲，于僞翻。韓王從其言。

蘇秦說魏王曰：「大王之地方千里，地名雖小，然而田舍廬廡之數，廡，文甫翻。數，七欲翻，密也。曾無所芻牧。曾，才登翻。芻，刈草也。牧，放牧也。言魏民居蕃庶，無刈芻放牧之地也。人民之衆，車馬之多，日夜行不絕，輷輷殷殷，若有三軍之衆。輷，呼宏翻。殷，音隱。臣竊量大王之國不下楚。量，呂張翻，量度也。今竊聞大王之卒，武士二十萬，蒼頭二十萬，奮擊二十萬，廝徒十萬；武士，武卒也。詳見後第六卷秦昭襄王五十二年。蒼頭，謂著青帽；項羽傳有「異軍蒼頭特起」。奮擊，簡軍中之勇士敢奮力而擊敵者異之。蘇林曰：取薪之卒曰廝，音斯。車六百乘，騎五千匹；古者用車戰，戰國始用騎兵，車騎異用而並用矣。乘，繩證翻。騎，奇寄翻。乃聽於羣臣之說，而欲臣事秦！【章：乙十一行本「秦」下有「願大王熟察之」六字；孔本同；張校同；退齋校同；百衲本缺葉。】故敝邑趙王使臣効愚計，奉明約，在大王之詔詔之。」魏王聽之。

蘇秦說齊王曰：「齊四塞之國，地方二千餘里，帶甲數十萬，粟如丘山。三軍之良，五家之兵，三軍，謂三晉之軍。高誘曰：五家，卽五國。進如鋒矢，戰如雷霆，解如風雨，卽有軍役，未嘗倍泰山、絕清河、涉渤海者也。倍，與背同，音蒲妹翻，鄉倍之倍也。班志：泰山在泰山郡博縣東北。水經：淇水自館陶清淵東北過廣宗縣東，爲清河，漢因置清河郡；清河又東過脩縣，與大河張甲故瀆合，又東過東光、南皮等縣，齊之北界也。又齊東、北皆阻海，漢渤海郡亦其境也。師古曰：郡在渤海之濱，因以爲名。直度曰絕；由滕以上曰涉。臨淄之中七萬戶，臣竊度之，不下戶三男子，不待發於遠縣，而臨淄之卒固已二十一萬矣。臨淄甚富而實，其民無不鬭雞、走狗、六博、闒鞠。說文曰：六博，局戲也。六箸十二棋，烏胄所作。楚辭：箟蔽象棋有六博。鮑宏博經曰：琨蔽，玉箸也。各投六箸，行六棋，故曰六博。用十二棋，六棋白，六棋黑。所擲頭謂之瓊，瓊有五采，刻爲一畫者謂之塞，刻爲兩畫者謂之白，刻爲三畫者謂之黑；一邊不刻者，五塞之間，謂之五塞。「闒鞠」，史記作「蹋鞠」，以皮爲之，實之以毛，蹴蹋而戲。劉向曰：蹴鞠起於戰國之時，所以練武士，因嬉戲而講習之；或言黃帝所作。闒，徒臘翻。臨淄之塗，車轂擊，人肩摩，連衽成帷，揮汗成雨。夫韓、魏之所以重畏秦者，爲與秦接境壤也。夫，音扶。爲，于僞翻。兵出而相當，不十日而戰，勝存亡之機決矣。「而戰」句斷。「勝」下當有「負」字。以此觀之，文意明通。竊謂通鑑承史記元文之誤。韓、魏戰而勝秦，則兵半折，折，常列翻，摧折也。四境不守；戰而不勝，則國已危亡隨其後；是故韓、魏之所以重與秦戰而輕爲之臣也。今秦之攻齊則不然，倍韓、魏之地，過衞陽晉之道，經乎亢父之險，車不得方軌，騎不得比行，水經註：瓠子河出東郡濮陽縣北河，南至濟陰句陽縣爲新溝，又東過廩丘縣與濮水俱東。瓠河又逕陽晉城南，蘇秦所謂「衞陽晉之道」也。史記正義曰：陽晉故城在曹州乘氏縣西北三十七里。班志，亢父縣屬東平國。又括地志：亢父故城，在兗州任城縣南五十一里。亢，音抗，又音剛。父，音甫。說文：軌，車轍也。顏師古曰：車併行爲方軌。騎，奇寄翻。比，毗義翻，次也。行，戶剛翻，列也；凡行列之行皆同音。車併讀曰並。百人守險，千人不敢過也。秦雖欲深入則狼顧，恐韓、魏之議其後也，爾雅翼：狼猛而敏給，能自顧其後；蓋狼行而屢顧，恐人掎其後故也。掎，居綺翻。是故恫疑、虛喝、驕矜而不敢進，恫，他紅翻，恐懼貌。高誘曰：虛喝，喘息懼貌。劉氏曰：秦自疑懼，虛作恐猲之辭以脅韓、魏也。史記正義曰：言秦雖至亢父，猶恐懼狼顧，虛作喝罵，驕溢矜誇而不敢進伐齊。喝，呼葛翻；亦作猲，音同。則秦之不能害齊亦明矣。夫不深料秦之無柰齊何，而欲西面而事之，是羣臣之計過也。夫，音扶。今無臣事秦之名而有強國之實，臣是故願大王少留意計之！」齊王許之。少，始紹翻。

乃西南說楚威王曰：「楚，天下之強國也，地方六千餘里，帶甲百萬，車千乘，騎萬匹，楚在齊之西南，故蘇秦自齊而西南詣楚。說，式芮翻。乘，繩證翻。騎，奇寄翻。粟支十年，此霸王之資也。秦之所害莫如楚，楚強則秦弱，秦強則楚弱，其勢不兩立。故爲大王計，莫如從親以孤秦。從，子容翻。臣請令山東之國令，盧經翻，使也。奉四時之獻，以承大王之明詔；委社稷，奉宗廟，練士厲兵，在大王之所用之。故從親則諸侯割地以事楚，衡合則楚割地以事秦，從，子容翻。衡，讀曰横。此兩策者相去遠矣，大王何居焉？」楚王亦許之。

於是蘇秦爲從約長，長，知丈翻。幷相六國，相，息亮翻。北報趙，車騎輜重擬於王者。康曰：輜重，載物車也。行者之車，總曰輜重。韻書曰：輜，莊持翻，庫車也。重，直用翻。考異曰：史記蘇秦傳：「秦兵不敢闚函谷關十五年。」又云：「其後秦使犀首欺齊、魏，與共伐趙，蘇秦去趙而從約皆解。」齊、魏伐趙，敗從約，止在明年耳。其自相違戾如此！秦本紀：「惠文王七年，公子卬與魏戰，虜其將龍賈，」後二年事耳；烏在其不闚函谷十五年乎！此出於遊談之士誇大蘇秦而云爾。今不取。

4 齊威王薨，子宣王辟彊立；知成侯賣田忌，事見上二十八年。乃召而復之。

5 燕文公薨，子易王立。諡法：好更改舊曰易。燕，因肩翻。易，音如字。更，工衡翻。

6 衞成侯薨，子平侯立。諡法：治而無眚曰平；執事有制曰平；布綱治紀曰平；又曰：惠無內德曰平。

三十七年（己丑、前三三二）

1 秦惠王使犀首欺齊、魏，與共伐趙，以敗從約。敗，補邁翻。從，子容翻。趙肅侯讓蘇秦，蘇秦恐，請使燕，必報齊。蘇秦去趙而從約皆解。趙人決河水以灌齊、魏之師，齊、魏之師乃去。

2 魏以陰晉爲和於秦，實華陰。班志，華陰，故陰晉，秦惠文王五年更名寧秦，漢高帝改曰華陰縣，屬京兆，以其地在華山之陰也。宋白曰：華陰分秦、晉之境：邊晉之西，則曰陰晉；邊秦之東，則曰寧秦。華，戶化翻。

3 齊王伐燕，取十城；已而復歸之。

三十九年（辛卯、前三三〇）

1秦伐魏，圍焦、曲沃。班志，弘農郡陝縣有焦城，左傳所謂「晉與秦焦、瑕」者也。括地志：焦在陝城東百步。曲沃在陝西南三十二里，因曲沃水爲名。酈道元曰：案春秋文公十三年，晉侯使詹嘉處瑕，守桃林之塞以備秦，時以曲沃之官守之，故曲沃之名遂爲積古之傳。宋白曰：焦，古焦國。括地志：焦城在陝城東北百步，因焦水爲名；周同姓所封。魏入少梁、河西地於秦。少，詩照翻。二十九年，魏已使使獻河西於秦以和，今乃入其地。

四十年（壬辰、前三二九）

1秦伐魏，渡河，取汾陰、皮氏，班志，汾陰縣屬河東郡。皮氏縣，故耿國，晉獻公以封趙夙者也，亦屬河東郡。括地志：汾陰故城，在蒲州汾陰縣北九里，皮氏故城，在絳州龍門縣西百八十步。拔焦。

2楚威王薨，子懷王槐立。謚法：慈仁短折曰懷；又懷，思也。槐，乎乖翻，又乎瑰翻。折，而設翻。

3宋公剔成之弟偃襲攻剔成；剔成奔齊，偃自立爲君。剔，他歷翻。

四十一年（癸巳、前三二八）

1秦公子華、張儀帥師圍魏蒲陽，取之。史記正義曰：蒲陽在隰州隰川縣，蒲邑故城是也。帥，讀曰率。張儀言於秦王，請以蒲陽復與魏，而使公子繇質於魏。質，音致。儀因說魏王曰：「秦之遇魏甚厚，魏不可以無禮於秦。」魏因盡入上郡十五縣以謝焉。說，式芮翻。括地志曰：上郡故城在綏州上縣東南五十里，魏、秦之上郡地也。史記正義曰：按鄜、坊、丹、延等州，北至固陽，盡上郡地。魏築長城界秦，自華州鄭縣濱洛至慶州洛源縣自於山，卽東北至勝州固陽，東至河西上郡之地，盡入於秦。秦之與魏者小，魏之謝秦者大，史言張儀爲秦計者甚巧。**張儀歸而相秦。**相，息亮翻。

四十二年（甲午、前三二七）

1 **秦縣義渠，以其君爲臣。**義渠，西戎國名，秦取之以爲縣。班志，義渠道屬北地郡。括地志：寧、慶、原三州，秦之北地郡也。

2 **秦歸焦、曲沃於魏。**旣取而復歸之。秦之於魏，若玩弄嬰兒於掌股之上耳。

四十三年（乙未、前三二六）

1 **趙肅侯薨，**索隱曰：肅侯，名語。**子武靈王立；置博聞師三人，左、右司過三人，先問先君貴臣肥義，加其秩。**索隱曰：武靈王，名雍。姓譜：肥姓，肥子之後，以國爲姓。

四十四年（丙申、前三二五）

1 **夏，四月，戊午，秦初稱王。**

2 **衞平侯薨，子嗣君立。**嗣，祥吏翻。**衞有胥靡亡之魏，**漢書音義曰：胥，相也。靡，隨也。古者相隨坐輕刑之名，謂罪不至於扑刑者，令衣褐帶索，相隨以執役。朱元晦曰：胥靡者，連鎖役作也。胥，新於翻。靡，毋被翻。**因爲魏王之后治病。**爲，于僞翻。治，直之翻。**嗣君聞之，**【章：十二行本「之」下有「使人」二字；

乙十一行本同；孔本同；退齋校同。】請以五十金買之。五反，魏不與，乃以左氏易之。左右諫曰：「夫以一都買一胥靡，可乎？」夫，音扶；下同。嗣君曰：「非子所知也！夫治無小，亂無大。治，直吏翻。法不立，誅不必，雖有十左氏，無益也。法立，誅必，失十左氏，無害也。」魏王聞之曰：「人主之欲，不聽之不祥。」因載而往，徒獻之。此學申、韓者爲之說耳。

四十五年（丁酉、前三二四）

1秦張儀帥師伐魏，取陝。班志，陝縣屬弘農郡，故虢國。北虢在大陽，東虢在滎陽，西虢在雍州。周、召分陝而治，即此陝也。帥，讀曰率。陝，失冉翻。召，讀曰邵。

2蘇秦通於燕文公之夫人，易王知之。燕，因肩翻。易，音如字。說，式芮翻。謚法：好更改舊曰易。註：變故改常。蘇秦恐，乃說易王曰：「臣居燕不能使燕重，而在齊則燕重。」易王許之。乃僞得罪於燕而奔齊，齊宣王以爲客卿。蘇秦說齊王高宮室，大苑囿，以明得意，欲以敝齊而爲燕。說，式芮翻。爲後齊大夫殺蘇秦張本。

四十六年（戊戌、前三二三）

1秦張儀及齊、楚之相會齧桑。相，悉亮翻。服虔曰：齧桑，翟地。徐廣曰：在梁與彭城之間。裴駰曰：晉地。索隱曰：衞地。余按漢武帝瓠子歌曰：「齧桑浮兮淮、泗滿，」及塞決河而梁、楚之地復寧，無水災。後漢王梁擊佼彊、蘇茂於楚、沛間，拔大梁、齧桑，則徐說爲近之。齧，五結翻。

2 韓、燕皆稱王。趙武靈王獨不肯，曰：「無其實，敢處其名乎！」令國人謂己曰君。趙武靈王之不肯稱王，非守君臣之分，居之以謙也，將求其所大欲而力未能稱心也。處，昌呂翻。令，力丁翻，使也；又力正翻，命令也。分，扶問翻。稱，尺證翻。

四十七年（己亥、前三二二）

1 秦張儀自齧桑還而免相，相魏，齧，魚結翻。還，從宣翻，又音如字。免相，免秦相而相魏。相，息亮翻。欲令魏先事秦而諸侯效之；魏王不聽。秦王伐魏，取曲沃、平周，令，力丁翻。此曲沃在河東，晉桓叔所封之邑；漢武帝改名聞喜。史記正義曰：絳州桐鄉縣，晉曲沃邑。十三州志：古平周邑在汾州介休縣西四十里。復陰厚張儀益甚。

四十八年（庚子、前三二一）

1 王崩，子慎靚王定立。靚，疾正翻。

2 燕易王薨，子噲立。燕，因肩翻。易，音如字。噲，苦夬翻。

3 齊王封田嬰於薛，班志，薛縣屬魯國，夏奚仲之國；後遷于邳，仲虺居之。括地志：故薛城在今徐州滕縣界。史記正義曰：薛故城在今徐州滕縣南四十四里。號曰靖郭君。杜佑曰：戰國之際，秦、項之間，權設班寵有加賜邑封君者，蓋假其位號，或空受其爵，如靖郭、武安之類是也。至漢尤多，蓋在封爵之外別加美號。史記列傳云：嬰謚爲靖郭君。索隱曰：靖郭，或封邑號，故漢駟鈞封靖郭侯。靖郭君言於齊王曰：「五官之計，不可不日聽而數覽也。」記曾子問：諸侯出，命國家五官而後行。註云：五官，五大夫典事者。命者，敕之以其職。正義云：案太宰職云：建其牧，立其監，設其參，傅其伍，是諸侯有三卿、五大夫。經云五官，故云五大夫。以屬官大夫，其數衆多，直云五者，據典國事言之。不云命卿者，或從君出行，或雖在國留守，總主羣吏，如三公然，不專主一事，且尊之。既命五大夫，則卿亦命之可知，故不顯言命卿也。余謂此所謂五官，蓋亦言典事五大夫也。數，所角翻。王從之；已而厭之，悉以委靖郭君。靖郭君由是得專齊之權。

靖郭君欲城薛，客謂靖郭君曰：「君不聞海大魚乎？網不能止，鉤不能牽，蕩而失水，則螻蟻制焉。今夫齊，亦君之水也。夫，音扶。君長有齊，奚以薛爲！苟爲失齊，雖隆薛之城到於天，庸足恃乎！」乃不果城。隆，高也，崇也。庸，常也。

靖郭君有子四十【章：十二行本「十」下有「餘」字；乙十一行本同；孔本同。】人，其賤妾之子曰文。文通儻饒智略，通，達也。儻，倜儻卓異也。饒智略，言智略有餘也。說靖郭君以散財養士。靖郭君使文主家待賓客，賓客爭譽其美，說，式芮翻。譽，音余。皆請靖郭君以文爲嗣。靖郭君卒，嗣，祥吏翻。卒，子恤翻。文嗣爲薛公，號曰孟嘗君。史記列傳曰：謚曰孟嘗君。索隱曰：號曰孟嘗君；曰謚，非也。孟，字；嘗，邑名。嘗邑在薛之旁。孟嘗君招致諸侯遊士及有罪亡人，皆舍業厚遇之，舍業，爲之築舍、立居業也。存救其親戚，食客常數千人，各自以爲孟嘗君親己，由是孟嘗君之名重天下。

臣光曰：君子之養士，以爲民也。易曰：「聖人養賢，以及萬民。」頤卦彖辭也。爲，于僞翻。夫賢者，其德足以敦化正俗，其才足以頓綱振紀，頓，謂整頓。夫，音扶。其明足以燭微慮遠，其強足以結仁固義；大則利天下，小則利一國。是以君子豐祿以富之，隆爵以尊之；養一人而及萬人者，養賢之道也。今孟嘗君之養士也，不恤智愚，不擇臧否，否，補美翻。盜其君之祿，以立私黨，張虛譽，上以侮其君，下以蠹其民，是姦人之雄也，烏足尚哉！書曰：「受爲天下逋逃主，萃淵藪。」此之謂也。

4 孟嘗君聘於楚，楚王遺之象牀。登徒直送之，象牀，以象齒爲之。登徒，姓也；直，其名。遺，于季翻。不欲行，謂孟嘗君門人公孫戌曰：「象牀之直千金，苟傷之毫髮，則賣妻子不足償也。足下能使僕無行者，有先人之寶劍，願獻之。」公孫戌許諾，姓譜：公孫氏出於黃帝。釋名曰：劍，檢也，所以防檢非常也。戌，音恤。償，辰羊翻，報也。諾，奴各翻。以言許人曰諾。入見孟嘗君曰：「小國所以皆致相印於君者，以君能振達貧窮，存亡繼絕，故莫不悅君之義，慕君之廉也。今始至楚而受象牀，則未至之國將何以待君哉！」孟嘗君曰：「善。」遂不受。公孫戌趨去，未至中閨，閨，涓畦翻。宮中小門曰閨，上圓下方如圭，故謂之閨。孟嘗君召而反之，曰：「子何足之高，志之揚也？」公孫戌以實對。孟嘗君乃書門版曰：「有能揚文之名，止文之過，私得寶於外者，疾入諫！」

臣光曰：孟嘗君可謂能用諫矣。苟其言之善也，雖懷詐諼之心，猶將用之，諼，許元翻。況盡忠無私以事其上乎！詩云：「采葑采菲，無以下體。」詩邶谷風之辭。毛氏傳曰：葑，須也。菲，芴也。鄭氏箋曰：此二菜，蔓菁與葍之類也，皆上下可食，然其根有美時，有惡時，采之者不可以根惡幷棄其葉。下體，謂根莖也。陸璣草木疏曰：葑，蕪菁也。郭璞曰：今菘菜。陸德明曰：江南有菘，江北有蔓菁，相似而異。爾雅曰：菲，芴；又曰：菲，息菜。郭璞曰：菲，芴，土瓜；息菜，似蕪菁，華紫赤色，可食。葍，大葉，白華，根如指，色白，可食。菲，敷尾翻。邶，蒲昧翻。芴，扶拂翻。蔓，謨官翻。葍，方六翻。孟嘗君有焉。

韓宣惠王欲兩用公仲、公叔爲政，問於繆留。繆，莫留翻，姓也；今靡幼翻，又音穆。對曰：「不可。晉用六卿而國分；齊簡公用陳成子及闞止而見殺；魏用犀首、張儀而西河之外亡。晉六卿，智氏、范氏、中行氏、趙氏、韓氏、魏氏也。自晉文、襄以來，迭秉國政，後皆強大，卒分晉國。齊簡公使闞止爲政，陳成子憚之；已而陳常殺闞止，弑簡公。闞，以邑爲氏。蘇代曰：魏相犀首，必右韓而左魏；相張儀，必右秦而左魏。蓋二相外各倚與國以爲重而內爭權，所以魏日削也。闞，戶監翻。行，戶剛翻。恆，戶登翻。卒，子恤翻。相，息亮翻。今君兩用之，其多力者內樹黨，其寡力者藉外權。羣臣有內樹黨以驕主，有外爲交以削地，君之國危矣。」

資治通鑑卷第三

朝散大夫右諫議大夫權御史中丞充理檢使上護軍賜紫金魚袋臣 **司馬光** 奉敕編集

後　學　天　台　**胡三省**　音　註

周紀三

周紀三起重光赤奮若（辛丑），盡昭陽大淵獻（癸亥），凡二十有三年。

慎靚王諱定，顯王之子也。此複謚也。以謚法言之，謚法：敏以敬曰慎；柔德安衆曰靖。靚，疾正翻。

元年（辛丑、前三二〇）

1 **衞更貶號曰君。**顯王二十三年，衞已貶號曰侯；介於秦、魏之間，國日以削弱，因更貶其號曰君。更，居孟翻。貶，悲檢翻。

二年（壬寅、前三一九）

1 **秦伐韓，取鄢。**春秋「晉敗楚師于鄢陵」，卽此鄢也。班志作「傿陵」，屬潁川郡。鄢，音謁晚翻，又於建翻；師古音偃。史記正義曰：許州鄢陵縣西北十五里有鄢陵古城。

2 **魏惠王薨，子襄王立。**索隱曰：系本曰：襄王，名嗣。今按系本卽世本，司馬貞避唐諱，改「世」爲「系」。考異曰：史記魏世家云：惠王三十六年卒，子襄王立。襄王十六年卒，子哀王立。哀王二十三年卒，子昭王立。六國表：惠王元辛亥，終丙戌；襄王元丁亥，終壬寅；哀王元癸卯，終乙丑。按杜預春秋後序云：太康初，汲縣有發舊冢者，大得古書，其紀年篇起自夏、殷、周，皆三代王事，無諸國別也；惟特記晉國，起自殤叔，次文侯、昭侯，以至曲沃莊伯，皆用夏正，編年相次；晉國滅，獨記魏事，下至魏哀王之二十年：蓋魏國之史記也。哀王於史記，襄王之子，惠王之孫也。古書紀年篇，惠王三十六年改元，從一年始，至十六年而稱惠成王卒，卽惠王也；疑史記誤分惠成之世以爲後王年也。哀王二十三年乃卒，故特不稱謚，謂之「今王」。裴駰魏世家註引和嶠云：紀年起自黃帝，終於魏之今王；今王者，魏惠成王子。按太史公書，惠成王但言惠王，惠王子曰襄王，襄王子曰哀王。惠王三十六年卒，襄王立十六年卒，并惠、襄爲五十二年。今按古文惠成王立三十六年，改元，稱一年，改元後十七年卒。太史公書爲誤分惠成之世以爲二王之年數也。世本，惠王生襄王而無哀王，然則「今王」者，魏襄王也。彼既魏史，所書魏事必得其眞，今從之。孟子入見而出，語人曰：「望之不似人君，就之而不見所畏焉。入見，賢遍翻。語，牛倨翻。卒然問曰：『天下惡乎定？』卒，七沒翻。惡，音烏，何也。吾對曰：『定于一。』『孰能一之？』此一語，魏襄王以問孟子。對曰：『不嗜殺人者能一之。』『孰能與之？』此語亦襄王問。對曰：『天下莫不與也。王知夫苗乎？夫，音扶。七、八月之間旱，則苗槁矣。孟子此言，用周正也。周七、八月，夏五、六月也。槁，音考，乾枯也。夏，戶雅翻。乾，音干。天油然作雲，沛然下雨，則苗浡然興之矣。油然，雲盛貌。沛然，雨盛貌。浡然，興起貌。沛，普蓋翻。浡，音勃。其如是，孰能禦之！』」

三年（癸卯、前三一八）

1 楚、趙、魏、韓、燕同伐秦，攻函谷關。燕，因肩翻，註已見上。宋白曰：函谷關在弘農。地理志註云：謂道形如函，孫卿子所謂「秦有松柏之塞」是也。秦人出兵逆之，五國之師皆敗走。

2宋初稱王。

四年（甲辰、前三一七）

1秦敗韓師于脩魚，斬首八萬級，虜其將鯫、申差于濁澤。敗，補邁翻。索隱曰：脩魚，地名。鯫、申差，二將名。索，山客翻。將，卽亮翻。鯫，音瘦，又疏鳩翻。「濁澤」，年表作「觀澤」。括地志，觀澤在魏州頓丘縣東十八里。諸侯振恐。

2齊大夫與蘇秦爭寵，使人刺秦，殺之。刺，七亦翻。

3張儀說魏襄王曰：「梁地方不至千里，卒不過三十萬，地四平，無名山大川之限，卒戍楚、韓、齊、趙之境，戍，春遇翻；字從「人」，從「戈」，人荷戈，所以戍也。梁地南接楚，西接韓，東接齊，北接趙。守亭、障者不過【章：十二行本「過」作「下」；乙十一行本同；孔本同；張校同。】十萬，說文：亭，民所安定也，道路所舍也。障，堡障也，隔也，塞也，所以隔塞敵人也。梁之地勢固戰場也。夫諸侯之約從，盟於洹水之上，結爲兄弟以相堅也。事見上卷顯王二十六年。夫，音扶。從，子容翻。洹，于元翻。今親兄弟同父母，尙有爭錢財相殺傷，而欲恃反覆蘇秦之餘謀，其不可成亦明矣。大王不事秦，秦下兵攻河外，據卷衍、酸棗，後漢志：卷縣屬河南郡，酸棗縣屬陳留郡。水經註：河水逕卷縣北，又東至酸棗、延津，二邑皆河津之要也。卷，逵員翻。衍，以善翻。劫衞，取陽晉，則趙不南，趙不南則梁不北，梁不北則從道絕，從道絕則大王之國欲毋危不可得也。從道，謂約從之路也。從，子容翻。故願大王審定計議，且賜骸骨。」人臣委身以事君，身非我之有矣，故於其乞退也，謂之乞骸骨。骸，戶皆翻。魏王乃倍從約，倍，蒲妹翻。而因儀以請成于秦。張儀歸，復相秦。儀罷秦相相魏，見上卷顯王四十七年。相，息亮翻。

4 魯景公薨，子平公旅立。謚法：由義而濟曰景；布義行剛曰景。

五年（乙巳、前三一六）

1 巴、蜀相攻擊，巴，春秋巴子之國。蜀，蠶叢、魚鳧之後。華陽國志曰：昔蜀王封其弟於漢中，號曰苴侯，因命其邑曰葭萌。苴侯與巴王爲好。後巴與蜀爲讎，蜀王怒，伐苴侯，苴侯奔巴。巴求救於秦，秦伐蜀，蜀王敗死。秦滅蜀，因遂滅巴、苴，置巴、蜀二郡。史記正義曰：巴子城在合州石鏡縣南五里，故墊江縣也。宋白曰：巴子後理閬中。揚雄蜀本紀曰：蜀王本治廣都樊鄉，徙居成都。華，戶化翻。苴，子余翻。葭，音家。萌，謨耕翻。墊，音疊。閬，音浪。俱告急於秦。秦惠王欲伐蜀，以爲道險陿難至，陿，與狹同。漢書趙充國傳註：山陗而夾水曰陿。而韓又來侵，猶豫未能決。說文：猶，玃屬，居山中；聞人聲，豫登木，無人乃下。世謂不決曰猶豫。一說，隴西謂犬子爲猶，犬導人行，忽先忽後，故曰猶豫。又一說，猶豫，犬也，犬爲人行，好先行，卻住以俟其人，百步之間，如是者數四；先者，豫也，遂曰猶豫。猶，夷周翻，又余救翻。玃，厥縛翻。爲，于僞翻。好，呼到翻。司馬錯請伐蜀。史記：重、黎之後，至周宣王時爲程伯休父，爲司馬氏。錯，七各翻，又七故翻。重，直龍翻。父，音甫。張儀曰：「不如伐韓。」王曰：「請聞其說。」儀曰：「親魏，善楚，下兵三川，攻新城、宜陽，伊水、洛水、河水爲三川。秦後置三川郡，漢改爲河南郡。班志，新城縣屬河南郡。括地志：洛州伊闕縣本漢新城縣，在州南七十里。隋文帝改新城爲伊闕，取伊闕山爲名。以臨二周之郊，周分爲東、西，故曰二周。據九鼎，昔夏禹貢金九牧，鑄鼎象物，桀有昏德，鼎遷于商；商紂暴虐，鼎遷于周；成王定鼎于郟鄏，寶之，以爲三代共器。夏，戶雅翻。郟，音夾。鄏，音辱。按圖籍，圖籍，謂天下之圖籍，周官職方氏所掌是也。挾天子以令於天下，天下莫敢不聽，此王業也。臣聞爭名者於朝，爭利者於市。今三川、周室，天下之朝市也，朝，直遙翻。周禮大宗伯註云：朝，猶朝也，欲其來之早也。人君昕旦親政貴早，聲轉爲朝。猶朝，陟遙翻。而王不爭焉，顧爭於戎翟，去王業遠矣。」翟，與狄同。司馬錯曰：「不然。臣聞欲富國者務廣其地，欲強兵者務富其民，欲王者務博其德；欲王，于況翻，又如字。三資者備而王隨之矣。今王地小民貧，故臣願先從事於易。易，弋豉翻。夫蜀，西僻之國而戎翟之長也，夫，音扶。長，知丈翻。有桀、紂之亂；以秦攻之，譬如使豺狼逐羣羊；豺，徂齋翻。得其地足以廣國，取其財足以富民，繕兵不傷衆而彼已服焉。彼，謂蜀也。拔一國而天下不以爲暴，利盡四【章：十二行本「四」作「西」；乙十一行本同。】海而天下不以爲貪，是我一舉而名實附也，而又有禁暴止亂之名。今攻韓，劫天子，惡名也，而未必利也；又有不義之名，而攻天下所不欲，危矣。臣請論其故：周，天下之宗室也。周室爲天下所宗，故謂之宗室。齊，韓之與國也。鄰國相親睦者，謂之與國。周自知失九鼎，韓自知亡三川，將二國并力合謀，以因乎齊、趙而求解乎楚、魏，并，必正翻。

求解者，先與之構怨隙而今求和解也。以鼎與楚，以地與魏，王弗能止也。此臣之所謂危也。不如伐蜀完。」完，全也。言以兵伐蜀，十全必取也。王從錯計，錯，七各翻，又七故翻。起兵伐蜀；十月取之。取，言易也。易，弋豉翻。貶蜀王，更號爲侯；貶，悲檢翻。更，工衡翻。而使陳莊相蜀。相，息亮翻。蜀既屬秦，秦以益強，富厚，輕諸侯。

2 蘇秦既死，三年，蘇秦死於齊。秦弟代、厲亦以遊說顯於諸侯。說，式芮翻。燕相子之與蘇代婚，欲得燕權。蘇代使於齊而還，燕，因肩翻。相，息亮翻。使，疏吏翻。還，從宣翻。燕王噲問曰：「齊王其霸乎？」噲，苦夬翻。對曰：「不能。」王曰：「何故？」對曰：「不信其臣。」於是燕王專任子之。鹿毛壽謂燕王曰：劉伯莊曰：鹿毛壽，人姓名；又曰潘壽。春秋後語作「唐毛壽」。徐廣曰：一作「厝毛」。如徐廣一作之說，當作「厝」。厝，音秦昔翻。清河有厝縣。「人之謂堯賢者，以其能讓天下也。今王以國讓子之，是王與堯同名也。」燕王因屬國於子之，屬，之欲翻，付也，託也。子之大重。或曰：「禹薦益而以啓人爲吏，孟子曰：禹薦益於天，禹崩，天下之人不之益而之啓，曰：「吾君之子也。」索隱曰：人，猶臣也。謂以啓臣爲益吏。索，山客翻。及老而以啓爲不足任天下，任，音壬。傳之於益。啓與交黨攻益，奪之，天下謂禹名傳天下於益而實令啓自取之。按或曰一段事，與師春紀伊尹放太甲，潛出自桐，殺伊尹，事頗相類，古書雜記固多也。今王言屬國於子之而吏無非太子人者，是名屬子之而實太子用事也。」王因收印綬，自三百石吏已上而效之子之。後漢書輿服志曰：三王俗化雕文，詐僞漸生，始有印綬，以檢姦萌。周禮掌節有璽節，鄭氏註云：今之印章也。綬，組綬。古者佩玉以綬貫之。漢承秦制，乘輿璽綬；諸王以下，印以金、銀、銅爲差，綬以赤、紫、青、黑、黄爲差。印，信也，刻文合信也。綬，受也，轉相授受也。三百石吏，銅印，黑綬或黄綬。王制：諸侯大國之卿，食祿以田計之，爲三十二夫之入。戰國之卿，食祿萬鍾，其僭差不度甚矣。漢制：三公秩萬石，至於斗食佐吏，凡十六等。三百石吏，第十等，奉月四十斛。綬，音受。璽，斯氏翻。組，祖五翻。乘，繩證翻。奉，與俸同，音扶用翻。**子之南面行王事，而噲老，不聽政，顧爲臣，**顧，反也。噲，苦夬翻。**國事皆決於子之。**爲後燕亂張本。

六年（丙午、前三一五）

1 **王崩，子赧王延立。**

赧王上

劉伯莊曰：赧，慚之甚也。輕微危弱，寄住東、西，足爲慚赧，故號之曰赧；謚法本無赧字也。赧，音奴版翻。

元年（丁未、前三一四）

1 **秦人侵義渠，得二十五城。**義渠，戎國名。按上卷顯王四十二年，秦縣義渠，以其君爲臣，是已得義渠矣。今又侵得二十五城，何也？蓋先此秦以義渠爲縣，君爲臣，雖臣屬於秦，義渠之國未滅也，秦稍蠶食侵其地。今得二十五城，義渠之國所餘無幾矣。蓋秦兼幷諸侯，不盡其國不止也。左傳：有鐘鼓曰伐，無曰侵。穀梁傳：苞人民、驅牛馬曰侵。斬樹木、壞宮室曰伐。無幾，居豈翻。傳，直戀翻。壞，音怪。

2 魏人叛秦。秦人伐魏，取曲沃而歸其人。又敗韓於岸門，續漢志，潁川郡潁陰縣有岸亭。註引徐廣云：岸亭，卽岸門。括地志：岸門在今許州長社縣東北二十八里，今名長武亭。敗，補邁翻。韓太子倉入質于秦以和。質，音致。

3 燕子之爲王三年，國內大亂。將軍市被與太子平謀攻子之。齊王令人謂太子曰：令，盧經翻。「寡人聞太子將飭君臣之義，明父子之位，寡人之國【章：十二行本「國」下有「雖小」二字；乙十一行本同；孔本同；退齋校同。】唯太子所以令之。」飭，整也，修也，治也。治，直之翻。飭君臣之義，言太子平將治子之僭王之罪也。明父子之位，言太子平當繼其父噲之位也。令，力政翻，命令也，號令也。太子因要黨聚衆，要，一遙翻，要結也。使市被攻子之，不克。市被反攻太子。搆難數月，難，乃旦翻。死者數萬人，百姓恫恐。恫，它紅翻，痛也。齊王令章子將五都之兵，因北地之衆以伐燕。將，卽亮翻，又音如字，領也。邑有先王之廟曰都。或曰：都，邑之大者。北地，齊之北境也，蓋漢千乘、清河、勃海之地。燕，因肩翻；下同。乘，繩證翻。燕士卒不戰，城門不閉。齊人取子之，醢之，醢，呼改翻，肉醬也。遂殺燕王噲。噲，苦夬翻。

齊王問孟子曰：「或謂寡人勿取燕，或謂寡人取之。以萬乘之國伐萬乘之國，古者天子之地方千里，出兵車萬乘。七國兼并以強大，於時皆爲萬乘之國。乘，繩證翻。五旬而舉之，十日爲旬；五旬，五十日。人力不至於此；不取，必有天殃。殃，咎也，禍也。取之何如？」孟子對曰：「取之而燕民悅則取之，古之人有行之者，武王是也。取之而燕民不悅則勿取，古之人有行之者，文王是也。以萬乘之國伐萬乘之國，簞食壺漿以迎王師，簞，竹器也；圓曰簞，方曰笥。簞，音丹。食，祥吏翻，熟食也。漿，水也，酢漿也。笥，相吏翻。酢，倉故翻。豈有他哉？避水火也。如水益深，如火益熱，亦運而已矣！」運，轉也。言燕之民將轉而之他國也。

諸侯將謀救燕。齊王謂孟子曰：「諸侯多謀伐寡人者，何以待之？」對曰：「臣聞七十里爲政於天下者，湯是也；未聞以千里畏人者也。書曰：『徯我后，后來其蘇。』書仲虺之誥之辭。徯，戶禮翻，待也。后，君也。今燕虐其民，王往而征之，民以爲將拯己於水火之中也，拯，上舉也，援也，救也，助也，音之凌翻。簞食壺漿以迎王師。若殺其父兄，係累其子弟，趙岐曰：係累，縛結也。係，戶計翻。累，力追翻。毁其宗廟，遷其重器，重器，國之寶鎭。如之何其可也！天下固畏齊之強也，今又倍地齊幷燕則地倍其舊。燕，因肩翻。而不行仁政，是動天下之兵也。王速出令，反其旄倪，令，力政翻。趙岐曰：旄，老旄；倪，弱小。陸德明曰：倪，謂翳倪小兒也。記曲禮曰：八十、九十曰耄，註云：耄，惛忘也。旄，讀曰耄。倪，五兮翻。翳，與繄同，音煙兮翻。止其重器，謀於燕衆，置君而後去之，則猶可及止也。」齊王不聽。

已而燕人叛。是時燕人雖未立太子平，固已相帥叛齊矣。王曰：「吾甚慚於孟子。」陳賈曰：「王無患焉。」乃見孟子，曰：「周公何人也？」曰：「古聖人也。」陳賈曰：「周公使管叔監商，古殷、商通稱，商者，以始封爲國號，殷者，以都亳爲國號。按孟子，陳賈只云「監殷」，今通鑑云「監商」，避宋廟諱也。監，古銜翻。管叔以商畔也。周公知其將畔而使之與？」畔，與叛同。與，讀曰歟；下同。曰：「不知也。」陳賈曰：「然則聖人亦有過與？」曰：「周公，弟也，管叔，兄也，周公之過不亦宜乎！且古之君子，過則改之；今之君子，過則順之。古之君子，其過也如日月之食，民皆見之；及其更也，更，工衡翻，更改。民皆仰之。今之君子，豈徒順之，又從爲之辭！」

4 是歲，齊宣王薨，子湣王地立。湣，讀曰閔。

二年（戊申、前三一三）

1 秦右更疾伐趙，右更，秦爵第十四。師古曰：左、右、中更，皆主領更卒而部其役使也。更，工衡翻。拔藺，虜其將莊豹。莊姓有出於宋者，左傳所謂戴、武、莊之族是也；有出於楚者，楚莊王之後，莊蹻是也。齊之莊暴，楚之莊辛，蒙之莊周，與此莊豹，其時適相先後，莫能審其所自出。

2 秦王欲伐齊，患齊、楚之從親，從，子容翻。乃使張儀至楚，說楚王曰：「大王誠能聽臣，閉關絕約於齊，說，式芮翻。閉關者，古之列國各置關尹，敵國賓至，關尹以告，則行理以節逆之。閉關則距絕其使，不爲通也。使，疏吏翻。臣請獻商於之地六百里，使秦女得爲大王箕帚之妾，於，如字。箕帚之妾，猶言備灑掃也。帚，止酉翻，篲也。秦、楚嫁女娶婦，長爲兄弟之國。」楚王說而許之。說，讀曰悅。羣臣皆賀，陳軫獨弔。陳姓出於舜，周武王封舜後於陳，子孫以國爲氏。王怒曰：「寡人不興師而得六百里地，何弔也？」對曰：「不然。以臣觀之，商於之地不可得而齊、秦合，齊、秦合則患必至矣。」王曰：「有說乎？」對曰：「夫秦之所以重楚者，以其有齊也。夫，音扶，發語辭。今閉關絶約於齊則楚孤，秦奚貪夫孤國而與之商於之地六百里！張儀至秦，必負王。是王北絶齊交，西生患於秦也，楚東北接齊，西接秦。兩國之兵必俱至。爲王計者，不若陰合而陽絶於齊，使人隨張儀，苟與吾地，絶齊未晚也。」王曰：「願陳子閉口，毋復言，以待寡人得地！」毋，音無，毋者，禁止之辭。復，扶又翻，再又也。乃以相印授張儀，相，息亮翻。厚賜之。遂閉關絶約於齊，使一將軍隨張儀至秦。班固百官表：將軍，周末官，秦、漢因之。

張儀詳墮車，詳，讀曰佯，詐也。【章：乙十一行本正作「佯」。】不朝三月。朝，直遥翻。楚王聞之，曰：「儀以寡人絶齊未甚邪？」邪，余遮翻。邪，疑辭也。乃使勇士宋遺借宋之符，北罵齊王。既閉關絶約，則齊、楚之信使不通，故使宋遺借宋符以至齊。宋，姓也。周武王封微子於宋，子孫以國爲氏。齊王大怒，折節以事秦，折，而設翻。齊、秦之交合。儀歸而詐疾，待齊、秦之交合乃朝。張儀乃朝，見楚使者曰：「子何不受地？從某至某，廣袤六里。」朝，直遥翻。使，疏吏翻。東西曰廣，南北曰袤。廣，古曠翻，又讀如字。袤，音茂。使者怒，還報楚王。還，從宣翻，又音如字。楚王大怒，欲發兵而攻秦。陳軫曰：「軫可發口言乎？攻之不如因賂之以一名都，與之并力【章：十二行本「力」作「兵」；乙十一行本同；孔本同。】而攻齊，是我亡地於秦，取償於齊也。償，辰羊翻，報也。今王已絶於齊而責欺於秦，是吾合齊、秦之交而來天下之兵也，國必大傷矣！」楚王不聽，使屈匄帥師伐秦。屈，姓也，音九勿翻。匄，居大翻。帥，讀曰率。秦亦發兵使庶長章擊之。長，知丈翻。按史記樗里子傳，庶長章，姓魏。

三年（己酉、前三一二）

1春，秦師及楚戰于丹陽，索隱曰：此丹陽在漢中。劉昭曰：南郡枝江縣有丹陽聚，即秦破楚處。李𡌴輿地紀勝曰：丹陽在今歸州秭歸縣東八里屈沱楚王城是也。余按楚遣屈匄伐秦，秦發兵逆擊之，枝江之丹陽則距郢逼近，秭歸之丹陽則不當秦、楚之路。索隱因下文遂取漢中，即謂丹陽在漢中，皆非也。此丹陽謂丹水之陽。班志：丹水出上洛冢嶺山，東至析入鈞水，其水蓋在弘農丹水、析兩縣之間，武關之外也。秦、楚交戰當在此水之陽。楚師既敗，秦師乘勝取上庸路西入以收漢中，其勢易矣。索，山客翻。𡌴，與埴同。屈，九勿翻。冢，知隴翻。易，弋豉翻。楚師大敗；斬甲士八萬，虜屈匄及列侯、執珪七十餘人，執珪，楚爵也，執珪而朝者也。遂取漢中郡。自沔陽、成固至新城、上庸，時皆漢中郡之地。釋名曰：郡，羣也，人所羣聚也。黄義仲十三州記曰：郡之言君也。改公侯之封而言君者，至尊也。今郡字，「君」在其左，「邑」在其右，君爲元首，邑以載民，故取名於君，謂之郡。楚王悉發國内兵以復襲秦，復，扶又翻。戰於藍田，班志，藍田縣屬京兆，秦孝公置。史記正義曰：藍田縣在雍州東南八十里。從藍田關入藍田縣，時楚襲秦深入。楚師大敗。韓、魏聞楚之困，南襲楚，至鄧。鄧，春秋鄧國之地。班志，鄧縣屬南陽郡。杜預曰：潁川召陵縣西有鄧城。括地志曰：故鄧城在豫州郾陵縣東三十五里，所謂在古召陵西十里者也。召，讀曰邵。楚人聞之，乃引兵歸，割兩城以請平于秦。

2 燕人共立太子平，是爲昭王。燕，因肩翻。昭王於破燕之後。【章：十二行本「後」下有「卽位」二字；乙十一行本同；孔本同；張校同。】言燕國爲齊所破，已承其後也。弔死問孤，與百姓同甘苦，卑身厚幣以招賢者。謂郭隗曰：「齊因孤之國亂而襲破燕，孤極知燕小力少，臧文仲曰：列國有凶稱孤，禮也。杜預曰：列國諸侯無凶則稱寡人。郭姓出於周之虢公，世亦謂虢公爲郭公。隗，五罪翻。少，始紹翻。不足以報；然誠得賢士與共國，以雪先王之恥，謂燕王噲破國之恥。噲，苦夬翻。孤之願也。先生視可者，得身事之！」郭隗曰：「古之人君有以千金使涓人求千里馬者，春秋以來，諸侯之國有涓人，秦、漢之間有中涓。師古曰：涓，潔也。言其在中主知潔清灑掃之事，蓋王之親舊左右也。應劭曰：涓人如謁者。涓，古玄翻。灑，所賣翻；掃，所報翻；又皆音如字。馬已死，買其首五百金而返。君大怒，涓人曰：『死馬且買之，況生者乎！馬今至矣。』不期年，千里之馬至者三。期，讀曰朞。今王必欲致士，先從隗始，況賢於隗者，豈遠千里哉！」言燕王若加禮於郭隗，則四方之賢士聞之，將不以千里爲遠而來。於是昭王爲隗改築宮而師事之。於是士爭趣燕：爲，于僞翻。趣，七喻翻。樂毅自魏往，劇辛自趙往。劇，竭戟翻。劇，姓；辛，名。劇姓莫知其所自出。班志，北海郡有劇縣，蓋其先以縣爲姓也。昭王以樂毅爲亞卿，任以國政。爲燕用樂毅破齊張本。

3 韓宣惠王薨，子襄王倉立。

四年（庚戌、前三一一）

1 蜀相殺蜀侯。相，息亮翻。蜀相，蓋陳莊也。

2 秦惠王使人告楚懷王，請以武關之外易黔中地。武關，左傳之少習，地在漢弘農郡析縣西百七十里，道通南陽。晉太康地志曰：武關當冠軍西。括地志曰：武關在商州上洛縣東。武關之外，蓋秦丹、析、商於之地。黔，音琴。少，始照翻。冠，工玩翻。於，音如字。楚王曰：「不願易地，願得張儀而獻黔中地。」張儀聞之，請行。王曰：「楚將甘心於子，楚王以墮張儀之詐，故欲甘心焉。柰何行？」張儀曰：「秦強楚弱，大王在，楚不宜敢取臣。且臣善其嬖臣靳尚，嬖，匹計翻，又卑義翻。靳，居焮翻，姓也。靳尚得事幸姬鄭袖，鄭，以國爲氏。「袖」，戰國策作「褏」，古字也。袖之言，王無不聽者。」遂往。楚王囚，將殺之。靳尚謂鄭袖曰：「秦王甚愛張儀，將以上庸六縣及美女贖之。上庸，春秋庸國。班志，上庸縣屬漢中郡。史記正義：上庸縣，今房州。宋白曰：今房州竹山縣古城，即漢上庸縣。王重地尊秦，秦女必貴而夫人斥矣。」於是鄭袖日夜泣於楚王曰：「臣各爲其主耳。爲，于僞翻。今殺張儀，秦必大怒。妾請子母俱遷江南，毋爲秦所魚肉也！」王乃赦張儀而厚禮之。張儀因說楚王曰：「夫爲從者無以異於驅羣羊而攻猛虎，不格明矣。說，式芮翻。夫，音扶。從，子容翻。格，當也。劉伯莊曰：格，各額翻，其字宜從「手」。余據字書，格，擊也，鬬也，從「木」亦通。今王不事秦，秦劫韓驅梁而攻楚，則楚危矣。秦西有巴、蜀，治船積粟，浮岷江而下，治，直之翻。江水出蜀郡湔氐道之岷山，故謂之岷江。釋名曰：江，共也；小流入其中，所公共也。一日行五百餘里，不至十日而拒【章：

十二行本「拒」作「距」；乙十一行本同。】扞關，徐廣曰：巴郡魚復縣有扞關。史記正義曰：在峽州巴山縣界。扞，寒旦翻。扞關驚則從境以東盡城守矣，境，楚境也。扞關，楚之西境；從境以東，謂扞關以東也。黔中、巫郡非王之有。黔，巨今翻。班志，巫縣屬南郡。酈道元曰：縣故楚之巫郡。杜佑曰：今歸州巴東縣是也。秦舉甲出武關，則北地絶。北地，楚北境之地，陳、蔡、汝、潁是也。秦兵之攻楚也，危難在三月之內，難，乃旦翻。而楚待諸侯之救在半歲之外，夫待弱國之救，忘強秦之禍，此臣所爲大王患也。夫，音扶。爲，于僞翻。大王誠能聽臣，臣【章：十二行本不重「臣」字；乙十一行本同；孔本同。】請令秦、楚長爲兄弟之國，無相攻伐。」令，力丁翻。楚王已得張儀而重出黔中地，重，難也。以地爲重，意難割棄之。乃許之。

張儀遂之韓，說韓王曰：「韓地險惡山居，之，如也，自楚如韓也。韓有宜陽、成皋，南盡魯陽，皆山險之地。說，式芮翻。五穀所生，非菽而麥，菽，式竹翻，豆也。國無二歲之食；見卒不過二十萬。見卒，見在之兵。見，賢遍翻。秦被甲百餘萬。被，皮義翻。山東之士被甲蒙冑以會戰，秦人捐甲徒裼以趨敵，冑，今謂之兜鍪。捐，與專翻，棄也。徒，徒行也。裼，音錫，袒也。趨，七喻翻。鍪，音牟。左挈人頭，右挾生虜。夫戰孟賁、烏獲之士以攻不服之弱國，挾，戶頰翻。孟賁、烏獲，古之勇士。賁，音奔。無異垂千鈞之重於鳥卵之上，必無幸矣。三十斤爲鈞。必無幸矣，言無幸而獲全之理。大王不事秦，秦下甲據宜陽，塞成皋，下，遐稼翻。塞，悉則翻。則王之國分矣，鴻臺之宮，桑林之苑，非王之有也。爲大王計，莫如事秦以攻楚，以轉禍而悅秦，計無便於此者！」韓王許之。

張儀歸報，秦王封以六邑，號武信君。復使東說齊王曰：「從人說大王者復，扶又翻。從人，合從之人也。從，子容翻。說，式芮翻。必曰：『齊蔽於三晉，地廣民衆，兵強士勇，雖有百秦，將無柰齊何。』大王賢其說而不計其實。今秦、楚嫁女娶婦，爲昆弟之國；韓獻宜陽；梁效河外；河外，秦蓋以河東爲河外，梁則以河西爲河外，張儀以秦言之也。趙王入朝，割河間以事秦。朝，直遙翻。河間，趙地。漢文帝二年，分爲河間國。應劭曰：在兩河之間。唐爲瀛州。大王不事秦，秦驅韓、梁攻齊之南地，漢泰山、城陽，齊南境之地也。悉趙兵，渡清河，指博關，臨菑、卽墨非王之有也！博關在濟州西界之博陵。史記正義曰：博關在博州。趙兵從貝州渡清河指博關，則漯河以南臨菑、卽墨危矣。濟，子禮翻。漯，託合翻。國一日見攻，雖欲事秦，不可得也！」齊王許張儀。

張儀去，西說趙王曰：「大王收率天下以擯秦，秦兵不敢出函谷關十五年。擯，必刃翻。事見上卷顯王三十六年。大王之威行於山東，敝邑恐懼，春秋以來，列國交聘，行人率自稱其國曰敝邑。繕甲厲兵，力田積粟，愁居懾處，不敢動搖，懾，之涉翻，怖也，心伏也，失常也，失氣也。處，昌呂翻。唯大王有意督過之也。師古曰：督過，視責也。索隱曰：督者，正其事而責之；督過，是深責其過也。今以大王之力，舉巴、蜀，事見愼靚王五年。幷漢中，事見上二年。包兩周，元年服韓、魏，則包兩周矣。守白馬之津。班志，白馬縣屬東郡。水經註：白馬津在白馬城之西北。白馬城，唐爲滑州治所。開山圖曰：白馬津東可二十許里，有白馬山，山上常有白馬羣行，悲鳴則河決，馳走則山崩，後人因以名縣及津。按通鑑不語怪，今此註亦近於怪，姑以廣異聞耳。秦雖僻遠，然而心忿含怒之日久矣。今秦有敝甲凋兵軍於澠池，敝，敗惡也。凋，瘁也，半傷也。敗甲凋兵，謙其辭，言軍於澠池，則張其勢以臨趙矣。康曰：澠池，趙邑。余據趙與韓、魏接境，韓有野王、上黨，魏有河東、河內，而澠池則秦地也，漢爲縣，屬弘農郡，趙安能越韓、魏而有之！康說非是。澠，莫善翻；又莫忍翻。願渡河，踰漳，據番吾，言欲自澠池北渡河，又自此東踰漳水而進據番吾，此亦張聲勢以臨趙也。番吾，卽漢常山郡之蒲吾縣也。劉昭註曰：史記番吾君，杜預云：晉之蒲邑也。此說非。括地志：番吾故城，在恆州房山縣東二十里。番，音婆，又音盤。會邯鄲之下，願以甲子合戰，正殷紂之事。武王伐紂，癸亥陳于商郊，甲子昧爽，紂帥其旅若林，會于牧野，前徒倒戈，攻其後以北，遂以勝殷殺紂。張儀引以懼趙，其有所侮而動，亦已甚矣。邯鄲，趙都，音寒丹。謹使使臣先聞左右。使臣，上疏吏翻。今楚與秦爲昆弟之國，而韓、梁稱東藩之臣，齊獻魚鹽之地，齊東瀕于海，海濱廣斥，魚鹽所出也。此時齊未嘗獻地于秦，張儀駕說以恐動趙耳。此斷趙之右肩也。夫斷右肩而與人鬬，夫，音扶。斷，丁管翻。失其黨而孤居，求欲毋危得乎！今秦發三將軍，其一軍塞午道，索隱曰：午道當在趙之東，齊之西。午道，地名也。鄭玄云：一縱一橫爲午，謂交道也。塞，悉則翻。告齊使渡清河，軍於邯鄲之東，邯鄲，音寒丹，一軍軍成皋，驅韓、梁軍於河外，史記正義曰：河外，謂鄭滑州，北臨河。余謂此河外，亦因趙而言之。一軍軍於澠池，約四國爲一以攻趙，趙服必四分其地。言秦約齊、韓、魏四分趙地。臣竊爲大王計，莫如與秦王面相約而口相結，常爲兄弟之國也。」趙王許之。當時趙於山東最強，且主從約，張儀說之，亦費辭矣。

張儀乃北之燕，燕，因肩翻。說燕王曰：「今趙王已入朝，効河間以事秦。張儀自趙至燕，借此氣勢而爲是虛言以動燕耳。朝，直遥翻。大王不事秦，秦下甲雲中、九原，虞氏記曰：趙自五原河曲築長城，東至陰山，又於河西造大城，一箱崩不就，乃改卜陰山河曲而禱焉。晝見羣鵠遊於雲中，徘徊經日，見大光在其下，乃卽其處築城，今雲中城是也。余謂此亦語怪，酈道元爲後魏書之耳。宋白曰：勝州榆林縣界有雲中古城，趙武侯所築，秦置雲中郡，唐爲單于都護府。班志，九原縣屬五原郡。漢之五原，卽秦之九原郡也。唐爲豐、鹽等州之地。宋白曰：唐豐州治九原縣。按雲中九原，皆在燕之西，秦自上郡朔方下兵則可至。史記正義曰：古雲中、九原郡皆在勝州。雲中郡故城在榆林東北四十里。九原郡故城在勝州西界，今連谷縣是。下，遐稼翻。元爲，于僞翻。驅趙而攻燕，則易水、長城非大王之有也！水經註：易水出涿郡故安縣閻鄉西山，東屆關城西南，卽燕長城門也。易水又歷長城而東過范陽、容城、安次、泉州縣南而東入海。且今時齊、趙之於秦，猶郡縣也，不敢妄舉師以攻伐。今王事秦，長無齊、趙之患矣。」以利動之。燕王請獻常山之尾五城以和。常山，卽北嶽恆山也。漢文帝諱恆，改曰常山，置常山郡。班志，常山在常山郡上曲陽縣西北，其尾則燕之西南界。

張儀歸報，未至咸陽，秦惠王薨，子武王立。索隱曰：武王，名蕩。武王自爲太子時，不說張儀；說，讀曰悅。及卽位，羣臣多毀短之。毀短，呰毀而數其短也。諸侯聞儀與秦王有隙，隙，乞逆翻，怨隙也，釁隙也。物之有罅釁者爲有隙，人之與人有怨者亦爲有隙。皆畔衡，復合從。衡，讀曰横。從，子容翻。以此觀之，此時六國之勢，利在合從，而從張儀連衡者，畏秦而搖於儀之說耳。

五年（辛亥、前三一〇）

1 張儀說秦武王曰：「爲王計者，東方有變，韓、魏皆在秦之東。說，式芮翻。然後王可以多割得地也。臣聞齊王甚憎臣，臣之所在，齊必伐之。臣願乞其不肖之身以之梁，不肖，謙言無所肖似也。魏都大梁。齊必伐梁，齊、梁交兵而不能相去，言兵交不解，各欲去而不能也。王以其間伐韓，間，居莧翻，間隙也；又居閑翻，中間也。入三川，挾天子，案圖籍，此王業也！」張儀欲傾周而爲秦，始終以此說爲主。挾，戶頰翻。王許之。齊王果伐梁，梁王恐。張儀曰：「王勿患也！言勿以爲患。請令齊罷兵。」令，盧經翻，使也；下同。乃使其舍人之楚，借使謂齊王曰：之，往也，如也。不敢徑遣人使齊，而往楚借使，借使，言借楚人以爲使。借，子夜翻；康資昔切。使，疏吏翻。「甚矣王之託儀於秦也！」齊王曰：「何故？」楚使者曰：「張儀之去秦也固與秦王謀矣，欲齊、梁相攻而令秦取三川也。今王果伐梁，是王內罷國而外伐與國，罷，讀曰疲。而信儀於秦王也。」齊王乃解兵還。還，從宣翻，又如字。張儀相魏一歲，卒。相，息亮翻。卒，子恤翻。

儀與蘇秦皆以縱橫之術遊諸侯，致位富貴，天下爭慕效之。縱，子容翻。又有魏人公孫衍者，號曰犀首，亦以談說顯名。說，式芮翻。其餘蘇代、蘇厲、周最、樓緩之徒，紛紜徧於天下，務以辯詐相高，不可勝紀；姓譜曰：周姓本自周平王子，別封汝川，人謂之周家，因氏焉。一云：以赧王爲秦所滅，黜爲庶人，百姓稱爲周家，因氏焉。余按商有太史周任，謂爲周姓所自出，夫豈不可！又赧王於時未滅，不可謂周最出於赧王。樓姓，夏少康之裔，周封爲東樓公，子孫因氏焉。師古曰：紛紜，興作貌，又物多而亂貌。勝，音升。赧，奴版翻。夏，戶雅翻。少，始照翻。裔，苗裔。而儀、秦、衍最著。著者，顯著於時。

孟子論之曰：或謂：「公孫衍張儀豈不大丈夫哉；一怒而諸侯懼，安居而天下熄？」熄，滅也，火滅爲熄。此言天下兵革之事熄滅也。孟子曰：「是惡足爲大丈夫哉！惡，音烏。君子立天下之正位，行天下之正道，得志則與民由之，不得志則獨行其道，富貴不能淫，貧賤不能移，威武不能詘，詘，與屈同。是之謂大丈夫。」

揚子法言曰：或問：「儀、秦學乎鬼谷術而習乎縱橫言，安中國者各十餘年，是夫？」夫，音扶。曰：「詐人也，聖人惡諸。」惡，烏路翻。曰：「孔子讀而儀、秦行，謂讀孔子之言而行儀、秦之事。何如也？」曰：「甚矣鳳鳴而鷙翰也！」翰，侯旰翻，又侯安翻，羽翰。「然則子貢不爲歟？」曰：「亂而不解，子貢恥諸。太史公曰：子貢一出，存魯，亂齊，破吳，強晉而霸越。溫公曰：考其年與事皆不合，蓋六國遊說之士託爲之辭，太史公不加考訂，因而記之；揚子雲亦據太史公書發此語也。說，式芮翻。說而不富貴，儀、秦恥諸。」說，式芮翻。或曰：「儀、秦其才矣乎，跡不蹈已？」宋咸曰：蹈，踐也；言儀、秦之才術超卓，自然不踐循舊人之跡。踐，慈演翻。曰：「昔在任人，帝而難之。書舜典：而難任人。孔安國註云：任，佞也；難，拒也；言佞人則斥遠之。任，音壬。難，乃旦翻。不以才乎？才乎才，非吾徒之才也！」

2 秦王使甘茂誅蜀相莊。四年，蜀相殺蜀侯，秦武王故誅之。史記「莊」作「壯」。案秦紀，秦既得蜀，使陳莊相蜀；從「莊」爲是。

3 秦王、魏王會于臨晉。班志，臨晉縣屬馮翊，故大荔也，秦取之，更名臨晉。應劭曰：臨晉水，故名。臣瓚曰：晉水在河之東，此縣在河之西，不得臨晉水。舊說，秦築高壘以臨晉國，故曰臨晉。章懷太子賢曰：臨晉故城，在今同州朝邑縣西南。余按唐書地理志，蒲州有臨晉縣。宋白曰：漢臨晉縣在今臨晉縣東南十八里，故解城是也。後魏改爲北解縣。周省。隋分猗氏縣，置桑泉縣。唐天寶十二載，改臨晉縣。天寶之改縣，必有所據，則應劭臨晉水之說，未可厚非。秦之臨晉在河西，臣瓚、章懷之說皆是也。更，工衡翻。應，乙陵翻。瓚，藏旱翻。朝，直遙翻。解，戶買翻。載，祖亥翻。

4 趙武靈王納吳廣之女孟姚，吳姓，以國爲氏。有寵，是爲惠后。孔穎達曰：后，後也，言其後於天子，亦以廣後胤也。戰國諸侯僭王，亦稱其夫人爲后。生子何。爲立何而長子章爭國張本。長，知兩翻。

六年（壬子、前三〇九）

1 秦初置丞相，以樗里疾爲右丞相。應劭曰：丞者，承也；相者，助也。荀悅曰：秦本次國，命卿二人，故置左右丞相，無三公官。樗里疾，秦惠王之弟也。高誘曰：疾居渭南之陰鄉，其里有大樗樹，故號樗里子。相，息亮翻。樗，丑於翻。誘，羊久翻。

七年（癸丑、前三〇八）

1秦、魏會于應。左傳曰：邘、晉、應、韓，武之穆也。杜預註云：應國在襄陽城父縣西。余按襄陽無城父縣。後漢志，潁川父城縣西南有應鄉，古應國也。括地志曰：故應城因應山爲名。古之應國在汝州魯山縣東三十里。應，乙陵翻。邘，音于。

2秦王使甘茂約魏以伐韓，而令向壽輔行。甘茂【章：十二行本「茂」下有「至魏」二字；乙十一行本同；孔本同；張校同；退齋校同。】令向壽還，謂王曰：「魏聽臣矣，令，盧經翻，使也。向，式讓翻，姓也。姓譜：向姓本自宋文公枝子向文旰，旰孫戌以王父字爲氏。余按左傳，向戌本出於宋桓公。孟子爲齊卿，出弔於滕，王使王驩爲輔行。趙岐註曰：輔行，副使也。旰，音榦。戌，音恤。傳，直戀翻。使，疏吏翻。然願王勿伐！」王迎甘茂於息壤而問其故。柳宗元曰：地長隆然而起，夷之而益高者爲息壤。異書有云：鯀竊帝之息壤以堙洪水。意者此所謂息壤，蓋以地長得名。長，知兩翻。對曰：「宜陽大縣，其實郡也。杜佑曰：春秋時列國相滅，多以其地爲縣，則縣大而郡小，故趙鞅曰：「上大夫受縣，下大夫受郡。」至于戰國，則郡大而縣小矣，故甘茂曰：「宜陽大縣，其實郡也。」漢官儀曰：凡郡：或以列國，陳、魯、齊、吳是也；或以舊邑，長沙、丹陽是也；或以山陵，泰山、山陽是也；或以川原，西河、河東是也；或以所出，金城城下得金、酒泉泉味如酒、豫章樟樹生庭、鴈門鴈之所育是也；或以號令，夏禹合諸侯，大計東冶之山會計，因名會稽是也。令，力正翻。名會，古外翻。今王倍數險，行千里，攻之難。倍，與背同，音蒲妹翻。數險，謂函谷及三崤之險。魯人有與曾參同姓名者殺人，人告其母，其母織自若也。參，所金翻，一音七南翻。及三人告之，其母投杼下機，踰牆而走。杼，直呂翻。說文曰：杼，機之持緯者，蓋今所謂梭。梭，蘇禾翻。臣之賢不若曾參，王之信臣又不如其母，疑臣者非特三人，臣恐大王之投杼也。魏文侯令樂羊將而攻中山，三年而拔之。事見一卷威烈王二十三年。令，音盧經翻。將，卽亮翻。反而論功，文侯示之謗書一篋。謗，訕也，毁也。篋，竹笥也，音古頰翻。樂羊再拜稽首曰：『此非臣之功，君之力也！』稽首，首至地也。稽，音啓。今臣，羈旅之臣也，甘茂，楚下蔡人，故云然。羈，居宜翻，寄也。旅，客也。樗里子、公孫奭挾韓而議之，王必聽之，樗，丑於翻。奭，施隻翻。挾，戶頰翻。是王欺魏王而臣受公仲侈之怨也。」公仲侈，韓相也。王曰：「寡人弗聽也，請與子盟！」乃盟於息壤。秋，甘茂、庶長封帥師伐宜陽。長，知丈翻。帥，讀曰率。

八年（甲寅、前三〇七）

1 甘茂攻宜陽，五月而不拔。樗里子、公孫奭果爭之。秦王召甘茂，欲罷兵。甘茂曰：「息壤在彼。」徵前盟也。王曰：「有之。」因大悉起兵以佐甘茂，佐，助也。斬首六萬，遂拔宜陽。韓公仲侈入謝於秦以請平。請平，猶請和也。

2 秦武王好以力戲，好，呼到翻。力士任鄙、烏獲、孟說皆至大官。烏，姓也。春秋時，齊有大夫烏枝鳴。姓譜：孟姓，魯桓公之子仲孫之胤，仲孫爲三桓之孟，故曰孟氏。任，音壬。說，讀曰悅。八月，王與孟說舉鼎，絕脈而薨；脈，莫獲翻。脈者，係絡臟腑，其血理分行於支體之間；人舉重而力不能勝，故脈絕而死。族孟說。按史記甘茂傳云：武王至周而卒于周。蓋舉鼎者，舉九鼎也。世家以爲龍文赤鼎。史記「脈」作「臏」。

族者，誅夷其族。武王無子，異母弟稷爲質於燕，質，音致。燕，因肩翻。國人逆而立之，逆，迎也。是爲昭襄王。昭襄王母羋八子，羋，楚姓也。漢因秦制，嫡稱皇后，次稱夫人，又有美人、良人、八子、七子、長使、少使之號。美人爵視二千石，比少上造。八子視千石，比中更。羋，亡氏翻。楚女也，實宣太后。

3 趙武靈王北略中山之地，略地之師速而疾。杜預曰：略者，總攝巡行之名也。至房子，班志，房子縣屬常山郡。史記正義曰：房子，今趙州縣。宋白曰：天寶元年改曰臨城。遂至【章：十二行本「至」作「之」；乙十一行本同；孔本同；張校同；退齋校同。】代，北至無窮，自代北出塞外，大漠數千里，故曰無窮。戰國策，武靈王曰：「昔先君襄王與代交地，城境封之，名曰無窮之門，所以詔後而期遠也。」西至河，登黃華之上。史記正義曰：黃華，蓋黃河側之山名。與肥義謀胡服騎射以教百姓，騎，奇寄翻。曰：「愚者所笑，賢者察焉。雖驅世以笑我，胡地、中山，吾必有之！」遂胡服。

國人皆不欲，公子成稱疾不朝。朝，直遙翻。王使人請之曰：「家聽於親，親，謂父母。國聽於君。今寡人作教易服而公叔不服，吾恐天下議己【章：十二行本「己」作「之」；乙十一行本同；孔本同；張校同，退齋校同。】也。制國有常，利民爲本；從政有經，令行爲上。令，力政翻。明德先論於賤，而從政先信於貴，德欲其下及，故先論於賤；卑賤者感其德，則德廣所及可知矣。法行自貴近始，故先信於貴；貴近者奉法，則法之必行可知矣。故願慕公叔之義以成胡服之功也。」公子成再拜稽首曰：稽，音啓。「臣聞中國者，聖賢之所教也，禮樂之所用也，遠方之所觀赴也，蠻夷之所則效也。今王舍此而襲遠方之服，則，法也。舍，讀曰捨。襲，重衣也。變古之道，逆人之心，臣願王孰圖之也！」孰，古熟字，通。【章：十二行本正作「熟」；乙十一行本同；孔本同。】使者以報。王自往請之，使，疏吏翻。曰：「吾國東有齊、中山，按趙都邯鄲，東接於齊，中山在其東北，故史記趙世家載武靈王之言曰：「吾國東有河薄落之水，與齊、中山同之。」蓋河、薄落之水在趙之東，與齊、中山同此地險也。北有燕、東胡，西有樓煩、秦、韓之邊。史記正義曰：營州之境，卽東胡、烏丸之地。林胡、樓煩，卽嵐、勝之北也。班志：鴈門郡樓煩縣。應劭註云：故樓煩胡地。嵐、勝以南，石州離石、藺等，七國時趙邊也，與秦隔河。晉、洺、潞、澤等州，皆七國時韓地，趙之西邊也。燕，因肩翻。今無騎射之備，則何以守之哉？騎，奇寄翻。先時中山負齊之強兵，侵暴吾地，係累吾民，先，悉薦翻。累，力追翻。引水圍鄗；微社稷之神靈，則鄗幾於不守也。鄗，趙邑；漢光武改爲高邑；隋、唐爲柏鄉縣地，唐屬趙州。鄗，呼各翻。幾，居衣翻。先君醜之，以爲趙國之醜。故寡人變服騎射，欲以備四境之難，難，乃旦翻。報中山之怨。而叔順中國之俗，惡變服之名，惡，烏路翻。以忘鄗事之醜，非寡人之所望也！」公子成聽命，乃賜胡服；明日服而朝。朝，直遙翻。於是始出胡服令令，力政翻。而招騎射焉。

九年（乙卯、前三〇六）

1 秦昭王使向壽平宜陽，平，正也，和也。正宜陽之疆界而和其民人也。向，式亮翻。而使樗里子、甘茂伐魏。甘茂言於王，以武遂復歸之韓。史記正義曰：武遂本屬韓，近平陽。楚世家云：韓先王之墓在平陽，武遂去之七十里。去年秦拔宜陽，因涉河城武遂，今復歸之韓。復，音如字。向壽、公孫奭爭之，不能得，向，式讓翻。由此怨讒甘茂。茂懼，輟伐魏蒲阪，亡去。班志，蒲阪縣屬河東郡，舊曰蒲。應劭曰：秦始皇東巡，見長阪，因加「阪」云。括地志：蒲阪故城，在蒲州河東縣南五里。阪，音反。樗里子與魏講而罷兵。講，和也。甘茂奔齊。

2 趙王略中山地，至寧葭；水經註：衡漳水東北歷下博城西，又西逕樂鄉縣故城南，又東引葭水注之。葭，音加。西略胡地，至榆中。水經註：諸次水出上郡諸次山，其水東逕榆林塞，世又謂之榆林山，即漢書所謂「榆溪舊塞」者。自溪西去，悉榆柳之藪，緣歷沙陵，屆龜茲縣西出，故云廣長榆也。王恢曰「樹榆爲塞」，謂此。蘇林以爲榆中在上郡，非也。按始皇本紀：西北逐匈奴，自榆中並河以東，屬之陰山。然榆中在金城東五十許里，陰山在朔方東，以此推之，不得在上郡。余謂蘇林之說固未爲盡，而道元所謂榆中在金城東五十許里亦非也。據衞青取河南地，案榆溪舊塞，正在唐麟、勝二州界，其西則接古上郡之境。況諸次水出上郡，逕榆林塞入河，則榆中在上郡之東明矣，諸次水無西流至金城、榆中之理。夷考其故，道元特以班志金城郡有榆中縣，遂牽合以爲說，不知此一節之誤尤甚於蘇林也。史記正義曰：榆中，勝州北河北岸也。杜佑曰：勝州榆林郡南即秦榆林塞。林胡王獻馬。如淳曰：林胡，即儋林。余謂此胡種落依阻林薄，因曰林胡。儋，都甘翻。種，章勇翻。歸，使樓緩之秦，仇液之韓，王賁之楚，歸，謂趙王自略中山歸也。仇，姓也。春秋時，宋有大夫仇牧。液，音亦。之，往也，如也。賁，音奔；康曰：離之父，翦之子。余按離父、翦子，秦將也；此王賁乃趙人，康說非是。將，即亮翻。富丁之魏，富，姓也。春秋時，周有大夫富辰。趙爵之齊；代相趙固主胡，致其兵。相，息亮翻。致者，使之至也。

3**楚王與齊、韓合從。**楚與齊、韓合從，尋卽倍之，適足致齊、韓之兵耳。從，子容翻。

十年（丙辰、前三〇五）

1**彗星見。**彗星，世所謂掃星，本類星，末類彗，小者數寸，長或竟天，見則兵起，主掃除，除舊布新。唐史臣曰：彗體無光，傅日以爲光，故夕見則東指，晨見則西指，或長或短，光芒所及則爲災。又曰：孛星，彗之屬也；偏指曰彗，氣四出曰孛。孛者孛孛，非常惡氣之所生，災甚於彗。天文書謂五星之精爲妖，歲星流爲蒼彗，熒惑、塡星散爲赤彗、黃彗，太白、辰星變爲白彗、黑彗。彗，祥歲翻，又徐醉翻，又旋芮翻。見，賢遍翻。掃，所報翻。傅，讀曰附。孛，蒲內翻。妖，於遙翻。塡，讀曰鎭。

2**趙王伐中山，取丹丘、爽陽、鴻之塞，又取鄗、石邑、封龍、東垣。**史記正義曰：丹丘，邢州縣。余按隋、唐志，邢州有內丘縣，漢之中丘縣也，未嘗有丹丘，不知其何據。「爽陽、鴻之塞，」史記作「華陽、鴒之塞」。括地志曰：北岳別名曰華陽臺，卽常山也，在定州恆陽縣北百四十里。徐廣曰：「鴒」作「鴻」，鴻上故關，今名汝城，在定州唐縣東北六十里。又有鴻上水，出唐縣北葛洪山，山接北岳恆山，皆在定州界。班志，石邑縣屬常山郡，井陘山在西。括地志：石邑故城，在恆州鹿泉縣南三十五里。封龍山，一名飛龍山，在恆州鹿泉縣南四十五里，邑蓋因山爲名。洪氏隸釋載後漢所立白石碑云：常山國元氏縣界有封龍山。東垣，卽漢眞定國之眞定縣，漢高帝更名。史記正義曰：趙之東垣，在恆州眞定縣南八里，故常山城是也。鄗，呼各翻。垣，于元翻。華，戶化翻。恆，戶登翻。鴒，丑之翻。陘，音刑。更，工衡翻。**中山獻四邑以和。**

3 秦宣太后異父弟曰穰侯魏冄，同父弟曰華陽君羋戎；王之同母弟曰高陵君、涇陽君。魏冄最賢，秦封穰侯於陶，陶即范蠡所居陶邑。孟康曰：陶即定陶。班志，定陶縣屬濟陰郡。下云封於穰與陶；穰縣屬南陽郡，去定陶差遠。水經註曰：穰侯封於穰，益封於陶；其免相也，出之陶而卒。陶有穰侯冢。穰，音人羊翻。華陽，即武王歸馬之地。水經註：洛水自上洛縣東北分爲二水，枝渠東北出爲門水，水東北歷陽華之山，即華陽也。華，音戶化翻。羋，眉婢翻。相，息亮翻。卒，子恤翻。冢，知隴翻。班志，高陵縣屬馮翊，涇陽縣屬安定。杜佑曰：京兆涇陽縣乃秦封涇陽君之地。漢涇陽縣在今平涼郡界涇陽故城是也。宋白曰：雍州涇陽本秦舊縣。與杜佑同。索隱曰：高陵君，名顯，涇陽君，名悝。索，山客翻。悝，苦回翻。自惠王、武王時，任職用事。武王薨，諸弟爭立，唯魏冄力能立昭王。惠王，即惠文王。昭王，即昭襄王。昭王即位，以魏冄爲將軍，衞咸陽。是歲，庶長壯及大臣、諸公子謀作亂，長，知丈翻。魏冄誅之；及惠文后皆不得良死，惠文后，昭王嫡母也。死於正命曰良死。悼武王后出居【章：十二行本「居」作「歸」；乙十一行本同；孔本同；退齋校同。】于魏，悼武王后，即秦武王后，昭王嫂也。王兄弟不善者，魏冄皆滅之。王少，宣太后自治事，任魏冄爲政，威震秦國。少，詩照翻。治，直之翻。爲范睢間魏冄張本。

十一年（丁巳、前三〇四）

1 秦王、楚王盟于黃棘；史記正義曰：黃棘蓋在房、襄二州。余按班志，南陽郡有棘陽縣，應劭曰：縣在棘水之陽。秦復與楚上庸。三年，秦敗楚師，虜屈匄，取楚上庸。

十二年（戊午、前三〇三）

1 彗星見。彗，祥歲翻，又徐醉翻，旋芮翻。見，賢遍翻。

2 秦取魏蒲阪、晉陽、封陵；「晉陽」，按史記世家作「陽晉」，其地當在蒲阪之東，風陵之西，大河之陽；且本晉地也，故謂之陽晉。蘇秦所謂「衞陽晉之道」，蓋以魏境有陽晉，故在衞境者稱「衞陽晉」以別之。括地志曰：晉陽故城，今名晉城，在蒲州虞鄉縣西。水經註：函谷關直北隔河有崇阜，巍然獨秀，世謂之風陵。酈道元所謂函谷，則潼關也。史記正義曰：封陵在蒲州。唐志：河中府河東縣南有風陵關。今若據括地志，則晉陽亦通。又取韓武遂。九年，秦歸韓武遂。

3 齊、韓、魏以楚負其從親，九年，楚與齊韓合從，蓋卽負之也。從，子容翻。合兵伐楚。楚王使太子橫爲質於秦以請救。質，音致。秦客卿通將兵救楚，三國引兵去。將，卽亮翻，又音如字，領也。

十三年（己未、前三〇二）

1 秦王、魏王、韓太子嬰會于臨晉，韓太子至咸陽而歸；秦復與魏蒲阪。阪，音反。去年秦取魏蒲阪。

2 秦大夫有私與楚太子鬭者，太子殺之，亡歸。楚太子質秦而亡歸，復質於齊；秦以爲言而誘陷其父，齊乘其父出而要之以利。

十四年（庚申、前三〇一）

1 日有食之，既。

2 秦人取韓穰。班志，穰縣屬南陽郡。以時考之，當屬楚。然韓得潁川之地，與南陽接境，七國兵爭，疆埸之間，一彼一此，或者此時穰屬韓歟？穰，人羊翻。

3 蜀守煇叛秦，秦司馬錯往誅之。蜀守，蜀郡守也。史記秦紀作「蜀侯」。華陽國志曰：秦封王子煇爲蜀侯。蜀侯祭，歸胙於王；後母疾之，加毒以進。王大怒，使司馬錯賜煇劍。守，音狩。煇，索隱音暉。

4 秦庶長奐會韓、魏、齊兵伐楚，修楚太子亡歸之怨。長，知丈翻。敗其師於重丘，殺其將唐眛；遂取重丘。唐姓本於唐堯。春秋之時，有二重丘：衞孫蒯飲馬於重丘，杜預曰：曹邑；諸侯同盟于重丘，杜預曰：齊地。時楚之境皆不至此。呂氏春秋曰：齊令章子與韓、魏攻荆，荆使唐蔑將兵應之，夾泚而軍；章子夜襲之，斬蔑於是水之上。水經註曰：泚水又西，澳水注之。水北出茈丘山，南入于泚水。意者重丘卽茈丘也。敗，補邁翻。將，卽亮翻。「眛」，荀子作「蔑」，楊倞註曰：與「眛」同，語音相近，當音末。索隱音莫葛翻。重，直龍翻。茈，才支翻。

5 趙王伐中山，中山君奔齊。

十五年（辛酉、前三〇〇）

1 秦涇陽君爲質於齊。質，音致。

2 秦華陽君伐楚，大破楚師，斬首三萬，殺其將景缺，取楚襄城。班志，襄城縣屬潁川郡，有西不羹，楚靈王所謂「大城陳、蔡、不羹，賦皆千乘」是也。將，卽亮翻。陸德明曰：不羹，舊音郎；漢書地理志作「更」字。

乘，繩證翻。楚王恐，使太子爲質於齊以請平。爲楚懷王入秦而卒、齊留太子以邀楚張本。

3 秦樗里疾卒，以趙人樓緩爲丞相。樗，丑於翻。卒，子恤翻。相，息亮翻。

4 趙武靈王愛少子何，欲及其生而立之。少，詩照翻。及其生者，及其生而親見之。

十六年（壬戌、前二九九）

1 五月戊申，大朝東宮，朝，直遥翻。傳國於何。王廟見禮畢，出臨朝，廟見，始即位而見祖廟也。見，賢遍翻。大夫悉爲臣。肥義爲相國，并傅王。相國之官始此，秦、漢因之；漢、魏以降，其位望尊於丞相。相，息亮翻。武靈王自號「主父」。主父，言爲國之主之父也。一曰，言其子主國而已則父也。主父欲使子治國，身胡服，將士大夫西北略胡地。治，直之翻。將，即亮翻，又如字。將自雲中、九原南襲咸陽，於是詐自爲使者，入秦，使，疏吏翻。欲以觀秦地形及秦王之爲人。秦王不知，已而怪其狀甚偉，非人臣之度，賓主相見，交際之禮已，方怪其非人臣。使人逐之；主父行已脫關矣，審問之，乃主父也。謂已脫身出秦關也。秦人大驚。

2 齊王、魏王會于韓。

3 秦人伐楚，取八城。秦王遺楚王書曰：「始寡人與王約爲兄弟，盟于黄棘，見上十一年。遺，于季翻。太子入質，至讎也。質，音致。見十二年。太子陵殺寡人之重臣，不謝而亡去。見十三年。寡人誠不勝怒，勝，音升。使兵侵君王之邊。謂戰重丘，取襄城。今聞君王乃令太子質於齊以求平。見十五年。寡人與楚接境，婚姻相親；妻父曰婚，壻父曰姻。字書：婚，昏也；禮娶以昏時，婦人陰也，故曰婚。壻家女之所因，故曰姻。字林：婚，婦家；姻，壻家。賈公彥曰：各據男女身，則男曰昏，女曰姻；若以親言之，則女之父曰婚，壻之父曰姻。余按張儀言秦、楚嫁女娶婦爲昆弟之國；考之於史，自赧王四年至是年，秦、楚未嘗嫁娶也。至十九年，楚懷王死於秦。至二十三年，楚襄王逆婦於秦。蓋先已約親，其後襄王終喪，始逆婦成婚姻。而今秦、楚不驩，則無以令諸侯。令，力政翻。寡人願與君王會武關，面相約，結盟而去，寡人之願也！」

楚王患之，欲往恐見欺，欲不往恐秦益怒。昭睢曰：「毋行而發兵自守耳！睢，息遺翻，又七余翻。秦，虎狼也，有幷諸侯之心，不可信也！」懷王之子【章：十二行本「子」下有「子」字；乙十一行本同；孔本同。】蘭勸王行，王乃入秦。秦王令一將軍詐爲王，伏兵武關，楚王至則閉關劫之，與俱西，至咸陽，朝章臺，如藩臣禮，朝，直遙翻。秦章臺宮在渭南。漢張敞走馬章臺街，孟康曰：在長安中；臣瓚曰：街在章臺下。漢長安在渭南，以此言之，章臺宮在渭南明矣。瓚，藏旱翻。要以割巫、黔中郡。楚王欲盟，秦王欲先得地。楚王怒曰：「秦詐我，而又強要我以地！」要，一遙翻。黔，其今翻。強，其良翻，又其兩翻。因不復許。秦人留之。復，扶又翻。

楚大臣患之，乃相與謀曰：「吾王在秦不得還，要以割地，而太子爲質於齊；還，從宣翻，又音如字。要，一遙翻。質，音致。齊、秦合謀，則楚無國矣。」欲立王子之在國者。昭睢曰：「王與太子俱困於諸侯，今又倍王命而立其庶子，不宜！」睢，息隨翻。倍，蒲妹翻。乃詐赴於齊。詐言楚王薨而請太子還王楚。齊湣王召羣臣謀之，或曰：「不若留太子以求楚之淮北。」湣，讀曰閔。楚滅陳、蔡，封畛於汝，滅越，取吳故地，并有古徐夷之地，皆在淮北，卽楚所謂「下東國」。齊相曰：「不可！郢中立王，郢，楚都。班志：南郡江陵縣，故楚郢都，楚文王自丹陽徙此；後九世，平王城之；又後十世，秦拔之，東徙壽春，亦名曰郢。水經：江水東逕江陵縣故城南，又東逕郢城南。註云：今江陵城，楚船官地，春秋之渚宮。郢城卽子囊遺言所城者。劉昫曰：故楚都之郢城，今江陵縣北十五里紀南城是也。相，息亮翻。是吾抱空質而行不義於天下也。」質，音致。其人曰：「不然，郢中立王，因與其新王市曰：『予我下東國，吾爲王殺太子。市，謂相要以利，如市道也。予，讀曰與。爲，于僞翻。不然，將與三國共立之。』」三國，謂齊、韓、魏。齊王卒用其相計而歸楚太子。卒，子恤翻。楚人立之。

4 秦王聞孟嘗君之賢，使涇陽君爲質於齊以請。孟嘗君來入秦，秦王以爲丞相。質，音致。

十七年（癸亥、前二九八）

1 或謂秦王曰：「孟嘗君相秦，必先齊而後秦；先、後，皆去聲。秦其危哉！」秦王乃以樓緩爲相，囚孟嘗君，欲殺之。孟嘗君使人求解於秦王幸姬，姬曰：「願得君狐白裘。」狐白裘，緝狐掖之皮爲之，所謂千金之裘非一狐之掖者也。孟嘗君有狐白裘，已獻之秦王，無以應姬求。客有善爲狗盜者，入秦藏中，物之所藏曰藏，音徂浪翻。盜狐白裘以獻姬。姬乃爲之言於王而遣之。

爲，于僞翻。王後悔，使追之。孟嘗君至關，關法，雞鳴而出客，時尚蚤，蚤，古早字通。追者將至，客有善爲雞鳴者，野雞聞之皆鳴。孟嘗君乃得脫歸。

2 楚人告于秦曰：「賴社稷神靈，國有王矣！」秦王怒，發兵出武關擊楚，斬首五萬，取十六城。

3 趙王封其弟【章：十二行本「弟」下有「勝」字；乙十一行本同。】爲平原君。班志，平原縣屬平原郡。勝封於東武城，號平原君，非封於平原也。東武城屬清河郡，杜佑曰：今貝州武城縣是也。蓋定襄有武城，時同屬趙，故此加「東」也。平原君好士，好，呼到翻。食客嘗【章：十二行本「嘗」作「常」；乙十一行本同。】數千人。有公孫龍者，善爲堅白同異之辯，漢書藝文志：公孫龍子十四篇。註云：卽爲堅白同異之辯者。成玄英莊子疏云：公孫龍著守白論，行於世。堅白，卽守白也，言堅執其說，如墨子墨守之義。自堅白之論起，辯者互執是非，不勝異說。公孫龍能合衆異而爲同，故謂之同異。史記註曰：晉太康地記云：汝南西平縣有龍淵，水可用淬刀劍，極堅利，故有堅白之論云：黃，所以爲堅也；白，所以爲利也。或曰：黃所以爲不堅，白所以爲不利。二說未知孰是。勝，音升。淬，取內翻。平原君客之。孔穿自魯適趙，按孔叢子，孔穿，孔子之後。孫愐曰：孔姓，殷湯之後，本自帝嚳元妃簡狄，吞乙卵生契，賜姓子氏；至湯，以其祖感乙而生，故名履，字天乙；後代以「子」加「乙」，始爲孔氏。至宋孔父遭華督之難，其子奔魯，故孔子生於魯。愐，彌兗翻。嚳，苦沃翻。華，戶化翻。難，乃旦翻。與公孫龍論臧三耳，三耳，如莊子所載雞三足之說。莊子疏謂數起於一，一與一爲二，二與一爲三，三名雖立，實無定體，故雞可以爲三足，則兩耳、三耳，其說亦猶是耳。一說：耳主聽，兩耳，形也，兼聽而言，可得爲三。臧，臧獲之臧。臧獲，奴婢也。龍甚辯析。辯，別也；析，分也：言分別甚精微也。子高弗應，俄而辭出，明日復見平原君。子高，孔穿字也。復，扶又翻。平原君曰：「疇昔公孫之言信辯也，毛晃曰：疇，曩也；昔，夕也；疇昔，曩夕也。先生以爲何如？」對曰：「然。幾能令臧三耳矣。毛晃曰：然，如也，是也，語決辭。幾，居依翻。令，使也，音力丁翻。雖然，實難！僕願得又問於君：今謂三耳甚難而實非也，謂兩耳甚易而實是也，不知君將從易而是者乎，其亦從難而非者乎？」平原君無以應。明日，謂公孫龍曰：「公無復與孔子高辯事也！易，弋豉翻。其人理勝於辭；公辭勝於理，終必受詘。」

鄒衍過趙，過，古禾翻。平原君使與公孫龍論白馬非馬之說。此亦莊子所謂狗非犬之說。疏云：狗之與犬，一實兩名：名實合，則此爲狗，彼爲犬；名實離，則狗異於犬。又墨子曰：狗，犬也。然〔殺〕狗非狗〔殺〕犬也。大指與白馬非馬之說同。鄒子曰：「不可。夫辯者，別殊類使不相害，序異端使不相亂。抒意通指，夫，音扶。別，彼列翻。索隱曰：抒，音墅，抒者舒也；又常恕翻。康曰：亦音舒。明其所謂，使人與知焉，不務相迷也。與，音如字；又讀曰預。故勝者不失其所守，不勝者得其所求。辯以求是，辯雖不勝而得審其是，所謂得其所求也。若是，故辯可爲也。及至煩文以相假，飾辭以相惇，惇，都昆翻，迫也，詆也，誰何也。巧譬以相移，引人使不得及其意，如此害大道。夫繳紉【章：十二行本「紉」作「紛」；乙十一行本同；孔本同；熊校同。】爭言而競後息，索隱：繳，音糾；康吉弔切，非。言其言戾，紛然而爭，欲人先屈，務在人後方止也。不能無害君子，衍不爲也。」座皆稱善。言一座之人皆稱衍言爲善。公孫龍由是遂詘。通鑑書此，言小辯終不足破大道。詘，音敕律翻。說文曰：詘，貶下也。又讀與屈同。

齊思和標點顧頡剛聶崇岐覆校

資治通鑑卷第四

朝散大夫右諫議大夫權御史中丞充理檢使上護軍賜紫金魚袋臣　司馬光　奉敕編集

後　學　天　台　胡三省　音　註

周紀四 起閼逢困敦（甲子），盡著雍困敦（戊子），凡二十五年。

赧王中

十八年（甲子、前二九七）

1 楚懷王亡歸。秦人覺之，遮楚道。遮其歸楚之路也。懷王從間道走趙。間，隙也，從空隙之路而行也。間，古莧翻。走，音奏，又音如字。趙主父在代，趙人不敢受。懷王將走魏，秦人追及之，以歸。

2 魯平公薨，子緡公賈立。世本「緡」作「湣」。

十九年（乙丑、前二九六）

1 楚懷王發病，薨於秦，秦人歸其喪。喪，息郎翻。楚人皆憐之，如悲親戚。諸侯由是不直秦。

2 齊、韓、魏、趙、宋同擊秦，至鹽氏而還。括地志：鹽氏故城，一名司鹽城，在蒲州安邑縣，掌鹽池之官，因稱鹽氏。徐廣曰：「鹽」，一作「監」。秦與韓武遂、與魏封陵以和。十二年，秦取魏封陵，又取韓武遂，今皆歸之以和。

3 趙主父行新地，趙新取中山之地也。行，下孟翻。遂出代，西遇樓煩王于西河而致其兵。趙北有林胡、樓煩之戎。漢鴈門郡樓煩縣，樓煩胡所居地。西河，即漢西河郡之地。

4 魏襄王薨，子昭王立。世本曰：昭王，名遬。

5 韓襄王薨，子釐王咎立。釐，讀曰僖。

二十年（丙寅、前二九五）

1 秦尉錯伐魏襄城。尉，蓋國尉也。班志，襄城縣屬潁川郡。以分地考之，潁川屬韓境。蓋魏與韓分有潁川之地，用兵爭強，疆埸之間，朝韓暮魏，則此時襄城或爲魏土，容亦有之。埸，音亦。

2 趙主父與齊、燕共滅中山，遷其王於膚施。燕，因肩翻。班志，膚施縣屬上郡；唐屬延州，爲州治所。歸，行賞，大赦，置酒，酺五日。酺，音蒲。說文曰：王德布大飲酒也。師古曰：酺之爲言布也。王德布於天下而合聚飲食爲酺。師古註所云，漢法也。此言趙國內酺耳。赦者，宥有罪也。

3 趙主父封其長子章於代，號曰安陽君。長，知丈翻。班志，代郡有東安陽縣。括地志：東安陽故城，在朔州定襄縣界。安陽君素侈，心不服其弟。不服其弟爲王也。主父使田不禮相之。相，息亮翻。李兌謂肥義曰：「公子章強壯而志驕，黨衆而欲大，田不禮忍殺而驕，二人相得，必有陰謀。夫小人有欲，輕慮淺謀，徒見其利，不顧其害，難必不久矣。夫，音扶。難，乃旦翻；下同。子任重而勢大，亂之所始而禍之所集也。子何不稱疾毋出而傳政於公子成，毋爲禍梯，梯，猶階也，以木爲之，以升高者也。禍梯，猶言禍階也。梯，天黎翻。不亦可乎！」肥義曰：「昔者主父以王屬義也，屬，之欲翻。曰：『毋變而度，毋易而慮，而，猶汝也。堅守一心，以歿而世！』義再拜受命而籍之。記王命於籍也。今畏不禮之難而忘吾籍，變孰大焉！諺曰：『死者復生，生者不愧。』吾欲全吾言，安得全吾身乎！子則有賜而忠我矣。雖然，吾言已在前矣，終不敢失！」李兌曰：「諾，子勉之矣！吾見子已今年耳。」已，止也，言肥義命止於今年也。涕泣而出。

李兌數見公子成以備田不禮。數見者，相與謀爲之備也。數，所角翻。肥義謂信期曰：索隱曰：卽下文高信也。史記正義曰：信，音申；康曰：如字。「公子章與田不禮聲善而實惡，內得主而外爲暴，得主，謂章爲主父所憐也。矯令以擅一旦之命，不難爲也。矯令，矯主父之令也。令，力正翻。擅，時戰翻。今吾憂之，夜而忘寐，飢而忘食，盜出入不可以【章：十二行本無「以」字；乙十一行本同。】不備。言盜在主父左右，出入不可不備也。自今以來，有召王者必見吾面，我將以身先之，無故而後王可入也。」先，悉薦翻。信期曰：「善。」

主父使惠文王朝羣臣而自從旁窺之，見其長子傫然也，朝，直遙翻。長，知丈翻。傫，倫追翻，懶懈貌。少子臨朝而長子朝之，故其貌如此。反北面爲臣，詘於其弟，詘，與屈同。心憐之，於是乃欲分趙而王公子章於代。王，于況翻，又音如字。計未決而輟。主父及王游沙丘，史記正義曰：沙丘在邢州平鄉縣東北二十里。余按沙丘臺，紂所作也。班志云：沙丘在鉅鹿郡鉅鹿縣東北七十里。異宮，異宮而處也。公子章、田不禮以其徒作亂，詐以主父令召王。肥義先入，殺之。高信即與王戰。高信以王與公子章之徒戰也。公子成與李兑自國至，趙都邯鄲，自邯鄲至也。邯鄲，音寒丹。乃起四邑之兵入距難，距，猶拒也。難，乃旦翻。殺公子章及田不禮，滅其黨。公子成爲相，號安平君；相，息亮翻。班志，涿郡有安平縣，非趙地也。以公子成能平難而安國，故以爲號。李兑爲司寇。司寇，周六卿之一也，掌刑。是時惠文王少，少，詩照翻。成、兑專政。

公子章之敗也，往走主父；主父開之。謂開宮門内之也。走，音奏。成、兑因圍主父。【章：十二行本「父」下有「宮」字；乙十一行本同；孔本同；張校同；退齋校同。】公子章死，成、兑謀曰：「以章故，圍主父；即解兵，吾屬夷矣！」夷，誅也，滅也。乃遂圍之，令：「宮中人後出者夷！」令，力正翻。宮中人悉出。主父欲出不得，又不得食，探雀鷇而食之。爾雅曰：生哺，鷇；生噣，雛。釋云：辨鳥子之異名也。鳥子生而須母哺食者爲鷇，謂燕、雀之屬也。生而能自啄食者爲雛，謂雞、雉之屬也。探，吐南翻。鷇，居候翻。三月餘，餓死沙丘宮。主父定死，乃發喪赴諸侯。主父初以長子章爲太子，後得吳娃，愛之，長，知丈翻。吳娃，謂吳廣之女孟姚也，見上卷五年。吳、楚之間謂美女曰娃。娃，音於佳翻。爲不出者數歲。爲，于僞翻。生子何，乃廢太子章而立之。何，卽惠文王也。吳娃死，愛弛；憐故太子，欲兩王之，猶豫未決，故亂起。

4 秦樓緩免相，魏冉代之。相，息亮翻。

二十一年（丁卯、前二九四）

1 秦敗魏師于解。敗，補邁翻。班志，解縣屬河東郡。宋白曰：解縣地卽夏鳴條之野，有鹽池之利。後漢乾祐元年，蒲帥李茂貞奏置解州。師古曰：解，下買翻。

二十二年（戊辰、前二九三）

1 韓公孫喜、魏人伐秦。魏書人，其將微也。將，卽亮翻。穰侯薦左更白起於秦王以代向壽將兵，白，姓也。春秋之時，秦有白乙丙。穰，人羊翻。更，工衡翻。向，息亮翻。敗魏師、韓師於伊闕，斬首二十四萬級，虜公孫喜，拔五城。秦王以白起爲國尉。戰國之時，有國尉，有郡尉。應劭曰：自上安下曰尉，武官悉以爲稱。敗，補邁翻。

2 秦王遺楚王書曰：「楚倍秦，秦且率諸侯伐楚，願王之飭士卒，飭，治也，整也。遺，于季翻。倍，蒲妹翻。得一樂戰！」樂，音洛，快意也；言一戰以快其意。楚王患之，乃復與秦和親。和親者，結和以相親也。復，扶又翻，又音如字。

二十三年（己巳、前二九二）

1 楚襄王迎婦於秦。

臣光曰：甚哉秦之無道也，殺其父而劫其子；謂楚懷王留於秦而以困死，秦王復遺襄王書，以兵威劫之。楚之不競也，杜預曰：競，強也。或曰：競，爭也，言不能與秦爭也。忍其父而婚其讎！謂楚襄王父死於秦，是仇讎之國也，忍恥而與之婚。烏呼，楚之君誠得其道，臣誠得其人，秦雖強，烏得陵之哉！善乎荀卿論之曰：「夫道，善用之則百里之地可以獨立，不善用之則楚六千里而爲讎人役。」夫，音扶。故人主不務得道而廣有其勢，是其所以危也。

1 秦魏冉謝病免，以客卿燭壽爲丞相。燭，姓也。左傳，鄭有大夫燭之武。

二十四年（庚午、前二九一）

1 秦伐韓，拔宛。宛，故申伯國。班志，宛縣屬南陽郡；唐爲鄧州南陽縣。宛，於元翻。秦燭壽免。魏冉復爲丞相，相，息亮翻。封於穰與陶，謂之穰侯。又封公子市於宛，公子悝於鄧。悝，苦回翻。

二十五年（辛未、前二九〇）

1 魏入河東地四百里、河東地，蓋安邑、大陽、蒲阪、解縣瀕河之地。阪，音反。解，下買翻。韓入武遂地二百里于秦。武遂地，十八年秦以予韓。予，讀曰與。

2 魏芒卯始以詐見重。芒，謨郎翻，姓也。卯，其名。

二十六年（壬申、前二八九）

1秦大良造白起、客卿錯伐魏，至軹，取城大小六十一。大良造，卽大上造之良者。大上造，秦十六爵。軹，音只。軹縣，班志屬河內郡；唐爲孟州濟源縣。

二十七年（癸酉、前二八八）

1冬，十月，秦王稱西帝，遣使立齊王爲東帝，欲約與共伐趙。蘇代自燕來，使，疏吏翻。燕，因肩翻。齊王曰：「秦使魏冉致帝，子以爲何如？」對曰：「願王受之而勿稱也。秦稱之，天下安之，王乃稱之，無後也。無後，猶言未晚。秦稱之，天下惡之，惡，烏路翻。王因勿稱，以收天下，此大資也。且伐趙孰與伐桀宋利？桀宋，見下二十九年。今王不如釋帝以收天下之望，發兵以伐桀宋，宋舉則楚、趙、梁、衞皆懼矣。是我以名尊秦而令天下憎之，令，盧經翻。所謂以卑爲尊也。」古人有言曰：「自卑者人尊之。」齊王從之，稱帝二日而復歸之。歸帝號而不稱也。復，扶又翻，又音如字。十二月，呂禮自齊入秦。姓譜曰：太嶽爲禹心呂之臣，故封呂侯，後因以爲氏。古字脊骨之膂本作「呂」。秦王亦去帝，復稱王。去，羌呂翻，除也；後以義推。

2秦攻趙，拔杜陽。徐廣曰：「杜」，一作「梗」。按班志，梗陽在太原郡榆次縣界，杜陽縣屬扶風，註云：杜水南入渭。詩曰「自土」。師古註云：緜詩：自土、沮、漆。齊詩作「自杜」，言公劉自狄而來居杜與沮、漆之地。又云：扶風栒邑有豳鄉，公劉所都。審爾，則杜陽近栒邑，接上郡、北地之境。趙地西至上郡膚施，或者其時併有杜陽歟！沮，七余翻。栒，須倫翻。豳，彼貧翻。

二十八年（甲戌、前二八七）

3秦攻趙，【章：十二行本「趙」作「魏」；乙十一行本同；孔本同；張校同。】拔新垣、曲陽。史記正義曰：年表及括地志，曲陽故城在懷州濟源縣西四十里，新垣近曲陽，未詳端的之處。余按班志，王屋山在河東垣縣，沇水所出，東流爲濟。水經：濟水出河東垣縣王屋山爲沇水。註云：濟水重源出溫西北平地。水有二源，東源出原城東北，晉文公以信降原，卽此城也。俗以濟水重源所發，因復謂之濟源城。如此則濟源去垣不遠矣。蓋新垣卽河東之垣縣也；以縣有遷徙，謂其新邑爲新垣也。垣，于元翻。濟，子禮翻。沇，以轉翻。降，戶江翻。重，直龍翻。復，扶又翻。

二十九年（乙亥、前二八六）

1秦司馬錯擊魏河內。漢河內郡卽魏河內之地，秦幷屬河東郡。孟子記梁惠王曰：「河內凶則移其民於河東，移其粟於河內。」蓋魏之有國，河東、河內自爲二郡也。錯，七各翻，又千故翻。魏獻安邑以和，秦出其人歸之魏。

2秦敗韓師于夏山。敗，補邁翻。夏，戶雅翻。

3宋有雀生䳕於城之陬。「䳕」，劉向說苑作「鸇」。字林曰：鷂屬。陸璣曰：鸇似鷂，青黃色，燕頷句喙，向風搖翅，乃因風飛急疾，擊鳩、鴿、燕、雀食之。陬，子侯翻，隅也。句，古侯翻。史占之，史，太史之屬，掌卜筮者。曰：「吉。凶人吉其凶。小而生巨，必霸天下。」宋康王喜，起兵滅滕，伐薛，班志：沛郡公丘縣，古滕國。水經註：滕城在蕃縣西。唐志，滕縣屬徐州。薛卽孟嘗君所封地。蕃，音皮，又音如字。東敗齊，取五城，南敗楚，取地三百里，西敗魏軍，與齊、魏爲敵國，乃愈自信其霸。欲霸之亟成，故射天笞地，敗，補邁翻。亟，己力翻。射，而亦翻；後以義推。笞，擊也，音丑之翻。斬社稷而焚滅之，記曰：共工氏有子曰句龍，能平水土，故祀以爲社。烈山氏之子曰柱，爲稷，自夏以上祀之；周棄亦爲稷，自商以來祀之。自漢以下，夏禹配食官社，后稷配食官稷。周禮註：社稷，土穀之神。共，讀曰恭。夏，戶雅翻。以示威服鬼神。爲長夜之飲於室中，室中人呼萬歲，則堂上之人應之，堂下之人又應之，門外之人又應之，以至於國中，無敢不呼萬歲者。天下之人謂之「桀宋」。言其昏暴如桀也。齊湣王起兵伐之，民散，城不守。宋王奔魏，死於溫。溫，周司寇蘇忿生之邑。班志，溫縣屬河內郡。宋至此而滅。湣，讀曰閔。

三十年（丙子、前二八五）

1 秦王會楚王於宛，宛，於元翻。會趙王於中陽。班志，中陽縣屬西河郡。水經註：文水逕太原茲氏縣故城之東，瀦爲文湖；文湖水又東逕中陽縣故城東。

2 秦蒙武擊齊，拔九城。風俗通：東蒙主以蒙山爲氏。

3 齊湣王既滅宋而驕，乃南侵楚，西侵三晉，欲幷二周，爲天子。狐咺正議，斮之檀衢。狐，姓也。春秋之時，晉有狐突、狐毛、狐偃父子。左傳：齊簡公與婦人飲酒於檀臺。檀衢，意其地爲通檀臺之衢路也。爾雅：四達謂之衢。咺，況晚翻，又況遠翻。斮，側略翻，斬也。陳舉直言，殺之東閭。左傳：晉圍齊，州綽門于東閭。杜預註曰：齊東門。

燕昭王日夜撫循其人，益以富實，燕，因肩翻。乃與樂毅謀伐齊。樂毅曰：「齊，霸國之餘業也，毅，魚器翻。自齊桓公霸天下，國以強大；田氏藉其餘業。地大人衆，未易獨攻也。易，弋豉翻。王必欲伐之，莫如約趙及楚、魏。」於是使樂毅約趙，別使使者連楚、魏，且令趙嚪秦以伐齊之利。使者，上疏吏翻。令，力丁翻。以利誘之曰嚪。嚪，音田濫翻。誘，羊久翻。諸侯害齊王之驕暴，皆爭合謀與燕伐齊。燕，因肩翻。

三十一年（丁丑、前二八四）

1燕王悉起兵，以樂毅爲上將軍。上將軍，猶春秋之元帥。帥，所類翻。秦尉斯離帥師與三晉之師會之。尉，秦官也。斯離，其名。或曰：斯，姓也；離，名也。斯，蜀之西南夷種，遂以爲姓。帥，讀曰率。趙王以相國印授樂毅，樂毅幷將秦、魏、韓、趙之兵以伐齊。齊湣王悉國中之衆以拒之，戰于濟西，相，息亮翻。將，卽亮翻。湣，讀曰閔。水經：濟水東北過壽張縣西界，又北逕須昌、穀城、臨邑縣西，又北逕北平、陰城西，又東北過盧縣北，皆齊地也。濟西地在濟水之西。濟，子禮翻；下同。齊師大敗。樂毅還秦、韓之師，分魏師以略宋地，部趙師以收河間。秦、韓與齊隔遠，故先還其師。宋地近於魏，故使略之。河間近於趙，故以方略部趙取之。此其部分，非人所能及也。宋地，齊滅宋所取之地。身率燕師，長驅逐北。劇辛曰：「齊大而燕小，燕，因肩翻。劇，竭戟翻。賴諸侯之助以破其軍，宜及時攻取其邊城以自益，此長久之利也。劇，竭戟翻，姓也。今過而不攻，以深入爲名，無損於齊，無益於燕而結深怨，後必悔之。」樂毅曰：「齊王伐功矜能，謀不逮下，廢黜賢良，信任諂諛，政令戾虐，百姓怨懟。懟，直類翻。今軍皆破亡，若因而乘之，其民必叛，禍亂內作，則齊可圖也。若不遂乘之，待彼悔前之非，改過恤下而撫其民，則難慮也。」遂進軍深入。齊人果大亂失度，難慮，謂難爲計慮也。失度，失其常度也。湣王出走。樂毅入臨淄，取寶物、祭器，輸之於燕。燕王親至濟上勞軍，行賞饗士；燕，因肩翻。濟，子禮翻。勞，力到翻。封樂毅爲昌國君，班志，昌國縣屬齊郡。封毅爲昌國君，以其能昌大燕國也。遂使留徇齊城之未下者。

齊王出亡之衞，衞君辟宮舍之，稱臣而共具。辟，讀曰避。共，音供，又居用翻。齊王不遜，衞人侵之。齊王去奔鄒、魯，有驕色；鄒、魯弗內，遂走莒。莒，春秋莒子之國，齊滅之。班志，莒縣屬城陽國，國都也。宋白曰：周武王封少昊之後嬴姓茲輿於莒，始都計斤城，在今高密縣東南四十里。春秋時徙於莒。隱公二年，莒人入向。註云：今城陽莒縣。莒自初封二十三君，爲楚簡王所滅。漢爲莒縣，城陽王所都。莒，音居禦翻。楚使淖齒將兵救齊，因爲齊相。淖齒欲與燕分齊地，索隱曰：淖，女教翻；康曰：竹角切；姓也。相，息亮翻。乃執湣王而數之數其罪也。師古曰：數，所具翻；宋祁曰：所主翻。曰：「千乘、博昌之間，方數百里，雨血沾衣，漢置千乘郡，博昌縣屬焉。後漢更千乘郡爲樂安國。十三州志曰：昌水，其勢平，故曰博昌。唐志，千乘、博昌二縣皆屬青州。乘，繩證翻。雨，王遇翻。自上而下曰雨。王知之乎？」曰：「知之。」「嬴、博之間，地坼及泉，班志，嬴、博二縣屬泰山郡。王知之乎？」曰：「知之。」「有人當闕而哭者，求之不得，去則聞其聲，王知之乎？」曰：「知之。」淖齒曰：「天雨血沾衣者，天以告也；地坼及泉者，地以告也；有人當闕而哭者，人以告也。天、地、人皆告矣，而王不知誡焉，誡，與戒同；戒，警敕也。毛晃曰：警敕之辭曰誡。此言天、地、人皆以相警敕也。何得無誅！」遂弒王於鼓里。鼓里，莒中地名，近齊廟。

荀子論之曰：國者，天下之利勢也。得道以持之，則大安也，大榮也，積美之源也。不得道以持之，則大危也，大累也，累，力僞翻，事相緣及也。有之不如無之；及其綦也，齊人謂極爲綦，音其；下綦之同。索爲匹夫，不可得也。索，山客翻，求也。齊湣、宋獻是也。湣，讀曰閔。宋獻，意卽指宋康王。

故用國者義立而王，信立而霸，權謀立而亡。

挈國以呼禮義，而無以害之。挈，卽提挈之挈，音詰結翻。行一不義，殺一無罪，而得天下，仁者不爲也。擽然扶持心國，且若是其固也。擽然，落石貌；言其持心持國，擽然如石之固。擽，歷各翻。之所與爲之者之人，則舉義士也。之所以爲布陳於國家刑法者，則舉義法也。主之所極然，毛晃曰：然，如也，是也。帥羣臣而首嚮之者，則舉義志也。帥，讀曰率。

首，所救翻。志者，心之所主也。如是，則下仰上以義矣，仰，魚亮翻。凡仰給、仰成之仰皆同音。是基定也。基【章：乙十一行本，二「基」字均作「綦」。】定而國定，國定而天下定。故曰：以國濟義，一日而白，湯、武是也。基，址也，本也。爲土立址曰基；爲木立根本亦曰基。白，明也。是所謂義立而王也。

德雖未至也，義雖未濟也，然而天下之理略奏矣，楊倞曰：略有節奏也。刑賞已諾信於天下矣，諾，人應聲也。信，人不疑而心孚也。臣下曉然皆知其可要也。要，一遙翻，約也，勤也，求也。政令已陳，雖覩利敗，不欺其民；令，力正翻。約結已定，雖覩利敗，不欺其與；與，黨與也。即下文所謂與國也。如是，則兵勁城固，敵國畏之；國一綦明，楊倞曰：此「綦」當作「基」。今謂此「綦」字從上註，所謂齊人之言，其義亦通。明，顯也。與國信之；雖在僻陋之國，威動天下，五伯是也。是所謂信立而霸也。伯，讀曰霸。五霸，夏昆吾，商大彭、豕韋，周齊桓、晉文。或曰：齊桓、晉文、宋襄、秦穆、楚莊爲五霸。

挈國以呼功利，不務張其義，齊其信，唯利之求；內則不憚詐其民而求小利焉，外則不憚詐其與而求大利焉。內不修正其所以有，然常欲人之有，如是，則臣下百姓莫不以詐心待其上矣。上詐其下，下詐其上，則是上下析也。析，先的翻，分也，離也。如是，則敵國輕之，與國疑之，權謀日行而國不免危削，綦之而亡，齊湣、薛公是也。湣，讀曰閔。薛公，謂孟嘗君。孟嘗君卒，齊與諸侯共滅薛。卒，子恤翻。故用強齊，非以修禮義也，非以本政教也，非以一天下也，綿綿常以結引馳外爲務。引，讀曰靷，音羊晉翻。丁度曰：靷，駕牛具，在胸曰靷，蓋駕馬亦用靷也。故強，南足以破楚，西足以詘秦，北足以敗燕，中足以舉宋，史記，齊閔王十年，伐燕，取之；二十三年，與秦敗楚於重丘，南割楚之淮北；三十六年，與韓、魏攻秦，至函谷；三十八年，伐宋，滅之。通鑑據孟子以取燕事屬之齊宣王。敗，補邁翻。詘，與屈同，音渠勿翻。燕，因肩翻。及以燕、趙起【章：十二行本「起」作「改」；孔本同。】而攻之，若振槁然，燕，因肩翻。槁，枯木也。振，搖也。振已枯之木，則枝葉摧落而本根撥矣。槁，苦皓翻，又音古老翻。而身死國亡，爲天下大戮，後世言惡則必稽焉。稽，考也，又計校也。是無他故焉，唯其不由禮義而由權謀也。三者，明主之所謹擇也，仁人之所務白也。白，明白也。善擇者制人，不善擇者人制之。

2樂毅聞晝【章：乙十一行本作「晝」；孔本同；下均同。】邑人王蠋賢，劉熙曰：晝，齊西南近邑，音獲。索隱曰：音胡卦翻。括地志：戟里城在臨淄城西北三十里，春秋時棘邑。又云：澅邑，蠋所居，卽此邑，因澅水爲名也。京相璠曰：今臨淄有澅水，西北入沛，卽班志所謂如水；如、時聲相似，然則澅水卽時水也。余按後漢耿弇攻張步，進軍晝中，在臨淄、西安二邑之間。「蠋」，班固古今人表作「歜」，音觸。據「蠋」字則當音蜀，或音之欲翻；康珠玉切。通鑑以晝邑爲晝邑，以孟子去齊宿於晝爲據也。若以孟子爲據，則晝讀如字。令軍中環晝邑三十里無入。環，據漢書音義音宦。使人請蠋，蠋謝不往。燕人曰：「不來，吾且屠晝邑！」蠋曰：

「忠臣不事二君，烈女不更二夫。【章：十二行本「夫」下有「齊王不用吾諫故退而耕於野」十二字；乙十一行本同；孔本同；張校同；退齋校同。】燕，因肩翻。蠋，音蜀。更，工衡翻。國破君亡，吾不能存，而又欲劫之以兵，吾與其不義而生，不若死！」遂經其頸於樹枝，自奮絕脰而死。經，絞也，縊也。頸，居郢翻，頭莖也。自奮，自奮起而還擲也。脰，大透翻，頸也。燕師乘勝長驅，齊城皆望風奔潰。樂毅修整燕軍，禁止侵掠，求齊之逸民，顯而禮之。寬其賦斂，斂，力驗翻；後以義推。除其暴令，修其舊政，【章：孔本「政」作「制」。】齊民喜悅。乃遣左軍渡膠東、東萊；膠東，漢爲王國。水經：膠水出琅邪黔陬縣膠山，北過膠東、下密，又北過東萊當利縣入海。膠水之東爲膠東國，膠水之西爲膠西國。東萊，春秋萊子之國，漢置東萊郡。邪，音耶。前軍循泰山以東至海，略琅邪；琅邪，秦置爲郡，其地東至海，南距淮。右軍循河、濟，屯阿、鄄以連魏師；河濟註已見一卷安王十五年，然僅及濟水入河而溢爲滎一節。今據水經：濟水自滎澤東流至濟陰乘氏縣西，分爲二瀆：其南瀆爲菏水，東南流至山陽湖陸縣，與泗水合。其北瀆東北流入于鉅野澤，東北過東郡壽良縣西界，北逕須昌、穀城至臨邑縣四瀆津口，與河水合。此蓋言齊地在河、濟之間者也。參考上濟西註可見。濟，子禮翻。阿，東阿；鄄，鄄城。鄄，音絹。乘，繩證翻。菏，音柯。後軍旁北海以撫千乘；旁，步浪翻。自臨淄東北至海，北海地也。漢置郡。乘，繩證翻。中軍據臨淄而鎮齊都。祀桓公、管仲於郊，表賢者之閭，封王蠋之墓。王蠋墓蓋在晝。齊人食邑於燕者二十餘君，封爲君也。有爵位於薊者百有餘人。薊，燕都也。班志，薊縣屬廣陽國。唐爲幽州治所；今爲燕京。水經註：薊城西北隅有薊丘，故名。燕，因肩翻。薊，音計。六月之間，下齊七十餘城，皆爲郡縣。

3秦王、魏王、韓王會于京師。

三十二年（戊寅、前二八三）

1秦、趙會于穰。秦拔魏安城，班志，安成縣屬汝南郡。司馬彪志作「安城」。時魏地南至汝南，秦自武關出兵攻拔之。括地志：安城在豫州汝陽縣東南十七里。一曰：在豫州吳房縣東南。穰，人羊翻。兵至大梁而還。還，音旋。

2齊淖齒之亂，湣王子法章變姓名爲莒太史敫家傭。淖，女教翻。湣，讀曰閔。徐廣曰：敫，音躍，一音皎；康吉了切。余按班書王子侯表有「敫」字，師古曰：古穆字；今從之。傭，雇身爲人力作。爲，于僞翻。太史敫女奇法章狀貌，以爲非常人，憐而常竊衣食之，竊，私也，私爲之而不使人知。衣，於既翻。食，祥吏翻。因與私通。王孫賈從湣王，失王之處，其母曰：「汝朝出而晚來，則吾倚門而望；汝暮出而不還，則吾倚閭而望。閭，里門也。周禮：二十五家爲閭。汝今事王，王走，汝不知其處，汝尚何歸焉！」王孫賈乃入市中呼曰：呼，火故翻，叫號也。號，戶高翻。「淖齒亂齊國，殺湣王。欲與我誅之者袒右！」袒右肩也。市人從者四百人，與攻淖齒，殺之。於是齊亡臣相與求湣王子，欲立之。法章懼其誅己，久之乃敢自言，遂立以爲齊王，保莒城以拒燕，燕，因肩翻。布告國中曰：「王已立在莒矣！」其時樂毅以燕中軍鎮臨淄，法章已立而保莒。田單自安平保卽墨，奔敗之餘，猶可置之不問，法章布告國中，自言已立在莒，可安坐而不問乎！後人論樂毅，以爲善藏其用，吾未敢以爲然也。

3 趙王得楚和氏璧，楚人卞和得玉璞，獻之楚厲王，王使玉人視之，曰：「石也；」王以和爲詐，刖其左足。及武王立，和又獻之，玉人又曰：「石也；」王又以爲詐而刖其右足。及文王立，和乃抱璞而泣於荆山之下；王聞之，使玉人理其璞，而得寶，因命曰「和氏之璧」。爾雅：肉倍好謂之璧；外圓象天，內方象地。秦昭王欲之，請易以十五城。趙王欲勿與，畏秦強；欲與之，恐見欺。以問藺相如，姓譜曰：韓獻子玄孫曰康，食采於藺，因氏焉。藺，力刃翻。對曰：「秦以城求璧而王不許，曲在我矣。我與之璧而秦不與我城，則曲在秦。均之二策，寧許以負秦。使秦負曲也。臣願奉璧而往；使秦城不入，臣請完璧而歸之！」趙王遣之。相如至秦，秦王無意償趙城。相如乃以詐紿秦王，復取璧，償，辰羊翻。紿，蕩亥翻，欺也，誑也。遣從者懷之，間行歸趙，從，才用翻。間，古莧翻。而以身待命於秦。秦王以爲賢而弗誅，禮而歸之。趙王以相如爲上大夫。

4 衞嗣君薨，子懷君立。嗣君好察微隱，縣令有發褥而席弊者，嗣，祥吏翻。好，呼到翻。令，力正翻。古者縣大夫，至春秋時有邑大夫。縣令，起於戰國之時，秦、漢因之。嗣君聞之，乃賜之席。令大驚，以君爲神。又使人過關市，賂之以金，此蓋賂掌關市之官。周禮：司關掌國貨之節，以聯門市，司貨賄之出入者，掌其治禁與其征廛；司市掌市之治教政刑，量度禁令。戰國之時，合爲一官。量，音亮。既而召關市，問有客過與汝金，汝回遺之；回遺，謂還其金也。關市大恐。又愛泄姬，重如耳，而恐其因愛重以壅己也，泄，姓也，與洩同，春秋時鄭有大夫洩駕，陳有大夫洩冶。如，亦姓也；張守節以如耳爲魏大夫姓名，非也，蓋衞大夫。是時魏王有如姬。重，音輕重之重。乃貴薄疑以敵如耳，薄，姓也；風俗通，衞賢人薄疑。敵，當也。尊魏妃以偶泄姬，偶，匹也，對也。曰：「以是相參也。」參，三也，相參列也，間廁也。

荀子論之曰：成侯、嗣君，聚斂計數之君也，未及取民也。子產，取民者也，未及爲政也。管仲，爲政者也，未及修禮也。故修禮者王，爲政者強，取民者安，聚斂者亡。斂，力豔翻。

三十三年（己卯、前二八二）

1 秦伐趙，拔兩城。

三十四年（庚辰、前二八一）

1 秦伐趙，拔石城。史記正義曰：地理志，右北平有石城縣。括地志：石城在相州林慮縣西南九十里。疑相州石城是。余謂北平之石城，燕境也，相州之石城，魏境也，皆非趙地。此石城卽漢西河之離石縣城；拓拔魏分西河，置五城郡，又置石城縣，蓋此地是也。相，息亮翻。慮，音廬。燕，因肩翻。

2 秦穰侯復爲丞相。穰，人羊翻。復，扶又翻。

3 楚欲與齊、韓共伐秦，因欲圖周。王使東周武公謂楚令尹昭子曰：「周不可圖也。」令尹，楚上卿，執其國之政，猶秦之丞相也。令，力正翻。昭子曰：「乃圖周，則無之；雖然，何不可圖？」武公曰：「西周之地，絕長補短，不過百里。名爲天下共主，言天下共宗周以爲諸侯主。杜佑曰：洛陽，古成周之地。今洛陽城東三十餘里故城，是周之下都也。晉帥諸侯城之，以居敬王。至孝王封其弟桓公於河南以續周公之官職，至孫惠公乃封少子於鞏，號曰東周。赧王立，東、西周分理，又徙都西周，則王城也。帥，讀曰率。少，始照翻。鞏，居勇翻。赧，奴版翻。裂其地不足以肥國，得其衆不足以勁兵。雖然，攻之者名爲弒君。然而猶有欲攻之者，見祭器在焉故也。謂三代所傳之祭器，如九鼎之類是也。夫虎肉臊而兵利身，人猶攻之；若使澤中之麋蒙虎之皮，人之攻之也必萬倍矣。夫，音扶。劉伯莊曰：虎之爪牙如兵之利刃在身，其肉雖臊而人猶攻之者，以其皮之所在也。鹿之大者曰麋，麋無爪牙之利而肉可食；若更蒙虎之皮，人之攻之必萬倍於虎矣。臊，蘇遭翻。魚腥，肉臊。麋，武悲翻。更，古孟翻。裂楚之地，足以肥國；詘楚之名，足以尊王。【章：十二行本「王」作「主」；乙十一行本同；孔本同；退齋校同。】詘，讀曰黜，言黜其僭王之名也。今子欲誅殘天下之共主，居三代之傳器，器南，則兵至矣！」於是楚計輟不行。共，音如字。傳，直專翻。言三代之器傳於周，周亡則所傳之器將南歸於楚，天下將合兵至楚而共討其罪也。

三十五年（辛巳、前二八〇）

1 秦白起敗趙軍，斬首二萬，取代光狼城。索隱曰：地志不載光狼城，蓋屬趙國。史記正義曰：光狼故城，在澤州高平縣西二十里。康曰：本中山地，趙武靈王取之，其地在代。余考史以代光狼城聯而書之，康以爲其地在代可也。又云本中山地；中山與代舊爲兩國，代在山之陰，中山在山之陽；既云在代，不當又云本中山地。如康意，抑以爲光狼本代地，趙襄子滅代而中山侵有光狼地；武靈王既滅中山，始有光狼之地。白起自上郡、九原、雲中下兵，始能敗趙軍，取光狼。史既不先序其兵行之路，後又無考，光狼城之所，闕疑可也。**又使司馬錯發隴西兵，**扶風汧縣之西有大隴山，名隴坻，上者七日方越。自隴以西，本冀戎、豲戎、氐、羌之地，秦累世攘拓，以其地置隴西郡。錯，七各翻，又倉故翻。汧，苦堅翻。豲，戶官翻。**因蜀攻楚黔中，拔之。**按秦兵時因蜀出巴郡枳縣路以攻拔楚之黔中。黔，音琴。**楚獻漢北及上庸地。**漢北，謂漢水以北宛、葉、樊、鄧、隨、唐之地。上庸，曹魏新城，唐房陵郡之地。

三十六年（壬午、前二七九）

1**秦白起伐楚，取鄢、鄧、西陵。**史記正義曰：鄢、鄧二城並在襄州。括地志：故鄢城在襄州安養北三里，古鄢子之國。又按水經註，鄢城當在宜城南，有鄢水。左傳楚屈瑕伐羅及鄢，亂次而濟，即其地。徐廣曰：西陵屬江夏。余謂西陵卽夷陵。班志，夷陵縣屬南郡。水經：江水東逕夷陵縣，又東逕西陵峽，蓋縣城去峽不遠。夏，戶雅翻。

2**秦王使使者告趙王，願爲好會於河外澠池。**使使之使，疏吏翻。好，呼到翻；凡和好之好皆同音。漢志，澠池縣屬弘農郡。杜佑曰：澠池有東、西俱利二城，卽秦、趙會處。宋白曰：在今縣西十三里。澠，莫踐翻，又莫忍翻。**趙王欲毋行，廉頗、藺相如計曰：**姓譜：廉姓，顓帝曾孫大廉之後。頗，普河翻。**「王不行，示趙弱且怯也。」趙王遂行，相如從。**從，才用翻。**廉頗送至境，與王訣**訣，音決，別也。**曰：「王**

行，度道里會遇之禮畢，度，徒洛翻。還不過三十日；三十日不還，還，從宣翻，又音如字。則請立太子以絕秦望。」王許之。

會于澠池。王與趙王飲，此句作「秦王與趙王飲」，文意乃明。酒酣，酣，戶甘翻，樂也，洽也。秦王請趙王鼓瑟，瑟二十五絃，伏羲所作。史記曰：黃帝使素女鼓五十絃瑟，帝悲不止，故破其瑟爲二十五絃。趙人善瑟，故秦請鼓之。瑟，色櫛翻。趙王鼓之。藺相如復請秦王擊缶，缶，瓦器。爾雅曰：盎謂之缶，註云：盆也。楊惲曰：「仰天拊缶而歌嗚嗚，秦聲也。」說文曰：缶所以盛酒，秦人鼓之以節樂。劉昫曰：缶如足盆，古西戎之樂，秦俗因而用之。其形如覆盆，以四杖擊之。復，扶又翻，又音如字。缶，方九翻。惲，於粉翻。盛，時征翻。昫，吁句翻。秦王不肯。相如曰：「五步之內，臣請得以頸血濺大王矣！」言將殺秦王也。頸，居郢翻。濺，音箭，康音賛，汙灑也。汙，烏故翻。左右欲刃相如，相如張目叱之，左右皆靡。靡，委靡不振之貌。王不懌，不悅也。爲一擊缶。爲，于僞翻。罷酒，秦終不能有加於趙；趙人亦盛爲之備，秦不敢動。趙王歸國，以藺相如爲上卿，位在廉頗之右。藺，力刃翻。頗，普何翻。毛晃曰：人道尚右，故左右手之右，以右爲尊。

廉頗曰：「我爲趙將，有攻城野戰之功。將，即亮翻。藺相如素賤人，徒以口舌而位居我上，吾羞，不忍爲之下！」宣言曰。「我見相如，必辱之！」宣言者，宣布其言於外也。相如聞之，不肯與會；每朝，常稱病，不欲爭列。朝，直遙翻。毛晃曰：列，行次也，位序也。出而望見，輒引車避匿。匿，藏也，隱也。其舍人皆以爲恥。相如曰：「子視廉將軍孰與秦王？」曰：「不若。」若，猶如也。相如曰：「夫以秦王之威而相如廷叱之，辱其羣臣；此謂請秦王擊缶時也。相如雖駑，夫，音扶。駑，音奴，字林曰：駘也。駘，堂來翻。獨畏廉將軍哉！顧吾念之，強秦所【章：十二行本「所」上有「之」字；乙十一行本同；孔本同。】以不敢加兵於趙者，徒以吾兩人在也。今兩虎共鬬，其勢不俱生。吾所以爲此者，先國家之急而後私讎也！」先，悉薦翻。後，戶遘翻。廉頗聞之，肉袒負荊至門謝罪，荊，所以笞，故負之以請罪。肉袒者，袒而露其肉。笞，丑之翻。遂爲刎頸之交。刎，武粉翻。頸，居郢翻。言襟相契，雖刎斷其首，無所顧也。崔顥曰：言要齊生死，斷首無悔。

3 初，燕人攻安平，燕，因肩翻。班志，東安平縣屬淄川；司馬彪志屬北海郡。括地志：安平城在青州臨淄縣東十九里，古紀國之酅邑。唐志，青州有安平縣，後省入博昌縣。按三十一年樂毅入臨淄，以中軍據之，燕人攻安平，當在三十二年、三十三年之間，故通鑑於是年以「初」字發之。酅，戶圭翻。臨淄市掾田單在安平，使其宗人皆以鐵籠傅車轊。掾，以絹翻，掌市官屬也。卷鐵以傅車轊，故謂之鐵籠。籠，盧東翻。傅，音附。轊，音衞。車軸頭謂之轊。及城潰，人爭門而出，皆以轊【章：十二行本「轊」作「軸」；乙十一行本同；孔本同。】折車敗，爲燕所擒；潰，戶對翻，潰散也。折，食列翻。燕，因肩翻。獨田單宗人以鐵籠得免，遂奔卽墨。是時齊地皆屬燕，獨莒、卽墨未下，樂毅乃幷右軍、前軍以圍莒，左軍、後軍圍卽墨。卽墨大夫出戰而死。卽墨人曰：「安平之戰，田單宗人以鐵籠得全，是多智習兵。」因共立以爲將以拒燕。燕，因肩翻。將，即亮翻。樂毅圍二邑，期年不剋，乃令解圍，各去城九里而爲壘，令曰：「城中民出者勿獲，困者賑之，令，力正翻。勿獲，勿禽之以爲俘獲。賑，即忍翻，救也，恤也。毅欲懷柔二邑，使之自服，不及計其死守也。使即舊業，即，就也。以鎮新民。」恐新民思爲齊而反，則以此鎮之。三年而猶未下。或讒之於燕昭王曰：「樂毅智謀過人，伐齊，呼吸之間剋七十餘城，今不下者兩城耳，非其力不能拔，所以三年不攻者，欲久仗兵威以服齊人，南面而王耳。今齊人已服，所以未發者，以其妻子在燕故也。且齊多美女，又將忘其妻子。願王圖之！」昭王於是置酒大會，引言者而讓之曰：讓，責也。「先王舉國以禮賢者，非貪土地以遺子孫也。遺，于季翻。遭所傳德薄，不能堪命，國人不順。齊爲無道，乘孤國之亂以害先王。謂王噲讓國於子之，以至亡國殺身也。事見上卷愼靚王五年，今王元年。堪，勝也，任也。不能堪命者，言王噲命子之，子之不能勝王噲所命而任燕國之事也。噲，苦夬翻。靚，疾正翻。勝，音升。任，音壬。寡人統位，統，他綜翻。丁度曰：統，攝理也。痛之入骨，故廣延羣臣，外招賓客，以求報讎；其有成功者，尚欲與之同共燕國。今樂君親爲寡人破齊，夷其宗廟，夷，平也。爲，于僞翻。報塞先仇，塞，悉則翻。齊國固樂君所有，非燕之所得也。樂君若能有齊，與燕並爲列國，結歡同好，以抗諸侯之難，燕國之福，寡人之願也。塞，悉則翻。燕，因肩翻。好，呼到翻。難，乃旦翻。汝何敢言若此！」乃斬之。賜樂毅妻以后服，賜其子以公子之服；輅車乘馬，後屬百兩，夏奚仲作車，至周而備其制。輿方象地；蓋圓象天；三十幅以象日、月；蓋弓二十八以象列星；龍旂九斿、七仞、齊軫以象大火；鳥旟七斿、五仞、齊較以象鶉火；熊旂六斿、五仞、齊肩以象參伐；龜旐四斿、四仞、齊首以象營室；弧旌、枉矢以象弧：此諸侯以下所建者也。輅車之後，又有屬車百兩，亦當時諸國之儀。乘馬，四馬也。孔穎達曰：書序云：武王戎車三百兩，皆以一乘爲一兩。謂之兩者，風俗通以車有兩輪，故車稱兩。乘，繩正翻。好，呼到翻。難，乃旦翻。屬，音蜀。兩，音亮。旂，渠希翻。斿，夷周翻，旒也。參，所今翻，列宿星名也。旐，音兆。遣國相奉而致之樂毅，立樂毅爲齊王。相，息亮翻。樂毅惶恐不受，拜書，以死自誓。由是齊人服其義，諸侯畏其信，莫敢復有謀者。復，扶又翻。

頃之，昭王薨，惠王立。頃之，言無幾何時。相，息亮翻。毅，魚器翻。惠王自爲太子時，嘗不快於樂毅。田單聞之，乃縱反間於燕，孫子五間，有反間，因其敵間而用之。又曰：敵間之間我者，因而利之，導而舍之，故反間可得而用也。間，古莧翻。宣言曰：「齊王已死，城之不拔者二耳。樂毅與燕新王有隙，畏誅而不敢歸，以伐齊爲名，實欲連兵南面王齊。王，于況翻，又音如字。齊人未附，故且緩攻即墨以待其事。齊人所懼，唯恐他將之來，即墨殘矣。」燕王固已疑樂毅，得齊反間，乃使騎劫代將而召樂毅。將，即亮翻。燕，因肩翻；下同。騎，奇寄翻，康曰：姓也。余謂騎劫時以能而將，騎以官稱，非姓也。毅，魚器翻。樂毅知王不善代之，知王遣代，其意不善，將誅之也。遂奔趙。燕將士由是憤惋不和。燕，因肩翻。將，即亮翻。惋，烏貫翻。

田單令城中人食，必祭其先祖於庭，飛鳥皆翔舞而下城中。燕人怪之，田單因宣言曰：「當有神師下教我。」有一卒曰：「臣可以爲師乎？」因反走。田單起引還，坐東鄉，師事之。鄉，讀曰嚮。卒曰：「臣欺君。」田單曰：「子勿言也！」因師之。每出約束，必稱神師。田單恐衆心未一，故假神以令其衆。乃宣言曰：「吾唯懼燕軍之劓所得齊卒，劓，魚器翻，割鼻也。置之前行，行，戶剛翻。即墨敗矣！」燕人聞之，如其言。城中見降者盡劓，皆怒，堅守，唯恐見得。降，戶江翻。單又縱反間，言「吾懼燕人掘吾城外冢墓，可爲寒心！」掘，其月翻。冢，之隴翻。燕軍盡掘冢墓，燒死人。齊人從城上望見，皆涕泣，共欲出戰，怒自十倍。田單知士卒之可用，乃身操版、鍤，與士卒分功；操，七刀翻。鍤，則洽翻，鍫也。妻妾編於行伍之間；盡散飲食饗士。令甲卒皆伏，使老、弱、女子乘城，乘，登也，登城而守也。遣使約降於燕；使，疏吏翻。降，戶江翻。燕，因肩翻。燕軍皆呼萬歲。田單又收民金得千鎰，令即墨富豪遺燕將，曰：「即降，願無虜掠吾族家！」燕將大喜，許之。燕軍益懈。田單乃收城中，得牛千餘，爲絳繒衣，鎰，弋質翻。遺，于季翻。令，盧經翻。懈，古隘翻。繒，慈陵翻，絹也。畫以五采龍文，畫，古畫字通。束兵刃於其角，而灌脂束葦於其尾，葦，于鬼翻，葭也。燒其端，鑿城數十穴，夜縱牛，壯士五千【章：十二行本，「千」下有「人」字；乙十一行本同；孔本同。】隨其後。史記田單傳，「壯士五千」下有「人」字。牛尾熱，怒而奔燕軍。燕軍大驚，視牛皆龍文，所觸盡死傷。而城中鼓譟從之，譟，先到翻，羣呼也。老弱皆擊銅器爲聲，聲動天地。燕軍大駭，敗走。齊人殺騎劫，追亡逐北，亡，逃亡也。北，奔北也。逃亡者追之，奔北者逐之。楊倞曰：北者，乖背之名，故以敗走爲北。毛晃曰：人道面南偝北，北者偝也，故古以堂北爲背，背亦偝也。以敗走爲北者，取偝之而走耳。所過城邑皆叛燕，復爲齊。田單兵日益多，乘勝，燕日敗亡，走至河上，而齊七十餘城皆復焉。燕，因肩翻。爲，于僞翻，又音如字。乃迎襄王於莒，入臨淄，封田單爲安平君。齊以田單安國平難，又嘗保安平，故因以安平封之。

齊王以太史敫之女爲后，生太子建。太史敫曰：「女不取媒，因自嫁，非吾種也，汙吾世！」徐廣曰：敫，音躍，一音皎。師古曰：敫，古穆字。種，之隴翻。汙，烏故翻；凡染汙之汙皆同音。終身不見君王后，君王后亦不以不見故失人子之禮。

趙王封樂毅於觀津，班志，觀津縣屬信都國。觀，工喚翻。尊寵之，以警動於燕、齊。燕惠王乃使人讓樂毅，且謝之曰：「將軍過聽，以與寡人有隙，遂捐燕歸趙。捐，余專翻，弃也。將軍自爲計則可矣，而亦何以報先王之所以遇將軍之意乎？」樂毅報書曰：「昔伍子胥說聽於闔閭而吳遠迹至郢；夫差弗是也，賜之鴟夷而浮之江。吳王不寤先論之可以立功，故沈子胥而不悔；子胥不蚤見主之不同量，是以至於入江而不化。遠迹，言自吳至郢，其道里甚遠而行迹得至也。弗是，謂夫差弗以子胥之言爲是也。伍子胥，楚人也。楚平王信讒，殺其父、兄，子胥奔吳。吳王闔閭信而用之，伐楚入郢。闔閭卒，夫差立，子胥屢諫不聽，賜之屬鏤以死。子胥既死，夫差取其尸，盛之鴟夷，浮之江中。應劭曰：鴟夷，榼形也，以馬革爲之。韋昭曰：革囊也。或曰：生牛皮也。索隱曰：言子胥怨恨，故雖投江而神不化，猶爲波濤之神也。郢，以井翻。說，式芮翻。夫，音扶。差，初加翻。鴟，丑之翻。沈，持林翻。量，力讓翻。闔，戶臘翻。卒，子恤翻。鏤，力俱翻，又力侯翻。盛，時征翻。榼，戶盍翻。夫免身立功以明先王之迹，臣之上計也。夫，音扶。離毀辱之誹謗，墮先王之名，臣之所大恐也。離，與罹同。墮，與隳同，音火規翻；後凡墮毀之墮皆同音。臨不測之罪，以幸爲利，義之所不敢出也。謂不敢與趙謀燕。臣聞古之君子，交絕不出惡聲，忠臣去國，不潔其名。臣雖不佞，不佞，猶言不才也。數奉教於君子矣。數，所角翻。唯君王之留意焉！」於是燕王復以樂毅子閒爲昌國君，燕，因肩翻。索隱曰：閒，音紀閑翻。而樂毅往來復通燕，卒於趙，號曰望諸君。望諸，澤名，本齊地；毅自齊奔趙，趙人以此號之，本其所從來也。卒，子恤翻。

田單相齊，相，息亮翻。過淄水，水經：淄水出泰山萊蕪縣原山，東北過臨淄縣，又東過利縣東，東北入于海。有老人涉淄而寒，出水不能行。田單解其裘而衣之。襄王惡之，曰：「田單之施於人，衣，於既翻。惡，烏路翻。施，式豉翻；後凡布施之施皆同音。將【章：十二行本「將」下有「欲」字；乙十一行本同；孔本同。】以取我國乎！不早圖，恐後之變也。」左右顧無人，巖下有貫珠者，巖下，殿巖之下也。昔舜遊巖廊。襄王呼而問之曰：「汝聞吾言乎？」對曰：「聞之。」王曰：「汝以爲何如？」對曰：「王不如因以爲己善。王嘉單之善，下令曰：『寡人憂民之飢也，單收而食之。寡人憂民之寒也，單解裘而衣之。寡人憂勞百姓，而單亦憂，【章：十二行本「憂」下有「之」字；乙十一行本同；孔本同；張校同；退齋校同。】稱寡人之意。』食，祥吏翻。稱，昌孕翻，愜也；後凡稱愜之稱皆同音。單有是善而王嘉之，單之善亦王之善也！」王曰：「善。」乃賜單牛酒。後數日，貫珠者復見王曰：「王朝日宜召田單而揖之於庭，口勞之。復，扶又翻。朝，陟遙翻，旦日；又直遙翻，朝羣臣之日也。勞，力到翻；凡撫勞之勞皆同音。乃布令求百姓之飢寒者，收穀之。」穀，如字，養也。收穀，收而養之也。乃使人聽於閭里，聞大夫之相與語者曰：「田單之愛人，嗟，乃王之教也！」

田單任貂勃於王。任，汝鴆翻，保也。今之任子，義亦如此。貂，丁聊翻，康曰：姓也。王有所幸臣九人，欲傷安平君，傷，譖毀也，害也，損也。相與語於王曰：「燕之伐齊之時，楚王使將軍將萬人而佐齊。將，即亮翻，又音如字，領也。今國已定而社稷已安矣，何不使使者謝於楚王？」王曰：「左右孰可？」九人之屬曰：「貂勃可。」貂勃使楚，楚王受而觴之，數月不反。使，疏吏翻。觴之者，舉觴以禮之也。九人之屬相與語【章：十二行本「語」下有「於王」二字；乙十一行本同；孔本同；退齋校同。】曰：「夫一人之身而牽留萬乘者，豈不以據勢也哉！謂貂勃以安平君之重，楚王留而禮遇之也。夫，音扶。乘，繩證翻。且安平君之與王也，君臣無異而上下無別。別，彼列翻。且其志欲爲不善，內撫百姓，外懷戎翟，翟，與狄同。禮天下之賢士，其志欲有爲，願王【章：十二行本「爲」下有「也」字，「王」下有「之」字；乙十一行本同；孔本同。退齋校云：「爲」下有「也」字。】察之！」異日，王曰：「召相單而來！」異日，猶言他日也。相，息亮翻。田單免冠、徒跣、肉袒而進，徒跣，徒行而跣足也。跣，先典翻，不屨而以足親地也。李巡曰：襢裼，脫衣；袒肩見體曰肉袒。襢，與袒同。裼，先的翻。退而請死罪，五日而王曰：「子無罪於寡人。子爲子之臣禮，吾爲吾之王禮而已矣。」貂勃從楚來，王賜之酒。酒酣，王曰：「召相單而來！」貂勃避席稽首酣，戶甘翻，酒樂也。應劭曰：洽也。稽，音啓，下首拜也。曰：「王上者孰與周文王？」王曰：「吾不若也。」貂勃曰：「然，臣固知王不若也。下者孰與齊桓公？」王曰：「吾不若也。」貂勃曰：「然，臣固知王不若也。然則周文王得呂尙以爲太公，呂尙釣於渭濱，周文王出獵，載與俱歸，曰：「吾太公望子久矣。」因號曰「太公望」。齊桓公得管夷吾以爲仲父，齊公子無知之亂，管夷吾奉公子糾與桓公爭國。子糾死，管仲囚，桓公釋其罪，任之以政，號曰「仲父」。姓譜：管姓，周文王子管叔之後。今王得安平君而獨曰『單』，安得此亡國之言乎！且自天地之闢，民人之始，爲人臣之功者，誰有厚於安平君者哉？王不能守王之社稷，燕人興師而襲齊，王走而之城陽之山中，襄王從湣王走莒。班志，莒縣屬城陽國，故云城陽之山中。湣，讀曰閔。莒，居許翻。安平君以惴惴卽墨三里之城，五里之郭，敝卒七千人，禽其司馬而反千里之齊，安平君之功也。惴，之睡翻，危恐之貌。司馬，蓋指騎劫。當是之時，舍城陽而自王，舍，讀曰捨。王，于況翻。天下莫之能止。然而計之於道，歸之於義，以爲不可，故棧道木閣而迎王與后於城陽山中，架木通路曰棧道。棧，士限翻；康士諫切，非。王乃得反，子臨百姓。今國已定，民已安矣，王乃曰『單』，嬰兒之計不爲此也。王亟殺此九子者以謝安平君；不然，國其危矣！」乃殺九子而逐其家，益封安平君以夜邑萬戶。「夜邑」，戰國策作「掖邑」。班志，掖縣屬東萊郡。掖，羊益翻。

田單將攻狄，班志，狄縣屬千乘郡。後漢安帝改曰臨濟。徐廣曰：狄，今樂安臨濟縣也。史記正義曰：故狄城在淄州高苑縣西北。往見魯仲連。姓譜：魯，以國爲姓。魯仲連曰：「將軍攻狄，不能下也。」田單曰：「臣以卽墨破亡餘卒破萬乘之燕，復齊之墟，今攻狄而不下，何也？」上車弗謝而去，乘，繩證翻。燕，因肩翻。上，時掌翻。遂攻狄。三月不克。齊小兒謠曰：「大冠若箕，謠，余昭翻。徒歌曰謠。大冠，武冠也。脩劍拄頤，脩，長也。拄，冢庾翻。攻狄不能下，壘枯骨成丘。」田單乃懼，問魯仲連曰：「先生謂單不能下狄，請聞其說。」魯仲連曰：「將軍之在卽墨，坐則織蕢，蕢，其位翻，草器也。立則仗鍤，顏師古曰：仗，直亮翻，憑荷也。鍤，則洽翻。爲士卒倡曰：『無可往矣！宗廟亡矣！今日尚矣！歸於何黨矣！』毛晃曰：尚，庶幾也。言單於其時蓋言曰：「今日之事，尚庶幾焉。」黨，類也，言戰有勝負，不死則降，將歸於何類也。當此之時，將軍有死之心，士卒無生之氣，聞君言莫不揮泣奮臂而欲戰，此所以破燕也。當今將軍東有夜邑之奉，西有淄上之娛，此蓋言安平封邑，益之以夜邑。夜邑在安平東，淄水在安平西；夜邑有租賦之奉，淄上有遊觀之樂：故魯仲連云然。燕，因肩翻。夜，讀曰掖，音羊益翻。黃金橫帶而騁乎淄、澠之間，水經註：淄水自利縣東北流，逕安平城北，又東逕廣饒縣，與濁水會。濁水出廣饒縣冶嶺山，亦謂之澠水，又北與時、澠之水會。時水出齊城西北，北會澠水。澠水出營城東，世謂漢溱水，西逕樂安、博縣，與時水合。孔子謂「淄、澠之合，易牙嘗而知之」，卽斯水也。

騁，丑郢翻，馳騖也。澠，時陵翻。溱，仄詵翻，又音秦。有生之樂，無死之心，所以不勝也。」樂，音洛。田單曰：「單之有心，先生志之矣。」志者，心之所主也。明日，乃厲氣循城，厲，嚴厲也，勉厲也，奮厲也，振厲也，是三者有修飭振起之意。立於矢石之所，援枹鼓之；狄人乃下。援，于元翻，引也；後以義推。枹，芳無翻，擊鼓杖。

初，齊湣王既滅宋，欲去孟嘗君。二十九年書齊滅宋，先書宋滅薛，時孟嘗君已封於薛，宋所滅者何薛邪？去，羌呂翻。孟嘗君奔魏，魏昭王以爲相，與諸侯共伐破齊。湣王死，襄王復國，而孟嘗君中立爲諸侯，無所屬。襄王新立，畏孟嘗君，與之連和。孟嘗君卒，諸子爭立，而齊、魏共滅薛，孟嘗君絶嗣。嗣，祥吏翻。

三十七年（癸未、前二七八）

1 秦大良造白起伐楚，拔郢，括地志：郢城在江陵縣東北六里，楚平王築都之地。燒夷陵。楚襄王兵散，遂不復戰，東北徙都於陳。陳，卽古陳國。班志，陳縣屬淮陽國。註云：楚頃襄王自郢徙此。復，扶又翻。頃，窺營翻。秦以郢爲南郡，封白起爲武安君。班志，武安縣屬魏郡。戰國之君分封其臣，如平原、武安之類，非眞食其縣之入也。張守節曰：言能撫養軍士，戰必克，得百姓安集，故曰武安。

三十八年（甲申、前二七七）

1 秦武安君定巫、黔中，初置黔中郡。括地志：黔中故城在辰州沅陵縣西二十二里江南，今黔府亦其地。按秦黔中郡地，非唐黔州地也。宋白曰：秦黔中郡所理在今辰州西二十里黔中故郡城是。漢改黔中爲武陵郡，移理義陵，即今辰州漵浦縣是。後漢移理臨沅，即今朗州所理是。今辰州漵、奬、溪、澧、朗、施八州，是秦、漢黔中郡之地。自永嘉之後，沒於夷、獠；元魏之後，圖記不傳。至後周保定四年，涪陵首領田思鶴歸化，初於其地立奉州，續改爲黔州。大業中，又改爲黔安郡。因周、隋州郡之名，遂與秦、漢黔中郡交互難辨。今黔州及夷、費、思、播，與秦黔中郡隔越峻嶺，以山川言之，炳然自分。黔，其今翻，又其炎翻。沅，音元。漵，音敘。澧，里弟翻。獠，魯皓翻。涪，音浮。互，與互同。費，兵媚翻，以水名。

2 魏昭王薨，子安釐王立。世本曰：安釐王，名圉。釐，讀曰僖。

三十九年（乙酉、前二七六）

1 秦武安君伐魏，拔兩城。

2 楚王收東地兵，東地，蓋楚之東境淮、汝之地也。得十餘萬，復西取江南十五邑。復，扶又翻，又音如字。

3 魏安釐王封其弟無忌爲信陵君。宋白曰：信陵君邑於甯，今宋州甯陵縣，古甯城也。

四十年（丙戌、前二七五）

1 秦相國穰侯伐魏。韓暴鳶救魏，暴，白報翻，姓也。周有卿士暴公，其後遂以爲氏。鳶，以專翻，名也。穰侯大破之，穰，人羊翻。斬首四萬。暴鳶走開封。班志，開封縣屬河南郡。賢曰：開封故城在今汴城南。宋白曰：今汴州開封縣南五十里開封故城，是漢理所。汴，皮變翻。魏納八城以和。穰侯復伐魏，走芒卯，入北宅。北宅，即宅陽。復，扶又翻。芒，莫郎翻。魏【章：十二行本「魏」上有「遂圍大梁」四字；乙十一行本同；孔本同；退齋校同。】人割溫以和。溫縣，即春秋溫邑，屬晉；唐屬孟州。

四十一年（丁亥、前二七四）

1 魏復與齊合從。秦穰侯伐魏，拔四城，斬首四萬。從，子容翻。穰，人羊翻。

2 魯湣【章：十二行本「湣」作「緡」；乙十一行本同；孔本同。】公薨，子頃公讎立。湣，讀曰閔。頃，音傾。諡法：甄心動懼曰頃；敏以敬慎曰頃。

四十二年（戊子、前二七三）

1 趙人、魏人伐韓華陽。司馬彪曰：華陽，山名，在河南密縣。括地志：在鄭州管城縣南四十里。水經註：黃水出新鄭縣太山黃泉，東南流逕華城西。史伯謂鄭桓公曰：「華，君之土也。」韋昭曰：華，國名也。華，戶化翻。韓人告急于秦，秦王弗救。韓相國謂陳筮曰：「事急矣，相，息亮翻。願公雖病，爲一宿之行！」陳筮如秦，如，往也。見穰侯。穰侯曰：「事急乎？故使公來。」陳筮曰：「未急也。」穰侯怒曰：「何也？」陳筮曰：「彼韓急則將變而他從；謂從趙、魏也。以未急，故復來耳。」復，扶又翻。穰侯曰：「請發兵矣。」乃與武安君及客卿胡陽救韓，姓譜：舜後胡公滿封於陳，子孫以爲氏。又陸終氏六子，長曰昆吾，次曰參胡，董姓，封於韓墟。周爲胡國，楚滅之。八日而至，敗魏軍於華陽之下，蓋華陽城下也。走芒卯，虜三將，斬首十三萬。武安君又與趙將賈偃戰，沈其卒二萬人於河。將，卽亮翻。沈，持林翻。人皆貪生而畏死，二萬人與戰，烏得盡沈諸河？以計沈之也。魏段干子請割南陽予秦以和。古予、與字通。下書南陽實脩武。班志，脩武縣屬河內郡。應劭曰：晉始啓南陽，今南陽城是也。其地在晉山南、河北，故曰南陽。劉原父曰：脩武卽晉之甯邑，武王伐紂名之。韓詩外傳：武王伐紂，勒兵於甯，故曰脩武。有古南陽城。父，音甫。傳，直戀翻。蘇代謂魏王曰：「欲璽者，段干子也，欲地者，秦也。今王使欲地者制璽，欲璽者制地，魏地盡矣！璽，印也。言段干子欲得秦相印，故請魏割地。璽，斯氏翻。夫以地事秦，猶抱薪救火，夫，音扶。薪不盡，火不滅。」王曰：「是則然也。雖然，事始已行，不可更矣。」更，工衡翻。對曰：「夫博之所以貴梟者，便則食，不便則止。今何王之用智不如用梟也？」夫，音扶。鄭司農註考工記曰：博立梟棊。宋玉楚辭曰：箟蔽象棊有六博，成梟而牟呼五白。謝艾曰：六博得梟者勝。史記正義曰：博頭有刻爲梟鳥形者，擲得梟者合食其子，不便則爲餘行也。梁湘東王繹博食子未下，以其有便不便也。梟，堅堯翻。魏王不聽，卒以南陽爲和，卒，子恤翻。實脩武。

2 韓釐王薨，子桓惠王立。

3 韓、魏既服於秦，秦王將使武安君與韓、魏伐楚，未行，而楚使者黃歇至，姓譜：陸終之後受封於黃，爲楚所滅，其後以國爲氏。使，疏吏翻。歇，許竭翻。聞之，畏秦乘勝一舉而滅楚也，乃上書曰：「臣聞物至則反，冬、夏是也；上，時掌翻。至，極也，物極則反也。冬至陰之極而陽生焉，夏至陽之極而陰生焉。致至則危，累棊是也。致，亦極也，極其至則危也。累棊至於極高則必危矣。楚司馬子期累十二博棋不墜，王曰：危哉！今大國之地，徧天下有其二垂，史記正義曰：極東、極西也。余謂秦國之地，有天下西、北之二垂也。此從生民以來，萬乘之地未嘗有也。先王三世不忘接地於齊，以絕從親之要。乘，繩證翻。從，子容翻。索隱曰：要，讀曰腰，以言山東合從，韓、魏是其腰。康曰：於笑切，約也。余謂索隱說是。今王使盛橋守事於韓，盛橋以其地入秦，索隱曰：秦使盛橋守事於韓，亦猶楚使召滑相趙然也。盛，姓也。相，息亮翻。是王不用甲，不信威，而得百里之地，王可謂能矣！信，讀曰申；後屈信之信皆同音。王又舉甲而攻魏，杜大梁之門，舉河內，拔燕、酸棗、虛、桃，入邢，魏之兵雲翔而不敢捄，徐廣曰：始皇五年，取酸棗、燕、虛。蘇代曰：決宿胥之口，魏無虛、頓丘。又曰：燕縣有桃城。班志，東郡有燕縣，陳留郡有酸棗縣。水經註：濮渠東北逕燕城內，爲陽清湖，又逕桃城南，卽戰國策所謂燕、酸棗、虛、桃者。史記正義曰：故桃城在滑州胙城縣東三十里。燕，於賢翻。虛，如字。徐廣曰：平皋有邢丘。劉昭曰：邢丘，故邢國。史記正義曰：邢丘在懷州武德縣東南二十里。捄，與救同。王之功亦多矣！王休甲息衆，二年而後復之，又并蒲、衍、首、垣以臨仁、平丘，黃、濟陽嬰城而魏氏服。徐廣曰：皆屬陳留。索隱曰：仁及平丘，二縣名。班志，平丘、外黃、濟陽三縣屬陳留；仁地闕。張晏曰：魏郡有內黃，故加「外」。臣瓚曰：縣有黃溝。師古曰：左傳，魯惠公敗宋師於黃。杜預以爲外黃縣有黃城，卽此地也。索隱又曰：謂秦以兵臨仁、平丘二縣，則黃、濟陽嬰城而自守也。「平丘」句斷。史記正義曰：故黃城在曹州考城縣東。按水經註，黃，溝名也，河水舊於白馬南泆，通濮、濟、黃溝。濟陽故城在曹州冤句縣西南。康曰：蒲在長垣之蒲鄉，衍在河南，與卷近，首，蓋牛首，垣，卽長垣。濟，子禮翻。垣，于元翻。瓚，藏旱翻。索，山客翻。傳，直戀翻。王又割濮磨之北，注齊、秦之要，絶楚、趙之脊，天下五合六聚而不敢救，王之威亦單矣！濮，博木翻。要，讀曰腰。脊，資昔翻。徐廣曰：濮水北於鉅野入濟。索隱曰：濮磨，地名，近濮水。水經：濮水上承濟水於封丘縣，班志所謂濮水首濟者也。東北流，左會別濮水，水受河於酸棗縣，杜預所謂濮水出酸棗縣首受河者也。東至乘氏縣，與濟同入鉅野澤。磨，康莫賀切。言秦既服魏，又割濮磨之北，則地連於齊，是注齊之要也。魏地既入於秦，則楚、趙之聲勢不接，是絶楚、趙之脊也。單，與殫同。索隱曰：單，盡也，言秦王之威盡行也。濟，子禮翻。乘，繩證翻。索，山客翻。王若能保功守威，絀攻取之心絀，敕律翻，黜也。而肥仁義之地，使無後患，三王不足四，五伯不足六也！伯，讀曰霸。王若負人徒之衆，仗兵革之強，乘毀魏之威，而欲以力臣天下之主，臣恐其有後患也。詩曰：『靡不有初，鮮克有終。』詩變大雅蕩之辭。鮮，息善翻，少也；後以義推。易曰：『狐涉水，濡其尾。』易未濟：小狐汔濟，濡其尾。象曰：小狐汔濟，未出中也。濡某尾，無攸利，不續終也。濡，汝朱翻。此言始之易，終之難也。易，弋豉翻。昔吳之信越也，從而伐齊，既勝齊人於艾陵，還爲越王禽於三江之浦。事見左傳。史記正義曰：艾山在兖州博縣南六十里。三江，即禹貢所謂「三江既入，震澤底定」者也。吳地記：松江東北行七十里，得三江口，東北入海爲婁江，東南入海爲東江，併松江爲三江。水瀕曰浦。智氏之信韓、魏也，從而伐趙，攻晉陽城，勝有日矣，韓、魏叛之，殺智伯瑤於鑿臺之下。事見一卷威烈王二十三年。水經註：太原榆次縣同過水側有鑿臺。今王妬楚之不毀孔穎達曰：本以色曰妬，以行曰忌。但後之作者，妬亦兼行。而忘毀楚之強韓、魏也，臣爲王慮而不取也。爲，于僞翻。夫楚國，援也；鄰國，敵也。夫，音扶。今王信韓、魏之善王，此正吳之信越也，臣恐韓、魏卑辭除患而實欲欺大國也。何則？王無重世之德於韓、魏而有累世之怨焉。索隱曰：重世，猶再世也。重，直龍翻。累，魯水翻。夫韓、魏父子兄弟接踵而死於秦【章：十二行本「秦」下有「者」字；乙十一行本同；孔本同。】將十世矣，故韓、魏之不亡，秦社稷之憂也。今王資之與攻楚，不亦過乎！資之，謂資以兵也。且攻楚將惡出兵？惡，音烏。王將借路於仇讎之韓、魏乎，兵出之日而王憂其不反也。王若不借路於仇讎之韓、魏，必攻隨水右壤，索隱曰：楚都陳，隨水右壤，蓋在隨水之西，今鄧州之西，其地多山林者是。余謂右壤，蓋其地在楚都之右。此皆廣川、大水、山林、谿谷，不食之地。記檀弓：成子高曰：死則擇不食之地而葬。註云：不食，謂不墾耕。是王有毀楚之名而無得地之實也。且王攻楚之日，四國必悉起兵而應王，秦、楚之兵構而不離，魏氏將出而攻留、方與、銍、湖陵、碭、蕭、相，故宋必盡，班志，留縣屬楚國，方與、湖陵縣屬山陽郡。銍、蕭、相三縣屬沛郡，碭縣屬梁國。銍，竹乙翻。方，音房。與，音預。碭，音唐，又徒浪翻。相，息亮翻。史記正義曰：徐州西，宋州東，兗州南，並故宋地。齊人南面攻楚，泗上必舉，時楚蠶食魯國，有泗上之地。此皆平原四達膏腴之地，如此，則天下之國莫強於齊、魏矣。臣爲王慮，莫若善楚。秦、楚合而爲一以臨韓，韓必歛手而朝，王施以東山之險，帶以曲河之利，東山，謂華山以至崤塞諸山，皆在咸陽之東。曲河，謂河千里一曲。按水經：河水自雲中沙南縣屈而南流，至華陰潼關曲而東流，所謂曲河也。春秋說題辭曰：河之爲言荷也，荷精分布，懷陰引度也。釋名曰：河，下也，隨地下處而通流也。韓必爲關內之侯。若是而王以十萬戍鄭，鄭，韓之國都也。梁氏寒心，許、鄢陵嬰城而上蔡、召陵不往來也，許，春秋許國。班志，許、鄢陵二縣皆屬潁川郡。上蔡，故蔡國，蔡仲所封；後徙新蔡，故此爲上蔡。召陵，卽齊桓公伐楚所次之地。二縣，班志皆屬汝南郡。魏都大梁，其境南至汝南，許、鄢陵居其間，二邑皆脅於秦兵，嬰城自守，則楚之上蔡、召陵不能與大梁往來矣。嬰，繞也。嬰城者，謂以兵繞城而守也。鄢，漢書音義音甚多；丁度、毛晃音從於建翻。召，讀曰邵。如此，魏亦關內侯矣。大王壹善楚而關內兩萬乘之主乘，繩證翻。注地於齊，齊右壤可拱手而取也。齊右壤，謂濟西之地也。王之地一經兩海，要約天下，東西爲經。兩海，東海、西海也。謂自西海至東海，其地一爲秦所有也。要約，猶約束也。要，於遙翻。是燕、趙無齊、楚，齊、楚無燕、趙也。此極言山東諸國連從之爲秦害也。燕，因肩翻。然後危動燕、趙，直搖齊、楚，此四國者不待痛而服矣。」燕，因肩翻。王從之，止武安君而謝韓、魏，使黃歇歸，約親於楚。

資治通鑑卷第五

朝散大夫右諫議大夫權御史中丞充理檢使上護軍賜紫金魚袋臣 司馬光 奉敕編集

後　學　天　台　胡三省　音　註

周紀五

起屠維赤奮若（己丑），盡旃蒙大荒落（乙巳），凡十七年。

赧王下

四十三年（己丑、前二七二）

1 楚以左徒黃歇侍太子完爲質於秦。左徒，楚官名。史記正義曰：蓋今在左右拾遺、補闕之類。質，音致。按去年秦欲與韓、魏伐楚，黃歇上書止之，歸而報楚，楚遂使歇侍太子爲質於秦；爲楚王疾病，歇使太子亡歸楚張本。歇，許竭翻。

2 秦置南陽郡。凡山南、水北皆謂之南陽。晉南陽在脩武，以在太行之南，大河之北也。秦置南陽郡，以在南山之南，漢水之北也。

3 秦、魏、楚共伐燕。燕，因肩翻。

4 燕惠王薨，子武成王立。

四十四年（庚寅、前二七一）

1 趙藺相如伐齊，至平邑。括地志：平邑故城在魏州昌樂縣東北四十里。藺，力刃翻。樂，音洛。

2 趙田部吏趙奢收租稅，田部吏，部收田之租稅者也。平原君家不肯出；趙奢以法治之，殺平原君用事者九人。治，直之翻。平原君之家臣用事而不肯出租稅者也。平原君怒，將殺之。趙奢曰：「君於趙爲貴公子，今縱君家而不奉公則法削，法削則國弱，國弱則諸侯加兵，是無趙也。削，侵也，奪也。弱，劣也，懦也。君安得有此富乎！以君之貴，奉公如法則上下平，上下平則國強，國強則趙固，而君爲貴戚，豈輕於天下邪！」邪，音耶。戚，親也。言平原君於趙則王族親戚之貴者也。平原君以爲賢，賢，善也，能也。言之於王。王使治國賦，國賦太平，民富而府庫實。觀此則趙奢豈特善兵哉，可使治國也。治，直之翻。

四十五年（辛卯、前二七〇）

1 秦伐趙，圍閼與。司馬彪志：上黨郡涅縣有閼與聚。水經註：上黨沾縣有梁榆城，即閼與故城。盧諶征艱賦曰：訪梁榆之虛郭，乃閼與之舊平。史記正義曰：閼與在潞州銅鞮縣西北二十里。又儀州和順縣亦有閼與城。儀、潞相近，二所未詳。又閼與山在潞州武安縣西南五十里，趙奢拒秦軍於閼與，即山北也。河東圖：遼州和順縣，晉大夫梁餘子養邑；秦伐閼與，趙奢救之。是此遼州即唐之儀州。閼，阿葛翻，又於達翻。康音曷，又音嫣。與，音預，又音余。史記正義曰：閼，於連翻。漢書音義：涅，乃結翻。聚，才喻翻。沾，他兼翻。諶，時壬翻。鞮，丁兮翻。潞，魯故翻。趙王召廉頗、樂乘而問之索隱曰：樂乘，樂毅之宗人也。頗，普河翻。曰：「可救否？」皆曰：「道遠險陿，難救。」陿，與狹同，隘也。問趙奢，趙奢對曰：「道遠險陿，譬猶兩鼠鬭於穴中，將勇者勝。」言將是勇者勝也；將，平聲。或曰：帥勇者則勝；將，去聲。王乃令趙奢將兵救之。去邯鄲三十里而止，令，盧經翻。邯鄲，音寒丹。令軍中曰：「有以軍事諫者死！」令，力正翻。趙奢此令，非以禁約所部，以愚秦軍也。

秦師軍武安西，班志，武安縣屬魏郡。宋白曰：洺州治永年縣；隋改廣平爲永年，屬武安郡。秦軍勒兵武安西，卽此地。劉昫曰：磁州治滏陽縣，漢武安縣地；隋又置武安縣，亦屬磁州。磁，祥之翻。昫，吁句翻。鼓譟勒兵，武安屋瓦盡振。趙軍中候有一人言急救武安，趙奢立斬之。此軍之中候也。漢北軍中候之官本此。或曰：軍中之候，軍吏也。堅璧二【章：十二行本「璧」作「壁」；乙十一行本同；孔本同。十二行本「二」上有「留」字；乙十一行本同；孔本同；退齋校同。】十八日不行，復益增壘。復，扶又翻，又音如字。壘，力水翻。秦間入趙軍，趙奢善食遣之。間以報秦將，間，古莧翻。此孫子所謂反間也。食，祥吏翻。將，卽亮翻。秦將大喜曰：「夫去國三十里而軍不行，乃增壘，閼與非趙地也！」趙奢既已遣間，卷甲而趨，卷，讀曰捲。凡捲舒之卷皆同音。一【章：十二行本「一」作「二」；乙十一行本同。】日一夜而至，去閼與五十里而軍，軍壘成。秦師聞之，悉甲而往。趙軍士許歷請以軍事諫，趙奢進之。姓譜：許姓本自姜姓，炎帝之後，太嶽之胤；其後以國爲氏。許歷曰：「秦人不意趙至此，其來氣盛，將軍必厚集其陳以待之；陳，讀曰陣。不然，必敗。」趙奢曰：「請受教！」許歷請刑，趙奢曰：「胥，後令邯鄲。」索隱曰：按胥、須古人通用，今者胥後令，謂胥爲須，須者待也，待後令，謂許歷之言，更不擬誅之，故更待後令也。邯鄲二字，當爲欲戰，謂臨戰之時，許歷復諫也。余謂「胥」語絕，許歷請刑，趙奢令其且待也。蓋謂敢諫者死，邯鄲之令耳，今既自邯鄲進軍近閼與矣，許歷之諫固在邯鄲之後，不當用邯鄲之令以殺之，故曰後令邯鄲。令，力正翻。邯鄲，音寒丹。奢令，力丁翻。許歷復請諫，曰：「先據北山上者勝，後至者敗。」趙奢許諾，卽發萬人趨之。秦師後至，爭山不得上；趨，七喻翻；又音如字。得上，時掌翻。趙奢縱兵擊秦師，秦師大敗，解閼與而還。還，從宣翻，又音如字。趙王封奢爲馬服君，服虔曰：馬服，猶言服馬也。括地志：邯鄲縣西北有馬服山。與廉、藺同位；以許歷爲國尉。

2 穰侯言客卿竈於秦王，穰，人羊翻。使伐齊，取剛、壽以廣其陶邑。括地志：故剛城在兖州龔丘縣。壽，鄆州之縣也。余據唐志：鄆州壽張縣，武德初置壽州。通鑑書此，以發范睢間穰侯之事。間，古莧翻。

初，魏人范睢姓譜：范本陶唐氏之後，隨會爲晉大夫，食采於范，後有〔因〕氏焉。睢，音雖。從中大夫須賈使於齊，戰國之時，仍周之制，置上、中、下三大夫。漢百官表：中大夫掌論議。須姓，密須氏之後。風俗通：須姓，太昊之後。蓋本之須句。使，疏吏翻。句，音朐。齊襄王聞其辯口，私賜之金及牛、酒。須賈以爲睢以國陰事告齊也，歸而告其相魏齊。魏齊怒，笞擊范睢，折脅，摺齒。睢佯死，卷以簀，置廁中，使客醉者更溺之，索隱曰：折脅，摺齒，謂擊折其脅，又拉折其齒也。簀，謂葦荻之薄，用之以卷其屍也。余謂簀字從竹，蓋竹爲之，非葦荻之薄也。又謂竹東南之產，北人貴之，自江以北饒葦荻，人率織之以爲薄，寢或以爲薦籍。索隱以葦薄爲簀，習於所見而從俗所呼者耳。相，息亮翻。笞，丑之翻。摺，力答翻。卷，讀曰捲。簀，竹革翻。更，工衡翻。溺，奴弔翻。以懲後，令無妄言者。令，力丁翻。范睢謂守者曰：「能出我，我必有厚謝。」守者乃請棄簀中死人。魏齊醉，曰：「可矣。」范睢得出。魏齊悔，復召求之。令，盧經翻。復，扶又翻，又音如字。魏人鄭安平遂操范睢亡匿，更姓名曰張祿。操，七刀翻。

秦謁者王稽使於魏，謁者，秦官，漢因之。志云：主殿上時節威儀。謁者僕射一人爲謁者臺率，其下有給事謁者，有灌謁者。使，疏吏翻。率，讀曰帥。范睢夜見王稽。稽潛載與俱歸，薦之於王，王見之於離宮。離宮，別宮也。范睢佯爲不知永巷而入其中，佯，音羊，古字多作「陽」，詐也。如淳曰：周宣王姜后脫簪珥待罪永巷，後改爲掖庭。師古曰：永，長也。本謂宮中之長巷也；或曰宮中獄也。王來而宦者怒逐之，曰：「王至！」范睢謬曰：「秦安得王，秦獨有太后、穰侯耳！」謬，靡幼翻，誤也，詐也。穰，人羊翻。王微聞其言，乃屏左右，跽而請曰：「先生何以幸教寡人？」對曰：「唯唯。」如是者三。屏，卑郢翻，又卑正翻；後凡屏退之屏皆同音。跽，忌己翻，跪也。唯，于癸翻，蓋應聲也。凡唯諾之唯皆同音。王曰：「先生卒不幸教寡人邪？」卒，子恤翻，終也。邪，音耶。范睢曰：「非敢然也！睢，音雖。然，猶言如是也。臣，羈旅之臣也，交疏於王，而所願陳者皆匡君之事，處人骨肉之間，處，昌呂翻。願效愚忠而未知王之心也，此所以王三問而不敢對者也。臣知今日言之於前，明日伏誅於後，然臣不敢避也。且死者，人之所必不免也，苟可以少有補於秦而死，此臣之所大願也。少，始紹翻。獨恐臣死之後，天下杜口裹足，莫肯鄉秦耳。」謂天下之士懲睢之死，不敢復言。鄉，讀曰嚮。王跽曰：「先生，是何言也！今者寡人得見先生，是天以寡人溷先生而存先王之宗廟也。溷，謂溷瀆之也。漢陸賈曰「毋久溷公！」即此義，音戶困翻。毛晃曰：溷，濁也，又汚辱也。事無大小，上及太后，下至大臣，願先生悉以教寡人，無疑寡人也！」范睢拜，王亦拜。范睢曰：「以秦國之大，士卒之勇，以治諸侯，譬若走韓盧而博蹇兔也，韓盧，天下之駿犬。蹇兔，病足之兔。韓盧搏兔，無不獲者，況蹇兔乎！治，直之翻。而閉關十五年，不敢窺兵於山東者，是穰侯爲秦謀不忠，而大王之計亦有所失也。」穰，人羊翻。爲，于僞翻。王跽曰：「寡人願聞失計！」然左右多竊聽者，范睢未敢言內，先言外事，以觀王之俯仰。因進曰：「夫穰侯越韓、魏而攻齊剛、壽，非計也。夫，音扶。齊湣王南攻楚，破軍殺將，謂殺唐眛也，見上卷十四年。湣，讀曰閔。將，即亮翻。再辟地千里，辟，讀曰闢。眛，莫葛翻。而齊尺寸之地無得焉者，豈不欲得地哉？形勢不能有也。諸侯見齊之罷敝，起兵而伐齊，大破之，齊幾於亡，事見上卷三十一年。罷，讀曰疲。幾，居依翻。以其伐楚而肥韓、魏也。今王不如遠交而近攻，得寸則王之寸也，得尺亦王之尺也。今夫韓、魏，中國之處夫，音扶。康曰：處，敞呂翻；余謂處，昌據翻，於世俗常言，音義爲長。而天下之樞也。以門戶爲喻，門戶之闔闢皆由於樞。王若用【章：十二行本「用」作「欲」；乙十一行本同；孔本同，退齋校同。】霸，必親中國以爲天下樞，以威楚、趙，用霸者，請〔謂〕用霸天下之術。楚強則附趙，趙強則附楚，強者未易柔服，故先親附弱者。易，以豉翻。楚、趙皆附，齊必懼矣，齊附則韓、魏因可虜也。」王曰：「善。」乃以范睢爲客卿，與謀兵事。范睢謀兵事，則三晉受兵禍，而穰侯兄弟皆爲秦所逐矣。

四十六年（壬辰、前二六九）

1秦中更胡傷攻趙閼與，不拔。更，工衡翻。「胡傷」，意謂卽上卷客卿之「胡陽」。閼，於葛翻，又於連翻。與，音預。

四十七年（癸巳、前二六八）

1秦王用范睢之謀，使五大夫綰伐魏，拔懷。班志，懷縣屬河內郡。括地志曰：懷縣在懷州武陟縣西十一里。睢，息隨翻。

四十八年（甲午、前二六七）

1秦悼太子質於魏而卒。質，音致。卒，子恤翻。

四十九年（乙未、前二六六）

1秦拔魏邢丘。范睢日益親，用事，因承間說王曰：睢，息隨翻。間，古莧翻。說，式芮翻。「臣居山東時，聞齊之有孟嘗君，不聞有王；聞秦有太后、穰侯，不聞有王。夫擅國之謂王，能利害之謂王，制殺生之謂王。今太后擅行不顧，穰侯出使不報，華陽、涇陽擊斷無諱，夫，音扶。使，疏吏翻。華，戶化翻。斷，丁亂翻；凡斷決之斷皆同音。高陵進退不請，四貴備而國不危者，未之有也。爲此四貴者下，乃所謂無王也。穰侯使者操王之重，決制於諸侯，剖符於天下，操，七刀翻。謂剖符而出使也。征敵伐國，莫敢不聽；戰勝攻取則利歸於陶，陶，穰侯封邑。戰敗則結怨於百姓而禍歸於社稷。臣又聞之，木實繁者披其枝，披其枝者傷其心；大其都者危其國，左傳：祭仲曰：「都城過百雉，國之害也。」辛伯曰：「大都耦國，亂之本也。」申無宇曰：「鄭京、櫟實殺曼伯，宋蕭、亳實殺子游，衞蒲、戚實出獻公，齊渠丘實殺無知，而陳、蔡、不羹亦殺楚靈王。」此皆大都危國也。傳，直戀翻。祭，則介翻。陸德明：櫟，音立；曼，音萬；羹，音郎。尊其臣者卑其主。如下事之類。淖齒管齊，射王股，擢王筋，懸之於廟梁，宿昔而死。管，掌也。擢，拔也。宿昔，一夕之間也。淖齒弑齊湣王事見上卷三十一年。淖，女教翻。射，而亦翻。李兌管趙，囚主父於沙丘，百日而餓死。事見上卷二十年。今臣觀四貴之用事，此亦淖齒、李兌之類也。夫三代之所以亡國者，君專授政於臣，縱酒弋獵；其所授者妬賢疾能，御下蔽上以成其私，不爲主計，而主不覺悟，故失其國。夫，音扶。今自有秩以上至諸大吏，漢承秦制，鄉置有秩。漢官曰：鄉戶五千則置有秩，掌一鄉之入。風俗通曰：有秩則田間大夫，言其官裁有秩耳。大吏，謂左、右、中更以上爲吏者也。秩，直乙翻。下及王左右，無非相國之人者，見王獨立於朝，臣竊爲王恐，萬世之後有秦國者，非王子孫也！」相，息亮翻。朝，直遙翻。爲，于僞翻。王以爲然，於是廢太后，逐穰侯、高陵、華陽、涇陽君於關外，以范睢爲丞相，封爲應侯。應，於陵翻，國名；周武王之子封於應，其地在唐安州界。

魏王使須賈聘於秦，應侯敝衣間步而往見之。間步，投間隙徒步而行也。間，古莧翻。須賈驚曰：「范叔固無恙乎！」范睢，字叔。恙，憂也，病也，又噬蟲善食人心者也。古人相問，率曰無恙。朱熹曰：古者草居，多被噬蟲之毒，故相問曰「無恙乎？」恙，餘亮翻。噬，時制翻。留坐飲食，取一綈袍贈之。綈，田黎翻，厚繒也。袍，步刀翻，長襦也。記玉藻曰：纊爲繭，緼爲袍。孔穎達曰：純著新綿者爲繭，雜用舊絮者爲袍。遂爲須賈御而至相府，曰：「我爲君先入通於相君。」須賈怪其久不出，問於門下，門下曰：「無范叔；鄉者吾相張君也。」相，息亮翻。爲，于僞翻。睢更姓名曰張祿，故云然。鄉，讀曰嚮。須賈知見欺，乃膝行入謝罪。膝行，屈膝就地而行，以示跪伏。應侯坐，責讓之，且曰：「爾所以得不死者，以綈袍戀戀尚有故人之意耳！」乃大供具，請諸侯賓客；坐須賈於堂下，置莝、豆於前而馬食之，莝，寸斬之藁，雜豆以飼馬。莝、豆，兩物也。莝，寸臥翻。食，祥吏翻。使歸告魏王曰：「速斬魏齊頭來！不然，且屠大梁！」屠，殺也。自古以來，以攻下城而盡殺城中人爲屠城，亦曰洗城。須賈還，以告魏齊。魏齊奔趙，匿於平原君家。還，從宣翻，又音如字。平原君，趙勝，趙王之貴介弟也，貴盛於趙，以好士聞於諸侯，故魏齊奔歸之而就匿焉。

2 趙惠文王薨，子孝成王丹立；以平原君爲相。相，息亮翻。

五十年（丙申、前二六五）

1 秦宣太后薨。九月，穰侯出之陶。薨，呼肱翻。穰，人羊翻。

臣光曰：穰侯援立昭王，除其災害；事見三卷十年。援，于元翻，手引也。薦白起爲將，見上卷二十三年。將，即亮翻。南取鄢、郢，東屬地於齊，言拓地東聯於齊也，事並見上卷。鄢，於晚翻。郢，以井翻。屬，之欲翻。使天下諸侯稽首而事秦，稽，音啓。秦益強大者，穰侯之功也。雖其專恣驕貪足以賈禍，賈，音古，言其致禍如商賈之賈物也。凡商賈之賈皆同音。亦未至盡如范睢之言。若睢者，亦非能爲秦忠謀，直欲得穰侯之處，故搤其吭而奪之耳。睢，息隨翻。爲，于僞翻。搤，音厄，說文曰：捉也。吭，音剛，咽也。遂使秦王絕母子之義，失舅甥之恩。要之，睢眞傾危之士哉！

2 秦王以子安國君爲太子。爲安國君立子異人爲嗣張本。嗣，祥吏翻。

3 秦伐趙，取三城。趙王新立，太后用事，求救於齊。齊人曰：「必以長安君爲質。」索隱曰：趙亦有長安，今其地闕。孔衍曰：長安君，惠文王之少子也。史記正義曰：長安君以長安善，故名也。質，音致。索，山客翻。少，始照翻。太后不可。齊師不出，大臣強諫。強諫，猶力諫也。太后明謂左右曰：「復言長安君爲質者，老婦必唾其面！」復，扶又翻。唾，吐臥翻，口液也。明謂左右者，顯言之也。左師觸龍願見太后，太后盛氣而胥之入。胥，待也。言盛氣以待其入也。左師公徐趨而坐，自謝曰：「老臣病足，不得見久矣，竊自恕；而恐太后體之有所苦也，故願望見太后。」太后曰：「老婦恃輦而行。」曰：「食得毋衰乎？」曰：「恃粥耳。」太后不和之色稍解。左師公曰：

「老臣賤息舒祺，春秋時宋國之官有左、右師，上卿也。趙以觸龍爲左師，蓋冗散之官，以優老臣者也。息，子也。祺，音其。冗，而隴翻。散，悉亶翻。最少，不肖，而臣衰，竊憐愛之，願得補黑衣之缺以衛王宮，昧死以聞！」黑衣，衛士之服也。觸龍先爲其少子言，以發太后之問也。昧死言，忘其死也。少，失照翻，又音小。昧，莫佩翻。太后曰：「諾。年幾何矣？」對曰：「十五歲矣。雖少，願及未塡溝壑而託之。」幾，居豈翻。謙言死必塡溝壑，願及未死而託少子也。太后曰：「丈夫亦愛少子乎？」對曰：「甚於婦人。」太后笑曰：「婦人異甚。」對曰：「老臣竊以爲媼之愛燕后賢於長安君。」媼，烏浩翻，婦之老者之稱。趙太后之女嫁於燕，故稱之曰燕后。燕，因肩翻。太后曰：「君過矣！不若長安君之甚。」左師公曰：「父母愛其子則爲之計深遠。媼之送燕后也，持其踵而泣，念其遠也，亦哀之矣。已行，非不思也，祭祀則祝之曰：『必勿使反！』豈非爲之計長久，爲子孫相繼爲王也哉？」太后曰：「然。」左師公曰：「今三世以前，至於趙王之子孫爲侯者，其繼有在者乎？」曰：「無有。」曰：「此其近者禍及身，遠者及其子孫。豈人主之子侯則不善哉？位尊而無功，奉厚而無勞，奉，讀曰俸；凡奉祿之奉皆同音。而挾重器多也。今媼尊長安君之位，而封之以膏腴之地，多與之重器，而不及今令有功於國，令，力丁翻，使也。一旦山陵崩，長安君何以自託於趙哉？」太后曰：「諾，恣君之所使之！」於是爲長安君約車百乘質於齊。爲，于僞翻。乘，繩證翻。質，音致。齊師乃出，秦師退。

4 齊安平君田單將趙師以伐燕，取中陽；徐廣曰：「陽」，一作「人」。史記正義曰：燕無中陽。括地志：中山故城，一名中人亭，在定州唐縣北四十一里；是時蓋屬燕。將，卽亮翻。燕，因肩翻。又伐韓，取注人。括地志：注城，在汝州梁縣西四十五里。

5 齊襄王薨，子建立。建年少，國事皆決於君王后。少，失照翻。

五十一年（丁酉、前二六四）

1 秦武安君伐韓，拔九城，斬首五萬。

2 田單爲趙相。

五十二年【以上二十二字，胡刻本缺，據章校補；章氏係據十二行本、乙十一行本及孔本。】（戊戌、前二六三）

1 秦武安君伐韓，取南陽；攻太行道，絕之。秦封白起爲武安君。韓之南陽，卽河內野王之地。班志，太行山在野王西北。括地志：在懷州河內縣北四十五里。行，戶剛翻。

2 楚頃襄王疾病。疾至於甚曰病。黃歇言於應侯曰：「今楚王疾恐不起，秦不如歸其太子。太子得立，其事秦必重而德相國無窮，是親與國而得儲萬乘也。不歸，則咸陽布衣耳。四十三年，黃歇與楚太子爲質於秦。應，於陵翻。相，息亮翻。乘，繩證翻。歇，許竭翻。楚更立君，必不事秦，更，工衡翻。是失與國而絕萬乘之和，非計也。」應侯以告王。王曰：「令太子之傅先往問疾，反而後圖之。」黃歇與太子謀曰：「秦之留太子，欲以求利也。今太子力未能有以利秦也，令，力丁翻。歇，許竭翻。而陽文君子二人在中。王若卒大命，謂死也。卒，終也，音子恤翻。太子不在，陽文君子必立爲後，太子不得奉宗廟矣。不如亡秦，與使者俱出。逃去爲亡。使，疏吏翻。臣請止，以死當之！」太子因變服爲楚使者御而出關；而黄歇守舍，常爲太子謝病。度太子已遠，歇，許竭翻。守舍者，守楚太子所寓館舍。常爲，于僞翻。度，徒洛翻。乃自言於王曰：「楚太子已歸，出遠矣。歇願賜死！」王怒，欲聽之。應侯曰：「歇爲人臣，出身以徇其主，太子立，必用歇。不如無罪而歸之，言無以罪加歇，而歸之於楚，以結其和親也。應，於陵翻。以親楚。」王從之。黄歇至楚三月，秋，頃襄王薨，考烈王卽位；頃，音傾。秋，卽是年秋。考烈王，卽太子完。以黄歇爲相，封以淮北地，號曰春申君。史記，歇初封春申君，賜淮北十四縣；後徙封江東，因城吴故墟以爲都邑，今蘇州是也。相，息亮翻。

五十三年（己亥、前二六二）

1 楚人納州于秦以平。司馬彪志，南郡州陵縣，註云：楚考烈王納州于秦，卽其地。

2 武安君伐韓，拔野王。上黨路絕，武安君上逸「秦」字。史記正義曰：從太行西北，澤、潞等州皆上黨郡地。釋名云：上黨所治在山上，其所最高，故曰上黨。上黨守馮亭姓譜：畢公高之子食采於馮城，因以命氏。鄭有大夫馮簡子。守，式又翻。與其民謀曰：「鄭道已絕，韓都新鄭，自上黨趣鄭，由野王渡河。今秦拔野王，故鄭道絕。秦兵日進，韓不能應，不如以上黨歸趙。趙受我，秦必攻之；趙被秦兵，必親韓；應，於證翻。被，皮義翻。韓、趙爲一，則可以當秦矣。」乃遣使者告於趙曰：「韓不能守上黨，入之秦，謂韓獻上黨於秦。使，疏吏翻。其吏民皆安於【章：十一行本「於」作「爲」；乙十一行本同；孔本同；張校同；退齋校同。】趙，不樂爲秦。爲，于僞翻。樂，音洛；下同。有城市邑十七，城市邑，言邑之有城市者，指言大邑也。願再拜獻之大王！」趙王以告平陽君豹，對曰：「聖人甚禍無故之利。」甚禍者，言甚以爲禍也。王曰：「人樂吾德，何謂無故？」對曰：「秦蠶食韓地，中絕，不令相通，固自以爲坐而受上黨也。韓氏所以不入於秦者，欲嫁其禍於趙也。毛晃曰：推惡與人曰嫁怨、嫁禍。推，吐雷翻。秦服其勞而趙受其利，雖強大不能得之於弱小，弱小固能得之於強大乎！豈得謂之非無故哉？不如勿受。」王以告平原君，平原君請受之。王乃使平原君往受地，秦有吞天下之心，使趙不受上黨而秦得之，亦必據上黨而攻趙。故趙之禍不在於受上黨而在於用趙括。以萬戶都三封其太守爲華陽君，守，式又翻。以千戶都三封其縣令爲侯，吏民皆益爵三級。馮亭垂涕不見使者，曰：「吾不忍賣主地而食之也！」使，疏吏翻。

五十五年（辛丑、前二六〇）

1 秦左庶長王齕攻上黨，拔之。長，知丈翻。齕，音紇，杜佑恨勿翻；康胡骨切。上黨民走趙。趙廉頗軍於長平，司馬彪志：上黨泫氏縣有長平亭。括地志：長平故城，在上黨縣西四十一里。杜佑曰：白起阬趙卒於長平，有頭顱山，築臺於壘中，因山爲臺。宋白曰：秦坑趙卒於長平，今澤州之北高平縣西北二十一里長平故城是也。頗，普何翻。泫，工玄翻。顱，音盧。壘，魯水翻。以按據上黨民。毛晃曰：按，於旰翻，抑也，止也，據也。余謂此據、按二字，按字當以抑止爲義。據，依據也，引援也，拒守也。言廉頗依據上黨地險，引援上黨之民而拒守也。康曰：按，音遏；此義亦通，但按字無遏音。王齕因伐趙。趙軍數戰不勝，數，所角翻。止【章：十二行本「止」作「亡」；乙十一行本同；孔本同；退齋校同。】一裨將、四尉。裨將，軍之副將也。尉，軍中諸部都尉也。裨，頻彌翻。將，卽亮翻。趙王與樓昌、虞卿謀，風俗通曰：凡氏之興九事：氏於號者，唐、虞、夏、殷是也，氏於國者，齊、魯、宋、衞是也；氏於事者，巫、卜、陶、匠是也；氏於字者，伯、仲、叔、季是也；氏於諡者，戴、武、宣、穆是也。樓昌請發重使爲媾。媾，音構，和也。虞卿曰：「今制媾者在秦；秦必欲破王之軍矣，雖往請媾，秦將不聽。不如發使以重寶附楚、魏，楚、魏受之，則秦疑天下之合從，從，子容翻。媾乃可成也。」王不聽，使鄭朱媾於秦，秦受之。王謂虞卿曰：「秦內鄭朱矣。」虞卿時爲趙之相。對曰：「王必不得媾而軍破矣。何則？天下之賀戰勝者皆在秦矣。夫鄭朱，貴人也，秦王、應侯必顯重之以示天下。夫，音扶。應，於陵翻。天下見王之媾於秦，必不救王；秦知天下之不救王，則媾不可得成矣。」既而秦果顯鄭朱而不與趙媾。史言趙之喪師蹙國，不特以趙括代廉頗之故，亦由不用虞卿之計也。

秦數敗趙兵，廉頗堅壁不出。趙王以頗失亡多而更怯不戰，怒，數讓之。數，所角翻，屢也。敗，補邁翻。應侯又使人行千金於趙爲反間，曰：「秦之所畏，獨畏馬服君之子趙括爲將耳！」間，古莧翻。將，卽亮翻。廉頗易與，且降矣！」易，弋豉翻。降，戶江翻。趙王遂以趙括代頗將。藺相如曰：「王以名使括，若膠柱鼓瑟耳。鼓瑟者，絃有緩急，調絃之緩急在柱之運轉，若膠其柱，則絃不可得而調，緩者一於緩，急者一於急，無活法矣。括徒能讀其父書傳，不知合變也。」兵以正合，以奇變。傳，直戀翻。王不聽。初，趙括自少時學兵法，以天下莫能當；嘗與其父奢言兵事，奢不能難，少，詩照翻。難，乃旦翻，辯折之也。然不謂善。括母問其故，奢曰：「兵，死地也，而括易言之。易，以豉翻，輕也。使趙不將括則已；若必將之，將，卽亮翻；下同。破趙軍者必括也。」及括將行，其母上書，言括不可使。王曰：「何以？」上，時掌翻。言以何事知其不可使也。對曰：「始妾事其父，時爲將，身所奉飯而進食者以十數，奉，讀曰捧。所友者以百數，王及宗室所賞賜者，盡以與軍吏士大夫；受命之日，不問家事。今括一旦爲將，東鄉而朝，軍吏無敢仰視之者；將，卽亮翻。朝，直遙翻。王所賜金帛，歸藏於家，而日視便利田宅可買者買之。王以爲如其父，父子異心，願王勿遣！」王曰：「母置之，吾已決矣！」置，止也，廢也。置之，言廢置此事，止勿言也。母因曰：「卽如有不稱，妾請無隨坐！」稱，尺證翻。不稱，言不勝任也。隨坐，相隨而坐罪也。觀此，則知古者敗軍之將，罪併及其家。趙王許之。

秦王聞括已爲趙將，乃陰使武安君爲上將軍而王齕爲裨將，令軍中：「有敢泄武安君將者斬！」趙括至軍，悉更約束，齕，恨勿翻。更，工衡翻。易置軍吏，出兵擊秦師。武安君佯敗而走，佯，音羊，詐也。張二奇兵以劫之。劫，勢脅也。說文：人欲去，以力脅止曰劫。趙括乘勝追造秦壁，造，七到翻，詣也。壁堅拒不得入；奇兵二萬五千人絕趙軍之後，又五千騎絕趙壁間。騎，奇寄翻。趙軍分而爲二，糧道絕。武安君出輕兵擊之，趙戰不利，因築壁堅守以待救至。秦王聞趙食道絕，自如河內發民年十五以上悉詣長平，遮絕趙救兵及糧食。如，往也。上，時掌翻。遮者，遮斷其路。齊人、楚人救趙。趙人乏食，請粟于齊，王【章：十二行本「王」上有「齊」字，乙十一行本同；孔本同；張校同；退齋校同。】弗許。周子曰：「夫趙之於齊、楚，扞蔽也，夫，音扶。猶齒之有脣也，脣亡則齒寒；今日亡趙，明日患及齊、楚矣。救趙之務，宜若奉漏甕沃焦釜然。奉，讀曰捧；言惟恐不及也。且救趙，高義也；義救亡國，威卻強秦。卻秦師，顯名也；不務爲此而愛粟，爲國計者過矣！」齊王弗聽。九月，趙軍食絕四十六日，皆內陰相殺食。急來攻【章：十二行本「攻」下有「秦」字；乙十一行本同；孔本同；張校同；退齋校同。】壘，史言急來攻壘，趙括爲計如此耳。下言欲出而不能出，趙括自出而死，其勢可見。欲出爲四隊，四，五復之，不能出。言括欲分其卒爲四隊，更攻秦壘，自一隊至四隊，至五則復之，而不能出也。趙括自出銳卒搏戰，秦人射殺之。射，而亦翻。趙師大敗，卒四十萬人皆降。降，戶江翻。武安君曰：「秦已拔上黨，上黨民不樂爲秦而歸趙。趙卒反覆，非盡殺之，恐爲亂。」乃挾詐而盡坑殺之，遺其小者二百四十人歸趙，樂爲，上音洛；下于僞翻，又音如字。四十餘萬人皆死，而獨遺小者二百四十人得歸趙，此非得脫也，白起之譎也。強壯盡死，則小弱得歸者必言秦之兵威，所以破趙人之膽，將以乘勝取邯鄲也；爲應侯所沮，故白起之計不得行耳。譎，古穴翻。邯鄲，音寒丹。應，於陵翻。沮，在呂翻。卒，子恤翻。前後斬首虜四十五萬人；趙人大震。此言秦兵自挫廉頗至大破趙括前後所斬首虜之數耳。兵非大敗，四十萬人安肯束手而死邪！

五十六年（壬寅、前二五九）

1 十月，武安君分軍爲三：王齕攻趙武安、皮牢，拔之。史記正義曰：皮牢故城，在絳州龍門縣西一里。余謂秦兵已至上黨，不應復回攻絳州之皮牢。宋白曰：蒲州龍門縣，秦爲皮氏縣，今縣西一里八十步古皮氏城是也。恐可不以皮氏爲皮牢。司馬梗北定太原，太原，卽漢太原郡地，在上黨西北。盡有上黨地。韓、魏使【章：十二行本「使」上有「恐」字；乙十一行本同；孔本同；張校同；退齋校同。】蘇代厚幣說應侯曰：「武安君卽圍邯鄲乎？」說，式芮翻。邯鄲，音寒丹。曰：「然。」蘇代曰：「趙亡則秦王王矣；秦之稱王自王其國耳，今破趙國則將王天下也。武安君爲三公，君能爲之下乎？雖欲無爲之下，固不得已矣。秦嘗攻韓，圍邢丘，困上黨，四十九年通鑑書秦拔魏邢丘，豈其時邢丘之地固屬韓邪！上黨之民皆反爲趙，天下不樂爲秦民之日久矣。樂，音洛。今亡趙，北地入燕，東地入齊，南地入韓、魏，則君之所得民無幾何人矣。不如因而割之，無以爲武安君功也。」應侯言於秦王曰：「秦兵勞，請許韓、趙之割地以和，且休士卒。」王聽之，割韓垣雍、趙六城以和，應，於陵翻。司馬彪志：河南卷縣有垣雍城，或曰古衡雍。註曰：今縣所治城，是也。史記正義曰：垣雍城，在今鄭州原武縣西北七里。雍，於用翻。正月，皆罷兵。觀此，則亦用十月爲歲首，蓋因秦記而書之也。武安君由是與應侯有隙。爲秦殺白起張本。

趙王將使趙郝約事於秦，割六縣。約事，約結和之事也。郝，音釋，徐廣曰：一作「赦」。虞卿謂趙王曰：「秦之攻王也，倦而歸乎？王以其力尚能進，愛王而弗攻乎？」王曰：「秦不遺餘力矣，必以倦而歸也。」遺，失也。虞卿曰：「秦以其力攻其所不能取，倦而歸，王又以其力之所不能取以送之，是助秦自攻也。來年秦攻王，王無救矣。」言無救於講和之失計也。趙王計未定，樓緩至趙，趙王與之計之。樓緩曰：「虞卿得其一，不得其二。秦、趙構難而天下皆說，難，乃旦翻。說，讀曰悅。何也？曰：『吾且因強而乘弱矣。』今趙不如亟割地爲和以疑天下，緩謂趙與秦和，則天下疑趙有秦之援，將不敢乘弱而圖之。慰秦之心。不然，天下將因秦之怒，乘趙之敝，瓜分之，趙且亡，何秦之圖乎！」虞卿聞之，復見曰：「危哉樓子之計，是愈疑天下，復，扶又翻，又音如字。卿親謂趙與秦和，則天下愈疑而不肯親趙也。而何慰秦之心哉！獨不言其示天下弱乎？且臣言勿與者，非固勿與而已也；秦索六城於王，而王以六城賂齊。齊，秦之深讎也，索，山客翻。齊自宣、湣以來，親楚而讎秦，孟嘗君嘗率諸侯伐秦至函谷。湣，讀曰閔。其聽王不待辭之畢也。則是王失之於齊而取償於秦，而示天下有能爲也。言趙失地於賂齊，而能攻秦，取其地以償所失。王以此發聲，兵未窺於境，臣見秦之重賂至趙而反媾於王也。從秦爲媾，韓、魏聞之，必盡重王，媾，居候翻。說文：媾，重婚也。引易「匪寇婚媾」。夫已婚而夫妻反目而不和，既而復和者爲媾。此言秦、趙爲寇讎而交兵，至今而復和，故以媾爲言也。重，直隴翻。是王一舉而結三國之親而與秦易道也。」秦脅韓、魏使事秦，趙結韓、魏使親趙，是與秦易道。易，音如字。趙王曰：「善。」使虞卿東見齊王，與之謀秦。虞卿未返，秦使者已在趙矣。求和於趙也。使，疏吏翻。樓緩聞之，亡去。趙王封虞卿以一城。

秦之始伐趙也，魏王問於【章：十二行本「於」下有「諸」字；乙十一行本同；孔本同；退齋校同。】大夫，皆以爲秦伐趙，於魏便。孔斌曰：斌，悲巾翻。「何謂也？」曰：「勝趙，則吾因而服焉；不勝趙，則可承敝而擊之。」子順曰：「不然。秦自孝公以來，戰未嘗屈，今又屬其良將，良將，謂白起也。屬，之欲翻。將，即亮翻。何敝之承！」大夫曰：「縱其勝趙，於我何損？鄰之羞，國之福也。」子順曰：「秦，貪暴之國也，勝趙，必復他求，復，扶又翻。吾恐於時魏受其師也。於時，猶言於此時也。先人有言：燕雀處屋，處，昌呂翻。子母相哺，响响焉相樂也，哺，音步。响，或作姁，音況羽翻；康吁句切。樂，音洛。自以爲安矣。竈突炎上，突，陀忽翻。竈窗謂之突。陸德明曰：上，時掌翻，又如字。棟宇將焚，燕雀顏不變，不知禍之將及己也。今子不悟趙破患將及己，可以人而同於燕雀乎！」子順者，孔子六世孫也。孔子生伯魚，伯魚生子思，子思生子上，子上生子家，子家生子京，子京生子高，子高生子順。初，魏王聞子順賢，遣使者奉黃金束帛，聘以爲相。使，疏吏翻。

相，息亮翻。子順【章：十二行本「順」下有「謂使者」三字；乙十一行本同；孔本同；張校同；退齋校同。】曰：「若王能信用吾道，吾道固爲治世也，爲，于僞翻。治，直之翻。雖蔬食飲水，吾猶爲之。若徒欲制服吾身，委以重祿，吾猶一夫耳，魏王奚少於一夫！」食，祥吏翻。少，始紹翻。使者固請，子順乃之魏；之，如也，往也。魏王郊迎以爲相。子順改嬖寵之官以事賢才，奪無任之祿以賜有功。嬖，卑義翻，又博計翻。無任之祿，謂不任事而食祿者。諸喪職【章：十二行本「職」下有「秩」字；乙十一行本同；孔本同；張校同；退齋校同。】者咸不悅，乃造謗言。喪，息浪翻。文咨以告子順。文，姓也。越有大夫文種。子順曰：「民之不可與慮始久矣！古之善爲政者，其初不能無謗。子產相鄭，三年而後謗止；左傳：子產相鄭一年，輿人誦之曰：「取我衣冠而褚之，取我田疇而伍之。孰殺子產，吾其與之！」及三年，又誦之曰：「我有子弟，子產誨之；我有田疇，子產殖之。子產而死，誰其嗣之！」褚，丁呂翻。褚，所以貯藏衣物。左傳：鄭賈人欲脫智罃，將寘諸褚中而出。吾先君之相魯，三月而後謗止。今吾爲政日新，雖不能及賢，庸知謗乎！」文咨曰：「未識先君之謗何也？」子順曰：「先君相魯，人誦之曰：『麛裘而芾，投之無戾。芾而麛裘，投之無郵。』及三月，政化既成，民又誦曰：『裘衣章甫，實獲我所。章甫裘衣，惠我無私。』」麛，鹿子也，以其皮爲裘。記曰：一命緼芾、黝珩，再命赤芾、黝珩，三命赤芾、葱珩。大夫以上赤芾、乘軒。戾，罪也。郵，與尤同，過也。章甫，殷冠。孔子曰：「丘長居宋，冠章甫之冠。」古者大夫羔裘以居，狐裘以朝，麛裘而芾，謂芾與麛裘相稱也。刺孔子裘衣而章甫，言孔子相魯能行古之道也。齂，莫兮翻；康綿披切。芾，分勿翻；協韻方蓋翻。戾，郎計翻；康曰：力結切，曲也，音義非。文咨喜曰：「乃今知先生不異乎聖賢矣。」子順相魏凡九月，陳大計輒不用，乃喟然曰：喟，去貴翻。喟然，發歎之聲。「言不見用，是吾言之不當也。言不當於主，當，丁浪翻，居人之官，食人之祿，是尸利素餐，吾罪深矣！」尸，主也。素，空也。尸利，言仕不能行道而主於利也。素餐，言空食君之祿而不能有所爲也。退而以病致仕。致仕，言致其仕事。人謂子順曰：「王不用子，子其行乎？」答曰：「行將何之？山東之國將并於秦；秦爲不義，義所不入。」遂寢於家。新垣固請子順曰：新垣，姓也。陳留風俗傳：周畢公之後居於梁，爲新垣氏，梁有新垣衍，漢有新垣平是也。「賢者所在，必興化致治。治，直吏翻。今子相魏，未聞異政而卽自退，意者志不得乎，何去之速也？」子順曰：「以無異政，所以自退也。且死病無良醫。病不可爲則良醫束手，故無良醫。今秦有吞食天下之心，以義事之，固不獲安；救亡不暇，何化之興！昔伊摯在夏，伊摯，卽伊尹，伊尹五就桀，五就湯。摯，音至。呂望在商，史記曰：太公博聞，嘗事紂；紂無道，去之，游說諸侯，無所遇而卒西歸周西伯。而二國不治，豈伊、呂之不欲哉？勢不可也。治，直吏翻。當今山東之國敝而不振，三晉割地以求安，二周折而入秦，燕、齊、楚已屈服矣。燕，因肩翻。以此觀之，不出二十年，天下其盡爲秦乎！」自此至秦始皇二十五年并天下，凡三十八年。

2 秦王欲爲應侯必報其仇，爲，于僞翻。應，於陵翻。聞魏齊在平原君所，四十九年魏齊奔趙，匿於平原君家。乃爲好言誘平原君至秦而執之。誘，音酉。遣使謂趙王曰：「不得齊首，吾不出王弟於關！」魏齊窮，抵虞卿，虞卿棄相印，與魏齊偕亡。使，疏吏翻。相，息亮翻。至魏，欲因信陵君以走楚。信陵君意難見之，魏齊怒，自殺。趙王卒取其首以與秦，卒，子恤翻。秦乃歸平原君。九月，五大夫王陵復將兵【章：十二行本作「將兵復」；乙十一行本同；孔本同。】伐趙。復，扶又翻。武安君病，不任行。任，如林翻。不任，謂不堪也。

五十七年（癸卯、前二五八）

1 正月，王陵攻邯鄲，少利，邯鄲，音寒丹。少利，謂兵頗失利也。少，始紹翻。益發卒佐陵；陵亡五校。校，戶教翻。校，猶部隊也。立軍之法，一人曰獨，二人曰比，三人曰參；比參曰伍，五人爲列，列有頭；二列爲火，十人有長，立火子；五火爲隊，隊五十人，有頭；二隊爲官，官百人，立長；二官爲曲，曲二百人，立候；二曲爲部，部四百人，立司馬；二部爲校，校八百人，立尉；二校爲裨將，千六百人，立將軍；二裨將軍三千二百人，有將軍、副將軍。武安君病愈，王欲使代之。武安君曰：「邯鄲實未易攻也；易，以豉翻。且諸侯之救日至。彼諸侯怨秦之日久矣，秦雖勝於長平，士卒死者過半，國內空，遠絕河山而爭人國都；自秦而攻邯鄲，有大河及王屋、太行諸山之阻。橫度曰絕。趙應其內，諸侯攻其外，破秦軍必矣。」王自命不行，秦王親命之行而不肯行也。乃使應侯請之。武安君終辭疾，不肯行；乃以王齕代王陵。應，於陵翻。齕，恨勿翻。

趙王使平原君求救於楚，平原君約其門下食客文武備具者二十人與之俱，得十九人，餘無可取者。毛遂自薦於平原君。姓譜：毛本自周武王母弟毛公。平原君曰：「夫賢士之處世也，譬若錐之處囊中，其末立見。夫，音扶。毛晃曰：錐，鋭也；又器，如鑽。囊，袋也；有底曰囊。處，昌呂翻。見，賢遍翻。今先生處勝之門下三年於此矣，左右未有所稱誦，勝未有所聞，是先生無所有也。先生不能，先生留！」以毛遂爲不能而使之留也。毛遂曰：「臣乃今日請處囊中耳！使遂蚤得處囊中，乃脱穎而出，非特其末見而已。」處，昌呂翻。見，賢遍翻。毛晃曰：錐鋩曰穎。平原君乃與之俱，十九人相與目笑之。索隱曰：謂目視而侮笑之。平原君至楚，與楚王言合從之利害，日出而言之，日中不決。毛遂按劍歷階而上，謂平原君曰：「從之利害，兩言而決耳！兩言，謂利與害也。從，子容翻。上，時掌翻。今日出而言，日中不決，何也？」楚王怒叱曰：「胡不下！胡，何也。吾乃與而君言，而，猶汝也。汝何爲者也？」毛遂按劍而前曰：「王之所以叱遂者，以楚國之衆也。今十步之內，王不得恃楚國之衆也！王之命懸於遂手。吾君在前，叱者何也？且遂聞湯以七十里之地王天下，王，于況翻。文王以百里之壤而臣諸侯，豈其士卒衆多哉？誠能據其勢而奮其威也。今楚地方五千里，持戟百萬，此霸王之資也。以楚之強，天下弗能當。白起，小豎子耳，率數萬之衆，興師以與楚戰，一戰而舉鄢、郢，再戰而燒夷陵，事見上卷三十七年。史記正義曰：鄢鄉故城，在襄州率道縣西南九里。安郢城，在荊州江陵縣東北七里。鄢，於幰翻。郢，以井翻。三戰而辱王之先人，謂焚夷楚之陵廟也。此百世之怨而趙之所羞，而王弗之惡焉。合從者爲楚，非爲趙也。吾君在前，叱者何也？」楚王曰：「唯唯，惡，烏路翻。爲，于僞翻。唯，于癸翻。誠若先生之言，謹奉社稷以從。」從，如字。毛遂曰：「從定乎？」楚王曰：「定矣。」毛遂謂楚王之左右曰：「取雞、狗、馬之血來！」索隱曰：盟之所用牲，貴賤不同：天子用牛及馬；諸侯用犬及豭；大夫以下用雞。今此總言盟之用血，故云取雞、狗、馬之血來耳。索，山客翻。豭，居牙翻。毛遂奉銅盤而跪進之楚王曰：「王當歃血以定從；索隱曰：歃血，若周禮則用珠盤。奉，讀曰捧。歃，色洽翻，又所甲翻。從，子容翻。次者吾君，次者遂。」遂定從於殿上。毛遂左手持盤血而右手招十九人曰：「公等相與歃此血於堂下！公等錄錄，所謂『因人成事』者也。」說文：錄錄，隨從之貌，音祿。索隱曰：音六。王劭曰：錄，借字耳。平原君已定從而歸，至於趙，曰：「勝不敢【章：十二行本「敢」下有「復」字；乙十一行本同；孔本同；張校同；退齋校同。】相天下士矣！」相，息亮翻。遂以毛遂爲上客。

於是楚王使春申君將兵救趙，魏王亦使將軍晉鄙將兵十萬救趙。晉，以國爲氏。秦王使謂魏王曰：「吾攻趙，旦暮且下，諸侯敢救之者，吾已拔趙，必移兵先擊之！」魏王恐，遣人止晉鄙，留兵壁鄴，班志，鄴縣屬魏郡。名爲救趙，實挾兩端。兩端，名爲救趙，實貳於秦。又使將軍新垣衍間入邯鄲，間入，由間道而入也。間，古莧翻。邯鄲，音寒丹。因平原君說趙王，欲共尊秦爲帝，以卻其兵。齊人魯仲連在邯鄲，聞之，往見新垣衍曰：「彼秦者，棄禮義而上首功之國也。秦以戰而能斬首有功者爲上，故曰上首功。上，尚也。索隱曰：秦法斬首多爲上功，斬一人首則賜爵一級，故謂秦爲上首功之國。彼卽肆然而爲帝於天下，則連有蹈東海而死耳，不願爲之民也！且梁未睹秦稱帝之害故耳，吾將使秦王烹醢梁王！」新垣衍怏然不悅怏，於兩翻。曰：「先生惡能使秦王烹醢梁王？」惡，音烏。魯仲連曰：「固也，吾將言之。昔者九侯、鄂侯、文王，紂之三公也。九侯有子而好，獻之於紂，紂以爲惡，醢九侯；醢，呼改翻，肉醬也。鄂侯爭之強，辯之疾，故脯鄂侯；文王聞之，喟然而歎，故拘之牖里之庫百日，欲令之死。司馬彪志：河內郡蕩陰縣有牖里城，紂囚文王於此。史記正義曰：其地在蕩陰縣北九里。喟，于貴翻。牖，音酉。令，力丁翻。今秦，萬乘之國也，梁，亦萬乘之國也；俱據萬乘之國，各有稱王之名，奈何睹其一戰而勝，欲從而帝之，卒就脯醢之地乎！乘，繩證翻。卒，子恤翻。且秦無已而帝，則將行其天子之禮以號令於天下，則且變易諸侯之大臣，彼將奪其所不肖而與其所賢，奪其所憎而與其所愛，彼又將使其子女讒妾爲諸侯妃姬，處梁之宮，處，昌呂翻。梁王安得晏然而已乎！而將軍又何以得故寵乎！」新垣衍起，再拜曰：「吾乃今知先生天下之士也！吾請出，不敢復言帝秦矣！」復，扶又翻。考異曰：史記魯仲連傳云：「新垣衍謝，請出，不敢復言帝秦。秦將聞之，爲却軍五十里。」按仲連所言，不過論帝秦之利害耳，使新垣衍慚怍而去則有之，秦將何預而退軍五十里乎？此亦游談者之誇大也，今不取。

垣，于元翻。怍，才各翻。將，卽亮翻。爲，于僞翻。

2 燕武成王薨，子孝王立。

3 初，魏公子無忌仁而下士，下，遐稼翻。致食客三千人。魏有隱士曰侯嬴，洪氏隸釋有漢金鄉守長侯君之碑云：其先出自豳、岐，周文王之後，封於鄭。鄭共仲賜氏曰侯，厥胤宣多，以功佐國。審如是，則侯姓出於侯宣多。嬴，音盈；曹植音嬴瘦之嬴。年七十，家貧，爲大梁夷門監者。大梁，魏都。夷門，蓋大梁城北門。監，古銜翻。公子置酒大會賓客，坐定，公子從車騎虛左自迎侯生。古者乘車，尊者在左；虛左以迎，尊侯生而禮之也。騎，奇寄翻。侯生攝敝衣冠，直上載公子上坐不讓；直上，時掌翻。上坐之坐，才卧翻。公子執轡愈恭。侯生又謂公子曰：「臣有客在市屠中，願枉車騎過之。」公子引車入市，侯生下見其客朱亥，姓譜：朱本高陽，周封其後於邾；後爲楚所滅，子孫乃去邑氏朱。睥睨，故久立，與其客語，睥睨，不正視也。睥，匹詣翻。睨，研計翻。微察公子，公子色愈和；乃謝客就車，至公子家。公子引侯生坐上坐，徧贊賓客，賓客皆驚。索隱曰：贊，告也。謂以侯生徧告賓客。徧，與遍同。及秦圍趙，趙平原君之夫人，公子無忌之姊也，平原君使者冠蓋相屬於魏，屬，之欲翻；下乃屬同。讓公子曰：「勝所以自附於婚姻者，以公子之高義，能急人之困也。今邯鄲旦暮降秦而魏救不至，縱公子輕勝棄之，獨不憐公子姊邪！」邯鄲，音寒丹。降，戶江翻。邪，音耶。公子患之，數請魏王敕晉鄙令救趙，數，所角翻。令，力丁翻。及賓客辯士游說萬端，王終不聽。

公子乃屬賓客說，式芮翻。屬，之欲翻。約車騎百餘乘，欲赴鬭以死於趙；過夷門，見侯生。侯生曰：「公子勉之矣，老臣不能從！」乘，繩證翻。從，才用翻。公子去，行數里，心不快，以侯生既不從行，又不爲之畫計謀也。復還見侯生。侯生笑曰：「臣固知公子之還也！復，扶又翻，又音如字。還，從宣翻，又音如字。今公子無他端而欲赴秦軍，無他端，言無他奇策以發端也。譬如以肉投餒虎，何功之有！」公子再拜問計。侯嬴屏人曰：「吾聞晉鄙兵符在王臥內，而如姬最幸，力能竊之。嘗聞公子爲如姬報其父仇，屏，必郢翻。史記曰：如姬之父爲人所殺，公子使客斬其仇頭以進如姬。屏，卑郢翻。爲，于僞翻；下同。如姬欲爲公子死無所辭。公子誠一開口，則得虎符，虎，威猛之獸，故以爲兵符。漢有銅虎符。奪晉鄙之兵，北救趙，西卻秦，此五伯之功也。」伯，讀曰霸。公子如其言，果得兵符。公子行，侯生曰：「將在外，君令有所不受。孫武子之言。將，卽亮翻。令，力定翻。有如晉鄙合符而不授兵，復請之，則事危矣。復，扶又翻。臣客朱亥，其人力士，可與俱。晉鄙若聽，大善；不聽，可使擊之！」於是公子請朱亥與俱。至鄴，晉鄙合符，疑之，舉手視公子曰：「吾擁十萬之衆屯於境上，【章：十二行本「上」下有「國之重任」四字，乙十一行本同；孔本同；張校同；退齋校同。】今單車來代之，何如哉？」朱亥袖四十斤鐵椎，椎殺晉鄙，椎，直追翻；齊人謂之終葵。鐵椎，以鐵爲之。椎殺，擊殺也；與槌同。公子遂勒兵下令軍中曰：「父子俱在軍中者，父歸！兄弟俱在軍中者，兄歸！獨子無兄弟者，歸養！」養，羊尚翻；後養上、爲養同。得選兵八萬人，將之而進。

王齕久圍邯鄲不拔，諸侯來救，戰數不利。齕，恨勿翻。邯鄲，音寒丹。數，所角翻。武安君聞之曰：「王不聽吾計，今何如矣？」白起以爲邯鄲未易攻，而王齕軍果不利，故以爲言。王聞之，怒，強起武安君。強，其兩翻。武安君稱病篤，不肯起。

五十八年（甲辰、前二五七）

1 十月，免武安君爲士伍，遷之陰密。如淳曰：律：有罪失官爵，稱士伍。師古曰：謂奪其爵，令爲士伍；言使從士卒之伍也。班志，陰密縣屬安定郡，古密國，詩所謂「密人不恭」者也。括地志：陰密故城，在涇州鶉觚縣西，古密須氏之國。十二月，益發卒軍汾城旁。汾城，卽漢河東臨汾縣城也，去邯鄲尚遠。秦蓋屯兵於此，爲王齕聲援。括地志：臨汾故城，在絳州正平縣東北三十五里。武安君病，未行，諸侯攻王齕，齕數卻，齕，恨勿翻。數，所角翻。使者日至，使，疏吏翻。王乃使人遣武安君，不得留咸陽中。武安君出咸陽西門十里，至杜郵。水經註：渭水故渠逕安陵南，渠側有杜郵亭，又逕渭城北。秦咸陽，漢之渭城也。史記正義曰：今咸陽縣城，本秦時杜郵也，在雍州西北三十五里。郵，音尤。雍，於用翻。王與應侯羣臣謀曰：「白起之遷，意尚怏怏有餘言。」怏，於兩翻。王乃使使者賜之劍，武安君遂自殺。秦人憐之，鄉邑皆祭祀焉。

魏公子無忌大破秦師於邯鄲下，王齕解邯鄲圍走。鄭安平爲趙所困，將二萬人降趙，邯鄲，音寒丹。降，戶江翻。應侯由是得罪。鄭安平匿范睢以見王稽，因此入秦爲相，故睢保任安平而用之。今安平降趙，故睢由此得罪。秦法：保任其人而不稱者與同罪。應，於陵翻。

公子無忌既存趙，遂不敢歸魏，與賓客留居趙，使將將其軍還魏。將，卽亮翻。還，從宣翻，又音如字。趙王與平原君計，以五城封公子。趙王掃除自迎，執主人之禮，引公子就西階。公子側行辭讓，從東階上，記曲禮：主人就東階，客就西階。客若降等，則就主人之階。上，時掌翻。自言辠過，辠，古罪字。秦始皇以「辠」字近「皇」字，改爲「罪」。以負於魏，無功於趙。趙王與公子飲至暮，口不忍獻五城，以公子退讓也。趙王以鄗爲公子湯沐邑。師古曰：凡言湯沐邑，謂以其賦稅供湯沐之具也。鄗，呼各翻。魏亦復以信陵奉公子。杜佑曰：信陵君邑于今宋州寧陵縣。公子聞趙有處士毛公隱於博徒，薛公隱於賣漿家，處，昌呂翻。姓譜：薛本自黃帝，任姓之後，裔孫奚仲居薛，歷夏、殷、周六十四代爲諸侯，後因氏焉。欲見之；兩人不肯見，公子乃閒步從之游。平原君聞而非之。公子曰：「吾聞平原君之賢，故背魏而救趙。今平原君所與遊，徒豪舉耳，閒，古莧翻。背，蒲妹翻。索隱曰：謂豪者舉之。不求士也。以無忌從此兩人遊，尚恐其不我欲也，平原君乃以爲羞乎！」爲裝欲去。爲裝者，爲行裝也。平原君免冠謝，乃止。

平原君欲封魯連，以其折新垣衍言帝秦也。使者三返，終不肯受。使，疏吏翻。又以千金爲魯連壽，魯連笑曰：「所貴於天下士，【章：十二行本「下」下有「之」字；「士」下有「者」字；乙十一行本同；

孔本同。】爲人排患釋難解紛亂而無取也。爲人之爲，于僞翻。難，乃旦翻。即有取，【章：十二行本「取」下有「者」字；乙十一行本同；孔本同。】是商賈之事也！」賈音古；下同。遂【章：十二行本「遂」上有「而連不忍爲也」六字；乙十一行本同；孔本同；張校同；退齋校同。】辭平原君而去，終身不復見。復，扶又翻。

2 秦太子之妃曰華陽夫人，蓋食湯沐邑於華陽，因以爲號。華，戶化翻。無子；夏姬生子異人。異人質於趙；秦數伐趙，趙人不禮之。夏，戶雅翻。質，音致。數，所角翻。異人以庶孽孫質於諸侯，車乘進用不饒，張晏曰：孺子曰孽子。何休曰：孽子，賤子也，非嫡正之子曰孽。師古曰：孽，庶子也。唐韻曰：猶木之有孽生也。異人於秦太子爲庶子，於秦王爲庶孽孫。孽，魚列翻。索隱曰：進者，財也，宜依小顏讀爲賮，古字多假借用之。進，音才刃翻。居處困不得意。

陽翟大賈呂不韋適邯鄲，見之，曰：「此奇貨可居！」賈，音古。邯鄲，音寒丹。賈人居積滯貨，伺時以牟利，以異人方財貨也。乃往見異人，說曰：「吾能大子之門！」說，式芮翻。異人笑曰：「且自大君之門！」不韋曰：「子不知也，吾門待子門而大。」異人心知所謂，乃引與坐，深語。不韋曰：「秦王老矣。太子愛華陽夫人，夫人無子。子之兄弟二十餘人，子傒有秦【章：十二行本「秦」作「承」；乙十一行本同；孔本同；退齋校同。】國之業，華，戶化翻；下同。子傒，蓋秦太子之子，愛而居長者。康曰：傒，胡啓切。余謂「傒」字卽左傳高傒之傒。陸德明曰：傒，音兮。士倉又輔之。姓譜：士姓，晉士蔿之後。子居中，不甚見幸，久質諸侯。太子卽位，子不得爭爲嗣矣。」質，音致。嗣，祥吏翻。不韋曰：「然則柰何？」不韋曰：「能立適嗣者，獨華陽夫人耳。適，讀曰嫡；下爲適同。不韋雖貧，請以千金爲子西遊，立子爲嗣。」異人曰：「必如君策，請得分秦國與君共之。」不韋乃以五百金與異人，令結賓客。復以五百金買奇物玩好，復，扶又翻。好，呼到翻。自奉而西，見華陽夫人之姊，而以奇物獻於夫人，因譽子異人之賢，譽，音余。賓客徧天下，常日夜泣思太子及夫人，曰：「異人也以夫人爲天！」夫人大喜。不韋因使其姊說夫人曰：說，式芮翻。「夫以色事人者，色衰則愛弛。夫，音扶。今夫人愛而無子，不以繁華時蚤自結於諸子中賢孝者，舉以爲適，適，讀曰嫡。卽色衰愛弛，雖欲開一言，尚可得乎！今子異人賢，而自知中子中，讀曰仲。不得爲適，夫人誠以此時拔之，是子異人無國而有國，夫人無子而有子也，則終身有寵於秦矣。」夫人以爲然，承間言於太子曰：間，古莧翻。「子異人絶賢，毛晃曰：絶，奇冠也，相去遼遠也。來往者皆稱譽之。」因泣曰：「妾不幸無子，願得子異人立以爲子【章：十二行本「子」作「嗣」；乙十一行本同；孔本同。】以託妾身！」太子許之，與夫人刻玉符，約以爲嗣，因厚餽遺異人，嗣，祥吏翻。遺，于季翻。而請呂不韋傅之。異人名譽盛於諸侯。

呂不韋娶邯鄲諸【章：十二行本無「諸」字；乙十一行本同；孔本同。】姬絶美者與居，「娶」字當從史記作「取」。邯鄲，音寒丹。知其有娠，應劭曰：娠，震動懷任之意。左傳曰：邑姜方娠。孟康曰：娠，音身，漢書

「娠」多作「身」，古今字也。師古曰：孟說是也。漢書皆以娠爲任身字。邑姜方震，自爲震動之震，不作娠。異人從不韋飲，見而請之。不韋佯怒，既而獻之，孕期年而生子政，佯，音羊。期，讀曰朞。蓋任身十二月而生也。子政是爲始皇。爲呂不韋以此賈禍張本。異人遂以爲夫人。邯鄲之圍，趙人欲殺之，異人與不韋行金六百斤予守者，予，讀曰與。脫亡赴秦軍，遂得歸。異人楚服而見華陽夫人，楚服，爲楚人之服。或曰：楚楚，盛服也。夫人曰：「吾楚人也，當自子之。」因更其名曰楚。更，更衡翻。

五十九年（乙巳、前二五六）

1 秦將軍摎伐韓，摎，史記正義紀虬翻。康曰：居由切。取陽城、負黍，斬首四萬。伐趙，取二十餘縣，斬首虜九萬。赧王恐，背秦，與諸侯約從，將天下銳師出伊闕攻秦，令無得通陽城。從，子容翻。將，即亮翻。令，力丁翻。秦王使將軍摎攻西周，赧王入秦，頓首受罪，盡獻其邑三十六，口三萬。秦受其獻，歸赧王於周。是歲，赧王崩。皇甫謐曰：周凡三十七王，八百六十七年。

齊思和標點顧頡剛聶崇岐覆校

資治通鑑卷第六

朝散大夫右諫議大夫權御史中丞充理檢使上護軍賜紫金魚袋臣　司馬光　奉敕編集
後　學　天　台　胡三省　音　註

秦紀一

起柔兆敦牂（丙午），盡昭陽作噩（癸酉），凡二十八年。

陸德明曰：秦，隴西谷名也，在雍州鳥鼠山之東北。秦之先非子，爲周孝王養馬於汧、渭之間，封爲附庸，邑之秦谷。非子曾孫秦仲，周宣王命爲大夫。仲之孫襄公，討西戎救周，平王東遷，以岐、豐之地賜之，列爲諸侯。春秋時稱秦伯。

昭襄王名稷，惠文王庶子也。西周既亡，天下莫適爲主。通鑑以秦卒併天下，因以昭襄王繫年。謚法：昭德有勞曰昭；辟地有德曰襄。以沈約謚法言之，則昭襄複謚也。卒，子恤翻。謚，神至翻。辟，讀曰闢。

五十二年（丙午、前二五五）

1 **河東守王稽坐與諸侯通，棄市。**河東本魏地，秦取之，以其地在大河之東，置河東郡。守，式又翻。刑人於市，與衆棄之。秦法論死於市，謂之棄市。**應侯日以不懌。**王稽薦范睢於秦王，睢既相秦，稽亦進用，今以罪死，故睢日以不懌。懌，悅也。不懌，不悅也。應，於陵翻。或曰：范睢之初進用於秦，至於爲相，昭襄王誠悅之也。鄭安平既降趙，王稽又得罪，睢雖爲相，昭襄王臨朝接之，日以不悅。懌，羊益翻。王臨朝而歎，朝，直遙翻。應侯請其故。王曰：「今武安君死，而鄭安平、王稽等皆畔，內無良將而外多敵國，吾是以憂！」將，卽亮翻。應侯懼，不知所出。

燕客蔡澤聞之，燕，於賢翻。蔡，姓也，以國爲氏。西入秦，先使人宣言於應侯曰：「蔡澤，天下雄辯之士，彼見王，必困君而奪君之位。」應侯怒，使人召之。蔡澤見應侯，禮又倨。倨，居御翻，傲也。應侯不快，因讓之曰：「子宣言欲代我相，相，息亮翻。請聞其說。」蔡澤曰：「吁，孔安國曰：吁，疑怪之辭。孔穎達曰：吁者，心有所嫌而爲此聲，故以爲疑怪之辭也。君何見之晚也！夫四時之序，成功者去。謂春生，夏長，秋就實，冬閉藏，各成其功而相代謝也。夫，音扶；下同。君獨不見夫秦之商君、楚之吳起、越之大夫種，何足願與？」商君事見二卷周顯王三十一年。吳起事見一卷安王二十一年。大夫種相越王句踐以雪會稽之恥，功成不退，爲句踐所殺。種，溫公音章勇翻。與，讀曰歟。句，音鉤。踐，慈淺翻。種，章勇翻。應侯謬曰：「何爲不可！此三子者，義之至也，忠之盡也。君子有殺身以成名，死無所恨。」蔡澤曰：「夫人立功，豈不期於成全邪！應，於陵翻。謬，靡幼翻。邪，音耶。身名俱全者，上也；名可法而身死者，次也；名僇辱而身全者，下也。僇，與戮同。夫商君、吳起、大夫種，其爲人臣盡忠致功，則可願矣。閎夭、周公，豈不亦忠且聖乎！三子之可願，孰與閎夭、周公哉？」閎夭，周文王、武王之賢臣。閎，音宏。夭，於驕翻，又於表翻。應侯曰：

「善。」蔡澤曰：「然則君之主惇厚舊故，不倍功臣，孰與孝公、楚王、越王？」倍，與背同，蒲昧翻。曰：「未知何如。」蔡澤曰：「君之功能孰與三子？」曰：「不若。」蔡澤曰：「然則君身不退，患恐甚於三子矣。語曰：『日中則移，月滿則虧。』進退贏縮，五星早出爲贏，晚出爲縮。贏，餘輕翻。縮，所六翻。與時變化，聖人之道也。今君之怨已讎而德已報，怨已讎，謂殺魏齊；德已報，謂進用王稽、鄭安平等。意欲至矣而無變計，竊爲君危之！」爲，于僞翻。應侯遂延以爲上客，因薦於王。王召與語，大悅，拜爲客卿。應侯因謝病免。王新悅蔡澤計畫，遂以爲相國。澤爲相數月，免。相，息亮翻。

2 楚春申君以荀卿爲蘭陵令。姓譜：荀，本姓郇，後去「邑」爲「荀」。又晉荀林父，公族隰叔之後。班志，蘭陵縣屬東海郡。史記正義曰：今沂州承縣有蘭陵山。荀卿者，趙人，名況，嘗與臨武君論兵於趙孝成王之前。王曰：「請問兵要。」臨武君對曰：「上得天時，下得地利，觀敵之變動，後之發，先之至，此用兵之要術也。」後、先，皆去聲。荀卿曰：「不然。臣所聞古之道，凡用兵攻戰之本，在乎一民。弓矢不調，則羿不能以中；六馬不和，則造父不能以致遠；羿，古之善射者；造父，古之善御者也。羿，音詣。中，竹仲翻。父，音甫。士民不親附，則湯、武不能以必勝也。故善附民者，是乃善用兵者也。故兵要在乎附民而已。」臨武君曰：「不然。兵之所貴者勢利也，所行者變詐也。善用兵者感忽悠闇，楊倞曰：感忽，恍惚也。悠闇，謂遠視不分之貌。莫知所從出；

孫、吳用之，無敵於天下，豈必待附民哉！」荀卿曰：「不然。臣之所道，仁人之兵，王者之志也。君之所貴，權謀勢利也。仁人之兵，不可詐也。彼可詐者，怠慢者也，露袒者也，露袒，如人之支體上下無衣裳以覆蔽，裸露肉袒者也。君臣上下之間滑然有離德者也。滑，音骨，亂也。故以桀詐桀，猶巧拙有幸焉。以桀詐堯，譬之以卵投石，以指橈沸，橈，奴巧翻，又奴教翻，攪也。若赴水火，入焉焦沒耳。故仁人之兵，上下一心，三軍同力；臣之於君也，下之於上也，若子之事父，弟之事兄，若手臂之扞頭目而覆胸腹也。覆，敷救翻，蓋也。詐而襲之，與先驚而後擊之，一也。且仁人用十里之國則將有百里之聽，用百里之國則將有千里之聽，用千里之國則將有四海之聽，必將聰明警戒，和傅而一。康曰：將，音將帥之將。余據文義，讀如字爲通。傅，音附。故仁人之兵，聚則成卒，百人爲卒。散則成列，延則若莫邪之長刃，莫邪，吳之寶劍也。說文：莫邪，長戟也。邪，音耶。嬰之者斷；兌則若莫邪之利鋒，當之者潰；「兌」，劉向新序作「銳」。楊倞曰：兌，猶聚也，讀與隊同。倞，音諒。圜居而方止，則若盤石然，觸之者角摧而退耳。且夫暴國之君，將誰與至哉？夫，音扶。彼其所與至者，必其民也。其民之親我歡若父母，其好我芬若椒蘭；彼反顧其上則若灼黥，若仇讎；人之情，雖桀、跖，豈有肯爲其所惡，賊其所好者哉！字書：仇、讎，皆匹也。說文：仇，讎也。讎，猶應也。左傳：怨耦曰仇。記曰：父之讎，不與共戴天。蓋謂仇之初匹也。至於耦而成怨，則爲仇。讎，校也，兩本相對，覆校是非也。殺父之人一旦相對，覆校是非，則不共戴天矣。仇讎之義，至此爲甚；後世率以爲言。好，呼到翻。爲，于僞翻。惡，烏路翻。是猶使人之子孫自賊其父母也。彼必將來告，【章：十二行本「告」下有「之」字；乙十一行本同；孔本同；退齋校同。】夫又何可詐也！故仁人用，國日明，諸侯先順者安，後順者危，敵之者削，反之者亡。詩曰：『武王載發，有虔秉鉞，如火烈烈，則莫我敢遏。』此之謂也。」商頌之辭。武王，湯也。發，依商頌讀爲旆。古者軍將戰則建旆。

孝成王、臨武君曰：「善。請問王者之兵，設何道，何行而可？」楊倞曰：設，謂制置。道，謂論說教令也。行，謂動用也。荀卿曰：「凡君賢者其國治，君不能者其國亂；隆禮貴義者其國治，簡禮賤義者其國亂。治者強，亂者弱，是強弱之本也。治，直吏翻。上足卬則下可用也；上不足卬則下不可用也。卬，古仰字，音魚向翻。楊倞曰：下託上曰仰。下可用則強，下不可用則弱，是強弱之常也。齊【章：十二行本「齊」上有「好士者強，不好士者弱；愛民者強，不愛民者弱；政令信者強，政令不信者弱；重用兵者強，輕用兵者弱；權出一者強，權出二者弱；是強弱之常也。」五十五字。乙十一行本同；孔本同；張校同；退齋校同。】人隆技擊，孟康曰：技擊者，兵家之技巧，習手足，便器械，積機關，以立攻守之勝者也。楊倞曰：技，材力也。齊人以勇力擊斬敵者，號爲技擊。隆，重也。技，渠綺翻。其技也，得一首者則賜贖錙金，無本賞矣。楊倞曰：八兩曰錙。本賞，謂有功同受賞也。其技擊之術，斬得一首，則官賜以錙金贖之。斬首，雖戰敗亦賞；不斬首，雖勝亦不賞：是無本賞矣。錙，莊持翻。是事小敵毳，則偷可用也；

毳，與脆同，音此芮翻。事大敵堅，則渙焉離耳；若飛鳥然，傾側反覆無日，是亡國之兵也，兵莫弱是矣，是其去賃市傭而戰之幾矣。賃，女禁翻。毛晃曰：借也，僦也。市傭，謂市人之受雇者也。魏氏之武卒，以度取之；楊倞曰：選擇武勇之士，號爲武卒，度取之，謂取長短材力之中度者也。衣三屬之甲，如淳曰：上身一，髀褌一，脛繳一，凡三屬。衣，於既翻。屬，之欲翻。操十二石之弩，沈括曰：鈞石之石，五權之名，石重百二十斤。後人以一斛爲一石，自漢時已如此，于定國飲酒一石不亂是也。挽強弓弩，古人以鈞石率之。今人乃以秔米一斛之重爲一石，凡石以九十二斤半爲法，乃漢秤三百四十一斤也。今之武卒蹶弩有及九石者，計其力乃古二十五石，比魏之武卒，當二人有餘。弓有挽三石者，乃古之三十四鈞，比顔高之弓當五人有餘。此皆近世教習所致。武備之盛，前古未有其比。案括之論詳矣；然用之則誤國喪師，不知合變，是趙括之談兵也。操，七刀翻。負矢五十箇，置戈其上，謂置戈於身之上，卽荷戈也。荷，下可翻。冠胄帶劍，贏三【章：十二行本「三」作「二」，乙十一行本同。】日之糧，日中而趨百里；中試則復其戶，利其田宅。中試，言程試而中度者，復其戶，不徭役也。利其田宅，給以田宅便利之處。胄，今之兜鍪。冠，古玩翻。贏，怡成翻，擔也。中，竹仲翻。復，方目翻。是其氣力數年而衰，而復利未可奪也，改造則不易周也，改造，謂更選擇也。易，弋豉翻。是故地雖大，其稅必寡，是危國之兵也。秦人，其生民也陿隘，其使民也酷烈，劫之以勢，隱之以阨，忸之以慶賞，鰌之以刑罰，陿，與狹同。隘，烏懈翻。楊倞曰：隱之以阨，謂隱蔽以險阨，使敵不能害。鄭氏曰：秦地多阨，隱藏其民於阨中也。忸，與狃同，串習也。戰勝則與之慶賞，使習以爲常。鰌，藉也。不勝則以刑罰陵藉之。莊子：風謂蛇曰，鰌我亦勝我。陸德明音義曰：鰌，音秋，藉也。李云：

鰌，藉也；藉則削也。忸，女九翻。使民所以要利於上者，非鬬無由也。使以功賞相長，五甲首而隸五家，楊倞曰：有功則賞之，使相長，凡獲得五甲首則役隸鄉里之五家也。要，一遙翻。長，知兩翻。是最爲衆強長久之道。故四世有勝，非幸也，數也。四世，謂秦孝公、惠文王、悼武王、昭襄王。故齊之技擊不可以遇魏之武卒，魏之武卒不可以遇秦之鋭士，秦之鋭士不可以當桓、文之節制，桓、文之節制不可以當湯、武之仁義，有遇之者，若以焦熬投石焉。焦熬之物至脆，投石則碎。熬，五刀翻。兼是數國者，皆干賞蹈利之兵也，傭徒鬻賣之道也；未有貴上安制綦節之理也。楊倞曰：干賞蹈利之兵，與傭徒之人鬻賣其力而作者無異，未有愛貴其上而爲之致死。安於制度，自不踰越，極於節義，心不爲非之理也。諸侯有能微妙之以節，則作而兼殆之耳。楊倞曰：微妙，精盡也。節，仁義也。作，起也。殆，危也。諸侯有能精盡仁義，則起而兼此數國，使之危殆。故招延募選，隆勢詐，上功利，是漸之也。漸，浸漬也。言勢詐功利漸染以成俗。漸，子廉翻。禮義教化，是齊之也。故以詐遇詐，猶有巧拙焉；以詐遇齊，譬之猶以錐刀墮泰山也。謂禮義教化之所齊，以詐遇之，無不敗者。墮，讀曰隳。故湯、武之誅桀、紂也，拱挹指麾，而強暴之國莫不趨使，挹，一及翻，義與揖同。誅桀、紂若誅獨夫。故泰誓曰：『獨夫紂，』此之謂也。故兵大齊則制天下，小齊則治鄰敵。治，直之翻。若夫招延募選，隆勢詐，上功利之兵，夫，音扶；下同。則勝不勝無常，代翕代張，代存代亡，相爲雌雄耳。夫是謂之盜兵，君子不由也。」

孝成王、臨武君曰：「善。請問爲將。」將，卽亮翻。荀卿曰：「知莫大於棄疑，楊倞曰：不用疑謀，此智之大。知，讀曰智。行莫大於無過，行，下孟翻。事莫大於無悔；事至無悔而止矣，不可必也。言不可自以爲必勝。故制號政令，欲嚴以威；慶賞刑罰，欲必以信；處舍收藏，欲周以固；楊倞曰：處舍，營壘也。收藏，財物也。周密嚴固，則敵不得而陵奪也。處，昌呂翻。徙舉進退，欲安以重，欲疾以速；窺敵觀變，欲潛以深，欲伍以參；楊倞曰：謂使間諜觀敵，欲潛隱深入之也。伍參，猶錯雜也。使間諜或參之，或伍之於敵之間，而盡知其事。韓子曰：省同異之言，以知朋黨之分，偶參伍之驗，以責陳言之實。又曰：參之以比物，伍之以合參。遇敵決戰，必行吾所明，無行吾所疑；夫是之謂六術。無欲將而惡廢，言欲爲將而惡失權，則舍己之勝算，遷就以逢君之欲矣。將，卽亮翻。無怠勝而忘敗，無威內而輕外，無見其利而不顧其害，凡慮事欲熟而用財欲泰，夫是之謂五權。夫，音扶。將所以不受命於主有三：可殺而不可使處不完，可殺而不可使擊不勝，可殺而不可使欺百姓，夫是之謂三至。楊倞曰：至，謂守一而不變。處，昌呂翻。凡受命於主而行三軍，三軍旣定，百官得序，楊倞曰：百官，軍之百吏也。羣物皆正，則主不能喜，敵不能怒，夫是之謂至臣。慮必先事而申之以敬，愼終如始，始終如一，夫是之謂大吉。楊倞曰：言必無覆敗之禍。凡百事之成也必在敬之，其敗也必在慢之。故敬勝怠則吉，怠勝敬則滅；計勝欲則從，欲勝計則凶。戰如守，行如戰，有功如幸。敬謀無曠，敬事無曠，敬吏無曠，敬衆無曠，敬敵無曠，夫是之謂五無曠。曠，廢也。夫，音扶。慎行此六術、五權、三至，而處之以恭敬、無曠，夫是之謂天下之將，則通於神明矣。」

臨武君曰：「善。請問王者之軍制。」荀卿曰：「將死鼓，將，卽亮翻。將建旗伐鼓以令三軍之進退，死不離局。離，力智翻。御死轡，百吏死職，上【章：乙十一行本「上」作「士」。】大夫死行列。行，戶剛翻。聞鼓聲而進，聞金聲而退。順命爲上，有功次之。令不進而進，猶令不退而退也，令，力正翻。其罪惟均。不殺老弱，不獵禾稼，服者不禽，格者不赦，奔命者不獲。楊倞曰：服，謂不戰而退者不追禽之。格，謂相拒捍者。奔命，謂奔走來歸其命，不獲之以爲囚俘。凡誅，非誅其百姓也，誅其亂百姓者也。百姓有捍其賊，則是亦賊也。以其【章：十二行本「其」作「故」；乙十一行本同。】順刃者生，傃刃者死，奔命者貢。楊倞曰：傃，向也，謂傃向格鬬者。貢，謂取歸命者獻於上將也。傃，音素。微子開封於宋，殷紂暴虐，微子奔周。武王殺紂，封微子於宋。微子本名啓，此云開者，蓋漢景帝諱，劉向改之也。曹觸龍斷於軍，楊倞曰：說苑云：桀爲天子，其臣有左師觸龍者，諂諛不正。此云紂，當是說苑誤。按戰國時趙亦有左師觸龍，豈姓名同乎？姓譜：曹姓，本自顓頊玄孫陸終之子六安，周武王封曹挾於邾，故邾，曹姓也。至魏武帝，始祖曹叔振鐸。商之服民，所以養生之者無異周人，故近者歌謳而樂之，遠者竭蹶而趨之，以上下文觀之，商、周二字恐或倒置。楊倞曰：竭蹶，顚仆，猶言匍匐也。樂，音洛。蹶，居月翻。無幽閒辟陋之國，莫不趨使而安樂之，閒，讀曰閑。辟，讀曰僻。四海之內若一家，通達之屬莫不從服，夫是之謂人師。夫，音扶。詩曰：『自西自東，自南自北，無思不服。』此之謂也。引文王有聲之詩而言。王者有誅而無戰，城守不攻，兵格不擊，敵上下相喜則慶之，不屠城，不潛軍，不留衆，師不越時，故亂者樂其政，不安其上，欲其至也。」亂國之民樂吾之政，故不安其上，惟欲吾兵之至也。樂，音洛。臨武君曰：「善。」

陳囂問荀卿曰：囂，虛驕翻；又牛刀翻。「先生議兵，常以仁義爲本，仁者愛人，義者循理，然則又何以兵爲？凡所爲有兵者，爲爭奪也。」爲爭，于僞翻。荀卿曰：「非汝所知也。彼仁者愛人，愛人，故惡人之害之也；義者循理，循理，故惡人之亂之也。惡，烏路翻。彼兵者，所以禁暴除害也，非爭奪也。」

3 燕孝王薨，子喜立。

4 周民東亡。義不爲秦民也。秦人取其寶器，遷西周公於𢠸狐之聚。此西周文公也，武公之子也。自赧王時，東西分治，赧王擁虛器而已。班志，河南郡梁縣有𢠸狐聚。括地志：汝州外古梁城，即𢠸狐聚也。陽人故城，即陽人聚也；在汝州梁縣西四十里，秦遷東周所居也。梁，亦古梁城也，在汝州梁縣西南十五里。索隱曰：𢠸狐聚與陽人聚在洛陽南北五十里梁、新城之間也。𢠸，與憚同。聚，賢曰：慈諭翻。

5 楚王【章：十二行本「王」作「人」，乙十一行本同；孔本同；退齋校同。】遷魯於莒而取其地。魯至是而亡。莒，居許翻。

五十三年（丁未、前二五四）

1 摎伐魏，取吴城。後漢志，河東郡大陽縣有吴山，山上有虞城。杜預曰：虞，國也。帝王世紀曰：舜妃嬪于虞，虞城是也；亦謂吴城，秦昭王伐魏取吴城是也。摎，紀虯翻。韓王入朝。魏舉國聽令。朝，直遥翻。令，力政翻。

五十四年（戊申、前二五三）

1 王郊見上帝於雍。班志，雍縣屬扶風。秦惠公都之，有五時，故於此郊見上帝，欲行天子之禮也。應劭曰：四方積高曰雍。凡下見上之見，音賢遍翻。雍，於用翻。時，音止。

2 楚遷于鉅陽。赧王三十七年，楚自郢東北徙於陳；今自陳徙鉅陽；至始皇六年，春申君以朱英之言，自陳徙壽春：則此時雖徙鉅陽，未離陳地也。赧，奴版翻。郢，以井翻。離，力智翻。

五十五年（己酉、前二五二）

1 衞懷君朝於魏，魏人執而殺之；更立其弟，是爲元君。更，工衡翻。元君，魏壻也。壻，女夫也。妻謂夫亦曰壻。旁從「女」，或從「士」，音思繼翻。

五十六年（庚戌、前二五一）

1 秋，王薨，孝文王立。尊唐八子爲唐太后，薨，呼肱翻。七子、八子，秦宫中女官名。以子楚爲太子。趙人奉子楚妻子歸之。韓王衰絰入弔祠。賢曰：喪服斬衰裳，上曰衰，下曰裳。麻在首要皆曰絰，首絰象緇布冠，要絰象大帶。絰之言實，衰之言摧，明中實摧痛也。衰，七雷翻。

2 燕王喜使栗腹約歡於趙，姓譜：栗姓，栗陸氏之後。燕，因肩翻。以五百金爲趙王酒。反而言於燕王曰：「趙壯者皆死長平，長平之敗，事見上卷周赧王五十五年。其孤未壯，可伐也。」王召昌國君樂閒問之，對曰：「趙四戰之國，言其四境皆鄰於強敵，四面拒戰也。其民習兵，不可。」王曰：「吾以五而伐一。」對曰：「不可。」王怒。羣臣皆以爲可，乃發二千乘，栗腹將而攻鄗，乘，繩證翻。鄗，呼各翻。卿秦攻代。姓譜：卿，姓也。將渠曰：「與人通關約交，以五百金飲人之王，姓譜：將，亦姓也，音即良翻。飲，於禁翻。使者報而攻之，不祥；師必無功。」使，疏吏翻。王不聽，自將偏軍隨之。將渠引王之綬，王以足蹴之。蹴，子六翻，蹋也。綬，音受。將渠泣曰：「臣非自爲，爲王也！」爲，于僞翻。燕師至宋子，班志，宋子縣屬鉅鹿郡。趙廉頗爲將，逆擊之，敗栗腹於鄗，敗卿秦、樂乘於代，將，即亮翻。樂乘，趙將也。戰國策曰：樂乘敗卿秦於代，當從之。敗，補邁翻。追北五百餘里，遂圍燕。燕都薊，趙人進圍之。燕人請和，趙人曰：「必令將渠處和。」處，昌呂翻。處和者，主和也。燕王使【章：十二行本「使」作「以」；乙十一行本同；孔本同。】將渠爲相而處和，趙師乃解去。相，息亮翻。

3 趙平原君卒。卒，子恤翻。

孝文王

索隱曰：名柱。謚法：五宗安之曰孝；慈惠愛民曰文。

元年（辛亥、前二五〇）

1冬，十月，己亥，王即位；三日薨。子楚立，是爲莊襄王；尊華陽夫人爲華陽太后，夏姬爲夏太后。姓譜：周封夏后氏於杞，非爲後不得封者，以夏爲氏。一曰：陳夏徵舒之後。夏姬生莊襄王，故尊爲太后。華，戶化翻。夏，戶雅翻。

2燕將攻齊聊城，拔之。聊城在濟水之北。班志，聊城縣屬東郡。或譖之燕王，燕將保聊城，不敢歸。齊田單攻之，歲餘不下。魯仲連乃爲書，約之矢以射城中，燕，因肩翻。將，即亮翻。約之矢，謂以書圍繞束縛於矢也。射，而亦翻。遺燕將，爲陳利害遺，于季翻。爲，于僞翻。曰：「爲公計者，不歸燕則歸齊。今獨守孤城，齊兵日益而燕救不至，將何爲乎？」燕將見書，泣三日，猶豫不能自決。欲歸燕，已有隙；欲降齊，所殺虜於齊甚衆，恐已降而後見辱。喟然歎曰：「與人刃我，寧我自刃！」遂自殺。降，戶江翻。喟，丘貴翻。言與其使人加刃於我，寧使我拔刃而自殺也。聊城亂，田單克聊城。用大師曰克。歸，言魯仲連於齊，【章：十二行本「齊」下有「王」字；乙十一行本同；孔本同。】欲爵之。仲連逃之海上，曰：「吾與富貴而詘於人，詘，曲勿翻。禮記：不充詘於富貴。詘者，喜失節貌。余謂此詘即屈伸之屈。寧貧賤而輕世肆志焉！」

魏安釐王問天下之高士於子順，釐，讀曰僖。子順曰：「世無其人也；抑可以爲次，其魯仲連乎！」王曰：「魯仲連強作之者，強，其兩翻。非體自然也。」子順曰：「人皆作之。作之不止，乃成君子；作之不變，習與體成，【章：十二行本「成」下有「習與體成」四字；乙十一行本同；孔本同；張校同。】則自然也。」朱熹曰：君子，成德之名。

莊襄王本名異人，改名楚，孝文王之中子也。謚法：勝敵志強曰莊。

元年（壬子，前二四九）

1 呂不韋爲相國。相，息亮翻。

2 東周君與諸侯謀伐秦，王使相國帥師討滅之，遷東周君於陽人聚。帥，讀曰率。聚，慈喻翻。周既不祀。皇甫謐曰：周凡三十七王，八百六十七年。周有天下，祀后稷以配天，宗祀文王於明堂以配上帝，宗廟血食八百六十餘年。西周已亡，猶幸東周能守其祀，東周又爲秦所滅，則盡不祀矣。索隱曰：既，盡也。日食盡曰既。言周祚盡滅，無主祭祀。周比亡，比，必寐翻，及也。凡有七邑：河南、洛陽、穀城、平陰、偃師、鞏、緱氏。班志：河南縣故郟鄏地，周武王遷九鼎，周公營以爲都，是爲王城；平王居之。洛陽，周公遷殷民於此，是爲成周。師古曰：穀城，即今新安。應劭曰：平陰，在平城北，故曰平陰。班志：河南郡之平縣，即平城也。括地志曰：故穀城在洛州河南縣西北十八里苑中。河陰縣城本漢平陰縣，在洛州洛陽縣東北五十里。十三州志曰：在平津大河之南，魏文帝改曰河陰。劉昭曰：偃師，帝嚳所都。盤庚復南亳，是爲西亳。鞏，古鞏伯國，周之東，周公所居。緱氏，周大夫劉子邑。宋白曰：緱氏，春秋之滑國。已上七邑，漢皆屬河南郡。緱，工侯翻。郟，音夾。鄏，音辱。

3以河南洛陽十萬戶封相國不韋爲文信侯。相，息亮翻。

4蒙驁伐韓，驁，五到翻，又五刀翻。取成皋、滎陽，班志，滎陽縣屬河南郡，滎澤在其南。唐屬鄭州。初置三川郡。

5楚滅魯，遷魯頃公於卞，春秋：「夫人姜氏會齊侯于卞，」卽其地。班志，卞縣屬魯郡。頃，音傾。爲家人。家人，猶今所謂齊民也。

二年（癸丑、前二四八）

1日有食之。

2蒙驁伐趙，【章：十二行本「趙」下有「定太原」三字；乙十一行本同；孔本同；張校同；退齋校同。】取榆次、狼孟等三十七城。班志，榆次、狼孟二縣並屬太原郡。榆次，卽左傳涂水、梗陽之地。括地志：狼孟故城，在幷州陽曲縣東北二十六里。

3楚春申君言於楚王曰：「淮北地邊於齊，其事急，請以爲郡而封於江東。」楚王許之。春申君因城吳故墟以爲都邑。吳都姑蘇，越王句踐滅吳王夫差而吳爲墟。班志：吳縣，太伯所邑，漢爲會稽郡治所。句，音鉤。踐，慈演翻。宮室極盛。春申君相楚，楚正弱，秦正強，不能爲國謀，乃營其都而盛宮室，何足道也！孔穎達曰：爾雅云：室謂之宮，宮謂之室。別而言之，論其四面穹隆則曰宮，因其貯物則曰室。室之言實也。

三年（甲寅、前二四七）

1王齮攻上黨諸城，悉拔之，初置太原郡。齮，恨勿翻。

2蒙驁帥師伐魏，取高都、汲。班志，高都縣屬上黨郡，汲縣屬河内郡。括地志：高都縣，今澤州也。汲故城在衛州所理汲縣之西南二十五里。帥，讀曰率。魏師數敗，數，所角翻。魏王患之，乃使人請信陵君於趙。信陵君畏得罪，不肯還，信陵君留趙事見上卷周赧王五十八年。還，從宣翻，又音如字。赧，奴版翻。誡門下曰：誡，居拜翻，敕也。「有敢爲魏使通者死！」爲，于僞翻。使，疏吏翻。賓客莫敢諫。毛公、薛公見信陵君曰：「公子所以重於諸侯者，徒以有魏也。康曰：重，直用切。余按文義，當音輕重之重。今魏急而公子不恤，一旦秦人克大梁，夷先王之宗廟，公子當何面目立天下乎！」語未卒，信陵君色變，趣駕還魏。卒，子恤翻。趣，讀曰促，催也。魏王持信陵君而泣，以爲上將軍。信陵君使人求援於諸侯。諸侯聞信陵君復爲魏將，將，卽亮翻。皆遣兵救魏。信陵君率五國之師敗蒙驁於河外，自春秋至戰國，率以黄河之西爲河外，晉賂秦以河外列城五，卽其證也。驁，五到翻。敗，補邁翻。蒙驁遁走。信陵君追至函谷關，抑之而還。

安陵人縮高之子仕於秦，後漢志，汝南郡征羌縣有安陵亭。註云：卽魏安陵君所封地。括地志曰：隱陵縣西北十五里。李奇云：六國時爲安陵。還，從宣翻，又音如字。縮，所六翻。秦使之守管。班志，河南郡中牟縣有管叔邑。後漢志，中牟縣有管城。杜預曰：管，國也，在京縣東北。信陵君攻之不下，使人謂安陵君曰：「君其遺縮高，吾將仕之以五大夫，使爲執節尉。」信陵君使安陵君遣縮高，欲使安陵以君諭其民，以父諭其子也。軍尉之執節者也。周執節以使，漢執節則使且可以專殺矣。安陵君曰：「安陵，小國也，不能必使其民。使者自往請之。」使吏導使者至縮高之所。使者致信陵君之命，縮高曰：「君之幸高也，將使高攻管也。夫父攻子守，人之笑也；見臣而下，是倍主也。父教子倍，亦非君之所喜。夫，音扶。倍，蒲妹翻。喜，許旣翻。敢再拜辭！」使者以報信陵君。信陵君大怒，遣使之安陵君所曰：「安陵之地，亦猶魏也。使，疏吏翻。之，如也，往也。安陵本魏地，魏襄王以封其弟。今吾攻管而不下，則秦兵及我，社稷必危矣。願君生束縮高而致之！若君弗致，無忌將發十萬之師以造安陵之城下。」造，七到翻。安陵君曰：「吾先君成侯受詔襄王以守此城也，手授太府之憲。太府魏國藏圖籍之府。憲，法也。憲之上篇曰：『臣弑君，子弑父，有常不赦。有常，謂有常法也。國雖大赦，降城亡子不得與焉。』降，戶江翻。與，讀曰預。今縮高辭大位以全父子之義，而君曰『必生致之』，是使我負襄王之詔而廢太府之憲也，雖死，終不敢行！」縮高聞之曰：「信陵君爲人，悍猛而自用，此辭必反【章：十二行本二字互乙；乙十一行本同；孔本同。】爲國禍。謂爲安陵之禍也。悍，下罕翻，又音汗。吾已全己，無違人臣之義矣，豈可使吾君有魏患乎！」乃之使者之舍，刎頸而死。信陵君聞之，縞素辟舍，刎，扶粉翻。頸，居郢翻。縞，古老翻。爾雅曰：縞，皓也。辟，讀曰避。使使者謝安陵君曰：「無忌，小人也，困於思慮，失言於君，請再拜辭罪！」安陵，受封於魏國者也，縮高，受廛於安陵者也。縮高之子不爲魏民，逃歸秦而臣於秦，爲秦守管。時秦加兵於魏，欲取大梁，安陵儻念魏爲宗國，縮高儻念其先爲魏民，見魏之危，安敢坐視而不救。公子無忌爲魏舉師以臨之，安陵君則陳太府之憲，縮高則陳大臣之義以拒之，雖死不避，反而求之，可謂得其死乎！無忌爲之縞素辟舍以謝安陵，吾亦未知其何所處也。

王使人行萬金於魏以間信陵君，求得晉鄙客，信陵君殺晉鄙事見上卷周赧王五十六年。間，古莧翻。令說魏王曰：「公子亡在外十年矣，今復爲將，諸侯皆屬，天下徒聞信陵君而不聞魏王矣。」令，力丁翻。說，式芮翻。將，即亮翻。王又數使人賀信陵君：「得爲魏王未也？」數，所角翻。魏王日聞其毀，不能不信，乃使人代信陵君將兵。信陵君自知再以毀廢，乃謝病不朝，日夜以酒色自娛，凡四歲而卒。朝，直遙翻。卒，子恤翻。韓王往弔，其子榮之，以告子順。子順曰：「必辭之以禮！『鄰國君弔，君爲之主。』鄭玄曰：君爲之主，弔臣恩爲己也。子不敢當主，中庭北面，哭不拜。記曰：昔者衞靈公適魯，遭季桓子之喪，衞君請弔，哀公辭，不得命，公爲主。客入弔，公揖讓，升自東階，西鄉；客升自西階弔。公拜，興，哭。今君不命子，則子無所受韓君也。」其子辭之。

3 五月，丙午，王薨。薨，呼肱翻。太子政立，生十三年矣，國事皆決【章：十二行本「決」作「委」；乙十一行本同；孔本同；張校同；退齋校同。】於文信侯，號稱仲父。呂不韋封文信侯。仲父，以齊桓禮管仲禮之。

4 晉陽反。是年，秦攻得晉陽，置太原郡；未久而秦有莊襄王之喪，故反。

始皇帝上諱政，莊襄王子也。王并天下，自以德兼三皇，功過五帝，故自號曰皇帝；欲傳世以一至萬，乃除謚法，號始皇帝。

元年（乙卯、前二四六）

1 **蒙驁擊定之。**擊定晉陽也。驁，五到翻。

2 **韓欲疲秦人，使無東伐，乃使水工鄭國爲間於秦，鑿涇水自仲山爲渠，**間，古莧翻。班志：涇水出安定郡涇陽縣西幵頭山，東至馮翊陽陵縣入渭，過郡三，行千六十里。淮南子曰：涇水出薄落之山。華戎對境圖：涇水上接蔚茹水，南流至笄頭山，西折而東流，逕原州、涇州界，又東流逕邠州、乾州之北，又東南流至雍州涇陽縣而合于渭。師古曰：仲山，即今九嵕之東仲山也。幵，輕煙翻。蔚，紆勿翻。笄，古兮翻。雍，於用翻。嵕，祖紅翻。**並北山，東注洛。**並，步浪翻。師古曰：洛水，即馮翊漆、沮水。程大昌曰：禹貢止有漆、沮，秦、漢以來始有洛水。所謂洛者，班志云：源出北地歸德縣北蠻夷中。今按其水自入塞後，歷鄜、坊、同三州始入渭，孔安國謂自馮翊懷德縣入渭是也。漢懷德、唐同州朝邑縣是也。漆水自華原縣東北同官縣界來，沮水自邠州東北來；洛在漆、沮之東，至同州白水縣與漆、沮合。所謂洛即漆、沮者，言其本同也。沮，七余翻。鄜，音膚。邠，彼巾翻。**中作而覺，**師古曰：中作，謂用功中道，事未竟也。覺，露也，韓之謀露也。**秦人欲殺之。鄭國曰：「臣爲韓延數年之命，然渠成，亦秦萬世之利也。」乃使卒爲之。**臣爲，于僞翻。卒，子恤翻，終也。**注填閼之水溉舄鹵之地四萬餘頃，收皆畝一鍾，**師古曰：注，引也。填閼，謂壅泥也。言引淤濁之水灌鹹鹵之田，更令肥美，故一畝之收至六斛四斗。杜佑曰：古者百步爲畝，秦、漢以降，即二百四十步爲畝。閼，讀曰淤，音於據翻。舄，與潟同，音思積翻，鹵也。鹵，亦作滷，音郎古翻，鹹滷。關中由是益富饒。饒，有餘裕也。

二年（丙辰，前二四五）

1 麃公將卒攻卷，索隱曰：麃，邑名。麃公，史失其姓名。麃，悲驕翻。將，即亮翻，又音如字。卷，逵員翻，邑名。斬首三萬。

2 趙以廉頗爲假相國，伐魏，取繁陽。班志，繁陽縣屬魏郡。應劭曰：在繁水之陽。括地志：繁陽故城，在相州內黃縣東北二十七里。相，息亮翻。趙孝成王薨，子悼襄王立，使武襄君樂乘代廉頗。廉頗怒，攻武襄君；武襄君走。廉頗出奔魏；久之，魏不能信用。趙師數困於秦，趙王思復得廉頗，廉頗亦思復用於趙。趙王使使者視廉頗尚可用否。廉頗之仇郭開多與使者金，令毀之。廉頗見使者，一飯斗米，肉十斤，被甲上馬，以示可用。使者還報曰：「廉將軍雖老，尚善飯；然與臣坐，頃之三遺矢矣。」數，所角翻。復，扶又翻。使使，疏吏翻。令，力丁翻。被，皮義翻。上，時掌翻。矢，糞也。趙王以爲老，遂不召。郭開之間廉頗，以其仇也；其讒殺李牧，則好貨耳。讒人罔極，其禍國可勝言哉！間，古莧翻。好，呼到翻。勝，音升。楚人陰使迎之。廉頗一爲楚將，無功，曰：「我思用趙人！」卒死於壽春。將，即亮翻。壽春縣，漢屬九江郡，唐爲壽州治所。始皇六年，楚方徙都壽春，史終言廉頗之事也。卒，子恤翻。

三年（丁巳、前二四四）

1 **大饑。**五穀皆不熟爲大饑。

2 **蒙驁伐韓，取十二城。**驁，五到翻。

3 **趙王以李牧爲將，伐燕，取武遂、方城。**班志，武遂縣屬河間國。方成縣屬廣陽國；後漢志作「方城」。括地志：易州遂城縣，戰國時武遂城也。方城故城，在幽州固安縣南十七里。將，卽亮翻。燕，因肩翻。**李牧者，趙之北邊良將也，嘗居代、鴈門備匈奴，**秦置鴈門郡，在代郡西南。匈奴，淳維之後，本夏后氏之苗裔。索隱曰：張晏云：淳維以殷時奔北邊。又樂彥括地譜曰：夏桀無道，湯放之鳴條，三年而死。其子獯粥妻桀之衆妾，避居北野，隨畜移徙，中國謂之匈奴。其言夏后苗裔，或當然也。故應劭風俗通曰：殷時曰獯粥，改曰匈奴。又晉灼云：堯時曰葷粥，周曰獫狁，秦曰匈奴。韋昭曰：漢曰匈奴，葷粥其別名，則淳維是其始祖，蓋與獯粥是一也。獯，許云翻。粥，音育。獫，虛檢翻。**以便宜置吏，市租皆輸入莫府，爲士卒費，**康曰：師出無常處，所在張幕居之，以將帥得稱府，故曰莫府。莫，與幕同。一曰：莫，大也。莫府，猶言大府。**日擊數牛饗士；習騎射，**孔穎達曰：古人不騎馬，故但經記正典無言騎者。今言騎者，當是周末時。射之所起，起自黃帝，故易繫辭黃帝下九事章云：古者弦木爲弧，剡木爲矢，弧矢之利以威天下。又世本云：揮作弓，夷牟作矢。註云：揮、夷牟，黃帝臣。是弓矢起於黃帝矣。騎，奇寄翻；下同。剡，以冉翻。**謹烽火，多間諜，**塞上置候望之地，邊有警則擧烽。漢書音義：烽，如覆米䈇，縣著桔槔頭，有寇則擧之。燧，積薪，有寇則燔然之。索隱曰：字林：䈇，漉米藪也，音一六翻。纂要：䈇，淅箕也。烽見敵則擧，燧有難則焚。烽主晝，燧主夜。間諜者，使之間行以伺敵，觀其變動也。間，古莧翻。諜，達協翻。著，直略翻。桔，吉屑翻。橰，音皋。漉，音鹿。淅，音析。難，乃旦翻。伺，相吏翻。爲約曰：「匈奴即入盜，急入收保。有敢捕虜者斬！」匈奴每入，烽火謹，輒入收保不戰。如是數歲，亦不亡失。收畜產而自保也。匈奴皆以爲怯，雖趙邊兵亦以爲吾將怯。將，即亮翻。趙王讓之，讓，責也。李牧如故。王怒，使他人代之。歲餘，屢出戰，不利，多失亡，邊不得田畜。說文：畜，許竹翻，養也。史記正義：許又翻，又音蓄，聚也。王復請李牧，復，扶又翻。李牧杜門稱病不出。王強起之，杜門，塞門以拒絕來者。強，其兩翻。李牧曰：「必欲用臣，【章：十二行本作「王必用臣」四字；乙十一行本同；孔本同；退齋校同。】如前，乃敢奉令。」王許之。李牧至邊，如約。匈奴數歲無所得，終以爲怯。邊士日得賞賜而不用，言屢賞而不用之以戰也。皆願一戰。於是乃具選車得千三百乘，選騎得萬三千匹，車、騎皆選其堅良者。乘，繩證翻。騎，奇寄翻。百金之士五萬人，管子曰：能禽敵殺將者賞百金。將，即亮翻。彀者十萬人，彀，古候翻，張弓也。索隱曰：彀，謂能射者也。悉勒習戰；大縱畜牧，人民滿野。匈奴小入，佯北不勝，以數十人委之。委，弃也，委之於敵也。佯，音羊。單于聞之，單于，匈奴首領之稱。班書曰：單于者，廣大之貌，言其象天單于然也。單，音蟬。稱，尺證翻。大率衆來入。李牧多爲奇陳，陳，讀曰陣。張左、右翼擊之，大破之，殺匈奴十餘萬騎。滅襜襤，如淳曰：襜襤，胡名，在代地。班書作「澹林」。襜，都甘翻。襤，路談翻；類篇：盧甘翻。破東胡，東胡，其後爲鮮卑、烏丸。服虔曰：在匈奴東，故曰東胡。降林胡。如淳以澹林爲東胡，以此觀之，似是兩種。降，戶江翻。單于奔走，十餘歲不敢近趙邊。近，其靳翻。

先是，天下冠帶之國七，而三國邊於戎狄：先，悉薦翻。秦自隴以西有緜諸、緄戎、翟、䝠之戎，班志，緜諸道屬天水郡。西漢之制，縣有蠻夷曰道。括地志：緜諸城在秦州秦嶺縣北五十六里。唐貞觀十七年，省秦嶺入清水縣。韋昭曰：緄戎，春秋以爲犬戎。師古曰：混云夷也。史記正義曰：緄，音昆，字當作「混」。余謂昆戎卽周之昆夷。翟，與狄同。班志，隴西郡有狄道。師古曰：其地有狄種，故曰狄道。天水郡有䝠道。應劭曰：䝠，戎邑也。狄道，晉置武始郡。括地志：䝠道故城，在渭州襄武縣東南三十七里。䝠，戶官翻。岐、梁、涇、漆之北有義渠、大荔、烏氏、朐衍之戎；班志，岐山在扶風美陽縣西北，梁山在馮翊夏陽縣西北。師古曰：此漆水在新平。後漢志，扶風漆縣有漆水。晉分扶風置新平郡，治漆縣。班志，義渠道屬北地郡。括地志：唐寧、慶二州地。又班志，馮翊臨晉縣，古大荔城。括地志：同州馮翊縣及朝邑縣本漢臨晉地。今朝邑縣東三十步故王城，卽大荔王城也。宋白曰：同州馮翊縣古大荔城，在今州東三十七里朝邑縣界，故王城是也。荔，力計翻。班志，安定郡有烏氏縣。括地志：烏氏故城，在涇州安定縣東三十里，周之故地，後入戎；秦惠王取之，置烏氏縣。氏，音支。班志，北地郡有朐衍縣。括地志：鹽州，古戎狄居之，卽朐衍戎之地。應劭曰：朐，音煦。師古音香于翻。康求于翻，非。而趙北有林胡、樓煩之戎；燕北有東胡、山戎；自漢北平、無終、白狼以北，皆大山重谷，諸戎居之，春秋謂之山戎。各分散居谿谷，自有君長，往往而聚者百有餘戎，然莫能相一。

其後義渠築城郭以自守，而秦稍蠶食之，至惠王遂拔義渠二十五城。昭王之時，宣太后誘義渠王，殺諸甘泉，甘泉在漢馮翊雲陽縣，漢起甘泉宮於此。誘，羊久翻。遂發兵伐義渠，滅之，始於隴

西、北地、上郡隴西，唐渭州、洮州、河州之地。北地，唐慶州、寧州、鄜州、靈州、鹽州之地。上郡，唐延州、綏州、銀州之地。**築長城以拒胡。趙武靈王北破林胡、樓煩，築長城，自代並陰山下，至高闕爲塞。**徐廣曰：五原郡西安陽縣北有陰山，陰山在河南，陽山在河北。酈道元曰：余按南河、北河及安陽縣以南，悉沙阜耳，無他異山。故廣志云：朔方郡移沙七所而無山以擬之，是議志之僻也。陰山在河東南斯可矣。漢郎中侯應曰：陰山東西千餘里，單于之苑囿也。孝武出師攘之於漠北，匈奴過之，未嘗不哭。則此山蓋在沙漠之南也。括地志：陰山在朔州北塞外突厥界。杜佑曰：今安北府北山是也。安北府治中受降城。地志：朔方郡臨戎縣北有連山，險於長城，其山中斷，兩峯俱峻，名曰高闕。水經註：河水自窳渾縣東屈而東流，逕高闕南，闕口有城跨山結局，謂之高闕戍。劉昫曰：高闕北拒大磧口三百里。杜佑曰：高闕當在豐州河西。厥，九勿翻。降，戶江翻。窳，以主翻。渾，戶昆翻。磧，七迹翻。**而置雲中、鴈門、代郡。**史記正義曰：雲中故城，趙雲中城，秦雲中郡，在勝州榆林縣東北四十里。秦、漢之鴈門、代郡皆在句注陘之北，唐之雲、朔、蔚、新、武州卽其地也。若唐之代州鴈門郡惟崞、繁畤二縣，漢鴈門郡之舊縣，其鴈門縣則漢太原郡之廣武縣也，五臺則漢太原之慮虒縣也。句，音鉤。陘，音刑。蔚，紆勿翻。崞，音郭。畤，音止。師古曰：慮虒，音廬夷。**其後燕將秦開爲質於胡，**姓譜：秦本顓頊後，子嬰既滅，支庶爲秦氏。余按左傳魯有秦堇父，秦姓其來尚矣。燕，因肩翻。將，卽亮翻。質，音致。父，音甫。堇，几隱翻。**胡甚信之；歸而襲破東胡，東胡卻千餘里。燕亦築長城，自造陽至襄平，**韋昭曰：造陽，地名，在上谷。余按漢書所謂「上谷之斗造陽」是也。杜佑曰：晉太康地志：自北地郡北行九百里，得五原塞；又北出九百里得造陽，卽麟州銀城縣。史記：燕築長城，自造陽至襄平。韋昭曰：造陽地在上谷。未詳孰是。史記正義曰：上谷，今嬀州。王隱地道志曰：郡在谷之頭，故以上谷名焉。班志，襄平縣，遼東郡治所。燕，因肩翻。

嬀，居爲翻。置上谷、漁陽、右北平、遼東郡以拒胡。漁陽，唐薊州、檀州。北平，唐平州。遼東，其地在大遼水之東，唐嘗置遼州，又嘗爲安東都護府治所。及戰國之末而匈奴始大。

四年（戊午、前二四三）

1 春，蒙驁伐魏，取暘、有詭。暘，徐廣音場，索隱音暢；類篇又直亮翻，仲郎翻。三月，軍罷。

2 秦質子歸自趙；趙太子出歸國。質，音致。

3 七月，蝗，疫。蝗子始生曰蝝，翅成而飛曰蝗，以食苗爲災。疫，札瘥瘟也。令百姓納粟千石，拜爵一級。

4 魏安釐王薨，子景湣王立。釐，讀曰僖。湣，讀曰閔。

五年（己未、前二四二）

1 蒙驁伐魏，取酸棗、燕、虛、長平、雍丘、山陽等三【章：十二行本「三」作「二」；乙十一行本同；孔本同；退齋校同。】十城；驁，五到翻。括地志：酸棗故城，在滑州酸棗縣北十五里。索隱曰：燕、虛，二邑名。春秋桓十二年，會于虛。赧王四十二年，黄歇說秦王曰：「拔酸棗、虛、桃。」按今東郡燕縣東三十里有桃城，虛蓋與桃相近。括地志：南燕城，古燕國，滑州胙城縣是也。桃、虛在濮州雷澤縣東十三里。燕，烏田翻。虛，如字。班志，長平縣屬汝南郡。括地志：在陳州宛丘縣西六十六里。班志，雍丘縣屬陳留郡，故杞國也。雍，於用翻。史記正義曰：地理志，河內郡有山陽縣。余考之上下文，此非河內之山陽，蓋班志山陽郡之地。初置東郡。

2初，劇辛在趙與龐煖善，赧王三年，劇辛自趙適燕。劇，竭戟翻。煖，音許遠翻，又許元翻。赧，奴版翻。已而仕燕。燕王見趙數困於秦，廉頗去而龐煖爲將，欲因其敝而攻之，問於劇辛，對曰：「龐煖易與耳！」數，所角翻。將，卽亮翻。易，弋豉翻。燕王使劇辛將而伐趙。趙龐煖禦之，殺劇辛，取燕師二萬。

3諸侯患秦攻伐無已時。以發明年合從伐秦事。從，子容翻。

六年（庚申、前二四一）

1楚、趙、魏、韓、衞合從以伐秦，楚王爲從長，從，子容翻。長，知兩翻。春申君用事，取壽陵。徐廣曰：壽陵在常山。史記正義曰：本趙邑也。余據五國攻秦，取壽陵，至函谷，則壽陵不在新安、宜陽之閒，當在河東郡界；常山無乃太遠！至函谷，秦師出，五國之師皆敗走。楚王以咎春申君，春申君以此益疏。觀津人朱英謂春申君曰：史記正義曰：觀，音館，今魏州觀城縣。余按班志，觀津縣屬信都國。又按隋志，魏州之觀城，舊曰衞國，開皇六年始更名；信都國則隋冀州也。開皇六年置武邑縣，并得觀津縣地，則觀津猶屬信都也。正義誤矣。觀，古玩翻。「人皆以楚爲強，君用之而弱。其於英不然。先君時，秦善楚，二十年而不攻楚，何也？秦踰黽阨之塞而攻楚，不便；劉昭曰：江夏郡鄳縣，古冥阨之塞也。史記正義曰：黽阨之塞在申州。張守節曰：申州羅山縣本漢鄳縣平靖關，蓋鄳縣之阨塞。括地志曰：石城山在申州羅山縣東南二十一里，古冥阨塞。黽，音盲；康彌兗切，非也。阨，音厄，又於賣翻。假道於兩周，背韓、魏而攻楚，不可。背，蒲妹翻。今則不然。魏旦暮亡，不能愛許、鄢陵，鄢，於幰翻。魏割以與秦，秦兵去陳百六十里。臣之所觀者，見秦、楚之日鬭也。」楚於是去陳，徙壽春，命曰郢。郢，以井翻。春申君就封於吳，行相事。相，息亮翻。

2 秦拔魏朝歌朝歌，紂都，衞康叔所封也。班志，朝歌縣屬河內郡。及衞濮陽。衞元君率其支屬徙居野王，班志，野王縣屬河內郡。濮，博木翻。阻其山以保魏之河內。

七年（辛酉、前二四〇）

1 伐魏，取汲。

2 夏太后薨。即夏姬也。夏，戶雅翻。薨，呼肱翻。

3 蒙驁卒。驁，五到翻。卒，子恤翻。

八年（壬戌、前二三九）

1 魏與趙鄴。

2 韓桓惠王薨，子安立。

九年（癸亥、前二三八）

1 伐魏，取垣、蒲。蒲，晉公子重耳所居邑也。班志，蒲子與垣縣皆屬河東郡。括地志：故垣城，漢縣治，本魏地王垣，在絳州垣縣西北二十里。蒲故城，在隰州蒲縣北四十五里。垣，于元翻。重，直龍翻。

2夏，四月，寒，民有凍死者。

3王宿雍。雍，於用翻。

4己酉，王冠，冠，古喚翻。帶劍。

5楊端和伐魏，姓譜：周宣王子尚父，幽王邑諸楊，號曰楊侯；後幷於晉，因以爲氏。又晉大夫楊食我食采於楊氏，子孫以邑爲氏。楊食，音嗣。采，倉代翻。取衍氏。史記正義曰：衍氏，在鄭州。衍，羊善翻。

6初，王卽位，年少，少，始照翻。太后□【章：十二行本「□」作「時」；乙十一行本同；孔本同。】時與文信侯私通。王益壯，文信侯恐事覺，禍及己，乃詐以舍人嫪毐爲宦者，進於太后。師古曰：嫪，居虯翻；許慎郎到翻；康盧道切。毐，烏改翻。太后幸之，生二子，封毐爲長信侯，以太原爲毐國，政事皆決於毐；客求爲毐舍人者甚衆。王左右有與毐爭言者，告毐實非宦者，王下吏治毐。下，遐稼翻。治，直之翻。毐懼，矯王御璽發兵，欲攻蘄年宮班志：蘄年宮，秦惠公所起，在雍。括地志：在岐州城西故城內。蘄，巨依翻。爲亂。句斷。王使相國昌平君、昌文君發卒攻毐，相，息亮翻。戰咸陽，斬首數百；毐敗走，獲之。秋，九月，夷毐三族；秦有夷三族之罪。張晏曰：三族，父母、兄弟、妻子也。如淳曰：父族、母族、妻族也。師古曰：如說是，所謂參夷之誅也。黨與皆車裂滅宗；舍人罪輕者徙蜀，凡四千餘家。遷太后於雍萯陽宮，萯陽宮，秦文王所起。水經註：甘水出南山甘谷，北逕秦文王萯陽宮西，又北逕五柞宮東，又北逕甘亭西。後漢志，甘亭在扶風鄠縣。萯，音倍。殺其二子。下令曰：「敢以太后事諫者，戮而殺之，斷其四支，積於闕下！」死者二十七人。斷，丁管翻。齊客茅焦上謁請諫。姓譜：周公之子封於茅，其後以國爲氏。又有茅戎。邾大夫有茅地、茅夷鴻。謁，猶今之刺也。上謁者，通名而求見也。上，時掌翻。王使謂之曰：「若不見夫積闕下者邪？」若，汝也。夫，音扶。對曰：「臣聞天有二十八宿，二十八宿：角、亢、氐、房、心、尾、箕、斗、牛、女、虛、危、室、壁、奎、婁、胃、昴、畢、觜、參、井、鬼、柳、星、張、翼、軫，天之經星也。日、月、五星之行，躔次所舍，故謂之宿。宿，音秀。亢，音剛。觜，即移翻。參，疏簪翻。今死者二十七人，臣之來固欲滿其數耳。臣非畏死者也！」使者走入白之。使，疏吏翻。茅焦邑子同食者，盡負其衣物而逃。邑子，同邑之少年也。王大怒曰：「是人也，故來犯吾，趣召鑊烹之，趣，讀曰促。鑊，胡郭翻，吳人謂之鍋。是安得積闕下哉！」王按劍而坐，口正沫出。沫，莫曷翻，涎也。使者召之入，茅焦徐行至前，再拜謁起，稱曰：「臣聞有生者不諱死，有國者不諱亡；諱死者不可以得生，諱亡者不可以得存。死生存亡，聖主所欲急聞也，陛下欲聞之乎？」蔡邕獨斷曰：陛，階陛也。與天子言，不敢指斥，故稱陛下。應劭曰：陛者，升堂之陛，王者必有執兵陳於階陛。羣臣與至尊言，不敢指斥，故呼在陛下者以告之，因卑以達尊之意，若今稱殿下、閤下之類。斷，丁亂翻。王曰：「何謂也？」茅焦曰：「陛下有狂悖之行，悖，蒲妹翻，又蒲沒翻。行，下孟翻；下同。不自知邪？邪，音耶。車裂假父，謂嫪毐。囊撲二弟，以囊盛其人，撲而殺之。撲，弼角翻，又普卜翻。遷母於雍，殘戮諫士；桀、紂之行不至於是矣！今【章：十二行本「今」作「令」；乙十一行本同；令上有一空格；孔本同；退齋校同。】天下聞之，盡瓦解，無嚮秦者，臣竊爲陛下危之！雍，於用翻。行，下孟翻。爲，于僞翻。臣言已矣！」乃解衣伏質。質，與鑕同，職日翻，鐵椹也。王下殿，手自接之曰：「先生起就衣，今願受事！」受事者，受所教之事也。乃爵之上卿。王自駕，虛左方，往迎太后，歸於咸陽，復爲母子如初。

7 楚考烈王無子，春申君患之，求婦人宜子者甚衆，進之，卒無子。卒，子恤翻。趙人李園持其妹欲進諸楚王，聞其不宜子，恐久無寵，乃求爲春申君舍人。已而謁歸，謂謁告而歸也。故失期而還。欲以發春申君之問也。還，從宣翻。春申君問之，李園曰：「齊王使人求臣之妹，與其使者飲，故失期。」春申君曰：「聘入乎？」謂已入聘幣否也。使，疏吏翻。曰：「未也。」春申君遂納之。既而有娠，娠，音身。李園使其妹說春申君曰：「楚王貴幸君，雖兄弟不如也。今君相楚二十餘年而王無子，周赧王五十三年，楚以春申君爲相，至是二十餘年。說，式芮翻。相，息亮翻。卽百歲後將更立兄弟，人謂死後爲百歲後。彼亦各貴其故所親，君又安得常保此寵乎！非徒然也，言非但如此而已也。君貴，用事久，多失禮於王之兄弟，兄弟立，禍且及身矣。今妾有娠而人莫知，妾幸君未久，誠以君之重，進妾於王，王必幸之。妾賴天而有男，則是君之子爲王也。楚國盡可得，孰與身臨不測之禍哉！」春申君大然之。乃出李園妹，謹舍而言諸楚王。謹舍者，別爲館舍以居之，奉衞甚謹也。王召入，幸之，遂生男，立爲太子。

李園妹爲王后，李園亦貴用事，而恐春申君泄其語，陰養死士，欲殺春申君以滅口；國人頗有知之者。楚王病，朱英謂春申君曰：「世有無望之福，亦有無望之禍。史記正義曰：無望者，不望而忽至。今君處無望之世，正義曰：謂生死無常也。處，昌呂翻。事無望之主，正義曰：謂喜怒不節也。安可以無無望之人乎！」正義曰：謂吉凶忽爲。春申君曰：「何謂無望之福？」曰：「君相楚二十餘年矣，雖名相國，其實王也。相，息亮翻。王今病，旦暮薨，薨而君相幼主，因而當國，王長而反政，不卽遂南面稱孤，長，知兩翻。不，讀曰否。此所謂無望之福也。」「何謂無望之禍？」曰：「李園不治國而君之仇也，左傳曰：怨耦曰仇，蓋取此義。治，直之翻。不爲兵而養死士之日久矣。王薨，李園必先入，據權而殺君以滅口，此所謂無望之禍也。」薨，呼肱翻。「何謂無望之人？」曰：「君置臣郎中，班書百官表：郎掌門戶，出充車騎，有議郎、中郎、侍郎、郎中。韓信曰：「吾事項王，官不過郎中，位不過執戟。」蓋戰國時置此官。王薨，李園先入，臣爲君殺之，此所謂無望之人也。」爲，于僞翻。春申君曰：「足下置之。李園，弱人也，僕又善之。且何至此！」朱英知言不用，懼而亡去。後十七日，楚王薨，李園果先入，伏死士於棘門之內。史記正義曰：棘門，壽春城門名。春申君入，死士俠刺之，俠，讀曰夾，蓋夾而刺之。魏、晉儀：衞有俠轂隊，亦曰夾轂隊。刺，七亦翻。投其首於棘門之外；於是使吏盡捕誅春申君之家。太子立，是爲幽王。

揚子法言曰：「或問信陵、平原、孟嘗、春申益乎？」曰：「上失其政，姦臣竊國命，何其益乎！」

8 王以文信侯奉先王功大，事見上卷周赧王五十八年。不忍誅。

十年（甲子、前二三七）

1 冬，十月，文信侯免相，出就國。相，息亮翻。文信侯國於河南洛陽。宗室大臣議曰：「諸侯人來仕者，皆爲其主遊間耳，謂遊說以間秦之君臣。爲，于僞翻。間，古莧翻。請一切逐之。」於是大索，逐客。索，山客翻。客卿楚人李斯亦在逐中，行，且上書曰：「昔穆公求士，西取由余於戎，東得百里【章：十二行本「里」下有「奚」字；乙十一行本同；孔本同。】於宛，迎蹇叔於宋，求丕豹、公孫支於晉，上，時掌翻。史記：戎王使由余使於秦，穆公留由余而遺戎王以女樂，戎王受而說之，乃歸由余。由余諫戎王而不聽，穆公使人要之，由余遂去戎降秦。穆公用其謀伐戎，并國十二，開地千里。晉獻公滅虞，虜其大夫百里奚，以媵於秦；百里奚亡秦走宛。穆公贖之於楚，授以國政；奚薦其友蹇叔，穆公使人厚幣迎之，以爲上大夫。晉惠公殺其大夫丕鄭，其子豹奔秦，穆公用之。公孫支，子桑也。余使，疏吏翻。遺，于季翻。說，讀爲悅。要，一遙翻。降，戶江翻。媵，以證翻。宛，於元翻。并國二十，遂霸西戎。孝公用商鞅之法，諸侯親服，至今治強。惠王用張儀之計，散六國之從，使之事秦。昭王得范睢，強公室，杜私門。事並見前。治，直吏翻。從，子容翻。睢，息隨翻。此四君者，皆以客之功。由此觀之，客何負於秦哉！夫色、樂、珠、玉不產於秦而王服御者衆；夫，音扶。色，女色也。取人則不然，不問可否，不論曲直，非秦者去，爲客者逐。是所重者在乎色、樂、珠、玉，而所輕者在乎人民也。臣聞太山不讓土壤，故能成其大；河海不擇細流，故能就其深；王者不卻衆庶，故能明其德；此五帝、三王之所以無敵也。今乃棄黔首以資敵國，秦謂民爲黔首。黔，其廉翻，黧黑也。卻賓客以業諸侯，所謂藉寇兵，【章：十二行本「兵」下有「而」字；乙十一行本同；孔本同。】齎盜糧者也。」藉，慈夜翻，假也，借也。齎，子兮翻，持遺也；或爲資，義亦通。王乃召李斯，復其官，除逐客之令。李斯至驪邑而還。班志：京兆新豐縣，秦之驪邑，古驪戎國也；驪山在其南。漢高帝七年，更名新豐。驪，呂支翻。還，從宣翻，又音如字。更，工衡翻。王卒用李斯之謀，陰遣辯士齎金玉遊說諸侯，諸侯名士可下以財者厚遺結之，不肯者利劍刺之，離其君臣之計，然後使良將隨其後，數年之中，卒兼天下。卒，子恤翻。遺，于季翻。刺，七亦翻，又七賜翻。將，即亮翻。

十一年（乙丑、前二三六）

1 趙人伐燕，取貍陽。史記正義曰：按燕無貍陽，疑「貍」字誤，當作「漁陽」，故城在檀州密雲縣南十八里，燕漁陽郡城也。趙東界至瀛州則檀州在北，趙攻燕取漁陽城也。康從本字，力之切。余謂康音是。戰國策，燕昭王攻齊陽城及貍，竊意貍卽貍陽也。其地當在齊、燕境上。燕，因肩翻。兵未罷，將軍王翦、桓齮、楊端和伐趙，言伐燕之兵未罷而秦兵來伐也。姓譜：桓本自姜姓，齊桓公後，因謚爲氏。余按齊桓之前有周桓王、魯桓公，晉有桓、莊之族，而以姓桓者爲祖齊桓，亦不通矣。齮，丘奇翻，又去倚翻。謚，神至翻。攻鄴，取九城。王翦攻閼與、轑陽，閼，於曷翻。與，音預，又音余。徐廣曰：轑，音老，在并州。十三州志：轑陽在上黨西北百八十里，蓋唐樂平郡地，今之遼州也。據十三州志，轑，當音遼。桓齮取鄴、安陽。鄴縣有安陽城，曹魏置安陽縣，屬魏郡。

2 趙悼襄王薨，薨，呼肱翻。子幽繆王遷立。繆，靡幼翻。其母，倡也，倡，音昌，妓女也。嬖於悼襄王，嬖，卑義翻，又博計翻。悼襄王廢嫡子嘉而立之。遷素以無行聞於國。爲遷亡趙張本。行，下孟翻。

3 文信侯就國歲餘，諸侯賓客使者相望於道，請之。使，疏吏翻。王恐其爲變，乃賜文信侯書曰：「君何功於秦，封君河南，食十萬戶？何親於秦，號稱仲父？其與家屬徙處蜀！」處，昌呂翻。文信侯自知稍侵，恐誅。

十二年（丙寅、前二三五）

1 文信侯飲酖死，鴆鳥出南方，噉蝮蛇，以其羽畫酒中，飲之立死。酖，直禁翻。竊葬。其舍人臨者，皆逐遷之。臨，良鴆翻，哭也。且曰：「自今以來，操國事不道如嫪毐、不韋者，籍其門，視此！」操，七刀翻。嫪，居虯翻。毐，烏改翻。

揚子法言曰：或問：「呂不韋其智矣乎？以人易貨。」曰：「誰謂不韋智者歟！以國易宗。呂不韋之盜，穿窬之雄乎！穿，穿壁；窬，穿牆。窬，音諭，又音俞。穿窬也者，吾見擔石矣，「擔」，亦作「儋」，齊人名小罌爲儋，音都濫翻。石，斗石也。罌，於耕翻。未見雒陽也。」

2自六月不雨，至于八月。

3發四郡兵助魏伐楚。發關東四郡兵也。

十三年（丁卯、前二三四）

1桓齮伐趙，敗趙將扈輒於平陽，齮，丘奇翻，又去倚翻。敗，補邁翻。將，即亮翻。扈，夏有扈氏之後，音戶。輒，陟涉翻。後漢志，魏郡鄴縣有平陽城。括地志：平陽故城，在相州臨漳縣西二十五里。史記正義曰：平陽，戰國時屬韓，後屬趙。若據正義所云，則以此平陽爲河東之平陽，非也。當以後漢志、括地志爲正。斬首十萬，殺扈輒。趙王以李牧爲大將軍，復戰於宜安、肥下，復，扶又翻。括地志：宜安故城，在常山藁城縣西南二十五里。肥下，即班志眞定國之肥纍縣，春秋肥子之國。括地志：肥纍故城，在藁城縣西七里。秦師敗績，大崩曰敗績。桓齮奔還。趙封李牧爲武安君。還，從宣翻。

十四年（戊辰、前二三三）

1桓齮伐趙，取宜安、平陽、武城。後漢志，魏郡鄴縣有武城。史記正義曰：即貝州武城縣外城是。齮，丘奇翻，又去倚翻。

2韓王納地効璽，請爲藩臣，使韓非來聘。古者列國之於天子，比年一小聘，三年一大聘。璽，斯氏翻。韓非者，韓之諸公子也，善刑名灋術之學，班志：法家者流，蓋出於理官，信賞必罰，以輔禮制。鼂錯爲申、商刑名之學，言人主不可不知術數。張晏曰：術數，刑名之書也。臣瓚曰：術數，謂法制治國之術也。師古曰：瓚說是也。公孫弘曰：「擅殺生之力，通壅塞之塗，權輕重之數，論得失之道，使遠近情僞畢見於上，謂之術，」與錯所言同。灋，古法字。鼂，古朝字。錯，千故翻。瓚，藏旱翻。塞，悉則翻。見，賢遍翻。見韓之削弱，數以書干韓王，數，所角翻。王不能用。於是韓非疾治國不務求人任賢，治，直之翻。反舉浮淫之蠹而加之功實之上，寬則寵名譽之人，急則用介胄之士，所養非所用，所用非所養。悲廉直不容於邪枉之臣，觀往者得失之變，作孤憤、五蠹、內、外儲、說林、說難五十六篇，十餘萬言。自孤憤至說難，皆韓非子篇名。索隱曰：孤憤者，憤孤直不容於時也。五蠹者，蠹政之事有五也。內、外儲者，韓非子有內、外儲說篇：內儲者，言明君執術以制臣下，制之在己，故曰內也；外儲者，明君觀聽臣下之言行以斷其賞罰，賞罰在彼，故曰外也。說林廣說諸事，其多若林，故曰說林也。余謂說難者，言游說之難。溫公揚子註：說，音稅。難，如字。

王聞其賢，欲見之。非爲韓使於秦，因上書說王曰：爲，于僞翻。使，疏吏翻。上，時掌翻。說，式芮翻。「今秦地方數千里，師名百萬，號令賞罰，天下不如。臣昧死願望見大王，言所以破天下從之計。大王誠聽臣說，一舉而天下之從不破，從，子容翻。趙不舉，韓不亡，荊、魏不臣，齊、燕不親，霸王之名不成，四鄰諸侯不朝，燕，因肩翻。朝，直遙翻。大王斬臣以徇國，以戒爲王謀不忠者也。」王悅之，未任用。李斯嫉之，曰：「韓非，韓之諸公子也。今欲幷諸侯，非終爲韓不爲秦，此人情也。爲，于僞翻。今王不用，久留而歸之，此自遺患也；不如以法誅之。」王以爲然，下吏治非。李斯使人遺非藥，令早自殺。下，遐稼翻。治，直之翻。遺，于季翻。令，力丁翻。韓非欲自陳，不得見。王後悔，使人赦之，非已死矣。

揚子法言曰：或問：「韓非作說難之書而卒死乎說難，敢問何反也？」知說之難而卒死於說，是何其所行與所言反也？說，式芮翻。難，如字。卒，子恤翻。曰：「說難蓋其所以死乎！」曰：「何也？」「君子以禮動，以義止，合則進，否則退，確乎不憂其不合也。確，堅也，言自信之堅也。夫說人而憂其不合，則亦無所不至矣。」或曰：「非憂說之不合，夫，音扶。此非，指韓非子之名。非邪？」此非，是非之非。邪，音耶。曰：「說不由道，憂也。由道而不合，非憂也。」

臣光曰：臣聞君子親其親以及人之親，愛其國以及人之國，是以功大名美而享有百福也。今非爲秦畫謀，而首欲覆其宗國，謂欲亡韓。以售其言，罪固不容於死矣，言死猶有餘罪也。烏足愍哉！

十五年（己巳、前二三二）

1 王大興師伐趙，一軍抵鄴，一軍抵太原，取狼孟、番吾，遇李牧而還。番，音婆；又音盤。還，從宣翻，又音如字。秦軍畏李牧，不敢戰而還。趙之所恃者李牧，而卒殺之以速其亡。

2 初，燕太子丹嘗質於趙，與王善。王之父異人質於趙，生王於邯鄲。王即位，丹爲質於秦，質，音致。王不禮焉。丹怒，亡歸。爲丹遣荆軻刺秦王張本。

十六年（庚午、前二三一）

1韓獻南陽地。此漢南陽郡之地，時秦、楚、韓分有之。九月，發卒受地於韓。

2魏人獻地。

3代地震，自樂徐以西，北至平陰，史記正義曰：樂徐在晉州，平陰在汾州。余謂上書代地震，則樂徐、平陰皆代地也，烏得在晉、汾二州界！水經註：徐水出代郡廣昌縣東南大嶺下，東北流，逕郎山入北平郡界。意樂徐之地，當在徐水左右。又代郡平邑縣，王莽曰平湖。十三州志：平湖城在高柳南百八十里。水經註曰：代郡道人縣城北有潭，淵而不注，俗謂之平湖。平陰之地，蓋在此湖之陰也。樂，意當音洛。臺屋牆垣太半壞，地坼東西百三十步。毛晃曰：四方而高曰臺。垣，于元翻。坼，斥格翻；說文：裂也。

十七年（辛未、前二三〇）

1內史勝滅韓，史記本紀作「內史騰」。班書百官表：內史，周官，秦因之，掌治京師。余按秦內史兼治漢三輔之地，始皇幷天下，置三十六郡，內史其一也。虜韓王安，以其地置潁川郡。韓至是而亡。潁川郡，韓地也。韓自平陽徙都河南新鄭；韓景侯又自新鄭徙都陽翟。秦滅韓，遂以陽翟縣爲潁川郡治所。

2華陽太后薨。華，戶化翻。

3趙大饑。

4 衞元君薨，子角立。

十八年（壬申、前二二九）

1 王翦將上地兵下井陘，史記正義曰：上郡上縣，今綏州是也。余謂上地，以其地在大河上游，凡上郡抵西河之地，皆是也。應劭曰：井陘在常山郡井陘縣西，唐謂之土門。將，卽亮翻，又音如字。陘，音刑。端和將河內兵共伐趙。端和，卽楊端和，此逸「楊」字。趙李牧、司馬尚禦之。秦人多與趙王嬖臣郭開金，嬖，卑義翻，又博計翻。使毀牧及尚，言其欲反。趙王使趙葱及齊將顏聚代之。姓譜：顏姓本自魯伯禽支庶，有食采顏邑者，因而著族。又邾武公名夷，字曰顏，故公羊傳稱顏公，後以爲氏。將，卽亮翻。采，倉代翻。傳，直戀翻。李牧不受命，趙人捕而殺之；廢司馬尚。

十九年（癸酉、前二二八）

1 王翦擊趙軍，大破之，殺趙葱，顏聚亡，遂克邯鄲，虜趙王遷。趙至是亡。邯鄲，音寒丹。王如邯鄲，故與母家有仇怨者皆殺之。王母，邯鄲美女也，事見上卷周赧王五十八年。怨，於元翻。還，從太原、上郡歸。還，從宣翻，又音如字。

2 太后薨。薨，呼肱翻。

3 王翦屯中山以臨燕。中山，春秋之鮮虞也，戰國時爲中山國；趙滅之，以其地爲中山郡。水經註曰：城中有山，故曰中山。唐之定州卽其地也。燕，因肩翻。趙公子嘉帥其宗數【章：十二行本無「數」字；乙十一行本同。】百人奔代，帥，讀曰率。自立爲代王。趙之亡，大夫稍稍歸之，與燕合兵，軍上谷。上谷，燕地；秦置上谷郡；唐易州、嬀州之地。括地志：上谷郡故城，在嬀州懷戎縣東北百一十里。嬀，居爲翻。

4楚幽王薨，國人立其弟郝。郝，音釋。康曰：呵各切。三月，郝庶兄負芻殺之，自立。

5魏景湣王薨，子假立。湣，與閔同。

6燕太子丹怨王，怨王之不禮也。欲報之，以問其傅鞠武。鞠，居六翻，姓也。姓譜云：后稷之孫，生而有文在手曰鞠，因以爲氏。余謂此傅會之說也。鞠武請西約三晉，南連齊、楚，北媾匈奴以圖秦。太子曰：「太傅之計，曠日彌久，令人心惛然，恐不能須也。」令，力丁翻。康曰：惛，音昏。恐，丘用切。余謂「然」字句絕，言鞠武之計迂遠，使人悶然。恐，如字。須，待也。頃之，將軍樊於期得罪，亡之燕；姓譜：周宣王封太王之子虞仲支孫仲山甫於樊，後因氏焉。太子受而舍之。舍，如字，館也。鞠武諫曰：「夫以秦王之暴而積怒於燕，足爲寒心，又況聞樊將軍之所在乎！是謂委肉當餓虎之蹊也。願太子疾遣樊將軍入匈奴！」太子曰：「樊將軍窮困於天下，歸身於丹，是固丹命卒之時也，命卒，謂命盡也。丹言樊將軍以窮來歸，當盡死以保匿舍藏之。卒，子恤翻。願更慮之！」鞠武曰：「夫行危以求安，造禍以爲福，計淺而怨深，連結一人之後交，不顧國家之大害，所謂資怨而助禍矣。」太子不聽。

太子聞衞人荆軻之賢，楚國本曰荆，此蓋楚未改國號之前受姓也。卑辭厚禮而請見之。謂軻曰：「今秦已虜韓王，又舉兵南伐楚，北臨趙；趙不能支秦，則禍必至於燕。燕小弱，數困於兵，燕，因肩翻。數，所角翻。何足以當秦！諸侯服秦，莫敢合從。丹之私計愚，以爲誠得天下之勇士使於秦，從，子容翻。使，疏吏翻。劫秦王，使悉反諸侯侵地，若曹沫之與齊桓公，則大善矣；□不可，則【章：十二行本「□」作「則」，可下無「則」字，乙十一行本同；孔本同；退齋校同。】因而刺殺之。燕丹於禮致荆軻之初，畫兩端之策；荆軻守其初說，所以事不成。要之，戰國之士皆祖曹沫之故智，若藺相如會秦王、毛遂結從於楚之類是也。沫，音末，又讀曰劌。刺，七亦翻，又七賜翻。彼大將擅兵於外而內有亂，則君臣相疑，以其間，諸侯得合從，其破秦必矣。唯荆卿留意焉！」荆軻許之。於是舍荆卿於上舍，太子日造門下，所以奉養荆軻，無所不至。間，古莧翻。造，七到翻。及王翦滅趙，太子聞之懼，欲遣荆軻行。荆軻曰：「今行而無信，則秦未可親也。誠得樊將軍首與燕督亢之地圖，後漢志：涿郡方城縣有督亢亭。劉向別錄曰：督亢，膏腴之地。史記正義曰：督亢陂在幽州范陽縣東南十里，今固安縣南有督亢陌，幽州南界。唐會要：涿州新城縣，太和六年置，古督亢地也。督，都毒翻。亢，音剛。康苦浪切。奉獻秦王，秦王必說見臣，說，讀曰悅。臣乃有以報。」太子曰：「樊將軍窮困來歸丹，丹不忍也！」荆軻乃私見樊於期曰：「秦之遇將軍，可謂深矣，父母宗族皆爲戮沒！今聞購將軍首，金千斤，邑萬家，將柰何？」於期太息流涕曰：「計將安出？」荆卿曰：「願得將軍之首以獻秦王，秦王必喜而見臣，臣左手把其袖，右手揕其胸，揕，張鴆翻。索隱曰：揕，謂以劍刺其胸也。則將軍之仇報而燕見陵之愧除矣！」燕，因肩翻。樊於期曰：「此臣之日夜切齒腐心也！」索隱曰：切，齒相磨切也。爾雅曰：治骨曰切。腐，音輔。腐，亦爛也，猶今人事不可忍云腐爛然；皆奮怒之意。遂自刎。太子聞之，奔往伏哭，然已無柰何，遂以函盛其首。刎，扶粉翻。盛，時征翻。太子豫求天下之利匕首，使工以藥焠之，焠，忽潰翻。索隱曰：焠，染也，謂以毒藥染劍鍔也。水與火合爲焠。以試人，血濡縷，人無不立死者。言以匕首試人，人血出纔足以霑濡絲縷，便立死也。康曰：血出如絲縷也。濡，人余翻。縷，龍主翻。乃裝爲遣荊軻，以燕勇士秦舞陽爲之副，使入秦。

齊思和標點顧頡剛聶崇岐覆校

資治通鑑卷第七

朝散大夫右諫議大夫權御史中丞充理檢使上護軍賜紫金魚袋臣　司馬光　奉敕編集
後學天台　胡三省　音註

秦紀二

起閼逢閹茂（甲戌），盡玄黓執徐（壬辰），凡十九年。

始皇帝下

二十年（甲戌、前二二七）

1 荆軻至咸陽，因王寵臣蒙嘉卑辭以求見；王大喜，朝服，設九賓而見之。韋昭曰：九賓，周禮九儀也，謂公、侯、伯、子、男、孤、卿、大夫、士也。史記正義曰：劉云：設文物大備，卽謂九賓，不得以周禮九賓義爲釋。劉原父曰：賓，謂傳擯之擯。九賓，擯者九人。荆軻奉圖而進於王，圖窮而匕首見，見，賢遍翻。因把王袖而揕之；未至身，王驚起，袖絕。荆軻逐王，王環柱而走。環，音宦。羣臣皆愕，卒起不意，愕，五各翻。卒，讀曰猝；後倉卒之卒皆同音。盡失其度。而秦法，羣臣侍殿上者不得操尺寸之兵，操，七刀翻。左右以手共搏之，且曰：「王負劍！」負劍，王遂拔以擊荆軻，斷其左股。斷，丁管翻。荆軻廢，乃引匕首擿王，中銅柱。索隱曰：擿，與擲同，古字耳，音持益翻。中，竹仲翻。自知事不就，罵曰：「事所以不成者，以欲生劫之，必得約契以報太子也！」遂體解荆軻以徇。體解，支解也。解，佳買翻。王於是大怒，益發兵詣趙，就王翦以伐燕，與燕師、代師戰於易水之西，大破之。

二十一年（乙亥、前二二六）

1 冬，十月，王翦拔薊，薊，音計。燕王及太子率其精兵東保遼東，李信急追之。代王嘉遺燕王書，遺，于季翻。令殺太子丹以獻。丹匿衍水中，索隱曰：衍水在遼東。燕王使使斬丹，欲以獻王，王復進兵攻之。復，扶又翻。

2 王賁伐楚，賁，音奔，翦之子也。取十餘城。王問於將軍李信曰：「吾欲取荆，王父莊襄王諱楚，故謂楚爲荆。於將軍度用幾何人而足？」度，徒洛翻。李信曰：「不過用二十萬。」王以問王翦，王翦曰：「非六十萬人不可。」王曰：「王將軍老矣，何怯也！」遂使李信、蒙恬將二十萬人伐楚；王翦因謝病歸頻陽。王翦，頻陽人也。班志，頻陽縣屬京兆，秦厲公所置。應劭註曰：縣在頻水之陽。杜佑曰：美陽本漢頻陽縣，故城在縣西南三十里。宋白曰：因界内頻陽山而名。

二十二年（丙子、前二二五）

1 王賁伐魏，引河溝以灌大梁。班志：陳留郡浚儀縣，故大梁，狼湯水所經也。水經：渠水出滎陽北河，東南流至浚儀縣。註云：始皇使王賁攻魏，斷故渠，引水東南出以灌大梁，因謂之梁溝。三月，城壞。魏王假降，殺之，遂滅魏。降，戶江翻。

王使人謂安陵君曰：「寡人欲以五百里地易安陵。」安陵君曰：「大王加惠，以大易小，甚幸。雖然，臣受地於魏之先王，願終守之，弗敢易！」王義而許之。

2 李信攻平輿，班志，汝南郡有平輿縣，春秋沈子之國。輿，音預，史記正義讀如字。蒙恬攻寢，班志：汝南郡有寖縣。應劭曰：孫叔敖子所邑之寢丘是也；世祖更名固始。徐廣曰：寢，今固始寢丘。師古曰：寖，子衽翻。劉仲馮曰：據後淮陽國已有固始，此寢疑自別地。余謂郡縣離合無常，蓋後來併寢入固始也。杜佑曰：潁州汝陰縣，有寢丘，秦蒙恬攻寢卽此。大破楚軍。信又攻鄢郢，破之。此鄢郢非楚故都之鄢郢也。楚故都爲白起所取，秦已置南郡。據楚都壽春，以壽春爲郢，則其前自郢徙陳，亦必以陳爲郢矣。然則此郢乃陳也。鄢卽潁川之鄢陵，與平輿、城父地皆相近。或曰：「鄢郢」當作「鄢陵」。於是引兵而西，與蒙恬會城父。班志，沛郡有城父縣。索隱曰：在汝南卽良鄉。史記正義曰：言引兵而會城父，則是汝州郟城縣東父城者也。括地志：汝州郟城縣東四十里有父城故城，卽服虔云「城父，楚北境」者也。又許州葉縣東北四十五里亦有父城故城，卽杜預云「襄城，城父縣」者也。此二城，父城之名耳，服虔城父是誤也。左傳及水經註云：楚大城城父，使太子建居之。十三州志云：太子建所居城父，謂今亳州城父，是也。此三家之說，是城父之名。班志云，潁川父城縣、沛郡城父縣，據縣屬郡，其名自分。楚人因隨之，三日三夜不頓舍，大敗李信，入兩壁，殺七都尉；此郡都尉將兵從伐楚者也。秦列郡有守，有尉，有監。然秦、漢之制，行軍亦自有都尉。敗，補邁翻。李信奔還。

王聞之，大怒，自至頻陽謝王翦曰：「寡人不用將軍謀，李信果辱秦軍。將軍雖病，獨忍棄寡人乎！」王翦謝：「病不能將。」王曰：「已矣，勿復言！」將，卽亮翻。復，扶又翻。王翦曰：「必不得已用臣，非六十萬人不可！」王曰：「爲聽將軍計耳。」於是王翦將六十萬人伐楚。王送至霸上。應劭曰：霸上，地名，在霸水上，在長安東三十里。霸水，古之滋水，秦穆公更名。王翦請美田宅甚衆。王曰：「將軍行矣，何憂貧乎！」王翦曰：「爲大王將，有功，終不得封侯，故及大王之嚮臣，以請田宅爲子孫業耳。」王大笑。王翦既行，至關，此當是出武關也。使使還請善田者五輩。或曰：「將軍之乞貸亦已甚矣！」貸，與貣同，吐得翻，從人求物也。王翦曰：「不然。王怚中而不信人，史記註：怚，音麤。徐廣曰：一作「粗」。今空國中之甲士而專委於我，我不多請田宅爲子孫業以自堅，顧令王坐而疑我矣。」

二十三年（丁丑、前二二四）

1 王翦取陳以南至平輿。楚人聞王翦益軍而來，乃悉國中兵以禦之；王翦堅壁不與戰。楚人數挑戰，數，所角翻。挑戰者，擿嬈敵以求戰也。挑，徒了翻。終不出。王翦日休士洗沐，而善飲食，撫循之；飲，於禁翻。食，祥吏翻，後以義推。親與士卒同食。久之，王翦使人問「軍中戲乎？」對曰：「方投石、超距。」徐廣曰：「超」，一作「拔」。裴駰曰：據漢書云：甘延壽投石拔距，絕於等倫。張晏曰：范蠡兵法：飛石重十二斤，爲機發，行三百步。延壽有力，能手投之。拔距，猶超距也。索隱曰：超距，猶跳躍也。余謂投石，以石投人也，齊高固「桀石以投人」是也。超距，距躍也，晉魏犨「距躍三百」是也。王翦曰：

「可用矣！」楚既不得戰，乃引而東。王翦追之，令壯士擊，大破楚師，至蘄南，班志，沛郡有蘄縣。史記正義曰：徐州縣也。康以爲江夏之蘄春，其誤甚矣。蘄，渠之翻，又音機。殺其將軍項燕，項燕，項梁之父也。燕，烏賢翻。楚師遂敗走。王翦因乘勝略定城邑。

二十四年（戊寅、前二二三）

1王翦、蒙武虜楚王負芻，以其地置楚郡。楚至是亡矣。按秦三十六郡無楚郡，此蓋滅楚之時暫置耳；後分爲九江、鄣、會稽三郡。

二十五年（己卯、前二二二）

1大興兵，使王賁攻遼東，虜燕王喜。燕至是亡。

臣光曰：燕丹不勝一朝之忿以犯虎狼之秦，勝，音升。輕慮淺謀，挑怨速禍，使召公之廟不祀忽諸，忽諸，言忽然而亡也。罪孰大焉！而論者或謂之賢，豈不過哉！

夫爲國家者，任官以才，立政以禮，懷民以仁，交鄰以信；是以官得其人，政得其節，百姓懷其德，四鄰親其義。夫如是，則國家安如磐石，熾如焱火，熾，尺志翻。焱，弋贍翻。觸之者碎，犯之者焦，雖有強暴之國，尚何足畏哉！丹釋此不爲，顧以萬乘之國，決匹夫之怒，逞盜賊之謀，功隳身戮，社稷爲墟，不亦悲哉！

夫其膝行、蒲伏，非恭也；蒲，蓬逋翻，手行也。伏，鼻墨翻，伏地也。復言、重諾，非信也；復言，謂言必信而可復也。重諾，重然諾也。糜金、散玉，非惠也；刎首、決腹，非勇也。要之，謀不遠而動不義，其楚白公勝之流乎！白公勝欲報其父讎，不勝其忿，以及其叔父，事見左傳。荆軻懷其豢養之私，不顧七族，漢鄒陽曰：荆軻湛七族。應劭曰：荆軻爲燕刺秦王，其族坐之湛沒。欲以尺八匕首強燕而弱秦，不亦愚乎！故揚子論之，以要離爲蛛蝥之靡，聶政爲壯士之靡，要離，吳人，爲吳王闔閭刺慶忌。言其力不足，譬如蜘蛛之螫毒於人而靡死耳。靡，披靡而死也。爾雅疏：鼅鼄，卽鼄蝥。方言：自關以西，秦、晉之間謂之鼄蝥，趙、魏之間謂之鼅鼄。蛛，音朱；蝥，音矛。靡，溫公揚子註，音如字。康美爲切，謂糜爛也。余謂康音義俱非。聶政事見一卷安王五年。荆軻爲刺客之靡，皆不可謂之義。又曰：「荆軻，君子盜諸。」吳祕曰：荆軻，以君子之道類之則盜爾。善哉！

2 王賁攻代，虜代王嘉。嘉奔代，見上卷十九年趙既不祀。

3 王翦悉定荆江南地，降百越之君，置會稽郡。秦會稽郡治吳縣，兼有今閩越、兩浙之地。後漢分會稽置吳郡，而會稽郡徙治山陰縣。劉昫曰：禹會諸侯江南而有功，因名其山曰會稽，猶言會計也。會，古外翻。

4 五月，天下大酺。

5 初，齊君王后賢，君王后，太史敫女，襄王后。事秦謹，與諸侯信；齊亦東邊海上。言齊東取島夷，以海上爲邊也。或曰：齊東邊海，不與秦接，故不受兵。秦日夜攻三晉、燕、楚，五國各自救，以故齊王建立四十餘年不受兵。及君王后且死，戒王建曰：「羣臣之可用者某。」王曰：「請書之。」君王后曰：「善！」王取筆牘受言，君王后曰：「老婦已忘矣。」忘，巫放翻。君王后死，后勝相齊，姓譜：后本郈氏，其後去「邑」。史記正義曰：勝，音升。多受秦間金。間，古莧翻；下同。賓客入秦，秦又多與金。客皆爲反間，勸王朝秦，不脩攻戰之備，不助五國攻秦，秦以故得滅五國。

齊王將入朝，雍門司馬前曰：左傳：晉圍齊，伐雍門之萩。杜預曰：雍門，齊城門也。經典釋文：雍，於用翻；康於龍切，非也。「所爲立王者，爲社稷耶，爲王耶？」王曰：「爲社稷。」司馬曰：「爲社稷立王，王何以去社稷而入秦？」孟子曰：民爲大，社稷次之，君爲輕。齊王還車而反。

卽墨大夫聞之，見齊王曰：「齊地方數【章：十二行本「數」作「四」；乙十一行本同。】千里，帶甲數百萬。夫三晉大夫皆不便秦，而在阿、甄之間者百數；「甄」，當作「鄄」，音工掾翻。王收而與之百萬人之衆，使收三晉之故地，卽臨晉之關可以入矣。收三晉兵自河東攻秦則入臨晉關。鄢郢大夫不欲爲秦，而在城南下者百數，城南下，卽南城之下也。南城，齊威王使檀子所守者。王收而與之百萬之師，使收楚故地，卽武關可以入矣。楚攻秦自南陽入武關。如此，則齊威可立，秦國可亡，豈特保其國家而已哉！」齊王不聽。

二十六年（庚辰、前二二一）

1 王賁自燕南攻齊，猝入臨淄，民莫敢格者。格，如字，止也，鬬也。秦使人誘齊王，約封以五百里之地。誘，音酉。齊王遂降，秦遷之共，班志，河內郡有共縣。史記正義曰：今衞州有共城縣。共，音恭；下同。處之松柏之間，餓而死。處，昌呂翻。齊人怨王建不早與諸侯合從，聽姦人賓客以亡其國，歌之曰：「松耶，柏耶！住建共者客耶！」疾建用客之不詳也。索隱曰：謂不詳審用賓客，不知其善否也。齊田氏亡。

臣光曰：從衡之說雖反覆百端，然大要合從者，六國之利也。昔先王建萬國，親諸侯，使之朝聘以相交，饗宴以相樂，樂音洛。會盟以相結者，無他，欲其同心勠力以保家國也。曏使六國能以信義相親，則秦雖強暴，安得而亡之哉！夫三晉者，齊、楚之藩蔽；齊、楚者，三晉之根柢；柢，都禮翻，又丁計翻。形勢相資，表裏相依。故以三晉而攻齊、楚，自絕其根柢也；以齊、楚而攻三晉，自撤其藩蔽也。安有撤其藩蔽以媚盜，曰「盜將愛我而不攻」，豈不悖哉！

2 王初幷天下，自以爲德兼三皇，功過五帝，伏羲、神農、黃帝爲三皇。少昊、顓頊、高辛、唐堯、虞舜爲五帝。宋均註援神契引甄耀度曰：伏羲、神農、燧人爲三皇。黃帝、顓頊、帝嚳、唐堯、虞舜爲五帝。孔穎達曰：鄭玄註中候敕省圖引運斗樞：伏羲、女媧、神農爲三皇。五帝者，德合五帝座星者稱帝，則黃帝、金天氏、高陽氏、高辛氏、陶唐氏、有虞氏是也；實六人而稱五者，以其俱合五帝座星也。白虎通取伏羲、神農、祝融爲三皇。帝者，天之一名，所以名帝。帝者，諦也，言天蕩然無心，忘於物我，公平通遠，舉事審諦，故謂之帝也。帝號同天，名所莫加，而稱皇者，以皇是美大之名，言大於帝也。乃更號曰「皇帝」，命爲「制」，令爲「詔」，師古曰：天子之言，一曰制書，二曰詔書。制書，謂其制度之命也。如淳曰：詔，告也。自秦、漢以上，唯天子得稱之。更，工衡翻。自稱曰「朕」。古者君臣之間通稱曰朕；自秦定制，唯天子獨稱之。追尊莊襄王爲太上皇。太上者，極尊之稱也。始皇自號曰始皇帝，故追尊莊襄王爲太上皇。自漢高帝以尊太公，此後不復爲追號。制曰：「死而以行爲謚，則是子議父，臣議君也，甚無謂。自今以來，除謚法。周公作謚法，緣行之美惡以立謚。如幽、厲之君，雖孝子、慈孫，百世不能改也。今秦除之，畏後人加己以惡謚也。謚，神志翻。朕爲始皇帝，後世以計數，史記正義：數，色主翻。二世、三世至于萬世，傳之無窮。」

3 初，齊威、宣之時，鄒衍論著終始五德之運；所謂終始五德之運者：伏羲以木德王；木生火，故神農以火德王；火生土，故黄帝以土德王；土生金，故少昊以金德王；金生水，故顓頊以水德王；水生木，故帝嚳以木德王；木又生火，故帝堯以火德王；火又生土，故帝舜以土德王；土又生金，故夏以金德王；金又生水，故商以水德王；水又生木，故周以木德王：此五德之終而復始也。鄒衍以爲周得火德，蓋以火流王屋爲周受命之符，且服色尚赤故也。就衍之說以爲終始，秦當以土爲行。今始皇以水勝火，自以水爲行，所謂推五勝也。漢初以土爲行，蓋亦祖衍之說也。及始皇并天下，齊人奏之。始皇采用其說，以爲周得火德，秦代周，從所不勝，爲水德。始改年，朝賀皆自十月朔；衣服、旌旄、節旗皆尚黑；數以六爲紀。改年句斷。夏以建寅之月爲歲首，殷以建丑之月爲歲首，周以建子之月爲歲首；今始皇以建亥之月爲歲首，是改年也。自此紀年皆以十月爲歲首，朝賀以十月朔。以水爲行，故色尚黑。水成數六，故以六爲紀。

4 丞相綰【章：十二行本「綰」下有「等」字；乙十一行本同；孔本同。】言：「燕、齊、荆地遠，避莊襄王諱，故以楚爲荆。索隱曰：丞相綰，姓王。不爲置王，無以鎮之。請立諸子。」始皇下其議。下，遐嫁翻；凡自上而下之下皆同音。廷尉斯曰：班書百官表：廷尉，秦官。應劭曰：聽獄必質諸朝廷，與衆共之；兵獄同制，故稱廷尉。師古曰：廷，平也；治獄貴平，故以爲號。「周文武所封子弟同姓甚衆，然後屬疏遠，相攻擊如仇讎，周天子弗能禁止。今海内賴陛下神靈一統，皆爲郡、縣，諸子功臣以公賦稅重賞賜之，甚足易制，易，以豉翻；史記正義音以職翻，非也。天下無異意，則安寧之術也。置諸侯不便。」始皇曰：「天下共苦戰鬭不休，以有侯王。賴宗廟，天下初定，又復立國，是樹兵也；而求其寧息，豈不難哉！廷尉議是。」

分天下爲三十六郡，郡置守、尉、監。裴駰曰：三川、河東、南陽、南郡、九江、鄣郡、會稽、潁川、碭郡、泗水、薛郡、東郡、琅邪、齊郡、上谷、漁陽、右北平、遼西、遼東、代郡、鉅鹿、邯鄲、上黨、太原、雲中、九原、鴈門、上郡、隴西、北地、漢中、巴郡、蜀郡、黔中、長沙，凡三十五郡，與内史爲三十六郡。班書百官表：郡守掌治其郡；郡尉掌佐守典武職、甲卒；監御史掌監郡。守，始究翻。監，去聲；康又居銜切。余謂守、尉、監，官名也，當從去聲；若監郡之監則從平聲。記王制：天子使其大夫爲三監，監於方伯之國。陸德明釋文：監，古暫翻；監於，古銜翻；可以知矣。

收天下兵聚咸陽，銷以爲鍾鐻、鐻與虡同，音巨。虡者所以懸鍾；橫曰筍，植曰虡。金人十二，重各千石，置宮庭【章：十二行本「庭」作「廷」；乙十一行本同；孔本同。】中。史記正義曰：漢書五行志：時大人見臨洮，長五丈，足履六尺，皆夷狄服，凡十二人；故銷兵器，鑄而象之，所謂「金狄」也。一法度、衡、石、丈尺。徙天下豪桀於咸陽十二萬戶。

諸廟及章臺、上林皆在渭南。上林在漢長安縣西南。秦始起上林苑，至漢武帝又增而廣之。每破諸侯，寫放其宮室，作之咸陽北阪上，程大昌雍錄曰：咸陽北阪，漢武帝別名渭城。阪，卽九嵕諸山麓也。南臨渭，自雍門以東至涇、渭，殿屋、復道、周閣相屬，徐廣曰：雍門在高陵縣。史記正義曰：在今岐州雍縣東。余按班志，高陵縣屬左馮翊，左輔都尉治焉；雍縣屬右扶風。二說相去何遠也？三輔黃圖曰：長安城西出北頭第一門曰雍門，本名西城門。但長安本秦離宮，秦之咸陽則漢扶風之渭城也。渭城與長安相去雖不遠，然秦時長安未有十二門也。豈作史者因漢之雍門而書之歟！涇、渭，言涇、渭之交也。復，與複同，音方目翻。複道，閣道也；上下有道，故謂之複。所得諸侯美人、鍾鼓以充入之。

二十七年（辛巳、前二二〇）

1 始皇巡隴西、北地，至雞頭山，過回中焉。范史隗囂傳：王孟塞雞頭道。賢註曰：在原州高平縣西。括地志：成州上祿縣東北二十里有雞頭山。應劭曰：回中在安定高平。孟康曰：回中在北地。賢曰：回中在汧。括地志：回中宮在雍西四十里。史記正義曰：言始皇西巡，出隴右，向西北，出寧州，西南行至成州，出雞頭山，東還過岐州之回中宮也。余謂上書巡隴西、北地，則先至原州之雞頭山而還過回中，道里爲順。若出成州之雞頭，則須先過回中而後至雞頭。以書法之前後觀之，居然可見。

2 作信宮渭南，已，更命曰極廟。作宮已成而更名也。索隱曰：言爲宮廟象天極，故曰極廟；天官書：中宮曰天極，是也。自極廟道通驪山，作甘泉前殿，築甬道自咸陽屬之，治馳道於天下。三輔黃圖曰：甘泉宮，一名雲陽宮。關輔記曰：林光宮，一曰甘泉宮，始皇造，在今池陽縣西。故甘泉山宮周匝十餘里，漢武帝廣之，周十九里。又黄圖曰：咸陽北至九嵕、甘泉，南至鄠、杜，東至河，西至汧、渭之交；東西八百里，南北四百里，離宮、别館，聯望相屬。甬道，唐夾城之類也。應劭曰：築垣牆如街巷。甬，余隴翻。賈山曰：秦爲馳道於天下，東窮燕、齊，南極吳、楚，江湖之上，瀕海之觀畢至。道廣五十步，三丈而樹，厚築其外，隱以金椎，樹以青松。應劭曰：馳道，天子所行道也，若今之中道。孔穎達曰：馳道，如今御路也；是君馳走車馬之處，故曰馳道。屬，之欲翻。

二十八年（壬午、前二一九）

1 始皇東行郡、縣，上鄒嶧山，立石頌功業。班志：魯國鄒縣，嶧山在北。應劭曰：邾文公遷于繹，即此。括地志：鄒嶧山在兗州鄒縣南二十二里。嶧，音亦。於是召集魯儒生七十人，孔穎達曰：儒之言優也，柔也，能安人，能服人。又，儒者，濡也，以先王之道能濡其身。至泰山下，議封禪。諸儒或曰：「古者封禪，爲蒲車，惡傷山之土石、草木；掃地而祭，席用【章：十二行本「用」作「因」；乙十一行本同。】葅稭。」議各乖異。始皇以其難施用，由此絀儒生。括地志：泰山在兗州博城縣西北三十里，一曰岱宗。服虔曰：封者，增山之高；禪，廣地也。張晏曰：天高不可及，於泰山上立封禪以祭之，冀近神靈也。項威曰：封泰山，告太平，升中和之氣於天。祭土爲封，謂負土於泰山爲壇而祭也。除地爲墠；後改「墠」爲「禪」。晉太康地記曰：爲壇於泰山以祭天，示增高也；爲墠於梁父以祭地，示廣也。白虎通曰：王者易姓而起，必升封於泰山之上者何？因高告高，順其類，故升封者增高也。下禪梁父之基，廣厚也。刻石紀號者，著己之功迹以自勸也。增太山之高以報天，附梁父之基以報地。惡，烏路翻。師古曰：蒲車，以蒲裹輪。「葅稭」，班志作「苴稭」。如淳曰：苴，讀如租；稭，讀曰戛。晉灼曰：苴，藉也；師古曰：茅藉也。「苴」，本作「葅」，假借用。應劭曰：稭，藁本，去皮以爲席。絀，與黜同，黜退也。而遂除車道，上自太山陽至顛，立石頌德；從陰道下，禪於梁父。師古曰：山南曰陽，山北曰陰。班志，泰山郡有梁父縣。師古註曰：以山名縣。括地志：梁父山在兗州泗水縣北八十里。父，音甫。其禮頗采太祝之祀雍上帝所用，班表：奉常之屬有雍太祝令、丞，蓋漢仍秦制也。秦作畤於雍以祀上帝，今采其禮以爲封禪禮。而封藏皆祕之，世不得而記也。

於是始皇遂東游海上，行禮祠名山、大川及八神。封禪書：八神：一曰天主，祠天齊淵水；二曰地主，祠太山、梁父；三曰兵主，祠蚩尤；四曰陰主，祠三山；五曰陽主，祠之罘山；六曰月主，祠之萊山；七曰日主，祠成山；八曰四時主，祠琅邪。或曰：八神，齊自太公以來祠之。始皇南登琅邪，大樂之，留三月，作琅邪臺，立石頌德，明得意。班志，琅邪郡有琅邪縣。山海經：琅邪臺在勃海間，琅邪之東。郭璞曰：琅邪臨海邊，有山曰琅邪臺。越王句踐徙琅邪，作觀臺以望東海。史記曰：始皇徙三萬家於臺下。是其所作因越之舊也。括地志：琅邪山在密州諸城縣東南百四十里；始皇立層臺於山上，謂之琅邪臺。邪，音耶。大樂之，樂琅邪之風景也。樂，音洛。

初，燕人宋毋忌、羨門子高之徒稱有仙道、形解佳買翻。銷化之術，燕、齊迂怪之士皆爭傳習之。道經：月中仙人宋毋忌。白澤圖云：火之精曰宋毋忌。蓋其人火仙也。張曰：羨門子高，仙人，居碣石山上。服虔曰：形解，尸解也。張晏曰：人老而解去故骨如變化也。今山中有龍骨，世謂之龍解骨化去。迂，羽俱翻，又憂俱翻。自齊威王、宣王、燕昭王皆信其言，使人入海求蓬萊、方丈、瀛洲，云此三神山在勃海中，去人不遠。患且至，則風引船去。嘗有至者，諸仙人及不死之藥皆在焉。及始皇至海上，諸方士齊人徐市等爭上書言之，太史公曰：嬴姓分封者爲徐氏。姓譜曰：皋陶子伯益佐禹有功，封其子若木於徐。請得齊戒與童男女求之。齊戒之齊，讀曰齋。於是遣徐市發童男女數千人入海求之。船交海中，皆以風爲解，師古曰：自解說云「爲風不得而至」。自解，猶今言分疏。曰：「未能至，望見之焉。」

始皇還，過彭城，班志，楚國有彭城縣，古彭祖國。齋戒禱祠，欲出周鼎泗水，水經：泗水出魯國卞縣北山，東南過彭城縣，又東過下邳縣入淮。時人相傳以爲宋太丘社亡而周鼎沒於泗水中，故祠泗水，欲出周鼎。使千人沒水求之，弗得。乃西南渡淮水，水經：淮水出南陽郡平氏縣桐柏山，東南至淮陵入海，行三千餘里。之衡山、南郡。班志，衡山在長沙國湘南縣之東南。括地志：衡山，一名岣嶁山，在衡州湘潭縣西四十一里。漢衡山國在江北；秦拔楚郢，置南郡；唐爲荆州江陵府。之，往也。浮江至湘山祠，逢大風，幾不能渡。幾，居依翻。上問博士曰：「湘君何神？」對曰：「聞之：堯女，舜之妻，葬此。」班志：湘水出零陵郡零陵縣陽朔山，北至酃入江。括地志：黃陵廟在岳州湘陰縣北五十七里，舜二妃之神。二妃冢在湘陰縣一百六十里青草山上。盛弘之荆州記：青草湖，南有青草山，湖因山而名。舜陟方死於蒼梧，二妃死於江、湘之間，因葬焉。博士以儒學爲官。漢成帝詔曰：儒林之官，四海淵源。宜皆明於古今，溫故知新，通達國體，故謂之博士。

始皇大怒，使刑徒三千人皆伐湘山樹，赭其山。赭，音者，赤也。遂自南郡由武關歸。

2初，韓人張良，其父、祖以上五世相韓。張良大父開地，相韓昭侯、宣惠王、襄哀王，父平，相釐王、悼惠王，凡五世。及韓亡，良散千金之產，欲爲韓報仇。爲，于僞翻。

二十九年（癸未、前二一八）

1始皇東游，至陽武博浪沙中，班志，陽武縣屬河南郡，有博浪沙。索隱曰：今浚儀西北四十里有博浪城。史記正義曰：鄭州陽武縣有博浪沙，當官道。師古曰：「狼」，音浪，史記作「浪」，正義音狼。張良令力士操鐵椎狙擊始皇，誤中副車。狙，玃屬。狙之伺物，必伏，乘其便而擊之。狙擊者，謂伏其旁而狙伺以擊之也。狙，千恕翻，又千余翻。索隱曰：漢官儀：天子有屬車，卽副車，奉車卽御而從後。余謂副，貳也；漢有五時副車，又在屬車之外。始皇驚，求，弗得；令天下大索十日。索，山客翻。

始皇遂登之罘，班志：之罘山在東萊睡縣。括地志：之罘山在萊州文登縣東北一百八十里。罘，音浮。刻石；旋，之琅邪，道上黨入。旋，卽還字。之，往也。

三十一年（乙酉、前二一六）

1使黔首自實田。二十六年，更名民曰黔首。孔穎達曰：黔，黑也。凡民以黑巾覆頭，故謂之黔首。

三十二年（丙戌、前二一五）

1始皇之碣石，班志：大碣石山在右北平郡驪成縣西南。文穎曰：碣石在遼西郡絫縣。酈道元曰：濡水至絫縣碣石山。今〔於此〕枕海有石如埇道，數十里，當山頂有大石如柱形，往往而見，立於鉅海之中，名天橋柱。碣，音桀。**使燕人盧生求羨門，**姓譜：姜姓之後，封於盧，以國爲氏。**刻碣石門。壞城郭，決通堤坊。**壞，音怪。坊，讀曰防。**始皇巡北邊，從上郡入。盧生使入海還，因奏錄圖書曰：「亡秦者胡也。」**錄圖書，如後世讖緯之書。鄭玄曰：胡，胡亥，秦二世名也。秦見圖書而不知此爲人名，反備北胡。**始皇乃遣將軍蒙恬發兵三十萬人，北伐匈奴。**

三十三年（丁亥、前二一四）

1 **發諸嘗逋亡人、贅壻、賈人爲兵，**賈誼曰：秦人家貧子壯則出贅。師古曰：謂之贅壻，言其不當出在妻家，猶人身之有肬贅也。轉貨販易者爲商，坐市販賣者爲賈。贅，之銳翻。**略取南越陸梁地，**索隱曰：謂南方之人，其性陸梁，故曰陸梁地。班表，漢高帝功臣有陸量侯須無，詔以爲列諸侯，自置吏令、長，受令長沙王。如淳曰：陸量，秦始皇本紀所謂陸梁地也。**置桂林、南海、象郡；**桂林因產桂而名。合浦以南，山間無雜木，冬夏長青，葉長尺餘。文穎曰：桂林，今鬱林。師古曰：桂林，今桂州界是其地，非鬱林也。南海郡，今廣州。茂陵書曰：象郡治臨塵，去長安萬七千五百里。韋昭曰：今日南是也。**以謫徙民五十萬人戍五嶺，與越雜處。**所謂謫戍也。晉志曰：自北徂南，入越之道，必由嶺嶠；時有五處，故曰五嶺。師古曰：嶺者，西自衡山之南，東窮于海，一山之限耳，而別標名，則有五焉。裴氏廣州記曰：大庾、始安、臨賀、桂陽、揭陽爲五嶺。鄧德明南康記曰：大庾嶺，一也；桂陽騎田嶺，二也；九真都龐嶺，三也；臨賀萌渚嶺，四也；始安越城嶺，五也。師古以裴說爲是。蜀註曰：大庾嶺在虔州；永明嶺、白芒嶺在道州；臘嶺在郴州；臨源嶺在桂州。謫，則革翻。處，昌呂翻。

2蒙恬斥逐匈奴，收河南地爲四十四縣。築長城，因地形，用制險塞；起臨洮至遼東，延袤萬餘里。於是渡河，據陽山，逶迤而北。師古曰：河南地當北地之北，黄河之南。余按，河出積石，過金城、隴西、安定、北地郡界，皆東北流；北過朔方、窳渾間，方屈而東南流，逕高闕南；又自臨河縣東逕陽山南，徐廣所謂陽山在河北、陰山在河南者。劉昭曰：二山皆屬五原郡西安陽縣。班志，臨洮縣屬隴西郡。洮水出西羌中，北至枹罕東入河。縣臨洮水，因以爲名。洮，土刀翻。延，長行也。南北曰袤。袤，音茂。逶，於爲翻。迤，以支翻。暴師於外十餘年，蒙恬常居上郡統治之；威振匈奴。暴，讀如字；劉伯莊音僕。括地志：上郡故城在綏州上縣東南五十里。

三【「三」原誤作「二」。】十四年（戊子、前二一三）

1謫治獄吏不直及覆獄故、失者，覆獄者，奏當已成而覆按之也。故者，知其當罪與不當罪而故出入之；失者，誤出入也。築長城及處南越地。處，昌呂翻。

丞相李斯上書曰：「異時諸侯並爭，厚招遊學。今天下已定，法令出一，百姓當家則力農工，士則學習法令。今諸生不師今而學古，以非當世，惑亂黔首，相與非法教人；聞令下，則各以其學議之，入則心非，出則巷議，誇主以爲名，異趣以爲高，率羣下以造謗。如此弗禁，則主勢降乎上，黨與成乎下。禁之便！臣請史官非秦記皆燒之；此燒列國史記也。非博士官所職，天下有藏詩、書、百家語者，皆詣守、尉雜燒之。秦之焚書，焚天下之人所藏之書耳，其博士官所藏則故在；項羽燒秦宮室，始併博士所藏者焚之。此所以後之學者咎蕭何不能於收秦圖書之日併收之也。有敢偶語詩、書棄市；以古非今者族；吏見知不舉，與同罪。令下三十日，不燒，黥爲城旦。應劭曰：城旦，旦起行治城；四歲刑也。所不去者，醫藥、卜筮、種樹之書。若有欲學法令者，【章：十二行本「有欲」二字互乙，無「者」字；乙十一行本同。】以吏爲師。」制曰：「可。」

魏人陳餘謂孔鮒曰：「秦將滅先王之籍，而子爲書籍之主，其危哉！」子魚曰：「吾爲無用之學，知吾者惟友。秦非吾友，吾何危哉！吾將藏之以待其求；求至，無患矣。」孔鮒，孔子八世孫，字子魚。鮒，音附。

三十五年（己丑、前二一二）

1 使蒙恬除直道，道九原，抵雲陽，班志，雲陽縣屬馮翊。塹山堙谷塹，七豔翻。堙，音因。千八百里；數年不就。

2 始皇以爲咸陽人多，先王之宮庭【章：十二行本「庭」作「廷」；乙十一行本同；孔本同。】小，乃營作朝宮渭南上林苑中，先作前殿阿房，師古曰：阿，近也；以其去咸陽近，且號阿房。索隱曰：此以形名宮也；言其宮四阿旁廣也。三輔黃圖曰：作宮阿基旁，天下謂之阿房。括地志：秦阿房宮亦曰阿城，在雍州長安縣西一十四里。史記正義曰：按宮在上林苑中；雍州郭城西南面，卽阿房宮城東南面也。房，白郎翻。東西五百步，南北五十丈，上可以坐萬人，下可以建五丈旗，周馳爲閣道，自殿下直抵南山，表南山之顛以爲闕。關中有南山、北山：自甘泉連延至巀嶭、九嵕爲北山；自終南、太白連延至商嶺爲南山。

爲複道，自阿房度渭，屬之咸陽，以象天極閣道、絕漢抵營室也。天官書曰：天極後十七星，絕漢抵營室，曰閣道。北辰爲天極。營室二星，天子之宮也。隱宮、徒刑者七十【章：十二行本「十」下有「餘」字；乙十一行本同；孔本同；張校同。】萬人，史記正義曰：餘刑見於市朝；宮刑，一百日隱於蔭室養之乃可，故曰隱宮，下蠶室是也。徒刑者，有罪既加刑，復罰作之也。乃分作阿房宮或作驪山。發北山石椁，寫蜀、荆地材，康曰：寫，四夜切；舍車解馬爲寫，或作「卸」。余謂此非舍車解馬之「卸」，即前寫放宮室之「寫」，讀如字。皆至；關中計宮三百，或曰：「皆至」當屬上句。關中記云：東自函關弘農郡靈寶縣界，西至隴關汧陽郡汧源縣界，二關之間，謂之關中，東西千餘里。關外四百餘。於是立石東海上朐界中，以爲秦東門。班志：東海郡朐縣，始皇立石海上，以爲東門闕。朐，音劬。因徙三萬家驪邑，五萬家雲陽，皆復不事十歲。復，方目翻，除也。不事者，不供征役之事。

3 盧生說始皇曰：「方中：人主時爲微行以辟惡鬼。惡鬼辟，辟，讀曰避。眞人至。願上所居宮毋令人知，然後不死之藥殆可得也！」始皇曰：「吾慕眞人！」自謂「眞人」，不稱「朕」。康曰：稱，去聲；不稱，不愜意也。余謂康說非也。始皇初幷天下，自稱曰朕，至此不稱朕耳。乃令咸陽之旁二百里內宮觀二百七十，復【章：十二行本「復」作「複」；乙十一行本同；孔本同。】道、甬道相連，帷帳、鍾鼓、美人充之，各案署不移徙。行所幸，有言其處者，罪死。始皇幸梁山宮，班志：梁山宮在扶風好畤縣。括地志：俗名望宮山，在雍州好畤縣西十二里，北去梁山九里。雍錄曰：唐奉天縣有梁山，秦之梁山宮正在其地。從山上見丞相車騎衆，弗善也。中人或告丞相，丞相後損車騎。始皇怒曰：「此中人泄吾語！」案問，莫服，捕時在旁者，盡殺之。自是後，莫知行之所在。羣臣受決事者，悉於咸陽宮。

侯生、盧生相與譏議始皇，因亡去。始皇聞之，大怒曰：「盧生等，吾尊賜之甚厚，今乃誹謗我！誹，敷尾翻。諸生在咸陽者，吾使人廉問，或爲妖言以亂黔首。」廉，察也。秦有誹謗、妖言之罪，漢除之。妖，於遥翻。於是使御史悉案問諸生。秦置御史，掌討姦猾，治大獄，御史大夫統之。諸生傳相告引，傳相告引者，謂甲引乙，乙復引丙也。傳，柱戀翻。相，如字。乃自除犯禁者四百六十餘人，皆阬之咸陽，使天下知之，以懲後；益發謫徙邊。始皇長子扶蘇諫曰：「諸生皆誦法孔子。誦孔子之言以爲法也。今上皆重法繩之，臣恐天下不安。」始皇怒，使扶蘇北監蒙恬軍於上郡。爲胡亥奪嫡殺扶蘇張本。

三十六年（庚寅、前二一一）

1 有隕石于東郡。東郡，本衞地，秦徙衞於野王，以其地置東郡。或刻其石曰：「始皇死而地分。」始皇使御史逐問，莫服；盡取石旁居人誅之，燔其石。燔，音煩，爇也。

2 遷河北榆中三萬家；河北，北河之北也。賜爵一級。

三十七年（辛卯、前二一〇）

1冬，十月，癸丑，始皇出遊；左丞相斯從，右丞相去疾守。去疾，姓馮。從，才用翻。守，手又翻。始皇二十餘子，少子胡亥最愛，請從；上許之。

十一月，行至雲夢，望祀虞舜於九疑山。古者，天子巡狩所至，山川之神，各以秩次望祭之。酈道元曰：營水出營陽郡泠道縣南留山，西流逕九疑山。其山磐基蒼梧之野，峯秀數郡之間，羅巖九舉，各導一溪，岫壑負阻，異嶺同勢，遊者疑焉，故曰九疑。括地志：九疑山在永州唐興縣東南百里，其山九峯相似，故名。元次山曰：九疑山在永州，方四千里，四州各近一隅。九域志曰：九疑在道州，舜陵在女英峯下，九疑之第六峯也。太史公曰：舜南狩，崩於蒼梧之野，歸葬於江南九疑山。山海經曰：舜之所葬，在今道州零陵界。則蒼梧、九疑，兩處也；合而言之者，誤也。浮江下，觀藉柯，渡海渚，過丹陽，至錢唐，史記正義曰：括地志：海渚，云在舒州同安縣東。按舒州在江之中流，疑海字誤。藉，秦昔翻。柯，音歌。班志：丹陽縣，秦屬鄣郡。括地志：丹陽故城，在潤州江寧縣東南五里。班志，錢唐縣屬會稽郡，漢西部都尉所治。唐爲杭州治所。臨浙江。水波惡，乃西百二十里，從陿中渡。所謂水波惡處，則今之由錢唐渡西陵者是也。西陿中渡，則今富陽、分水之間。徐廣曰：蓋在餘杭也。顧夷曰：餘杭，秦始皇至會稽經此，立爲縣。上會稽，班志：會稽山在會稽郡山陰縣南，有禹冢、禹井。祭大禹，望于南海；立石頌德。還，過吳，從江乘渡。江乘縣，秦屬鄣郡，漢屬丹陽郡。括地志：江乘故縣城在今潤州句容縣北六十里。並海上，北至琅邪、之罘。並，步浪翻。罘，音浮。見巨魚，射殺之。遂並海西，至平原津而病。平原縣，秦屬齊郡，漢分置平原郡。史記正義曰：今德州平原縣南六十里有張公故城，城東有津，後名張公渡，恐此平原郡古津也。漢書平津侯公孫弘所封亦近此，蓋平津即此津。

余按公孫弘傳：封勃海高城縣之平津鄉，則平津非平原津也。班志：篤馬河至平原東北入海。此蓋津渡處。射，而亦翻。並，步浪翻。

始皇惡言死，惡，烏路翻。羣臣莫敢言死事。病益甚，乃令中車府令行符璽事趙高爲書賜扶蘇曰：「與喪，會咸陽而葬。」書已封，在趙高所，未付使者。班書百官表：太僕，秦官，其屬有車府令。秋，七月，丙寅，始皇崩於沙丘平臺。史記正義曰：始皇崩在沙丘宮平臺之中。丞相斯爲上崩在外，爲，于僞翻。恐諸公子及天下有變，乃祕之不發喪，棺載轀涼車中，文穎曰：轀輬車，如今喪轜車也。孟康曰：如衣車，有窗牖，閉之則溫，開之則涼，故名。如淳曰：轀輬車，其車廣大，有羽飾。沈約宋書禮志曰：漢制：大行載轀輬車，四輪；其飾如金根，加施組，連璧交路；四角金龍飾，銜璧，垂五采飾羽流蘇，前後雲畫帷裳；櫎文畫曲幡，長與車等。太僕御駕六白駱馬，以黑藥灼其身爲虎文。史記正義曰：棺，音館，又古玩翻。轀，音溫。「涼」，一作「輬」，音同。故幸宦者驂乘。所至，上食、百官奏事如故，宦者輒從車中可其奏事。獨胡亥、趙高及幸宦者五六人知之。

初，始皇尊寵蒙氏，信任之。蒙恬任【章：乙十一行本「任」下有「在」字。】外將，蒙毅常居中參謀議，名爲忠信，故雖諸將相莫敢與之爭。將，卽亮翻。趙高者，生而隱宮；康曰：餘刑顯於市朝，宮刑在於隱室，故曰隱宮。始皇聞其強力，通於獄法，舉以爲中車府令，使教胡亥決獄；胡亥幸之。趙高有罪，始皇使蒙毅治之；毅當高法應死。始皇以高敏於事，赦之，復其官。趙高既雅得幸於胡亥，雅，素也。又怨蒙氏，乃說胡亥，請詐以始皇命誅扶蘇而立胡亥爲太子。

胡亥然其計。趙高曰：「不與丞相謀，恐事不能成。」乃見丞相斯曰：「上賜長子書及符璽，皆在胡亥所。長子，謂扶蘇。定太子，在君侯與高之口耳。事將何如？」斯曰：「安得亡國之言！此非人臣所當議也！」高曰：「君侯材能、謀慮、功高、無怨、長子信之，此五者皆孰與蒙恬？」斯曰：「不及也。」高曰：「然則長子卽位，必用蒙恬爲丞相，君侯終不懷通侯之印歸鄉里明矣！通侯，漢曰徹侯，亦曰列侯。應劭曰：通，亦徹也；通者，言功德通於王室也。張晏曰：列侯者，見序列也。胡亥慈仁篤厚，可以爲嗣。願君審計而定之！」丞相斯以爲然，乃相與謀，詐爲受始皇詔，立胡亥爲太子；更爲書賜扶蘇，更，工衡翻；改也。數以不能闢地立功，士卒多耗，數，所具翻。數【章：十二行本「數」上有「反」字；乙十一行本同；孔本同；張校同；退齋校同。】上書，直言誹謗，日夜怨望不得罷歸爲太子；將軍恬不矯正，知其謀；皆賜死，以兵屬裨將王離。數，所角翻；下同。屬，之欲翻，付也；康音蜀，非；下以屬同。

扶蘇發書，泣，入內舍，欲自殺。蒙恬曰：「陛下居外，未立太子；使臣將三十萬衆守邊，公子爲監，此天下重任也。今一使者來，卽自殺，安知其非詐！復請而後死，未暮也。」使者數趣之。扶蘇謂蒙恬曰：「父賜子死，尚安復請！」卽自殺。趣，讀曰促。復，扶又翻。蒙恬不肯死，使者以屬吏，繫諸陽周；班志，陽周縣屬上郡。史記正義曰：陽周，寧州羅川縣之邑。屬，之欲翻。今按天寶元年，改羅川縣爲眞寧縣。更置李斯舍人爲護軍，班百官表：護軍都尉，秦官。又，漢王以陳平爲護軍中尉，盡護諸將。當是時，恬已屬吏，恐其軍有變，故以李斯舍人爲護軍，使之護諸將也。還報。胡亥已聞扶蘇死，卽欲釋蒙恬。會蒙毅爲始皇出禱山川，還至。趙高言於胡亥曰：「先帝欲舉賢立太子久矣，而毅諫以爲不可；不若誅之！」乃繫諸代。據地理，代距沙丘甚遠。蓋毅還至代，卽就繫之。

遂從井陘抵九原。班志：井陘在常山石邑縣西。史記正義曰：井陘故關在幷州石艾縣東十八里，卽井陘口。會暑，轀車臭，乃詔從官令車載一石鮑魚以亂之。孟康曰：百二十斤曰石。班書貨殖傳：鮿鮑千鈞。師古註曰：鮿，膊魚也，卽今之不著鹽而乾者也。鮑，今之鮑魚也。而說者乃讀鮑爲鮠魚之鮠，失義遠矣。鄭康成以鮑於煏室乾之，亦非也。煏室乾之，卽鮑耳。蓋今巴、荆人所呼鰎魚者是也。秦皇載鮑亂臭者，則是鮑魚耳；而煏室乾者，本不臭也。鮑，白卯翻。鮿，音接。鮑，於業翻。鮠，五回翻。煏，蒲北翻。鰎，居偃翻。從直道至咸陽，發喪。直道，卽三十五年蒙恬所除者。太子胡亥襲位。

九月，葬始皇於驪山，下錮三泉；師古曰：三重之泉，言至水也。余謂錮者，冶銅錮塞之也。三泉者，取九泉之數言之。奇器珍怪，徙藏滿之。謂徙府庫之物以實陵便房中。藏，才浪翻。令匠作機弩，有穿近者輒射之。以水銀爲百川、江河、大海，機相灌輸。康註引劉伯莊云：機相灌輸，以防穿近者。予按文勢，自機弩至輒射之，文意已足；機相灌輸，是承水銀爲百川、江河、大海之意，作如是觀，文意甚順。射，而亦翻。史記正義：灌，音館。輸，音戍。上具天文，下具地理。後宮無子者，皆令從死。從，才用翻。

葬既已下，或言工匠爲機藏，皆知之，藏重即泄。大事盡，閉之墓中。藏重即泄，謂工匠若更爲第二重機藏，與外人近，即泄其所以爲機藏之事，故大事盡則皆閉之墓中。大事盡，句絕，謂既下窆，則送終之大事盡也。重，直龍翻。

2 二世欲誅蒙恬兄弟。二世兄子子嬰諫曰：「趙王遷殺李牧而用顏聚，齊王建殺其故世忠臣而用后勝，卒皆亡國。二事並見前。卒，子恤翻。蒙氏，秦之大臣、謀士也，而陛下欲一旦棄去之。誅殺忠臣而立無節行之人，行，下孟翻。是內使羣臣不相信而外使鬭士之意離也！」二世弗聽，遂殺蒙毅及內史恬。恬曰：「自吾先人及至子孫，積功信於秦三世矣。恬祖驁、父武及恬，三世皆事秦有功。今臣將兵三十餘萬，身雖囚繫，其勢足以倍畔。倍，蒲妹翻。然自知必死而守義者，不敢辱先人之教以不忘先帝也！」乃吞藥自殺。

揚子法言曰：或問：「蒙恬忠而被誅，忠奚可爲也？」曰：「塹山，堙谷，起臨洮，擊遼水，力不足而屍有餘，忠不足相也。」相，息亮翻。

臣光曰：始皇方毒天下而蒙恬爲之使，恬不仁可知矣。然恬明於爲人臣之義，雖無罪見誅，能守死不貳，斯亦足稱也。使，如字。

二世皇帝上諱胡亥，始皇少子也。【章：十二行本無此八字；乙十一行本同。】

元年（壬辰、前二〇九）

1 冬，十月，戊寅，大赦。

2 春，二世東行郡縣，李斯從；到碣石，並海，南至會稽；而盡刻始皇所立刻石，旁著大臣從者名，行，下孟翻。從，才用翻。並，步浪翻。著，如字；史記正義丁略翻。以章先帝成功盛德而還。

夏，四月，二世至咸陽，謂趙高曰：「夫人生居世間也，譬猶騁六驥過決隙也。康曰：上音缺；下丘逆翻。余謂決，如字；決，裂也；裂開之隙，其間不能以寸，喻狹小也。吾既已臨天下矣，欲悉耳目之所好，窮心志之所樂，好，呼到翻。樂，音洛。以終吾年壽，可乎？」高曰：「此賢主之所能行而昏亂主之所禁也。雖然，有所未可，臣請言之：夫沙丘之謀，諸公子及大臣皆疑焉；而諸公子盡帝兄，大臣又先帝之所置也。今陛下初立，此其屬意怏怏皆不服，恐爲變；臣戰戰栗栗，唯恐不終，陛下安得爲此樂乎！」二世曰：「爲之柰何？」趙高曰：「陛下嚴法而刻刑，令有罪者相坐，誅滅大臣及宗室；然後收舉遺民，貧者富之，賤者貴之。盡除先帝之故臣，更置陛下之所親信者，此則陰德歸陛下，害除而姦謀塞，羣臣莫不被潤澤，蒙厚德，陛下則高枕肆志寵樂矣。更，工衡翻。塞，悉則翻。枕，之鴆翻。計莫出於此！」二世然之。乃更爲法律，務益刻深，大臣、諸公子有罪，輒下高【章：十二行本「高」下有「令」字；乙十一行本同；孔本同。】鞫治之。於是公子十二人僇死咸陽市，十公主矺死於杜，索隱曰：矺，貯格翻；史記正義音宅，與磔同，謂磔裂支體而殺之；溫公類篇音竹格翻，磓也。杜，故周之杜伯國。班志，杜縣屬京兆，宣帝改曰杜陵。財物入於縣官，漢謂天子爲縣官。此縣官，猶言公家也。相連逮者不可勝數。言事相連及皆逮之。貢父曰：其人存，直追取之曰逮；其人亡，則討而捕之。逮，易辭；捕，加力也。

公子將閭昆弟三人囚於內宮，議其罪獨後。二世使使令將閭曰：「公子不臣，罪當死！吏致法焉。」將閭曰：「闕廷之禮，吾未嘗敢不從賓贊也；廊廟之位，吾未嘗敢失節也；受命應對，吾未嘗敢失辭也；何謂不臣？言不敢挾親親之恩廢爲臣之節，何得以此罪加之！願聞罪而死！」使者曰：「臣不得與謀，與，讀曰預。奉書從事！」將閭乃仰天大呼「天」者三，曰：「吾無罪！」昆弟三人皆流涕，拔劍自殺。宗室振恐。公子高欲奔，恐收族，乃上書曰：「先帝無恙時，臣入門【章：十二行本「門」作「則」；乙十一行本同；孔本同；退齋校同；熊校同。】賜食，出則乘輿，御府之衣，臣得賜之，中廐之寶馬，臣得賜之。臣當從死而不能，爲人子不孝，爲人臣不忠。不孝不忠者，無名以立於世，臣請從死，願葬驪山之足。唯上幸哀憐之！」書上，二世大說，說，讀曰悅。召趙高而示之，曰：「此可謂急乎？」趙高曰：「人臣當憂死不暇，何變之得謀！」二世可其書，賜錢十萬以葬。

復作阿房宮。盡徵材士五萬人爲屯衞咸陽，令教射。狗馬禽獸當食者多，食，讀曰飤，音祥吏翻。度不足，下調郡縣，史記正義曰：下，戶嫁翻。調，徒釣翻。謂下郡縣而調發之也。余謂下，讀如字亦通。轉輸菽粟、芻稾，皆令自齎糧食；咸陽三百里內不得食其穀。

3秋，七月，陽城人陳勝、陽夏人吳廣起兵於蘄。史記正義曰：卽河南陽城縣；班志，屬潁川郡。陽夏縣屬淮陽國。括地志：陳州太康縣，本漢陽夏縣地。盤洲洪氏曰：陽夏鄉去太康縣三十里。夏，音賈。班志，蘄縣屬沛郡，有大澤鄉。蘄，音渠依翻。是時，發閭左戍漁陽，鼂錯曰：秦以謫發戍，先發吏有謫及贅壻、賈人，後以嘗有市籍者，又後以大父母嘗有市籍者，後入閭取其左。索隱曰：閭左，謂居閭里之左也。秦時，復除者居閭左。今力役凡在閭左者盡發之也。又云：凡居以富强爲右，貧弱爲左。秦役戍多富者，役盡，兼取貧弱而發之也。班志，漁陽縣屬漁陽郡。括地志：漁陽故城在檀州密雲縣南十八里，在漁水之陽。九百人屯大澤鄉，陳勝、吳廣皆爲屯長。師古曰：人所聚爲屯。長，帥也。會天大雨，道不通，度已失期；度，徒洛翻。失期，法皆斬。陳勝、吳廣因天下之愁怨，乃殺將尉，師古曰：其官本尉耳，時領戍人，故爲將尉。索隱曰：尉，官也；漢舊儀：大縣三人。其尉將屯九百人，故云將尉。召令徒屬曰：「公等皆失期當斬；假令毋斬，而戍死者固什六七。且壯士不死則已，死則舉大名耳！王、侯、將、相寧有種乎！」種，章勇翻。衆皆從之。乃詐稱公子扶蘇、項燕，以百姓賢扶蘇而楚人憐項燕也。爲壇而盟，稱大楚；陳勝自立爲將軍，吳廣爲都尉。攻大澤鄉，拔之；收而攻蘄，蘄下。收大澤鄉之兵以攻蘄也。乃令符離人葛嬰將兵徇蘄以東；攻銍、酇、苦、柘、譙，皆下之。班志：符離、銍、酇、譙屬沛郡。姓譜：葛國旣滅，其後以國爲氏。柘，苦二縣屬淮陽國。宋白曰：柘縣，古襄氏之邑；春秋時，陳之株野；漢爲柘縣，以邑有柘溝而名；唐爲宋州柘城縣。亳州眞源縣，古苦縣地。徇，辭峻翻，略地也。銍，竹乙翻。「酇」，本作「鄗」，才多翻。師古曰：此縣本借酇字爲之，音嵯。王莽改縣爲贊治，則此縣亦有贊音。苦，音怙。行收兵；比至陳，比，必寐翻。車六七百乘，騎千餘，卒數萬人。攻陳，陳守、尉皆不在，獨守丞與戰譙門中，不勝；守丞死，陳勝乃入據陳。班志，陳縣屬淮陽國。史記正義曰：今陳州城本楚襄王所築陳國城也。師古曰：守丞，謂郡丞之居守者；一曰：郡守之丞，故曰守丞。原父曰：秦不以陳爲郡，何庸有守！守，謂非正官，權守者耳。余按秦分天下爲郡縣，郡置守、尉、監，縣置令、丞、尉。原父以此守爲權守之守，良是。遷、固二史作「守令皆不在」，此作「守尉皆不在」，蓋二史「令」下缺「尉」字，而通鑑「尉」上缺「令」字也。師古曰：譙門，謂門上爲高樓以候望者耳。樓，一名譙，故謂美麗之樓爲麗譙；亦呼爲巢。所謂巢車者，亦於兵車之上爲樓以望敵也。譙、巢，聲相近。

初，大梁人張耳、陳餘相與爲刎頸交。秦滅魏，聞二人魏之名士，重賞購求之。張耳、陳餘乃變名姓，俱之陳，爲里監門以自食。師古曰：監門，卒之賤者；耳、餘以卑賤自隱。張晏曰：監門，里正衞也。監，古銜翻。里吏嘗以過笞陳餘，陳餘欲起，張耳躡之，使受笞。欲起者，不能受辱，欲起與吏亢也。躡，尼輒翻，躡其足也。笞，丑之翻。吏去，張耳乃引陳餘之桑下，數之曰：數，所具翻，又所主翻。「始吾與公言何如？今見小辱而欲死一吏乎！」陳餘謝之。陳涉既入陳，張耳、陳餘詣門上謁。陳勝，字涉。陳涉素聞其賢，大喜。陳中豪桀父老請立涉爲楚王，涉以問張耳、陳餘。耳、餘對曰：「秦爲無道，滅人社稷，暴虐百姓；將軍出萬死之計，爲天下除殘也。今始至陳而王之，示天下私。願將軍毋王，急引兵而西；遣人立六國後，自爲樹黨，爲秦益敵；敵多則力分，與衆則兵強。如此，則野無交兵，六國皆爲與國，則兵不交鋒於野矣。縣無守城，諸縣皆畔秦復爲六國，無復爲秦守城者。誅暴秦，據咸陽，以令諸侯；諸侯亡而得立，以德服之，則【章：十二行本「則」上有「如此」二字；乙十一行本同；孔本同；張校同。】帝業成矣！今獨王陳，恐天下懈也。」陳涉不聽，遂自立爲王，號「張楚」。劉德曰：若云張大楚國也。張晏曰：先是楚已爲秦所滅，今立楚爲張。

當是時，諸郡縣苦秦法，爭殺長吏以應涉。謁者【章：十二行本「者」下有「使」字；乙十一行本同；孔本同；張校同。】從東方來，以反者聞。二世怒，下之吏。下，遐嫁翻。後使者至，上問之，對曰：「羣盜鼠竊狗偷，郡守、尉方逐捕，今盡得，不足憂也。」上悅。

陳王以吳叔爲假王，監諸將以西擊滎陽。吳廣，字叔。滎陽縣屬三川郡。

張耳、陳餘復說陳王，請奇兵北略趙地。復，扶又翻。於是陳王以故所善陳人武臣爲將軍，邵騷爲護軍，姓譜曰：武姓，宋武公之後。余謂自有謚法，以武爲謚者多矣，而必以武姓爲宋武公之後，何拘也！唐志氏族以爲武氏出自姬姓，周平王少子生而有文在手曰「武」，遂以爲氏。此由武后而傅會爲之說也。趙明誠金石錄有漢敦煌長史武班碑云：昔殷王武丁克伐鬼方，官族析分，因以爲氏。邵姓，周文王子邵公奭之後；或言第十一子聃季載之後。以張耳、陳餘爲左、右校尉，予卒三千人，徇趙。予，讀曰與。

陳王又令汝陰人鄧宗徇九江郡。殷王武丁封叔父於河北，是爲鄧侯，後因氏焉。班志，汝陰縣屬汝南郡，故胡國。九江，本楚地，秦滅楚，分置九江郡；項羽滅秦，以封黥布；漢高祖更名淮南國；武帝復曰九江郡。當此時，楚兵數千人爲聚者不可勝數。師古曰：聚，才喻翻。

葛嬰至東城，班志，東城縣屬九江郡。括地志：東城故城，在濠州定遠縣東南五十里。立襄彊爲楚王。姓譜：襄，魯莊公子襄仲之後。聞陳王已立，因殺襄彊還報。陳王誅殺葛嬰。

陳王令【章：十二行本「令」下有「魏人」二字；乙十一行本同；孔本同；張校同；退齋校同。】周市北徇魏地。以上蔡人房君蔡賜爲上柱國。索隱曰：房，邑名；爵之於房，號曰房君。上柱國，楚爵之尊者。蔡，以國爲氏。

陳王聞周文，陳之賢人也，習兵，乃與之將軍印，使西擊秦。

武臣等從白馬渡河，師古曰：白馬津在今滑州白馬縣界。括地志：白馬故城，在滑州衛南縣西南二十四里。戴延之西征記曰：白馬故城卽衛之漕邑。至諸縣，說其豪桀，豪桀皆應之；乃行收兵，得數萬人；號武臣爲武信君。下趙十餘城，餘皆城守；乃引兵東北擊范陽。班志曰，范陽縣屬涿郡。應劭曰：在范水之陽。范陽蒯徹說武信君曰：蒯徹，卽蒯通，班書避武帝諱，改「徹」爲「通」。蒯，丘怪翻，姓也。左傳，晉有大夫蒯得。「足下必將戰勝而後略地，攻得然後下城，臣竊以爲過矣。誠聽臣之計，可不攻而降城，不戰而略地，傳檄而千里定；可乎？」師古曰：檄者，以木簡爲書，長尺二寸，用徵召也；有急，則加以鳥羽插之，所以示急疾也。檄，戶歷翻。武信君曰：「何謂也？」徹曰：「范陽令徐公，畏死而貪，欲先天下降。先，悉薦翻。君若以爲秦所置吏，誅殺如前十城，則邊地之城皆爲金城、湯池，不可攻也。君若齎臣侯印以授范陽令，使乘朱輪華轂，驅馳燕、趙之郊，即燕、趙城可無戰而降矣。」武信君曰：「善！」以車百乘、騎二百、侯印迎徐公。燕、趙聞之，不戰以城下者三十餘城。

陳王既遣周章，以秦政之亂，有輕秦之意，不復設備。復，扶又翻。博士孔鮒諫曰：鮒，魏相子順之子，孔子八世孫，即前藏書者也。「臣聞兵法：『不恃敵之不我攻，恃吾不可攻。』今王恃敵而不自恃，若跌而不振，悔之無及也。」跌，徒結翻，蹶而踣也。陳王曰：「寡人之軍，先生無累焉。」累，良瑞翻。

周文行收兵至關，車千乘，卒數十萬，至戲，軍焉。師古曰：戲，水名，在京兆新豐東；今有戲水驛。其水本出藍田北界，至此而北流入渭。蘇林曰：戲在新豐東南三十里。戲，許宜翻。二世乃大驚，與羣臣謀曰：「柰何？」少府章邯曰：班表曰：少府，秦官，掌山林、池澤之賦以給共養。姓譜：齊人降鄣，子孫去邑爲章氏。少，詩照翻。邯，下甘翻。「盜已至，衆強，今發近縣，不及矣。驪山徒多，秦之刑徒已論者，輸作驪山。請赦之，授兵以擊之。」二世乃大赦天下，使章邯免驪山徒、人奴產子，悉發以擊楚軍，大敗之。服虔曰：人奴產子，家人之產奴。師古曰：奴產子，猶今人云家生奴。仲馮曰：人奴一物，產子又一物。臣瓚曰：人奴之產子，今田客家兒。周文走。

張耳、陳餘至邯鄲，聞周章卻，又聞諸將爲陳王徇地還者多以讒毀得罪誅，乃說武信君令自王。八月，武信君自立爲趙王，以陳餘爲大將軍，班表：前、後、左、右將軍，周末官，秦因之，位上卿。漢大將軍比三公。張耳爲右丞相，邵騷爲左丞相；使人報陳王。陳王大怒，欲盡族武信君等家而發兵擊趙。柱國房君諫曰：「秦未亡而誅武信君等家，此生一秦也；不如因而賀之，使急引兵西擊秦。」陳王然之，從其計，徙繫武信君等家宮中，封張耳子敖爲成都君，使使者賀趙，令趣發兵西入關。張耳、陳餘說趙王曰：「王王趙，非楚意，趣，讀曰促。上王，如字；下王，于況翻。特以計賀王。楚已滅秦，必加兵於趙。願王毋西兵，北徇燕、代，南收河內以自廣。燕，涿郡以北之地。代，常山以北之地。河內本魏地，時屬河東郡。趙南據大河，北有燕、代，楚雖勝秦，必不敢制趙；不勝秦，必重趙。趙乘秦、楚之敝，可以得志於天下。」趙王以爲然，因不西兵，而使韓廣略燕，李良略常山，張黶略上黨。黶，烏點翻，又於琰翻。

九月，沛人劉邦起兵於沛，陶唐氏既衰，其後有劉累，以擾龍事孔甲，爲豢龍氏。及晉，士會自秦歸晉，其處者爲劉氏。師古曰：沛本秦泗水郡之屬縣。李斐曰：沛，小沛也。索隱曰：漢改泗水郡爲沛郡，治相城，故以沛縣爲小沛。沛，博蓋翻。漢高帝事始此。下相人項梁起兵於吳，班志，下相縣屬臨淮郡。索隱曰：按相，水名，出沛國。沛有相縣；於相水下流置縣，故曰下相。括地志：下相故城，在泗州宿豫縣西北七十里。項燕爲楚將，封於項，子孫以邑爲氏。吳縣，會稽郡治所，故吳都也。狄人田儋起兵於齊。服虔曰：儋，音負擔之擔。

師古曰：儋，音丁甘翻。

劉邦，字季，爲人隆準、龍顔，左股有七十二黑子。服虔曰：準，音拙。應劭曰：隆，高也。準，頰權準也。顔，額顙也。李斐曰：準，鼻也。文穎曰：音準的之準。晉灼曰：戰國策云：眉目準頞權衡。史記：秦始皇蜂目長準。李說、文音是也。師古曰：頰權「頄」字，豈當借準爲之！服音、應說皆失之。黑子，今中國通呼爲黶子，吳、楚俗謂之誌；誌者，記也。愛人喜施，喜，許既翻。施，式豉翻。意豁如也；常有大度，不事家人生產作業。初爲泗上亭長，秦法：十里一亭。亭長，主亭之吏；亭，謂停留客旅宿食之館。史記正義曰：國語有寓室，卽今之亭也。亭長，蓋今之里長，民有訟諍，吏留平辨，得成其政。「泗上」，史記作「泗水」。括地志：泗水亭在徐州沛縣東一百步；有高祖廟。單父人呂公，好相人，見季狀貌，奇之，以女妻之。班志，單父縣屬山陽郡。單，音善。父，音甫。妻，七細翻。呂公女，是爲呂后。

旣而季以亭長爲縣送徒驪山，徒多道亡。自度比至皆亡之，度，徒洛翻。比，必寐翻。到豐西澤中亭，止飲，應劭曰：沛，縣也；豐，其鄉也。孟康曰：後沛爲郡而豐爲縣。師古曰：豐本沛之聚邑耳。夜，乃解縱所送徒曰：「公等皆去，吾亦從此逝矣！」徒中壯士願從者十餘人。

劉季被酒，師古曰：被，加也；被酒，爲酒所加也。被，皮義翻。夜徑澤中，有大蛇當徑，季拔劍斬蛇。有老嫗哭曰：「吾子，白帝子也，化爲蛇，當道；今赤帝子殺之！」因忽不見。嫗，威遇翻，老母也。應劭曰：秦襄公自以居西，主少昊之神，作西畤，祠白帝。至獻公時，櫟陽雨金，又作畦畤，祠白帝。少昊，金德也；赤帝，堯後，謂漢也；殺之，明漢當代秦。劉季亡匿於芒、碭山澤【章：十二行本「澤」下有「巖石」二字；乙十一行本同；孔本同；張校同；退齋校同。】之間，班志，芒縣屬沛郡；碭縣屬梁國。應劭曰：二縣之間，有山澤之固，故隱其間。宋白曰：亳州永城縣，漢芒縣地。括地志：宋州碭山縣在州東一百五十里，本漢碭縣；碭山在縣東。芒，音忙。碭，音唐；師古又音宕。數有奇怪；沛中子弟聞之，多欲附者。

及陳涉起，沛令欲以沛應之。掾、主吏蕭何、曹參曰：據曹參傳曰：參爲掾，何爲主吏。孟康曰：主吏，功曹也。姓譜：宋支子食采於蕭，後因爲氏。數，所角翻。掾，于絹翻。「君爲秦吏，今欲背之，背，蒲妹翻。率沛子弟，恐不聽。願君召諸亡在外者，可得數百人，因劫衆，衆不敢不聽。」乃令樊噲召劉季。劉季之衆已數十百人矣；沛令後悔，恐其有變，乃閉城城守，師古曰：城守者，守其城也；音狩。後皆類此。欲誅蕭、曹。蕭、曹恐，踰城保劉季。言投劉季以自保也。劉季乃書帛射城上，遺沛父老，爲陳利害。射，而亦翻。遺，于季翻。爲，于僞翻。父老乃率子弟共殺沛令，開門迎劉季，立以爲沛公。春秋之時，楚僭王號，其大夫多封縣公，如申公、葉公、魯陽公之類是也。今立季爲沛公，用楚制也。蕭、曹等爲收沛子弟，得三【章：十二行本「三」上有「二」字；乙十一行本同；孔本同。】千人，以應諸侯。

項梁者，楚將項燕子也，嘗殺人，與兄子籍避仇吳中。吳中賢士大夫皆出其下。籍少時學書，不成，去；學劍，又不成。項梁怒之。籍曰：「書，足以記名姓而已！劍，一人敵，不足學；學萬人敵！」於是項梁乃教籍兵法，籍大喜；略知其意，又不肯竟學。籍長八尺餘，力能扛鼎，韋昭曰：扛，舉也。索隱曰：說文云：扛，橫關對舉也。長，眞亮翻。扛，音江。才器過人。會稽守殷通徐廣曰：爾時未言太守。余謂戰國之時，郡守只稱守，景帝中二年七月始曰太守。姓譜：武王克商，子孫分散，以殷爲氏。守，式又翻；下同。聞陳涉起，欲發兵以應涉，使項梁及桓楚將。將，卽亮翻。是時，桓楚亡在澤中。梁曰：「桓楚亡，人莫知其處，獨籍知之耳。」梁乃【章：十二行本「乃」下有「出」字；乙十一行本同；孔本同。】誡籍持劍居外，梁復入，與守坐，曰：「請召籍，使受命召桓楚。」守曰：「諾。」梁召籍入。須臾，梁眴籍曰：「可行矣！」眴，音舜，動目而使之也。於是籍遂拔劍斬守頭。項梁持守頭，佩其印綬。釋名：印，信也，所以封物以爲驗也；亦言因也，封物相因付也。綬，受也，繫印之組也，以相授受也。應劭漢官曰：綬長丈二尺，法十二月；廣三尺，法天、地、人。門下大驚，擾亂，籍所擊殺數十百人，言所殺自數十至百人也。一府中皆慴伏，莫敢起。說文曰：慴，失氣也，音之涉翻。梁乃召故所知豪吏，諭以所爲起大事，遂舉吳中兵，使人收下縣，下縣，會稽管下諸縣也。師古曰：非郡所都，故謂之下也。得精兵八千人。梁爲會稽守，籍爲裨將，徇下縣。籍是時年二十四。項籍始此。

田儋，【章：十二行本「儋」下有「者」字；乙十一行本同；孔本同。】故齊王族也。儋從弟榮，榮弟橫，皆豪健，宗強，能得人。從，才用翻。周市徇地至狄，周市，魏人。狄城守。田儋詳爲縛其奴，從少年之廷，欲謁殺奴，詳，讀曰佯，詐也。應劭曰：古殺奴婢皆當告官。儋欲殺令，故詐縛奴以謁也。

廷，縣廷也。師古曰：廷，音定。見狄令，因擊殺令，而召豪吏子弟曰：「諸侯皆反秦自立。齊，古之建國也；儋，田氏，當王！」遂自立爲齊王，發兵以擊周市。周市軍還去。田儋率兵東略定齊地。

韓廣將兵北徇燕，燕地豪桀欲共立廣爲燕王。廣曰：「廣母在趙，不可！」燕人曰：「趙方西憂秦，南憂楚，其力不能禁我。且以楚之強，不敢害趙王將相之家，趙獨安敢害將軍家乎！」韓廣乃自立爲燕王。居數月，趙奉燕王母家屬歸之。

趙王與張耳、陳餘北略地燕界，趙王間出，師古曰：謂投間隙而微出。爲燕軍所得。燕囚之，欲求割地；使者往請，燕輒殺之。有廝養卒走燕壁，如淳曰：廝，賤者也。公羊傳曰：廝役扈養。韋昭曰：析薪爲廝，炊烹爲養。廝，音斯。養，羊尚翻。見燕將曰：「君知張耳、陳餘何欲？」曰：「欲得其王耳。」趙養卒笑曰：「君未知此兩人所欲也。夫武臣、張耳、陳餘，杖馬箠杖，直亮翻。箠，止橤翻，馬撾也。下趙數十城，此亦各欲南面而王，豈欲爲將相終已耶！顧其勢初定，未敢參分而王，參，猶三也。且以少長先立武臣爲王，以持趙心。少，詩照翻。長，知兩翻。今趙地已服，此兩人亦欲分趙而王，時未可耳。今君乃囚趙王。此兩人名爲求趙王，實欲燕殺之；此兩人分趙自立。夫以一趙尚易燕，易，弋豉翻。況以兩賢王左提右挈而責殺王之罪，滅燕易矣！」燕將乃歸趙王，養卒爲御而歸。

4 周市自狄還，至魏地，欲立故魏公子寧陵君咎爲王。寧陵，即漢之寧陵縣，屬陳留郡。括地志曰：宋州寧陵城，古寧陵也。咎在陳，不得之魏。魏地已定，諸侯皆欲立周市爲魏王。市曰：「天下昏亂，忠臣乃見。見，賢遍翻。今天下共畔秦，其義必立魏王後乃可。」諸侯固請立市，市終辭不受；迎魏咎於陳，五反，陳王乃遣之，立咎爲魏王，市爲魏相。

5 是歲，二世廢衞君角爲庶人，衞絕祀。周之列國，衞最後亡。

聶崇岐標點顧頡剛覆校

資治通鑑卷第八

朝散大夫右諫議大夫權御史中丞充理檢使上護軍賜紫金魚袋臣　司馬光　奉敕編集
後　學　天　台　胡三省　音　註

秦紀三起昭陽大荒落（癸巳），盡閼逢敦牂（甲午），凡二年。

二世皇帝下

二年（癸巳、前二〇八）

1冬，十月，泗川監平將兵圍沛公於豐，泗川郡，即泗水郡。秦，郡置守、尉、監。文穎曰：秦時御史監郡，若今刺史。平，人名。沛公出與戰，破之；令雍齒守豐。雍，於用翻，姓也。風俗通：雍姓，周文王子雍伯之後。十一月，沛公引兵之薛。泗川守壯兵敗於薛，走至戚；沛公左司馬得殺之。壯者，泗川守之名。班志，戚縣屬東海郡。括地志：沂州臨沂縣有戚縣故城。戚，如字，如淳將毒翻。余以地理考之，沛郡之與東海相去頗遠，壯兵敗而走，未必能至東海之戚。班志，沛郡有廣戚縣。章懷太子賢曰：廣戚故城在今徐州沛縣東，恐是走至廣戚之戚也。師古曰：得者，司馬之名。貢父曰：得殺之者，得而殺之；漢書多以獲爲得。司馬掌兵，周之夏卿。春秋之時，晉置三軍及新軍，各有卿、佐，復置司馬以掌軍中刑戮之事；後復分爲左、右；又其後也，軍行有軍司馬、假司馬；下至部曲，有候，有司馬。

2 周章出關，止屯曹陽，晉灼曰：曹陽亭在弘農東十三里，魏武改曰好陽。師古曰：曹水之陽也。其水出陝縣西峴頭山而北流入河，今謂之好陽澗，在陝縣西四十五里。括地志：在陝州桃林縣東十四里。二月餘，章邯追敗之；復走澠池，敗，補邁翻。復，扶又翻。十餘日，章邯擊，大破之。周文自刎，軍遂不戰。刎，扶粉翻。

吴叔圍滎陽；李由爲三川守，守滎陽，秦滅周置三川郡，其治所當在洛陽；由蓋守滎陽以扞楚。宋白曰：秦立三川郡，初理洛陽，後徙滎陽。叔弗能下。楚將軍田臧等相與謀曰：「周章軍已破矣，周章，即周文。秦兵旦暮至。我圍滎陽城弗能下，秦兵至，必大敗，不如少遺兵守滎陽，遺兵，留兵也。少，詩沼翻。悉精兵迎秦軍。今假王驕，陳涉之自王也，以吴叔爲假王。不知兵權，不足與計事，恐敗。」因相與矯王令以誅吴叔，師古曰：矯，託也，託言受王令也。獻其首於陳王。陳王使使賜田臧楚令尹印，以爲上將。

田臧乃使諸將李歸等守滎陽，自以精兵西迎秦軍於敖倉，周宣王狩于敖。左傳：晉師在敖、鄗之間。後漢志：滎陽有敖亭，秦立敖倉。孟康曰：敖，地名，在滎陽西北山上，臨河有大倉。與戰；田臧死，軍破。章邯進兵擊李歸等滎陽下，破之，李歸等死。陽城人鄧説將兵居郯，師古曰：郯，東海縣，音談。索隱曰：非也。此時章邯軍未至東海，此郯别是地名；或恐「郯」當作「郟」，郟是郟鄏之地。史記正義曰：郟是春秋時郟地，楚郟敖葬之，今汝州郟縣城是。鄧說，陽城人。陽城，河南府縣，與郟縣相近，又近陳。余按索隱以爲河南之郟鄏，正義以爲汝州之郟；時章邯兵至滎陽，則已過郟鄏而東矣，正義之說近之。章邯別將擊破之。銍人伍逢將兵居許，伍，姓也。春秋時，楚有伍舉、伍奢。許，春秋許子之國，班志屬潁川；魏文帝改曰許昌；唐爲許州。章邯擊破之。兩軍皆散，走陳，陳王誅鄧說。

3 二世數誚讓李斯：「居三公位，如何令盜如此！」數，所角翻。誚，七笑翻，責也。秦以丞相、太尉、御史大夫爲三公，漢因之。李斯恐懼，重爵祿，不知所出，乃阿二世意，以書對曰：「夫賢主者，必能行督責之術者也。索隱曰：督者，察也；察其罪，責之以刑罰也。故申子曰：『有天下而不恣睢，恣，資二翻；睢，香萃翻，謂肆情放縱也。命之曰「以天下爲桎梏」者，無他焉，不能督責，而顧以其身勞於天下之民，若堯、禹然，故謂之桎梏也。』桎梏，械也；在足曰桎，在手曰梏。桎，職日翻。梏，姑沃翻。夫不能修申、韓之明術，行督責之道，專以天下自適也；而徒務苦形勞神，以身徇百姓，則是黔首之役，非畜天下者也，何足貴哉！故明主能行督責之術以獨斷於上，斷，丁亂翻。則權不在臣下，然後能滅仁義之塗，絕諫說之辯，犖然行恣睢之心；犖，呂角翻。而莫之敢逆。如此，羣臣、百姓救過不給，何變之敢圖！」二世說，說，讀曰悅。於是行督責益嚴，稅民深者爲明吏，殺人衆者爲忠臣，刑者相半於道，而死人日成積於市；秦民益駭懼思亂。

4 趙李良已定常山，去年，趙王使李良略常山。還報趙王。趙王復使良略太原；至石邑，秦兵塞井陘，未能前。班志，石邑縣屬常山郡，井陘山在西。塞，悉則翻。陘，音刑。秦將詐爲二世書以招良。良得書未信，還之邯鄲，益請兵。未至，道逢趙王姊出飲，【章：十二行本「飲」下有「從百餘騎」四字；乙十一行本同；孔本同；張校同；退齋校同。】良望見，以爲王，伏謁道旁。王姊醉，不知其將，將，即亮翻。使騎謝李良。李良素貴，起，慚其從官。拜謁而起，顧從官而慚也。從，才用翻。從官有一人曰：「天下畔秦，能者先立。且趙王素出將軍下，今女兒乃不爲將軍下車，請追殺之！」李良已得秦書，固欲反趙，未決；因此怒，遣人追殺王姊，因將其兵襲邯鄲。邯鄲不知，竟殺趙王、邵騷。趙人多爲張耳、陳餘耳目者，以故二人獨得脫。以故者，以此故也。

5 陳人秦嘉、符離人朱雞石等起兵，圍東海守於郯。「陳」當作「淩」；陳勝傳作「淩人秦嘉」。秦，姓也；春秋時，魯有秦堇父。班志曰：東海郡，漢高帝置；應劭註曰：即秦郯郡。余按裴駰所云三十六郡，本亦無郯郡，漢東海郡則治郯耳。陳王聞之，使武平君畔爲將軍，監郯下軍。秦嘉不受命，自立爲大司馬；惡屬武平君，惡，烏路翻。告軍吏曰：「武平君年少，不知兵事，勿聽！」因矯以王命殺武平君畔。

6 二世益遣長史司馬欣、董翳佐章邯擊盜。時章邯爲上將，將兵東討，故使欣爲長史以佐之。據項籍傳，翳爲都尉。姓譜：飂叔安裔子董父好龍，帝舜嘉焉，因賜姓董。章邯已破伍逢，擊陳柱國房君，殺之；又進擊陳西張賀軍。陳王出監戰。張賀死。監，古銜翻。臘月，張晏曰：秦之臘月，夏之九月。臣瓚曰：建丑之月也。師古曰：史記云：胡亥二年十月，誅葛嬰；十一月，周文死；十二月，陳涉死：瓚說是也。陳王之汝陰，之，往也。還，至下城父，師古曰：下城父，地名，在沛郡城父縣東。劉昭曰：汝南山桑縣，故屬沛，有下城父聚。父，音甫。其御莊賈殺陳王以降。降，戶江翻。初，陳涉既爲王，其故人皆往依之。妻之父亦往焉，陳王以衆賓待之，長揖不拜。妻之父怒曰：「怙亂僭號，而傲長者，不能久矣！」不辭而去。陳王跪謝，遂不爲顧。客出入愈益發舒，言陳王故情。或說陳王曰：「客愚無知，顓妄言，輕威。」陳王斬之。諸故人皆自引去，由是無親陳王者。陳王以朱防爲中正，胡武爲司過，主司羣臣。諸將徇地至，令之不是，【章：十二行本「是」下有「者」字；乙十一行本同；孔本同。】輒繫而罪之。以苛察爲忠；其所不善者，弗下吏，輒自治之。諸將以其故不親附，此其所以敗也。史言陳王棄其親故，遂死於莊賈之手，故先以故人二字發其端，乃及慢其妻父事，次及客事。客先與陳王傭耕，及其據陳而王，遮道求見，陳王載與俱歸；後以客言其故情，遂殺之。輕威者，言輕其爲君之威重也。顓，與專同。

陳王故涓人將軍呂臣爲蒼頭軍，魏有蒼頭二十萬，蓋前乎此時已有蒼頭軍矣。應劭曰：時軍皆著青巾，故曰蒼頭。服虔曰：蒼頭，謂士卒青帛巾，若赤眉之號以相識別也。起新陽，班志，新陽縣屬汝南郡；應劭曰：在新水之陽。括地志：新陽故城，在豫州眞陽縣西南四十二里。攻陳，下之，殺莊賈，復以陳爲楚；

葬陳王於碭，謚曰隱王。

初，陳王令銍人宋留將兵定南陽，入武關。留已徇南陽，聞陳王死，南陽復爲秦；宋留以軍降，二世車裂留以徇。

7 魏周市將兵略【章：十二行本「略」下有「地」字；乙十一行本同；孔本同。】豐、沛，使人招雍齒。雍齒雅不欲屬沛公，卽以豐降魏。雅，素也。沛公攻之，不克。

8 趙張耳、陳餘收其散兵，得數萬人，擊李良；良敗，走歸章邯。客有說耳、餘曰：「兩君羈旅，而欲附趙，難可獨立；立趙後，輔以誼，可就功。」乃求得趙歇。春，正月，耳、餘立歇爲趙王，居信都。項羽改信都曰襄國；漢復爲信都縣，屬信都國；後漢復曰襄國。

9 東陽甯君、秦嘉文穎曰：秦嘉，東陽郡人，爲甯縣君。臣瓚曰：陳勝傳：「凌人秦嘉」，然則嘉非東陽人。嘉起於郯，號大司馬，又不爲甯縣君。東陽甯君自一人，秦嘉又一人。師古曰：瓚說是。東陽者，爲所屬縣；甯君者，姓甯，時號爲君。姓譜：衞卿甯氏之後；又晉有甯嬴，以邑爲姓。聞陳王軍敗，迺立景駒爲楚王，引兵之方與，欲擊秦軍定陶下；班志，方與縣屬山陽郡，定陶縣屬濟陰郡。史記正義曰：方與，今濟州縣；定陶，今曹州縣。方與，音房預。使公孫慶使齊，欲與之并力俱進。并，必正翻。齊王曰：「陳王戰敗，不知其死生，楚安得不請而立王！」公孫慶曰：「齊不請楚而立王，楚何故請齊而立王！且楚首事，當令於天下。」首事，謂最先起兵伐秦。田儋殺公孫慶。秦左、右校復攻陳，下之。索隱曰：左、右校，卽左、右校尉。校，戶教翻。呂將軍走，徼兵復聚，如淳曰：徼，要也，徼散卒復相聚也。師古曰：徼，工堯翻。余謂從如氏之說，當音於堯翻。與番盜黥布相遇，番，卽番陽縣，漢屬豫章郡。英布爲盜於江中，番陽令吳芮妻之以女，故謂番盜。番，蒲何翻。攻擊秦左、右校，破之青波，復以陳爲楚。

黥布者，六人也，六，春秋之六國也；秦爲縣，屬九江郡；漢屬六安國。括地志：六故城，在壽州安豐縣南百三十里。宋白曰：今蘄州東廣濟縣卽秦、漢之六縣。英布都六，古城猶存。姓英氏，姓譜：英出自偃姓，皋陶之後封於英，因以爲氏。坐法黥，以刑徒論輸驪山。驪山之徒數十萬人，布皆與其徒長豪桀交通，長，知兩翻。乃率其曹耦曹，輩也。亡之江中爲羣盜。番陽令吳芮，甚得江湖間民心，號曰番君。布往見之，其衆已數千人。番君迺以女妻之，妻，七細翻。使將其兵擊秦。

10 楚王景駒在留，班志，留縣屬楚國。括地志：留城在徐州沛縣東南五十里，卽張良封處。沛公往從之。張良亦聚少年百餘人欲往從景駒，道遇沛公，遂屬焉；沛公拜良爲廄將。廄將蓋掌馬。良數以太公兵法說沛公，沛公善之，常用其策；良爲他人言，皆不省。說，輸芮翻。爲，于僞翻；下平爲同。省，悉井翻，察也；後以義推。良曰：「沛公殆天授！」故遂留不去。張良從沛公始此。沛公與良俱見景駒，欲請兵以攻豐。時章邯司馬𡰥將兵北定楚地，師古曰：𡰥，古夷字。

類篇曰：古仁字；又延知翻。屠相，至碭。班志，相縣爲沛郡治所。括地志：故相城，在徐州符離縣西九十里。相，息亮翻。碭，徒郎翻。東陽甯君、沛公引兵西，與戰蕭西，班志，蕭縣屬沛郡；唐屬徐州。蕭西，謂在蕭縣之西。不利，還，收兵聚留。二月，攻碭，三日，拔之；收碭兵得六千人，與故合九千人。三月，攻下邑，拔之；班志，下邑縣屬梁國。還擊豐，不下。

11 廣陵人召平爲陳王徇廣陵，未下。廣陵縣屬九江郡。班志爲廣陵國都；唐爲揚州。姓譜：召姓，周文王子召公奭之後。召，寔照翻。聞陳王敗走，章邯且至，迺渡江，矯陳王令，拜項梁爲楚上柱國，曰：「江東已定，急引兵西擊秦！」梁迺以八千人渡江而西。聞陳嬰已下東陽，班志，東陽縣屬臨淮郡；明帝分屬下邳；後復分屬廣陵。括地志：東陽故城，在楚州盱眙縣東七十里。水經註曰：淮陰縣，楚、漢之間爲東陽郡。遣使欲與連和俱西。陳嬰者，故東陽令史，蘇林曰：令史，曹史也。晉灼曰：漢儀注：令吏曰令史，丞吏曰丞史。師古曰：晉說是。居縣中，素信謹，稱爲長者。東陽少年殺其令，相聚得二萬人，欲立嬰爲王。嬰母謂嬰曰：「自我爲汝家婦，未嘗聞汝先世之有貴者。今暴得大名，不祥；不如有所屬。事成，猶得封侯；事敗，易以亡，非世所指名也。」易，以豉翻。嬰乃不敢爲王，謂其軍吏曰：「項氏世世將家，有名於楚；今欲舉大事，將非其人不可。將，卽亮翻。我倚名族，亡秦必矣！」其衆從之，乃以兵屬梁。

英布既破秦軍，引兵而東；聞項梁西渡淮，布與蒲將軍皆以其兵屬焉。項梁衆凡六七萬人，軍下邳。班志，下邳縣屬東海郡。應劭曰：邳在薛，其後徙此，故曰下邳。臣瓚曰：有上邳，故曰下邳。史記正義曰：下邳，泗水縣也。

景駒、秦嘉軍彭城東，欲以距梁。梁謂軍吏曰：「陳王先首事，戰不利，未聞所在。今秦嘉倍陳王而立景駒，大逆無道！」倍，蒲妹翻。乃進兵擊秦嘉，秦嘉軍敗走。追之，至胡陵，胡陵卽湖陸，班志屬山陽郡，漢章帝改曰湖陵。嘉還戰。一日，嘉死，軍降；景駒走死梁地。梁地，故魏地也。

梁已并秦嘉軍，軍胡陵，將引軍而西。章邯軍至栗，班志，栗縣屬沛郡。項梁使別將朱雞石、餘樊君與戰。餘樊君死；朱雞石軍敗，亡走胡陵。梁乃引兵入薛，誅朱雞石。括地志曰：故薛城，古薛侯國也，在今徐州滕縣界。

沛公從騎百餘往見梁；梁與沛公卒五千人，五大夫將十人。沛公還，引兵攻豐，拔之。雍齒奔魏。

項梁使項羽別攻襄城，班志，襄城縣屬潁川郡。史記正義曰：今許州縣。襄城堅守不下；已拔，皆阬之，還報。

梁聞陳王定死，召諸別將會薛計事，沛公亦往焉。居鄛人范增，年七十，班志，居巢縣屬廬江郡。春秋「楚人圍巢」，巢，國也。史記正義曰：卽夏桀所奔地。晉灼曰：鄛，音勦絕之勦。師古音巢。素居家，好奇計，往說項梁曰：「陳勝敗，固當。夫秦滅六國，楚最無罪。自懷王入秦不反，楚人憐之事見四卷周赧王十九年。至今。當屬上句。故楚南公曰：『楚雖三戶，亡秦必楚。』服虔曰：南公，南方之老人。虞喜志林曰：南公者，道士，識廢興之數，知亡秦者必楚。漢書藝文志：南公十三篇，六國時人，在陰陽家流。臣瓚曰：楚人怨秦，雖三戶足以亡秦。今陳勝首事，不立楚後而自立，其勢不長。今君起江東，楚蠭起之將皆爭附君者，師古曰：蠭，古蜂字；蠭起，如蠭之起，言其衆也。一說：蠭，與鋒同，言鋒銳而起者。爾雅翼曰：蠭，近其房，輒羣起攻人，故曰蠭起之將。以君世世楚將，爲能復立楚之後也。」於是項梁然其言，乃求得楚懷王孫心於民間，爲人牧羊；夏，六月，立以爲楚懷王，從民望也。徐廣曰：順民望，以其祖謚爲號。陳嬰爲上柱國，封五縣，與懷王都盱眙。班志，盱眙縣屬臨淮郡。史記正義曰：今楚州縣。阮勝之南兗州記：盱眙，本春秋善道地；宋屬泗州。音吁怡。項梁自號爲武信君。

張良說項梁曰：「君已立楚後，而韓諸公子橫陽君成最賢，可立爲王，益樹黨。」項梁使良求韓成，立以爲韓王。以良爲司徒，與韓王將千餘人西略韓地，得數城，秦輒復取之；往來爲游兵潁川。潁川，故韓地，秦置郡。

12 章邯已破陳王，乃進兵擊魏王於臨濟。後漢志，陳留郡平丘縣有臨濟亭。水經註曰：田儋死處。史記正義曰：今齊州臨濟縣。又曰：故城在淄州高苑縣北二里。余按正義所云臨濟，乃田儋所起狄縣地也，非魏王咎所居臨濟也。後漢志及水經註爲是。魏王使周市出，請救於齊、楚；齊王儋及楚將項它皆將兵隨市救魏。它，徒河翻。章邯夜銜枚擊，大破齊、楚軍於臨濟下，師古曰：銜枚者，止言語讙囂，欲令敵人不知其來也。周官有銜枚氏。枚狀如箸，橫銜之，繣結於項。繣結，礙也，絜繞也，蓋爲結紐而繞項也。銜，戶緘翻。繣，音獲。絜，音頡。殺齊王及周市。魏王咎爲其民約降；約定，自燒殺。其弟豹亡走楚，楚懷王予魏豹數千人，復徇魏地。爲，于僞翻。予，讀曰與。齊田榮收其兄儋餘兵，東走東阿；班志，東阿縣屬東郡。括地志：東阿故城，在濟州東阿縣西南二十五里。章邯追圍之。齊人聞田儋死，乃立故齊王建之弟假爲王，田角爲相，角弟間爲將，以距諸侯。

秋，七月，大霖雨。雨三日以往爲霖。武信君引兵攻亢父，亢父，音抗甫。聞田榮之急，迺引兵擊破章邯軍東阿下；章邯走而西。田榮引兵東歸齊。武信君獨追北，使項羽、沛公別攻城陽，屠之。括地志：濮州雷澤縣，本漢城陽，在州東九十一里。余按班志，濟陰成陽縣有雷澤。此成陽與定陶、濮陽皆相近，非城陽國之城陽。楚軍軍濮陽東，班志，濮陽縣屬東郡。括地志：濮陽縣在濮州西八十六里。濮，音卜。復與章邯戰，又破之。章邯復振，李奇曰：振，整也。如淳曰：振，起也；收散卒，自振迅而起。守濮陽，環水。文穎曰：決水以自環守爲固。環，音宦。沛公、項羽去，攻定陶。

八月，田榮擊逐齊王假，假亡走楚。【章：十二行本「楚」下有「田角亡走趙」五字；乙十一行本同；孔本同；張校同；退齋校同。】田間前救趙，因留不敢歸。田榮迺立儋子市爲齊王，榮相之。田橫爲將，平齊地。章邯兵益盛，項梁數使使告齊、趙發兵共擊章邯。田榮曰：「楚殺田假，趙殺角、間，乃出兵。」楚、趙不許。田榮怒，終不肯出兵。

13 郎中令趙高班表：郎中令，秦官，掌宮殿掖門戶。臣瓚曰：掌郎內諸臣，故曰郎中令；武帝改光祿勳。恃恩專恣，以私怨誅殺人衆多；恐大臣入朝奏事言之，乃說二世曰：「天子之所以貴者，但以聞聲，羣臣莫得見其面故也。且陛下富於春秋，謂少年，此云春秋多也。未必盡通諸事；今坐朝廷，譴舉有不當者，譴，去戰翻，責也。當，丁浪翻。則見短於大臣，非所以示神明於天下也。見，賢遍翻。陛下不如深拱禁中，蔡邕曰：本爲禁中，門閤有禁，非侍御之臣不得妄入；行道豹尾中亦爲禁中。與臣及侍中習法者待事，事來有以揆之。如此，則大臣不敢奏疑事，天下稱聖主矣。」二世用其計，乃不坐朝廷見大臣，常居禁中；趙高侍中用事，班表：秦制：侍中、左右曹、諸吏、散騎、中常侍皆加官，所加或列侯、卿、大夫、將軍、將、都尉、尚書、太醫、太官令，至郎中亡員，多至數十人；侍中、中常侍得入禁中。應劭曰：入侍天子，故曰侍中。後漢志：侍中，比二千石，掌侍左右，贊導衆事，顧問應對。事皆決於趙高。

高聞李斯以爲言，乃見丞相曰：「關東羣盜多，今上急益發繇，繇，讀曰傜，役也；古字借用。治阿房宮，治，直之翻。聚狗馬無用之物。臣欲諫，爲位賤，爲，于僞翻；下同。此眞君侯之事；君何不諫？」李斯曰：「固也，吾欲言之久矣。今時上不坐朝廷，常居深宮。吾所言者，不可傳也；欲見，無閒。」閒，古莧翻，隙也；又讀曰閑，餘暇也。趙高曰：「君誠能諫，請爲君候上閒，語君。」於是趙高侍【章：十二行本「侍」作「待」；乙十一行本同；孔本同；張校同。】二世方燕樂，婦女居前，使人告丞相：「上方閒，可奏事。」丞相至宮門上謁。如此者三。二世怒曰：「吾常多閒日，丞相不來；吾方燕私，丞相輒來請事！丞相豈少我哉，且固我哉？」少我，謂輕我以爲幼少也。固我，謂輕我以爲固陋也。趙高因曰：「夫沙丘之謀，丞相與焉。事見上卷始皇三十七年。與，讀曰預。今陛下已立爲帝，而丞相貴不益，此其意亦望裂地而王矣。且陛下不問臣，臣不敢言。丞相長男李由爲三川守，楚盜陳勝等皆丞相傍縣之子，傍縣，近縣也。李斯，汝南上蔡人；陳勝，潁川陽城人：汝南、潁川相近也。以故楚盜公行，過三川城，守【章：十二行本「守」作「皆」。】不肯擊。高聞其文書相往來，未得其審，故未敢以聞。且丞相居外，權重於陛下。」二世以爲然，欲案丞相；恐其不審，乃先使人按驗三川守與盜通狀。

李斯聞之，因上書言趙高之短曰：「高擅利擅害，與陛下無異。昔田常相齊簡公，竊其恩威，下得百姓，上得羣臣，卒弒簡公而取齊國，事見左傳。卒，子恤翻。此天下所明知也。今高有邪佚之志，危反之行，行，下孟翻。私家之富，若田氏之於齊矣，而又貪欲無厭，厭，於鹽翻；後以義推。求利不止，列勢次主，言趙高居中用事，其位列權勢次於人主也。其欲無窮，劫陛下之威信，其志若韓玘爲韓安相也。索隱曰：「玘」，一作「起」，並音怡，韓大夫，弒其君悼公者。然韓無悼公，或鄭之嗣君。按表：韓玘事昭侯，昭侯以下四世至王安，斯說非也。余觀李斯書意，正以胡亥亡國之禍近在旦夕，故指韓安以其用韓玘而亡韓之事警動之。韓安之時，其臣必有韓玘者，特史逸其事耳。李斯與韓安同時，而韓安亡國之事接乎胡亥之耳目，所謂「殷鑒不遠」也。索隱於數百載之下議其說為非，可乎！信，讀曰伸。陛下不圖，臣恐其必爲變也。」二世曰：「何哉！夫高，故宦人也；然不爲安肆志，不以危易心，潔行脩善，自使至此，以忠得進，以信守位，朕實賢之；所謂臨亂之君，各賢其臣也。行，下孟翻。而君疑之，何也？且朕非屬趙君，當誰任哉！屬，之欲翻。且趙君爲人，精廉強力，下知人情，上能適朕；君其勿疑！」二世雅愛趙【章：十二行本「趙」作「信」；乙十一行本同。】高，恐李斯殺之，乃私告趙高。高曰：「丞相所患者獨高；高已死，丞相即欲爲田常所爲。」

是時，盜賊益多，而關中卒發東擊盜者無已。右丞相馮去疾、左丞相李斯、將軍馮劫進諫曰：「關東羣盜並起，秦發兵誅【章：十二行本「誅」作「追」；乙十一行本同。】擊，所殺亡甚衆，然猶不止。盜多，皆以戍、漕、轉、作事苦，戍，征戍也；漕，水運也；轉，陸運也；作，役作也。事苦，言其事勞苦也。賦稅大也。請且止阿房宮作者，減省四邊戍、轉。」二世曰：「凡所爲貴有天下者，得肆意極欲，主重明法，謂君臣之勢，上之所主者重則下之勢輕，主重，猶言居重也。重，如字；康直龍切，非也。下不敢爲非，以制御四海矣。夫虞、夏之主，貴爲天子，親處窮苦之實以徇百姓，尚何於法！言尚何事於法也。處，昌呂翻。且先帝起諸侯，兼天下，天下已定，外攘四夷以安邊境，作宮室以章得意；而君觀先帝功業有緒。今朕卽位，二年之間，羣盜並起，君不能禁，又欲罷先帝之所爲，是上無以報先帝，次不爲朕盡忠力，何以在位！」下去疾、斯、劫吏，下，遐嫁翻。案責他罪。去疾、劫自殺；獨李斯就獄。二世以屬趙高治之，屬，之欲翻。責斯與子由謀反狀，皆收捕宗族、賓客。趙高治斯，榜掠千餘，榜，音彭，笞擊也。掠，音亮，考箠也。不勝痛，自誣服。自誣以反而服其罪也。勝，音升。

斯所以不死者，自負其辯，有功，實無反心，欲上書自陳，幸二世寤而赦之。乃從獄中上書曰：「臣爲丞相治民，三十餘年矣。治，直之翻。逮秦地之陜隘，不過千里，兵數十萬。臣盡薄材，陰行謀臣，資之金玉，使游說諸侯；陰脩甲兵，飭政教，官鬬士，尊功臣；故終以脅韓，弱魏，破燕、趙，夷齊、楚，卒兼六國，虜其王，立秦爲天子。又北逐胡、貉，卒，子恤翻。貉，莫客翻，北方國，豸種。南定百越，以見秦之強。見，賢遍翻。更剋畫平斗斛、度量、文章，布之天下，以樹秦之名。此皆臣之罪也，臣當死久矣！上幸盡其能力，乃得至今。願陛下察之！」書上，趙高使吏棄去不奏，曰：「囚安得上書！」

趙高使其客十餘輩詐爲御史、謁者、侍中，更往覆訊斯，御史之名，周官有之；戰國亦有御史，秦、趙澠池之會，各命書其事，則皆記事之職；至秦、漢爲糾察之任。更，迭也。覆，審也。訊，問也。更，工衡翻。斯更以其實對，輒使人復榜之。後二世使人驗斯，斯以爲如前，終不敢更言。辭服，奏當上。奏當者，獄具而奏當處其罪也。漢路溫舒曰：奏當之成，雖咎繇聽之，猶以爲死有餘辜。上，時掌翻。二世喜曰：「微趙君，幾爲丞相所賣！」幾，居依翻。及二世所使案三川守由者至，則楚兵已擊殺之。使者來，會丞相下吏，高皆妄爲反辭以相傅會，傅，讀曰附；凡傅會之傅皆同音。遂具斯五刑論，班志：秦法：當三族者，皆先黥、劓，斬左右止，笞殺之，梟其首，葅其骨肉於市；其誹謗、詈詛者，又先斷舌：謂之具五刑。腰斬咸陽市。斯出獄，與其中子俱執。中，讀曰仲。顧謂其中子曰：「吾欲與若復牽黃犬，俱出上蔡東門逐狡兔，豈可得乎！」遂父子相哭而夷三族。二世乃以趙高爲丞相，事無大小皆決焉。

14 項梁已破章邯於東阿，引兵西，北【章：十二行本「北」作「比」；孔本同。】至定陶，再破秦軍。項羽、沛公又與秦軍戰於雍丘，班志，雍丘縣屬陳留郡，故杞國也。史記正義曰：雍丘，今汴州縣。大破之，斬李由。項梁益輕秦，有驕色。宋義諫曰：「戰勝而將驕卒惰者，敗。今卒少惰矣，秦兵日益，臣爲君畏之！」項梁弗聽。乃使宋義使於齊，道遇齊使者高陵君顯，晉灼曰：高陵縣屬琅邪郡。曰：「公將見武信君乎？」曰：「然。」曰：「臣論武信君必敗；公徐行卽免死，疾行則及禍。」二世悉起兵益章邯擊楚軍，大破之定陶，項梁死。

時連雨，自七月至九月。項羽、沛公攻外黃未下，班志，外黃縣屬陳留郡。張晏曰：魏郡有內黃，故曰外。括地志曰：故周城卽外黃之地，在雍丘縣之東。去，攻陳留；班志，陳留縣屬陳留郡。孟康曰：留，鄭邑也，後爲陳所幷，故曰陳留。臣瓚曰：宋亦有留，彭城留是也；留屬陳者稱陳留。括地志：陳留，汴州縣，在州東五十里。聞武信君死，士卒恐，乃與將軍呂臣引兵而東，徙懷王自盱眙都彭城。班志，彭城縣屬楚國。彭門記：彭祖，顓頊之玄孫，至商末壽及七百六十七歲，今墓猶存，故邑號彭城。呂臣軍彭城東；項羽軍彭城西；沛公軍碭。

15 魏豹下魏二十餘城；楚懷王立豹爲魏王。

16 後九月，文穎曰：卽閏九月。時律曆廢，不知閏，故謂之後九月。如淳曰：時因秦以十月爲歲首，至九月則歲終；後九月卽閏月。師古曰：文說非也。若以律曆廢不知閏者，則當徑謂之十月，不應有後九月。蓋秦之曆法，應置閏者總置於歲末，此意當取左傳歸餘於終耳。何以明之？據漢表及史記，漢未改秦曆之前，迄至高后、文帝，屢書後九月；是知固然，非曆廢也。貢父曰：予謂顏說後九月亦爲未盡。秦知置曆有閏，何故皆以爲九月乎？蓋司馬氏爲史記，既以秦正月稱十月，遂以閏月溥爲後九月。是司馬氏如此敍之，非秦法也。楚懷王幷呂臣、項羽軍，自將之；以沛公爲碭郡長，蘇林曰：長，如郡守也。封武安侯，將碭郡兵；封項羽爲長安侯，號爲魯公；呂臣爲司徒，其父呂青爲令尹。

17 章邯已破項梁，以爲楚地兵不足憂，乃渡河，北擊趙，大破之；引兵至邯鄲，皆徙其民河內，夷其城郭。張耳與趙王歇走入鉅鹿城，班志，鉅鹿縣屬鉅鹿郡。應劭曰：鹿，林之大者。臣瓚曰：山足曰鹿。括地志曰：今邢州平鄉城本鉅鹿。宋白曰：十三州志：鉅鹿，堯時大麓之地；禹爲大陸之野；秦滅趙，置鉅鹿郡。鉅，亦大稱也。王離圍之。陳餘北收常山兵，得數萬人，軍鉅鹿北；章邯軍鉅鹿南棘原。趙數請救於楚。數，所角翻；下同。

高陵君顯在楚，見楚王曰：「宋義論武信君之軍必敗；居數日，軍果敗。兵未戰而先見敗徵，徵，讀曰證。此可謂知兵矣！」王召宋義與計事而大說之，說，讀曰悅。因置以爲上將軍，項羽爲次將，范增爲末將，以救趙。諸別將皆屬宋義，號爲「卿子冠軍」。如淳曰：卿者，大夫之號；子者，子男之爵；冠軍，人之首也。文穎曰：卿子，人相褒尊之稱，猶言公子也；上將，故言冠軍。劉伯莊曰：公之子爲公子；卿子，謂卿之子也。師古曰：冠軍，言其在諸軍之上。

初，楚懷王與諸將約：「先入定關中者王之。」秦地西有隴關，東有函谷關，南有武關，北有臨晉關，西南有散關；秦地居其中，故謂之關中。註已見前。當是時，秦兵強，常乘勝逐北，諸將莫利先入關；言莫有以入關爲利者，蓋畏秦也。獨項羽怨秦之殺項梁，奮【章：乙十一行本「奮」下有「勢」字；孔本同；張校同。】願與沛公西入關。懷王諸老將皆曰：「項羽爲人，慓悍猾賊，慓，疾也；悍，勇也；猾，狡也；賊，殘害也。慓，頻妙翻，又匹妙翻。悍，下旦翻，又下罕翻。嘗攻襄城，襄城無遺類，皆阬之；諸所過無不殘滅。且楚數進取，前陳王、項梁皆敗，不如更遣長者，扶義而西，師古曰：扶，助也，以義自助也。余謂扶義，猶言杖義也。告諭秦父兄。秦父兄苦其主久矣，今誠得長者往，無侵暴，宜可下。項羽不可遣；獨沛公素寬大長者，可遣。」懷王乃不許項羽，而遣沛公西略地，收陳王、項梁散卒以伐秦。

沛公道碭，至陽城與杠里，道碭，自碭取道而西也。此據班書書之。「陽城」，史記作「成陽」。韋昭註曰：在潁川，則是謂陽城也。索隱曰：在濟陰，則是謂成陽也。杠里，孟康、服虔皆以爲縣名，而班志無之。余按沛公之兵自碭而攻秦，道成陽與杠里，而後破東郡尉於成武。成陽縣屬濟陰，成武縣屬山陽。濟陰，唐爲曹州，成武屬焉。若取道潁川之陽城，當自此西趨洛、陜，安得復至成武耶！書成陽爲是。杠里之地，蓋在成陽、成武之間。杠，音江。攻秦壁，破其二軍。

三年（甲午、前二〇七）

1 冬，十月，齊將田都畔田榮，助楚救趙。爲項羽封田都張本。

2 沛公攻破東郡尉於成武。秦滅衞，置東郡。尉，郡尉也。班志，成武卽衞楚丘地。括地志：今曹州縣。

3 宋義行至安陽，師古曰：今相州安陽縣。索隱曰：傅寬傳云「從攻安陽、杠里」，則當俱在河南；師古以爲相州縣，按此兵猶未渡河，不應卽至相州安陽。後魏書地形志：己氏有安陽城，後改己氏爲楚丘，今宋州楚丘西北四十里有安陽故城是也。留四十六日不進。項羽曰：「秦圍趙急，宜疾引兵渡河；楚擊其外，趙應其內，破秦軍必矣！」宋義曰：「不然。夫搏牛之蝱，不可以破蟣蝨。蘇林曰：蝱喻秦，蝨喻章邯等，言小大不同勢，欲滅秦當先寬邯等也。如淳曰：言本欲以大力伐秦而不可以救趙也。師古曰：搏，擊也；言以手擊牛之背，可以殺其上蝱而不能破蝨。今將兵力欲滅秦，不可盡力與邯戰，卽未能禽，徒費力也。如說近之。搏，音博。蝱，音盲。蟣，居喜翻。蝨，音瑟。今秦攻趙，戰勝則兵疲，我承其敝；不勝，則我引兵鼓行而西，必舉秦矣。鼓行者，擊鼓而行，堂堂之陳也。故不如先鬭秦、趙。夫被堅執鋭，義不如公；坐運籌策，公不如義。」因下令軍中曰：「有猛如虎，狠如羊，狠，何墾翻。此併下三語，指項羽也。貪如狼，強不可使者，皆斬之！」

乃遣其子宋襄相齊，身送之至無鹽，班志，東平國有無鹽縣。索隱曰：在今鄆州之東。飲酒高會。師古曰：高會者，大會也。天寒，大雨，士卒凍飢。項羽曰：「將勠力而攻秦，久留不行。今歲饑民貧，士卒食半菽，菽，豆也。臣瓚曰：士卒食蔬菜，以菽雜半之。軍無見糧，言軍無見在之糧。見，賢遍翻。乃飲酒高會。不引兵渡河，因趙食，與趙并力攻秦，乃曰『承其敝』。夫以秦之強，攻新造之趙，其勢必舉。趙舉秦強，何敝之承！且國兵新破，王坐不安席，掃境內而專屬於將軍，屬，之欲翻；下道屬同。國家安危，在此一舉。今不恤士卒而徇其私，非社稷之臣也！」徇其私，謂身送其子相齊也。

十一月，項羽晨朝上將軍宋義，朝，直遙翻。即其帳中斬宋義頭。出令軍中曰：「宋義與齊謀反楚，楚王陰令籍誅之！」當是時，諸將皆慴服，莫敢枝梧，如淳曰：枝梧，猶枝扞也。臣瓚曰：小柱爲枝，邪柱爲梧，今屋極邪柱也。皆曰：「首立楚者，將軍家也；今將軍誅亂。」乃相與共立羽爲假上將軍。以未得懷王之命，故且爲假。使人追宋義子，及之齊，殺之。使桓楚報命於懷王。懷王因使羽爲上將軍。

4 十二月，沛公引兵至栗，遇剛武侯，應劭曰：剛武侯，楚懷王將。功臣表：「棘蒲剛侯陳武」，武，一姓柴，宜爲「剛侯武」，魏將也。孟康曰：功臣表：「以將軍起薛，至霸上，入漢中」，非懷王將，又非魏將，例未有稱謚者。師古曰：史失其姓名，惟識其爵號，不知誰也。不當改「剛武侯」爲「剛侯武」；應說非也。奪其軍四千餘人，并之；與魏將皇欣、武滿軍合攻秦軍，破之。皇，姓也。左傳，鄭有大夫皇頡。

5 故齊王建孫安下濟北，濟水以北之地，聊城、博陽諸城是也。從項羽救趙。爲項羽王田安張本。

6 章邯築甬道屬河，餉王離。恐敵抄其糧運，故夾築垣牆以通餉道。屬，之欲翻。餉，式亮翻。王離兵食多，急攻鉅鹿。鉅鹿城中食盡、兵少，張耳數使人召前陳餘。召前者，召陳餘使前救鉅鹿也。陳餘度兵少，不敵秦，不敢前。度，徒洛翻；下同。數月，張耳大怒，怨陳餘，使張黶、陳澤往讓陳餘曰：史記正義：澤，音釋。「始吾與公爲刎頸交，今王與耳旦暮且死，而公擁兵數萬，不肯相救，安在其相爲死！相爲，于僞翻；下欲爲同。苟必信，胡不赴秦軍俱死；且有十一二相全。」言十分之中冀有一二分得以勝秦而相保全也。陳餘曰：「吾度前終不能救趙，徒盡亡軍。度，徒洛翻。且餘所以不俱死，欲爲趙王、張君報秦。今必俱死，如以肉委餓虎，何益！」張黶、陳澤要以俱死。餘乃使黶、澤將五千人先嘗秦軍，嘗，試也。至，皆沒。當是時，齊師、燕師皆來救趙，張敖亦北收代兵，得萬餘人，來，張敖，耳之子也。皆壁餘旁，未敢擊秦。

項羽已殺卿子冠軍，威震楚國，乃遣當陽君、蒲將軍將卒二萬渡河救鉅鹿。戰少利，言其戰略有利也。絕章邯甬道，王離軍乏食。陳餘復請兵。復，扶又翻。項羽乃悉引兵渡河，皆沈船，破釜、甑，燒廬舍，持三日糧，以示士卒必死，無一還心。於是至則圍王離，與秦軍遇，九戰，大破之；章邯引兵卻。諸侯兵乃敢進擊秦軍，遂殺蘇角，虜王離；涉閒不降，自燒殺。涉，姓也。閒，名也。當是時，楚兵冠諸侯；冠，古玩翻。軍救鉅鹿者十餘壁，莫敢縱兵。及楚擊秦，諸侯將【章：十二行本「將」下有「皆」字；乙十一行本同；孔本同；張校同。】從壁上觀。楚戰士無不一當十，呼聲動天地，將，卽亮翻。呼，火故翻。諸侯軍無不人人惴恐。惴，之睡翻。於是已破秦軍，項羽召見諸侯將；諸侯將入轅門，張晏曰：軍行，以車爲陳，轅相向爲門。師古曰：周禮掌舍：王行則設車宮、轅門。杜佑曰：昂車，以其轅表門。無不膝行而前，莫敢仰視。項羽由是始爲諸侯上將軍，諸侯皆屬焉。

於是趙王歇及張耳乃得出鉅鹿城謝諸侯。張耳與陳餘相見，責讓陳餘以不肯救趙；及問張黶、陳澤所在，疑陳餘殺之，數以問餘。數，所角翻。餘怒曰：「不意君之望臣深也！望，怨望也，又責望也。爾雅翼曰：怨者必望，故以望爲怨，「不意君之望臣深」是也。豈以臣爲重去將印哉？」重，難也；言豈以去將印爲難也。豈，疑辭。重，如字。乃脫解印綬，推與張耳；推，通回翻。張耳亦愕不受。陳餘起如廁。客有說張耳曰：「臣聞『天與不取，反受其咎。』索隱曰：此辭出國語。今陳將軍與君印，君不受；反天不祥。急取之！」張耳乃佩其印，收其麾下。而陳餘還，亦望張耳不讓，遂趨出，獨與麾下所善數百人之河上澤中漁獵。爲張耳、陳餘相攻殺張本。趙王歇還信都。

春，二月，沛公北擊昌邑，班志，昌邑縣屬山陽郡。括地志曰：曹州成武縣東北三十二里有梁丘故城，是也。賢曰：昌邑故城，在兗州金鄉縣西北。班志：山陽郡鉅野縣有大野澤。鉅野縣，唐屬鄆州。遇彭越；彭越以其兵從沛公。姓譜：彭姓，大彭之後。越，昌邑人，常漁鉅野澤中，爲羣盜。陳勝、項梁之起，澤間少年相聚百餘人，往從彭越曰：「請仲爲長。」彭越，字仲。長，知兩翻；下同。越謝曰：「臣不願也。」少年強請，乃許；強，其兩翻。與期旦日日出會，索隱曰：旦日，謂明日之朝日出時也。後期者斬。旦日日出，十餘人後，後者至日中。於是越謝曰：「臣老，諸君強以爲長。今期而多後，不可盡誅，誅最後者一人。」令校長斬之。校長，一校之長。皆笑曰：「何至於【章：十二行本無「於」字；乙十一行本同；孔本同。】是！請後不敢。」於是越引一人斬之，設壇祭，令徒屬，【章：乙十一行本重「徒屬」二字。】皆大驚，莫敢仰視。乃略地，收諸侯散卒，得千餘人，遂助沛公攻昌邑。

昌邑未下，沛公引兵西過高陽。文穎曰：高陽，聚邑名，屬陳留圉縣。臣瓚曰：陳留傳：高陽在雍丘西南。水經註：睢水首受陳留浚儀浪蕩水，東逕高陽故亭北。高陽人酈食其，家貧落魄，酈，音歷；姓譜：黃帝之支孫封於酈，後以爲氏。食其，音異基。鄭氏曰：魄，音薄。應劭曰：落魄，志行衰薄之貌。師古曰：落魄，失業無次也。爲里監門。沛公麾下騎士適食其里中人，食其見，謂曰：「諸侯將過高陽者數十人，吾問其將皆握齪，好苛禮，握齪，急促貌。苛，細也。齪，初角翻。自用，不能聽大度之言。吾聞沛公慢而易人，多大略，易，以豉翻。此眞吾所願從游，莫爲我先。索隱曰：先，謂先容，言無人爲我作紹介也。若見沛公，若，汝也。謂曰：『臣里中有酈生，年六十餘，長八尺，人皆謂之狂生。生自謂「我非狂生」。』」騎士曰：「沛公不好儒，諸客冠儒冠來者，客冠，古玩翻。沛公輒解其冠，溲溺其中，溲，所由翻。溺，乃弔翻。溲，卽溺也。與人言，常大罵；未可以儒生說也。」酈生曰：「第言之。」第，但也。騎士從容言，如酈生所誡者。從，千容翻。

沛公至高陽傳舍，師古曰：傳置之舍，人所止息，前人已去，後人復來，轉相傳也。傳，張戀翻。使人召酈生。酈生至，入謁。沛公方倨牀，使兩女子洗足而見酈生。倨，與踞同。洗，先典翻。樂彥曰：牀邊曰倨。酈生入，則長揖不拜，曰：「足下欲助秦攻諸侯乎，且欲率諸侯破秦也？」沛公罵曰：「豎儒！天下同共【章：十二行本無「共」字；乙十一行本同；孔本同。】苦秦久矣，故諸侯相率而攻秦，何謂助秦攻諸侯乎！」酈生曰：「必聚徒、合義兵誅無道秦，不宜倨見長者！」於是沛公輟洗，起，攝衣，史記正義曰：攝，斂著也。余謂攝衣，起而持其衣也。延酈生上坐，謝之。酈生因言六國從橫時。沛公喜，賜酈生食，問曰：「計將安出？」酈生曰：「足下起糾合之衆，收散亂之兵，不滿萬人；欲以徑入強秦，此所謂探虎口者也。探，吐南翻。夫陳留，天下之衝，四通五達之郊也；如淳曰：四面往來通之，并數中央爲五達也。臣瓚曰：四通五達，言無險阻。今其城中又多積粟。臣善其令，請得使之令下足下；令下之令，力丁翻，使也。下，降也。即不聽，足下引兵攻之，臣爲內應。」於是遣酈生行，沛公引兵隨之，遂下陳留；號酈食其爲廣野君。酈生言其弟商。時商聚少年得四千人，來屬沛公，沛公以爲將，將陳留兵以從。酈生常爲說客，使諸侯。

7 三月，沛公攻開封，未拔；班志，開封縣屬河南郡。宋白曰：今縣南五十里開封古城，是漢理所。西與秦將楊熊會戰白馬，又戰曲遇東，後漢志，河南中牟縣有曲遇聚。蘇林曰：曲，音齲。遇，音顒。師古曰：齲，音丘羽翻。大破之。楊熊走之滎陽，二世使使者斬之以徇。

夏，四月，沛公南攻潁川，屠之。潁川郡治陽翟。因張良，遂略韓地。文潁曰：河南新鄭南至潁川，皆韓地也。張良家世相韓，故因之。時趙別將司馬卬方欲渡河入關，沛公乃北攻平陰，班志，平陰縣屬河南郡。史記正義曰：今河陰是。絕河津南，戰洛陽東。軍不利，南出轘轅，後漢志：河南緱氏縣有轘轅關。臣瓚曰：險道名也，在緱氏縣東南。索隱曰：轘轅爲九十二曲，是險道也。轘，音環。張良引兵從沛公；沛公令韓王成留守陽翟，與良俱南。

六月，與南陽守齮戰犨東，破之，齮，魚豈翻。班志，犨縣屬南陽郡。水經註：滍水出魯陽縣西，逕犨縣故城北。犨，昌牛翻。略南陽郡；南陽守走保城，守宛。宛，南陽郡治所。括地志曰：宛故城，在宛大城之南隅，其西南有二面是。師古曰：宛，於元翻。沛公引兵過宛，西；張良諫曰：「沛公雖欲急入關，秦兵尚衆，距險；依險以距敵也。今不下宛，宛從後擊，強秦在前，此危道也！」於是沛公乃夜引軍從他道還，偃旗幟，旗，旂之屬。幟，卽幖也。或曰：旗幟，總稱。幟，昌志翻。遲明，圍宛城三匝。文穎曰：遲，未也，天未明之頃已圍其城矣。師古曰：文說得其大意耳。此言圍城事畢，然後天明。明遲於事，故曰遲明；變爲去聲，音丈二翻。南陽守欲自剄，其舍人陳恢曰：「死未晚也。」乃踰城見沛公曰：「臣聞足下約先入咸陽者王之。今足下留守宛，宛郡縣連城數十，其吏民自以爲降必死，故皆堅守乘城。今足下盡日止【章：十二行本「止」作「上」；乙十一行本同。】攻，士死傷者必多；引兵去宛，宛必隨足下後。足下前則失咸陽之約，後有強宛之患。爲足下計，莫若約降封其守，因使止守，引其甲卒與之西。諸城未下者，聞聲爭開門而待足下，足下通行無所累。」累，力瑞翻。沛公曰：「善！」秋，七月，南陽守齮降，封爲殷侯；封陳恢千戶。

引兵西，無不下者。至丹水，班志，丹水縣屬弘農郡。括地志曰：故丹城，在鄧州內鄉縣西南百二十里，南去丹水二百步。汲冢紀年曰：后稷放帝子丹朱於丹水。輿地志云：卽秦時丹水縣。高武侯鰓、襄侯王陵降。鰓，音魚鰓之鰓，先才翻；人名也，史失其姓。韋昭曰：漢封王陵爲安國侯。陵初起兵在南陽，南陽有穰縣，疑「襄」當爲「穰」，而無「禾」，字省耳。臣瓚曰：時韓成封穰侯。江夏有襄，是陵所封也。師古曰：王陵亦非安國者；韋昭改「襄」爲「穰」，蓋亦穿鑿。索隱曰：王陵封安國侯，是定天下爲丞相時封耳；此言襄侯，當如臣瓚解，蓋初封江夏之襄也。還攻胡陽，遇番君別將梅鋗，姓譜：梅本自子姓，殷有梅伯，爲紂所醢。與偕攻析、酈，皆降。班志，南陽郡有湖陽縣，故廖國。析縣屬弘農郡，本楚之白羽也。酈縣屬南陽郡。師古曰：析，今內鄉縣；酈，今菊潭縣。鋗，呼玄翻。析，先歷翻。酈，直益翻，又郎益翻。廖，力救翻。所過亡得鹵掠，亡，古毋、無二字通。鹵，與虜同。秦民皆喜。

8 王離軍既沒，章邯軍棘原，項羽軍漳南，括地志：濁漳水一名漳水，今俗名柳河，在邢州平鄉縣南。相持未戰。秦軍數卻，數，所角翻。二世使人讓章邯。章邯恐，使長史欣請事；至咸陽，留司馬門師古曰：凡言司馬門者，宮垣之內，兵衞所在，四面皆有司馬主武事；總言之，外門爲司馬門。三日，趙高不見，有不信之心。長史欣恐，還走其軍，走，音奏。不敢出故道。趙高果使人追之，不及。欣至軍，報曰：「趙高用事於中，下無可爲者。今戰能勝，高必疾妬吾功；不能勝，不免於死。願將軍孰計之！」孰，古熟字通；後以義推。

陳餘亦遺章邯書曰：「白起爲秦將，南征鄢郢，北阬馬服，攻城略地，不可勝計，而竟賜死。馬服，謂趙括也。白起事，並見五卷赧王紀。遺，于季翻。勝，音升。蒙恬爲秦將，北逐戎人，開榆中地數千里，竟斬陽周。事見上卷始皇紀。何者？功多，秦不能盡封，因以法誅之。今將軍爲秦將三歲矣，所亡失以十萬數；而諸侯並起滋益多。彼趙高素諛日久，今事急，亦恐二世誅之，故欲以法誅將軍以塞責，使人更代將軍以脫其禍。夫將軍居外久，多內郤，塞，悉則翻。

更，工衡翻。郤，讀曰隙。有功亦誅，無功亦誅。且天之亡秦，無愚智皆知之。今將軍內不能直諫，外爲亡國將，孤特獨立而欲常存，豈不哀哉！將軍何不還兵與諸侯爲從，從，子容翻。約共攻秦，分王其地，南面稱孤！此孰與身伏鈇質，妻子爲戮乎？」何休曰：伏鈇質，要斬之罪。崔浩曰：質，斬人椹也。師古曰：質，謂鍖也。古者斬人，加於鍖上而斫之。鈇，音夫，又匪父翻。

章邯狐疑，狐性多疑，每渡河，聽冰，且聽且渡；故以喻人之懷疑不決者。陰使候始成使項羽，鄭氏曰：候，軍候也。始，姓也；成，名也。欲約。約未成，項羽使蒲將軍日夜引兵渡三戶，服虔曰：三戶，漳水津也。孟康曰：在鄴西三十里。水經註曰：漳水東逕三戶峽，爲三戶津。括地志：三戶津，在相州滏陽縣界。軍漳南，與秦軍戰，再破之。項羽悉引兵擊秦軍汙水上，水經註：汙水出武安山東南，逕汙城北入漳。郡國志：鄴縣有汙城。師古曰：汙水在鄴西南。史記正義曰：汙水源出懷州河內縣太行山。又云：故邘城在河內縣西北二十七里，古邘國地也。余據此時章邯與項羽相持於邢、相之間，正義以爲河內汙水，非也。汙，音于。大破之。章邯使人見項羽，欲約。項羽召軍吏謀曰：「糧少，欲聽其約。」軍吏皆曰：「善！」項羽乃與期洹水南殷虛上。應劭曰：洹水在湯陰界。殷虛，故殷都也。臣瓚曰：洹水在今安陽縣北，去朝歌殷都一百五十里，然則此殷虛非朝歌也。汲冢古文曰：昔殷盤庚遷於北冢，曰殷虛，南去鄴三十里。是舊殷乎！然則朝歌非盤庚所遷者。索隱曰：按釋例：洹水出汲郡林慮縣，東北至長樂入清水，是也。汲冢古文曰：盤庚自奄遷于北冢，曰殷虛，南去鄴三十里。是殷虛舊地名號北冢也。宋白曰：相州安陽縣，其地卽紂之都。戰國策云：紂聚兵百萬，左飲淇水竭，右飲洹水不流。按邑地在淇、洹二水之間，本殷墟；所謂北冢，卽此地。七國時爲魏寧新中邑。史記曰：秦昭襄王拔魏寧新中邑，更名安陽。虛，讀與墟字同。已盟，章邯見項羽而流涕，爲言趙高。項羽乃立章邯爲雍王，爲言之爲，于僞翻。雍，於用翻。置楚軍中；使長史欣爲上將軍，將秦軍爲前行。行，戶剛翻。

9 瑕丘申陽下河南，引兵從項羽。服虔曰：瑕丘，縣名；申，姓；陽，名也。班志，山陽郡有瑕丘縣。瑕，音遐。河南，卽漢河南郡地。姓譜：四岳之後封於申，周有申伯。左傳，齊有申鮮虞，楚有申叔。

10 初，中丞相趙高史記，李斯既死，二世拜趙高爲中丞相，蓋以其宦人，得入禁中。欲專秦權，恐羣臣不聽，乃先設驗，持鹿獻於二世曰：「馬也。」二世笑曰：「丞相誤邪，謂鹿爲馬？」問左右，【章：十二行本重「左右」二字；乙十一行本同。】或默，或言馬以阿順趙高，或言鹿者。高因陰中諸言鹿者以法。中，竹仲翻。後羣臣皆畏高，莫敢言其過。

高前數言「關東盜無能爲也」；及項羽虜王離等，而章邯等軍數敗，數，所角翻。上書請益助。自關以東，大抵盡畔秦吏，應諸侯；諸侯咸率其衆西鄉。鄉，讀曰嚮。八月，沛公將數萬攻武關，屠之。高恐二世怒，誅及其身，乃謝病，不朝見。

二世夢白虎齧其左驂馬，殺之，以馬駕車夾轅曰服，兩旁曰驂。驂，七含翻。心不樂，樂，音洛。怪問占夢。周禮：春官之屬有占夢，掌其歲時，觀天地之會，辨陰陽之氣，以日、月、星、辰占六夢之吉凶：一曰正夢，二曰噩夢，三曰思夢，四曰寤夢，五曰喜夢，六曰懼夢。卜曰：「涇水爲祟。」祟，雖遂翻，人禍也，鬼厲也。

二世乃齋於望夷宮，張晏曰：望夷宮在長陵西北，長平觀道東故亭處是也；臨涇水作之，以望北夷。括地志曰：在雍州咸陽縣東南八里。欲祠涇水，沈四白馬。沈，持林翻。使使責讓高以盜賊事。高懼，乃陰與其壻咸陽令閻樂姓譜：太伯曾孫仲奕封於閻鄉。又曰：唐叔虞之後，晉成公子懿食采於閻。左傳，齊有閻職，晉有閻嘉。及弟趙成謀曰：「上不聽諫；今事急，欲歸禍於吾。欲易置上，更立子嬰。子嬰仁儉，百姓皆載其言。」乃使郎中令爲內應，詐爲有大賊，令樂召吏發卒追，劫樂母置高舍。遣樂將吏卒千餘人至望夷宮殿門，縛衛令僕射，曰：衛尉掌宮門屯兵，其屬有衛士令。秦官自侍中、尚書、博士、郎及軍屯吏騶、永巷皆有僕射，取其領事之號。「賊入此，何不止？」衛令曰：「周廬設卒甚謹，胡廣曰：周廬者，衛士於周垣內爲區廬。師古曰：區廬者，今之仗宿屋。薛綜曰：士傅宮外，內爲廬舍，晝則巡行非常，夜則警備不虞。安得賊，敢入宮！」樂遂斬衛令，直將吏入，行射郎、宦者。射，而亦翻。郎屬郎中令，宦者屬少府。郎、宦者大驚，或走，或格；格者輒死，死者數十人。郎中令與樂俱入，射上幄坐幃。三禮圖曰：上下四旁悉周曰幄。幄，乙角翻。幃，羽非翻，單帳也。二世怒，召左右，左右皆惶擾不鬬。旁有宦者一人侍，不敢去。二世入內，謂曰：「公何不早告我，乃至於此！」宦者曰：「臣不敢言，故得全；使臣早言，皆已誅，安得至今！」閻樂前即二世，即，就也。數曰：「足下驕恣，誅殺無道，天下共畔足下；足下其自爲計！」二世曰：「丞相可得見否？」樂曰：「不可！」二世曰：「吾願得一郡爲王。」弗許。又曰：「願爲萬戶侯。」弗許。

曰：「願與妻子爲黔首，比諸公子。」閻樂曰：「臣受命於丞相，爲天下誅足下；爲，于僞翻。足下雖多言，臣不敢報！」麾其兵進。二世自殺。閻樂歸報趙高。趙高乃悉召諸大臣、公子，告以誅二世之狀，曰：「秦故王國；始皇君天下，故稱帝。今六國復自立，秦地益小，乃以空名爲帝，不可；宜【章：十二行本「宜」下有「爲王」二字；乙十一行本同；孔本同。】如故，便。」乃立子嬰爲秦王。以黔首葬二世杜南宜春苑中。宜春苑在杜縣南，漢起宜春觀於此地。

九月，趙高令子嬰齋戒，【章：十二行本無「戒」字；乙十一行本同。】當廟見，受玉璽；玉璽，卽以卞和玉所刻傳國璽。見，賢遍翻。齋五日。子嬰與其子二人謀曰：「丞相高殺二世望夷宮，恐羣臣誅之，乃詐【章：十二行本「詐」作「詳」；孔本同。乙十一行本作「佯」。張校作「佯」。】以義立我。我聞趙高乃與楚約，滅秦宗室而分王關中。今使我齋、見廟，此欲因廟中殺我。我稱病不行，丞相必自來；來則殺之。」高使人請子嬰數輩，子嬰不行。高果自往，曰：「宗廟重事，王柰何不行？」子嬰遂刺殺高於齋宮，刺，七亦翻。三族高家以徇。

遣將兵距嶢關，應劭曰：嶢山之關。李奇曰：在上洛北，藍田南，武關之西。土地記：嶢關，地名；嶢柳道通荆州。晉地道記曰：嶢關當上洛西北。嶢，音堯。沛公欲擊之。張良曰：「秦兵尚強，未可輕。願先遣人益張旗幟於山上爲疑兵，使酈食其、陸賈往說秦將，啗以利。」師古曰：啗者，本爲食啗耳，音徒敢翻；以食餧人，令其啗食，音則改變爲徒濫翻。今言以利誘之，取食爲譬。秦將果欲連和；沛公欲許之。張良曰：「此獨其將欲叛，恐其士卒不從；不如因其懈怠擊之。」沛公引兵繞嶢關，踰蕢山，宋敏求長安志曰：嶢關卽藍田關，在縣東南九十里。蕢山在縣東南二十五里。蕢，鄭氏音匱；師古從蘇林音蒯。擊秦軍，大破之藍田南。遂至藍田，又戰其北，秦兵大敗。

聶崇岐標點顧頡剛覆校

資治通鑑卷第九

翰林學士朝散大夫右諫議大夫知制誥兼侍講同提舉萬壽觀公事
兼判集賢院上護軍河内郡開國侯食邑一千三百戶賜紫金魚袋臣　司馬光　奉敕編集
後　學　天　台　胡三省　音　註

漢紀一

起旃蒙協洽（乙未），盡柔兆涒灘（丙申），凡二年。

項羽之分天下，王諸將也，王沛公於巴、蜀、漢中，曰漢王。王怒，欲攻羽。蕭何諫曰：「語曰『天漢』，其稱甚美。」於是就國。及滅項羽，有天下，遂因始封國名而號曰漢。【章：「項羽至曰漢」，乙十一行本無此五十九字。】

太祖高皇帝上之上

姓劉氏，諱邦，字季；沛豐邑中陽里人。張晏曰：謚法無高，以帝爲功最高而爲帝之太祖，故特起此名焉。【章：乙十一行本「人」下有「秦二世元年，陳涉起蘄，沛父老立季爲沛公；二年，項羽更立爲漢王，明年稱漢元年；五年卽帝位。」三十七字。無「張晏」至「名焉」二十五字。】

元年（乙未、前二〇六）

1 冬，十月，古有三正：子爲天正，周用之，以十一月爲歲首；丑爲地正，殷用之，以十二月爲歲首；寅爲人正，夏用之，以十三月爲歲首。秦，水德，謂建亥之月水得位，故以十月爲歲首。高祖以十月至霸上，因而不革。至武帝太初元年，定曆，改用夏正，始以寅爲歲首；至于今因之。**沛公至霸上；**考異曰：史記、漢書、荀悅漢紀，皆云「是月五星聚東井」。按魏收後魏書高允傳：崔浩集諸術士考校漢元以來日月薄蝕、五星行度，并譏前史之失，別爲魏曆，以示允。允曰：「善言遠者必先驗於近。且漢元年冬十月五星聚於東井，此乃曆術之淺事。今譏漢史而不覺此謬，恐後之譏今猶今之譏古。」浩曰：「所繆云何？」允曰：「按星傳：金、水二星常附日而行，冬十月，日旦在尾、箕，昏沒於申南，而東井方出於寅北，二星何因背日而行！是史官欲神其事，不復推之於理。」浩曰：「欲爲變者，何所不可！君獨不疑三星之聚，而怪二星之來。」允曰：「此不可以空言爭，宜更審之。」時坐者咸怪。東宮少傅游雅曰：「高君長於曆，當不虛言也。」後歲餘，浩謂允曰：「先所論者，本不經心；及更考究，果如君語，以前三月聚於東井，非十月也。」今從之，十月不言五星聚。**秦王子嬰素車、白馬，係頸以組，封皇帝璽、符、節，降軹道旁。**應劭曰：子嬰不敢襲帝號，但稱王耳。素車、白馬，喪人之服。組者，天子韍也。係頸，言欲自殺也。師古曰：此組，謂綬也，所以帶璽也。組，總五翻，今綬紛絛是也。應劭曰：璽，信也；古者尊卑共之。左傳：襄公在楚，季武子使公冶問璽書，追而與之。秦、漢尊者以爲信，羣下乃避之。漢官儀曰：子嬰上始皇璽，因服御之；代代傳受，號「漢傳國璽」。沈約曰：高祖入關，得秦始皇藍田玉璽，螭虎紐，文曰「受天之命，皇帝壽昌」。後代名傳國璽。史記正義曰：天子有六璽：皇帝行璽，皇帝之璽，皇帝信璽，天子行璽，天子之璽，天子信璽。皇帝信璽，凡事皆用之，璽令施行。天子信璽，以遷拜、封諸侯之璽，以發兵，皆以武都紫泥封。虞喜志林曰：傳國璽自在六璽之外；天子凡七璽。符，說文曰：信也。韋昭曰：符，發兵符也。師古曰：符，諸所合符以爲契者也。周禮，地官之屬有掌節。鄭玄註云：節，猶信也，行者所執之信。三禮義宗曰：節長尺二寸；秦、漢以下改爲旌旛之形。韋昭曰：節者，使所擁也。釋名云：爲號令賞罰之節也。師古曰：節以毛爲之，上下相重，取象竹節，將命者持之以爲信。徐廣曰：軹道，在霸陵。蘇林曰：亭名也，在長安東十三里。漢宮殿疏曰：軹道亭東去霸城觀四里，觀東去霸水百步。括地志：軹，音紙。軹道在雍州萬年縣東北十六里苑中。諸將或言誅秦王。沛公曰：「始懷王遣我，固以能寬容。事見上卷秦二世二年。且人已降，殺之不祥。」乃以屬吏。屬，付也。屬吏者，付之於吏，使監守之也。屬，之欲翻。

賈誼論曰：秦以區區之地致萬乘之權，招八州而朝同列，蘇林曰：招，音翹；舉也。秦國，周職方雍州之地耳；既破六國，乃舉豫、兗、青、揚、荊、幽、冀、并八州有之。六國與秦俱稱王，是爲同列。朝，直遙翻。百有餘年，然後以六合爲家，六合，天、地、東、西、南、北。殽、函爲宮；一夫作難而七廟墮，墮，讀曰隳。記：天子七廟，三昭、三穆，與太祖之廟而七。身死人手，爲天下笑者，何也？仁誼不施而攻守之勢異也。

2 沛公西入咸陽，諸將皆爭走金帛財物之府分之；走，音奏。蕭何獨先入收秦丞相府圖籍藏之，以此沛公得具知天下阸塞、阸，乙革翻。塞，悉則翻。戶口多少、強弱之處。沛公見秦宮室、帷帳、狗馬、重寶、婦女以千數，意欲留居之。樊噲諫曰：「沛公欲有天下耶，將爲富家翁耶？凡此奢麗之物，皆秦所以亡也，沛公何用焉！願急還霸上，無留宮中！」樊噲起於狗屠，識見如此。余謂噲之功當以諫留秦宮爲上，鴻門誚讓項羽次之。姓譜：周宣王封仲山甫於樊，後因氏焉。沛公不聽。張良曰：「秦爲無道，故沛公得至此。夫爲天下除殘賊，宜縞素爲資。縞素，有喪之服；謂弔民也。爲，于僞翻。縞，工老翻。今始入秦，卽安其樂，樂，音洛。此所謂『助桀所虐』。且忠言逆耳利於行，毒藥苦口利於病，願沛公聽樊噲言！」沛公乃還軍霸上。

十一月，沛公悉召諸縣父老、豪傑，謂曰：「父老苦秦苛法久矣！苛，音何，細也。吾與諸侯約，先入關者王之；王，于況翻；又如字。吾當王關中。與父老約，法三章耳：殺人者死，傷人及盜抵罪。服虔曰：隨輕重制法也。李奇曰：傷人有曲直，盜贓有多少，罪名不可預定，凡言抵罪，未知抵何罪也。師古曰：抵，至也，當也。服、李二說並得之。抵，丁禮翻。餘悉除去秦法，諸吏民皆案堵如故。案，次第也；堵，牆堵也：言不遷動也。去，羌呂翻。凡吾所以來，爲父老除害，非有所侵暴；無恐！且吾所以還軍霸上，待諸侯至而定約束耳。」乃使人與秦吏行縣、鄉、邑，告諭之。秦制：縣大率方百里，十里一亭，十亭一鄉，所封食邑。爲，于僞翻。行，下孟翻。秦民大喜，爭持牛、羊、酒食獻饗軍士。沛公又讓不受，曰：「倉粟多，非乏，不欲費民。」民又益喜，唯恐沛公不爲秦王。

項羽既定河北，率諸侯兵欲西入關。先是，諸侯吏卒、繇使、屯戍過秦中者，秦中吏卒遇之多無狀。言無善狀也。先，悉薦翻。繇，讀曰傜。及章邯以秦軍降諸侯，諸侯吏卒乘勝多奴虜使之，輕折辱秦吏卒。秦吏卒多怨，竊言曰：「章將軍等詐吾屬降諸侯。今能入關破秦，大善；卽不能，諸侯虜吾屬而東，秦又盡誅吾父母妻子，柰何？」諸將微聞其計，以告項羽。項羽召黥布、蒲將軍計曰：「秦吏卒尚衆，其心不服；至關不聽，事必危。不如擊殺之，而獨與章邯、長史欣、都尉翳入秦。」於是楚軍夜擊阬秦卒二十餘萬人新安城南。班志，縣屬弘農郡。師古曰：今穀州縣。括地志：新安故城，在洛州澠池縣東一十二里。

3 或說沛公曰：「秦富十倍天下，地形強。聞項羽號章邯爲雍王，王關中，雍，於用翻。王關之王，于況翻；下欲王同。今則來，沛公恐不得有此。可急使兵守函谷關，無內諸侯軍；內，音納，又如字。今傳內從「人」者奴對翻；從「入」者讀爲納。稍徵關中兵以自益，距之。」沛公然其計，從之。

已而項羽至關，關門閉；聞沛公已定關中，大怒，使黥布等攻破函谷關。十二月，項羽進至戲。戲，許宜翻。沛公左司馬曹無傷使人言項羽曰：「沛公欲王關中，令子嬰爲相，珍寶盡有之。」欲以求封。項羽大怒，饗士卒，期旦日擊沛公軍。當是時，項羽兵四十萬，號百萬，在新豐鴻門；新豐縣本秦驪邑，高祖七年方置，史以後來縣名書之。應劭曰：太上皇思東歸，於是高祖改築城市街里以象豐，徙豐民以實之，故號新豐。孟康曰：鴻門在新豐東十七里，舊大道下阪口名也。姚察云：在新豐古城東，未至戲水，道南有斷原，南北洞門是也。水經註：今新豐古城東有阪，長二里餘，塹原通道，南北洞開，有同門汰，謂之鴻門。孟康言在新豐東十七里，無之；蓋指縣治而言，非謂城也。自新豐古城西至霸城五十里，霸城西十里則霸水，又西二十里則長安城。沛公兵十萬，號二十萬，在霸上。

范增說項羽曰：「沛公居山東時，貪財，好色；今入關，財物無所取，婦女無所幸，此其志不在小。吾令人望其氣，皆爲龍虎，成五采，此天子氣也。周禮：眂祲氏掌十煇之法，以觀妖祥，辨吉凶。卽後世所謂望氣者也。晉天文志：天子氣，內赤外黃，四方所發之處當有王者。若天子欲有遊往處，其地亦先發此氣，或如城門隱隱在氣霧中，或氣象青衣人無手，在日西，或如龍馬，或雜色鬱鬱衝天者，皆帝王之氣。急擊勿失！」

楚左尹項伯者，楚官有左尹、右尹。項羽季父也，素善張良，乃夜馳之沛公軍，私見張良，具告以事，欲呼與俱去，曰：「毋俱死也！」張良曰：「臣爲韓王送沛公；沛公今有急，亡去，不義，不可不語。」爲，于僞翻。語，牛倨翻。良乃入，具告沛公。沛公大驚。良曰：「料公士卒足以當項羽乎？」沛公默然曰：「固不如也。且爲之柰何？」張良曰：「請往謂項伯，言沛公之不敢叛也。」沛公曰：「君安與項伯有故？」張良曰：「秦時與臣游，嘗殺人，臣活之。今事有急，故幸來告良。」沛公曰：「孰與君少長？」良曰：「長於臣。」少，詩照翻。長，知兩翻。沛公曰：「君爲我呼入，吾得兄事之。」張良出，固要項伯；要，一遙翻。項伯卽入見沛公。沛公奉卮酒爲壽，約爲婚姻，曰：「吾入關，秋毫不敢有所近，文穎曰：毫，秋乃成好，舉盛而言也。師古曰：毫成之時，端極纖細，適足喻小，非言其盛。近，其靳翻。籍吏民，封府庫而待將軍。所以遣將守關者，備他盜之出入與非常也。日夜望將軍至，豈敢反乎！願伯具言臣之不敢倍德也。」倍，讀曰背。項伯許諾，謂沛公曰：「旦日不可不蚤自來謝。」沛公曰：「諾。」於是項伯復夜去，至軍中，具以沛公言報項羽；因言曰：「沛公不先破關中，公豈敢入乎！今人有大功而擊之，不義也；不如因善遇之。」項羽許諾。

沛公旦日從百餘騎來見項羽鴻門，謝曰：「臣與將軍戮力而攻秦，將軍戰河北，臣戰河南；不自意能先入關破秦，得復見將軍於此。今者有小人之言，令將軍與臣有隙。」項羽曰：「此沛公左司馬曹無傷言之；不然，籍何以至此！」項羽因留沛公與飲。范增數目項羽，數，所角翻。舉所佩玉玦以示之者三，玦如環而有缺。增舉以示羽，蓋欲其決意殺沛公也。項羽默然不應。范增起，出，召項莊，謂曰：「君王爲人不忍。若入前爲壽，若，汝也。師古曰：凡言爲壽者，謂進爵於尊者而獻無疆之壽。壽畢，請以劍舞，因擊沛公於坐，殺之。坐，徂臥翻。不者，若屬皆且爲所虜！」莊則入爲壽，壽畢，曰：「軍中無以爲樂，樂，音洛。請以劍舞。」項羽曰：「諾。」項莊拔劍起舞。項伯亦拔劍起舞，常以身翼蔽沛公，莊不得擊。

於是張良至軍門見樊噲。噲曰：「今日之事何如？」良曰：「今項莊拔劍舞，其意常在沛公也。」噲曰：「此迫矣，臣請入，與之同命！」噲卽帶劍擁盾入。盾，所以蔽身者也。盾，食尹翻。軍門衛士欲止不內，樊噲側其盾以撞，衛士仆地。撞，丈江翻；擊也。遂入，披帷立，在旁曰帷。釋名曰：帷，圍也，以自障圍也。瞋目視項羽，瞋，怒目也，昌眞翻。頭髮上指，目眥盡裂。眥，才賜翻，又在計翻，目際也。項羽按劍而跽曰：跽，其紀翻，長跪也。「客何爲者？」張良曰：「沛公之參乘樊噲也。」項羽曰：「壯士！賜之卮酒！」則與斗卮酒。噲拜謝，起，立而飲之。項羽曰：「賜之彘肩！」則與一生彘肩。樊噲覆其盾於地，加彘肩其上，拔劍切而啗之。項羽曰：「壯士復能飲乎？」復，扶又翻。樊噲曰：「臣死且不避，卮酒安足辭！夫秦有虎狼之心，殺人如不能舉，刑人如恐不勝；天下皆叛之。懷王與諸將約曰：『先破秦入咸陽者，王之。』今沛公先破秦，入咸陽，毫毛不敢有所近，近，其靳翻。還軍霸上以待將軍。勞苦而功高如此，未有封爵之賞，而聽細人之説，欲誅有功之人，此亡秦之續耳，竊爲將軍不取也！」項羽未有以應，曰：「坐！」樊噲從良坐。

坐須臾，沛公起如廁，因招樊噲出。沛公曰：「今者出，未辭也，爲之柰何？」樊噲曰：「如今人方爲刀俎，我方爲魚肉，何辭爲！」於是遂去。鴻門去霸上四十里，沛公則置車騎，置，留也；留車騎於鴻門，不以自隨。脱身獨騎；樊噲、夏侯嬰、靳彊、紀信等四人姓譜：夏侯出自夏后之後，杞簡公爲楚所滅，其弟佗奔魯，魯悼公以佗出自夏后氏，受爵爲侯，謂之夏侯，因而命氏。紀，春秋紀侯之後，以國爲姓。持劍、盾步走，從驪山下道芷陽，間行趣霸上。班志：京兆霸陵縣，故芷陽也；文帝更名。間，空也；投空隙而行。間，古莧翻。趣，讀如趨嚮之趨，逡須翻；後以義推。又七喻翻。留張良使謝項羽，以白璧獻羽，玉斗與亞父。沛公謂良曰：「從此道至吾軍，不過二十里耳。度我至軍中，公乃入。」度，徒洛翻。沛公已去，間至軍中，張良入謝曰：「沛公不勝桮杓，不能辭，勝，音升。謹使臣良奉白璧一雙，再拜獻將軍足下；玉斗一雙，再拜奉亞父足下。」項羽曰：「沛公安在？」良曰：「聞將軍有意督過之，師古曰：謂視責也。脫身獨去，已至軍矣。」項羽則受璧，置之坐上。坐，徂臥翻。亞父受玉斗，置之地，拔劍撞而破之，曰：「唉，唉，歎恨之聲，音烏開翻，又於其翻。豎子不足與謀！奪將軍天下者，必沛公也；吾屬今爲之虜矣！」沛公至軍，立誅殺曹無傷。

居數日，項羽引兵西，屠咸陽，殺秦降王子嬰，燒秦宮室，火三月不滅；收其貨寶、婦女而東。秦民大失望。秦民初見沛公無所侵暴而悅，及爲項羽殘滅，失其初所望也。

韓生說項羽曰：「關中阻山帶河，四塞之地，地肥饒，可都以霸。」項羽見秦宮室皆已燒殘破，又心思東歸，曰：「富貴不歸故鄉，如衣繡夜行，誰知之者！」韓生退曰：「人言楚人沐猴而冠耳，果然！」師古曰：沐猴，獼猴也。言雖著人衣冠，其心不類人也。果然，如人之言也。項羽聞之，烹韓生。

項羽使人致命懷王；懷王曰：「如約。」言如前約，使沛公王關中。項羽怒曰：「懷王者，吾家所立耳，非有功伐，張晏曰：積功曰伐。何以得專主約！天下初發難時，謂初起兵時。難，乃旦翻。假立諸侯後以伐秦。然身被堅執銳首事，暴露於野史記正義曰：暴，蒲北翻，又如字。三年，滅秦定天下者，皆將相諸君與籍之力也。懷王雖無功，固當分其地而王之。」諸將皆曰：

「善！」春，正月，羽陽尊懷王爲義帝，曰：「古之帝者，地方千里，必居上游。」游，卽流也；言居水之上流。乃徙義帝於江南，都郴。史記曰：長沙郴縣。班志，郴縣屬桂陽郡。蓋高祖定天下，方分長沙爲桂陽郡也。郴，丑林翻。

二月，羽分天下王諸將。羽自立爲西楚霸王，文穎曰：史記貨殖傳：淮以北，沛、陳、汝南、南郡爲西楚；彭城以東，吳、廣陵爲東楚；衡山、九江、江南長沙、豫章爲南楚。羽欲都彭城，故自稱西楚。孟康曰：舊名江陵爲南楚，吳爲東楚，彭城爲西楚。師古曰：孟說是也。王梁、楚地九郡，都彭城。班志，縣屬楚國。史記正義曰：徐州縣。羽與范增疑沛公，而業已講解，又惡負約，惡，烏路翻。乃陰謀曰：「巴、蜀道險，秦之遷人皆居之。」乃曰：「巴、蜀亦關中地也。」故立沛公爲漢王，王巴、蜀、漢中，都南鄭。巴、蜀、漢中，秦所置三郡地也。班志，南鄭縣屬漢中。括地志：南鄭縣，今梁州治所。近世有李文子者，蜀人也，著蜀鑑曰：南鄭自南鄭，漢中自漢中。南鄭乃古褒國，秦未得蜀以前，先取之。漢中乃金、洋、均、房等州六百里是也。秦既得漢中，乃分南鄭以隸之而置郡焉，南鄭與漢中爲一自此始。春秋「楚人、巴人滅庸」，卽今均、房兩州地。班志，漢中郡治西城，今金州上庸郡是也。而三分關中，王秦降將，以距塞漢路：塞，悉則翻。章邯爲雍王，王咸陽以西，都廢丘；班志：扶風槐里縣，周曰犬丘，懿王所都也；秦曰廢丘；高祖三年更名。韋昭曰：犬丘，周懿王所都；秦欲廢周，故曰廢丘。括地志：廢丘故城，在雍州始平縣東南一十里。長史欣者，故爲櫟陽獄掾，嘗有德於項梁；都尉董翳者，本勸章邯降楚；故立欣爲塞王，王咸陽以東，至河，都櫟陽；韋昭曰：塞在長安，名桃林塞。史記正義曰：桃林塞，今華州潼關。師古曰：取河、華之固爲阨塞耳，非桃林也。塞，先代翻。櫟陽縣屬馮翊。括地志：漢七年，分櫟陽城内爲萬年縣；隋改爲大興縣；唐復萬年。秦獻公所城櫟陽故城，在今雍州櫟陽縣東北二十五里。項梁嘗有櫟陽逮，請蘄獄掾曹咎書以抵欣而事得已，所謂「有德於梁」也。櫟，音藥。立翳爲翟王，王上郡，都高奴。以上郡北近戎、翟，因以名國。班志，高奴縣屬上郡。索隱曰：今鄜州有高奴城。括地志：延州城卽漢高奴縣。杜佑曰：延州，春秋白翟之地；漢爲膚施、高奴、臨河縣地；後魏置東夏州，後改延州，以界内延水爲名。董翳都高奴，今金明縣是。項羽欲自取梁地，乃徙魏王豹爲西魏王，王河東，都平陽。班志，縣屬河東郡。瑕丘申陽者，張耳嬖臣也，先下河南郡，迎楚河上，故立申陽爲河南王，都洛陽。括地志：洛陽故城，在洛州洛陽縣東北二十六里，周公所築，卽成周城也。輿地志：成周之地，秦莊襄王以爲洛陽縣，三川守治焉。後漢都雒陽，改爲「雒」。漢以火德，忌水，故去「洛」旁「水」而加「隹」。魏於行次爲土；土，水之忌也，水得土而流，土得水而柔，故除「隹」而加「水」。韓王成因故都，都陽翟。趙將司馬卬定河内，數有功，故立卬爲殷王，王河内，都朝歌。河内郡朝歌縣，故殷都也，因以名國。徙趙王歇爲代王。趙相張耳素賢，又從入關，故立耳爲常山王，王趙地，治襄國。括地志：邢州本漢襄國縣；秦置三十六郡，於此置信都縣，屬鉅鹿郡；項羽改曰襄國。予據班志，襄國縣屬趙國，信都縣屬信都國，漢蓋又分爲二縣。宋白曰：趙王歇都襄國，今邢州所理龍岡縣城是也。當陽君黥布爲楚將，常冠軍，冠，古玩翻。故立布爲九江王，都六。班志，當陽縣屬南郡。九江，應劭曰：江自廬江尋陽分爲九。地理志：九江在尋陽縣南，皆東合爲大江。史記正義曰：九江郡卽壽州。楚自陳徙壽春，號曰郢。

秦滅楚，於此置九江郡。番君吳芮率百越佐諸侯，又從入關，故立芮爲衡山王，都邾。班志，邾縣屬江夏郡。括地志：邾故城，在黄州黄岡縣東南二十里。番，音婆。義帝柱國共敖將兵擊南郡，功多，因立敖爲臨江王，都江陵。共，音龔，人姓也。姓譜：共，商諸侯之國。晉有左行共華。又云：鄭共叔段後。臨江，孟康曰：本南郡，漢改爲臨江國，江陵縣屬焉。徙燕王韓廣爲遼東王，都無終。故無終子之國。班志，無終縣屬北平郡，非遼東郡界。蓋羽令韓廣都於無終，而令并王遼東之地故也。燕將臧荼從楚救趙，姓譜：臧姓，魯孝公子臧僖伯之後。因從入關，故立荼爲燕王，都薊。班志，薊縣屬廣陽國。師古曰：今幽州縣。水經註：薊城西北隅有薊丘，故名薊，音計。徙齊王田市爲膠東王，都即墨。齊將田都從楚救趙，因從入關，故立都爲齊王，都臨菑。項羽方渡河救趙，田安下濟北數城，引其兵降項羽，故立安爲濟北王，都博陽。史記正義曰：博陽在濟北。班志：太山郡盧縣，濟北王都。豈博陽即此地邪！余據濟北有博關，博陽蓋在博關之南也。濟，子禮翻。田榮數負項梁，數，所角翻。又不肯將兵從楚擊秦，以故不封。成安君陳餘棄將印去，不從入關，亦不封。客多説項羽曰：「張耳、陳餘，一體有功於趙，今耳爲王，餘不可以不封。」羽不得已，聞其在南皮，班志，南皮縣屬勃海郡。闞駰曰：章武有北皮亭，故此云南。括地志：南皮故城，在滄州南皮縣北四里。因環封之三縣。環，音宦。番君將梅鋗功多，封十萬戶侯。

漢王怒，欲攻項羽；周勃、灌嬰、樊噲皆勸之。灌，風俗通曰：斟灌氏之後。蕭何諫曰：「雖王漢中之惡，不猶愈於死乎？」漢王曰：「何爲乃死也？」何曰：「今衆弗如，百戰百敗，不死何爲！夫能詘於一人之下而信於萬乘之上者，湯、武是也。詘，與屈同。信，與伸同。臣願大王王漢中，養其民以致賢人，收用巴、蜀，還定三秦，雍、翟、塞爲三秦。天下可圖也。」漢王曰：「善！」乃遂就國；以何爲丞相。

漢王賜張良金百鎰，珠二斗；良具以獻項伯。漢王亦因令良厚遺項伯，遺，于季翻。使盡請漢中地，項王許之。

夏，四月，諸侯罷戲下兵，師古曰：戲，謂軍之旌麾也。先是，諸侯從項羽入關者，各帥其兵聽命於羽。今既受封爵，各使就國，故總言罷戲下也。一說云：時從羽在戲水之上，故言罷戲下。此說非也。羽見高祖於鴻門，此時已過戲矣；又入燒宮室，不復在戲也。漢書通以戲爲麾，許宜翻。各就國。項王使卒三萬人從漢王之國。楚與諸侯之慕從者數萬人，從杜南入蝕中。漢京兆杜縣之南也。如淳曰：蝕，入漢中道川谷名。近世有程大昌者著雍錄曰：以地望求之，關中南面背礙南山，其有微徑可達漢中者，唯子午谷在長安正南，其次向西則駱谷。此蝕中，若非駱谷，卽是子午谷。李奇：蝕，音力。張良送至褒中，地理志，褒中縣屬漢中郡。師古曰：褒中，言居褒谷之中。括地志：褒谷在梁州褒城縣北五十里南中山。李文子曰：褒谷在褒城北，南谷曰褒，北谷曰斜，同爲一谷。自褒谷至鳳州界一百三十里，始通斜谷。斜谷在鳳翔府郿縣。谷中褒水所流，穴山架木而行。漢王遣良歸韓；良因說漢王燒絕所過棧道，以備諸侯盜兵，師古曰：棧，卽閣也，今謂之閣道；蓋架木爲之。棧，士限翻，公休士諫翻。且示項羽無東意。

4 田榮聞項羽徙齊王市於膠東，而以田都爲齊王，大怒。五月，榮發兵距擊田都，都亡走楚。走，音奏。榮留齊王市，不令之膠東。市畏項羽，竊亡之國。榮怒，六月，追擊殺市於卽墨，自立爲齊王。是時，彭越在鉅野，有衆萬餘人，無所屬。榮與越將軍印，使擊濟北。秋，七月，越擊殺濟北王安。榮遂幷王三齊之地，三齊，謂齊及濟北、膠東也。王，于況翻。又使越擊楚。項王命蕭公角將兵擊越，越大破楚軍。

5 張耳之國，陳餘益怒曰：「張耳與餘，功等也；今張耳王，餘獨侯，此項羽不平！」乃陰使張同、夏說說齊王榮曰：夏說，讀曰悅。「項羽爲天下宰不平，盡王諸將善地，徙故王於醜地。今趙王乃北居代，餘以爲不可。聞大王起兵，不聽不義；願大王資餘兵擊常山，復趙王，請以趙爲扞蔽！」師古曰：扞蔽，猶言藩屏也。齊王許之，遣兵從陳餘。

6 項王以張良從漢王，韓王成又無功，故不遣之國，與俱至彭城，廢以爲穰侯；班志，穰縣屬南陽郡。已，又殺之。

7 初，淮陰人韓信，家貧，無行，班志：武帝元狩六年，置臨淮郡，淮陰縣屬焉。史記正義曰：今楚州縣。無行，言無善行可推擇也。行，下孟翻。不得推擇爲吏，又不能治生商賈，行賣曰商，坐販曰賈。治，直之翻。常從人寄食飲，人多厭之。信釣於城下，有漂母見信飢，飯信。漂，匹妙翻。以水擊絮曰漂。

飯，扶晚翻。信喜，謂漂母曰：「吾必有以重報母。」母怒曰：「大丈夫不能自食，吾哀王孫而進食，豈望報乎！」淮陰屠中少年有侮信者曰：「若雖長大，好帶刀劍，中情怯耳。」因衆辱之曰：「信能死，刺我；刺，七亦翻。不能死，出我袴下！」徐廣曰：「袴」，一作「胯」；胯，股也。漢書作「跨」，同耳。師古曰：跨，兩股之間。索隱曰：胯，枯化翻。然尋此文作「袴」，欲依字讀，何爲不通！袴下乃胯下也，何必須要作胯下！於是信孰視之，俛出袴下，蒲伏。俛，音免，俯首也。伏，蒲北翻。一市人皆笑信，以爲怯。

及項梁渡淮，信杖劍從之；居麾下，無所知名。項梁敗，又屬項羽，羽以爲郎中；數以策干羽，羽不用。數，所角翻；下同。漢王之入蜀，信亡楚歸漢，未知名。爲連敖，坐當斬；據史記表，信爲連敖，典客；班表作「票客」，索隱以爲誤。徐廣於周竈表，以連敖爲典客，蓋以信表爲據。李奇曰：楚官名。如淳曰：連敖，楚官。左傳，楚有連尹、莫敖；其後合爲一官號。其輩十三人皆已斬，次至信，信乃仰視，適見滕公，曰：滕公，即夏侯嬰；初從高祖爲滕令，故號滕公。「上不欲就天下乎，何爲斬壯士？」滕公奇其言，壯其貌，釋而不斬；與語，大說之，說，讀曰悅。言於王。王拜以爲治粟都尉，班表：治粟內史，秦官，掌穀貨；都尉蓋其屬也。至漢，改內史爲大司農。亦未之奇也。

信數與蕭何語，何奇之。漢王至南鄭，諸將及士卒皆歌謳思東歸，多道亡者。信度何等已數言王，王不我用，卽亡去。數，所角翻。何聞信亡，不及以聞，自追之。人有言【章：傳校

「言」下有「於」字。】王曰：「丞相何亡。」王大怒，如失左右手。居一二日，何來謁王。王且怒且喜，罵何曰：「若亡，何也？」何曰：「臣不敢亡也，臣追亡者耳。」王曰：「若所追者誰？」何曰：「韓信也。」王復罵曰：「諸將亡者以十數，公無所追；追信，詐也！」何曰：「諸將易得耳；至如信者，國士無雙。師古曰：爲國家之奇士。余謂何言漢國之士僅有信一人，他無與比也。王必欲長王漢中，無所事信；長王，于況翻。必欲爭天下，非信無可與計事者。顧王策安所決耳！」王曰：「吾亦欲東耳，安能鬱鬱久居此乎！」何曰：「計必欲東，能用信，信卽留；不能用信，終亡耳。」王曰：「吾爲公以爲將。」吾爲，于僞翻。何曰：「雖爲將，信不留。」王曰：「以爲大將。」何曰：「幸甚！」於是王欲召信拜之。何曰：「王素慢無禮；今拜大將，如呼小兒，此乃信所以去也。王必欲拜之，擇良日，齋戒，設壇場，具禮，乃可耳。」王許之。諸將皆喜，人人各自以爲得大將。至拜大將，乃韓信也，一軍皆驚。

信拜禮畢，上坐。上，時掌翻。坐，徂臥翻。王曰：「丞相數言將軍；將軍何以教寡人計策？」信辭謝，因問王曰：「今東鄉爭權天下，豈非項王耶？」鄉，讀曰嚮。漢王曰：「然。」曰：「大王自料，勇悍仁強孰與項王？」漢王默然良久，曰：「不如也。」信再拜賀曰：「惟信亦以爲大王不如也。「惟」，史記作「惟」，漢書作「唯」。師古曰：唯，弋癸翻，應辭。仲馮曰：「惟」字當屬下句，讀如本字。余謂如漢書本文，則當如師古；如史記本文，則當如仲馮。「賀曰」，句斷。然臣嘗事之，請言項王之爲人也：項王暗噁叱咤，暗，於鴆翻；噁，烏路翻；懷怒氣也。叱，昌栗翻；咤，卓嫁翻；發怒聲也。千人皆廢，晉灼曰：廢，不收也。然不能任屬賢將；屬，之欲翻。此特匹夫之勇耳。項王見人，恭敬慈愛，言語嘔嘔，索隱曰：嘔嘔，猶姁姁，同音吁。鄧展曰：和好貌。人有疾病，涕泣分食飲；至使人，有功當封爵者，印刓敝，忍不能予；蘇林曰：手弄角訛，不忍授也。余謂角訛者，刓之義；敝，舊敝也。師古曰：刓，五丸翻，蘇林：太官翻，又音專。此所謂婦人之仁也。項王雖霸天下而臣諸侯，不居關中而都彭城；背義帝之約，而以親愛王諸侯，不平；背，蒲妹翻。王，于況翻；下而王、威王、王王、當王同。逐其故主而王其將相，又遷逐義帝置江南，所過無不殘滅；百姓不親附，特劫於威強耳。名雖爲霸，實失天下心，故其強易弱。今大王誠能反其道，任天下武勇，何所不誅；以天下城邑封功臣，何所不服；以義兵從思東歸之士，何所不散！散，謂四散而立功。劉氏曰：用東歸之兵擊東方之敵，此敵無不敗散也。貢父曰：何不散者，言義兵無敵，諸侯之兵無不離散以敗也。且三秦王爲秦將，謂章邯、司馬欣、董翳三人。將秦子弟數歲矣，所殺亡不可勝計；勝，音升。又欺其衆，降諸侯，至新安，項王詐坑秦降卒二十餘萬，唯獨邯、欣、翳得脫。秦父兄怨此三人，痛入骨髓。今楚強以威王此三人，秦民莫愛也。大王之入武關，秋毫無所害；除秦苛法，與秦民約法三章；秦民無不欲得大王王秦者。於諸侯之約，大王當王關中，關中民咸知之；大王失職入漢中，秦民無不恨者。今大王舉而東，三秦可傳檄而定也。」於是漢王大喜，自以爲得信晚，遂聽信計，部署諸將所擊；師古曰：部分而署置之。留蕭何收巴、蜀租，給軍糧食。

八月，漢王引兵從故道出，襲雍；春秋釋例：掩其不備曰襲。班志，故道縣屬武都郡。括地志：故道，今鳳州兩當縣。杜佑通典曰：故道，鳳州梁泉、兩當縣地。雍王章邯迎擊漢陳倉。雍兵敗，還走；止，戰好時，又敗，班志，陳倉縣屬扶風；唐之岐州寶雞縣是也。杜佑曰：故城在縣東二十里。班志，好時縣屬扶風。孟康曰：時，音止，神靈之所止也。師古曰：即今雍州好時縣。宋白曰：漢好時故縣，在今縣東南四十三里奉天縣界好時故城是也。李文子曰：在今鳳翔天興縣界。走廢丘。漢王遂定雍地，東至咸陽；引兵圍雍王於廢丘，而遣諸將略地。塞王欣、翟王翳皆降，以其地爲渭南、河上、上郡。渭南，後曰京兆；河上，後曰馮翊。令將軍薛歐、王吸出武關，歐，惡后翻。吸，音翕。因王陵兵以迎太公、呂后。項王聞之，發兵距之陽夏，不得前。夏，音賈。

王陵者，沛人也，先聚黨數千人，居南陽，至是始以兵屬漢。項王取陵母置軍中，陵使至，則東鄉坐陵母，欲以招陵。古以東鄉之位爲尊。沛公見羽於鴻門，羽東鄉坐；韓信東鄉坐李左車而師事之，是也。鄉，讀曰嚮。陵母私送使者，泣曰：「願爲老妾語陵：善事漢王，漢王長者，終得天下；毋以老妾故持二心。妾以死送使者！」遂伏劍而死。項王怒，亨陵母。爲，于僞翻。語，牛倨翻。亨，讀曰烹。

8 項王以故吳令鄭昌爲韓王，以距漢。班志，吳縣屬會稽郡。

9 張良遺項王書曰：「漢王失職，欲得關中；如約卽止，不敢東。」又以齊、梁反書遺項王曰：遺，于季翻。「齊欲與趙幷滅楚。」項王以此故無西意，而北擊齊。

10 燕王廣不肯之遼東；臧荼擊殺之，幷其地。

11 是歲，以內史沛周苛爲御史大夫。班表：御史大夫，秦官，位上卿，掌副宰相。應劭曰：侍御史之率，故稱大夫。

12 項王使趣義帝行，其羣臣、左右稍稍叛之。趣，讀曰促。

二年（丙申、前二〇五）

1 冬，十月，項王密使九江、衡山、臨江王擊義帝，殺之江中。九江王，黥布；衡山王，吳芮；臨江王，共敖。

2 陳餘悉三縣兵，與齊兵共襲常山。常山王張耳敗，走漢，謁漢王於廢丘；漢王厚遇之。陳餘迎趙王於代，復爲趙王。趙王德陳餘，立以爲代王。陳餘爲趙王弱，國初定，不之國，爲，于僞翻。留傅趙王；而使夏說以相國守代。

3 張良自韓間行歸漢；間，古莧翻。漢王以爲成信侯。良多病，未嘗特將，特將，未嘗獨將兵也。將，卽亮翻。常爲畫策臣，時時從漢王。

4 漢王如陜，陜，失冉翻。鎮撫關外父老。

5 河南王申陽降，置河南郡。

6 漢王以韓襄王孫信爲韓太尉，將兵略韓地。信急擊韓王昌於陽城，昌降。十一月，立信爲韓王；常將韓兵從漢王。

7 漢王還都櫟陽。

8 諸將拔隴西。

9 春，正月，項王北至城陽。齊王榮將兵會戰，敗，走平原，平原民殺之。項王復立田假爲齊王。遂北至北海，燒夷城郭、室屋，坑田榮降卒，係虜其老弱、婦女，所過多所殘滅。齊民相聚叛之。

10 漢將拔北地，虜雍王弟平。章平也。雍，於用翻。

11 三月，漢王自臨晉渡河。臨晉，註見三卷赧王五年。師古曰：其地在河之西濱，東臨晉境，即今之同州朝邑界也。史記正義曰：臨晉即蒲津關。魏王豹降，將兵從；下河內，虜殷王卬，置河內郡。

12 初，陽武人陳平，家貧，好讀書。里中社，孔穎達曰：按祭法曰：大夫以下成羣立社曰置社。註云：大夫不得特立社，與民族居，百家以上則共立一社，今時里社是也。如鄭此言，則周之政法，百家以上得立社；其秦、漢以來，雖非大夫，民二十五家以上則得立社，故云今之里社。又鄭志云：月令「命民社」，謂秦社也。自秦以下，民始得立社。平爲宰，師古曰：宰，主切割肉也。分肉甚均。父老曰：「善，陳孺子之爲宰！」平曰：「嗟乎，使平得宰天下，亦如是肉矣！」及諸侯叛秦，平事魏王咎於臨濟，爲太僕，班表：太僕，秦官，掌輿馬。應劭曰：周穆王所置，蓋大御衆僕之長也。濟，子禮翻。說魏王，不聽。人或讒之，平亡去。後事項羽，賜爵爲卿。張晏曰：禮秩如卿，不治事。殷王反，【章：乙十一行本「反」下有「楚」字；孔本同；張校同；退齋校同；傳校同。】項羽使平擊降之；還，拜爲都尉，賜金二十鎰。居無何，師古曰：言無幾時。漢王攻下殷。項王怒，將誅定殷將吏。平懼，乃封其金與印，使使歸項王；而挺身間行，挺，待鼎翻，拔也；言平拔身間出而行也。杖劍亡，渡河，歸漢王於脩武，因魏無知求見漢王。漢王召入，賜食，遣罷就舍。平曰：「臣爲事來，爲，于僞翻。所言不可以過今日。」於是漢王與語而說之，說，讀曰悅。問曰：「子之居楚何官？」曰：「爲都尉。」是日，卽拜平爲都尉，使爲參乘，典護軍。使平典護軍而監護諸將也。諸將盡讙曰：讙，音喧，譁然不服之聲。「大王一日得楚之亡卒，未知其高下，而卽與同載，反使監護長者！」監，古銜翻。漢王聞之，愈益幸平。

13 漢王南渡平陰津，至洛陽新城。班志，平陰縣屬河南郡。水經：河水逕平陰縣北。魏文帝改平陰曰河陰。洛陽縣屬河南郡；新城時屬縣界，惠帝四年始置新城縣。括地志：洛州伊闕縣，在州南七十里，本漢新城也；隋文帝改新城爲伊闕，取伊闕山爲名。三老董公遮說王曰：班表：十里一亭，亭有長；十亭一鄉，鄉有三老，掌教化；秦制。橫道自言曰遮。說，式芮翻。「臣聞『順德者昌，逆德者亡』；『兵出無名，伐有罪則兵出有名。事故不成』。故曰：『明其爲賊，敵乃可服。』項羽爲無道，放殺其主，放，謂遷義帝於郴；殺，謂殺之江中。殺，讀曰弒。天下之賊也。夫仁不以勇，義不以力，文穎曰：以，用也；已有仁，天下歸之，可不用勇而天下自服；已有義，天下奉之，可不用力而天下自定。大王宜率三軍之衆爲之素服，以告諸侯而伐之，則四海之內莫不仰德，此三王之舉也。」於是漢王爲義帝發喪，袒而大哭，哀臨三日，如淳曰：袒，亦如禮袒踊也。師古曰：袒，謂脫衣之袖也。袒，徒旱翻。衆哭曰臨，力禁翻。發使告諸侯曰：「天下共立義帝，北面事之。今項羽放殺義帝江南，大逆無道！寡人悉發關中兵，收三河士，韋昭曰：河南、河東、河內也。南浮江、漢以下，願從諸侯王擊楚之殺義帝者！」史記正義曰：南收三河士，發關內兵，從雍州入子午道至漢中，歷漢水而下，東行至徐州擊楚。余謂正義之說迂矣！三河在彭城之北，已不可謂南收三河士。若發關內兵，南浮江、漢，獨不能出武關而浮江、漢，而必入子午谷至漢中而下漢水邪！況子午道此時亦未通鑿，其可引之而爲說乎！此特言發三河士以攻其北，又南浮江、漢，下兵以夾攻之也。服虔曰：漢名王爲諸侯。師古曰：非也。當時漢未有此稱號，直言諸侯及王耳。

使者至趙，陳餘曰：「漢殺張耳，乃從。」於是漢王求人類張耳者斬之，持其頭遺陳餘；遺，于季翻。餘乃遣兵助漢。

14 田榮弟橫收散卒，得數萬人，起城陽；史記正義曰：城陽，濮州雷澤是。余考正義所謂城陽，乃班志濟陰郡之城陽縣，田榮初與項羽會戰之地。榮既敗而北走，死於平原，羽遂至北海，燒夷城郭、室屋，則濟陰之城陽已隔在羽軍之後。田横所起，蓋班志城陽國之地，春秋莒之故虚也。羽既連戰未能克横，而漢入彭城，遂南從魯出胡陵至蕭以擊漢。莒、魯舊爲鄰國，則此城陽爲莒之故虚明矣。夏，四月，立榮子廣爲齊王，以拒楚。項王因留，連戰，未能下。雖聞漢東，既擊齊，欲遂破之而後擊漢，漢王以故得率諸侯兵凡五十六萬人伐楚。到外黄，彭越將其兵三萬餘人歸漢。漢王曰：「彭將軍收魏地得十餘城，項羽併王梁、楚，徙魏王豹於河東，號西魏王。今越所下外黄十餘城，皆梁地也。欲急立魏後。今西魏王豹，眞魏後。」乃拜彭越爲魏相國，擅將其兵略定梁地。漢王遂入彭城，收其貨寶、美人，日置酒高會。

項王聞之，令諸將擊齊，而自以精兵三萬人南，從魯出胡陵至蕭。魯，卽伯禽所都；秦置魯縣，屬薛郡；漢後以薛郡爲魯國。史記正義曰：魯，今兗州曲阜縣。蕭縣，秦屬泗水郡；唐徐州蕭縣是也。晨，擊漢軍而東至彭城，日中，大破漢軍。漢軍皆走，相隨入穀、泗水，死者十餘萬人。漢卒皆南走山，楚又追擊至靈壁東睢水上；臣瓚曰：穀、泗二水皆在沛郡彭城。水經註：睢水出陳留縣西蒗蕩渠，東過沛郡相縣；又逕彭城郡之靈壁東而東南流，項羽敗漢王處也。漢書又云：東逼穀、泗。服虔曰：水名也，在沛國相縣界。又詳睢水逕穀熟而兩分，而睢水爲蘄水，故二水所在枝分，通爲兼稱。穀水之名，蓋因地變。然則穀水卽睢水也。睢水又東南至下相而入于泗，謂之睢口。泗水又東南過彭城縣東北，南至下邳入淮。孟康曰：靈壁故小縣，在彭城南。史記正義曰：靈壁在徐州符離縣西北九十里。漢軍卻，爲楚所擠，擠，子詣翻，排也，又子奚翻。卒十餘萬人皆入睢水，水爲之不流。圍漢王三匝。會大風從西北起，折木，發屋，揚沙石，窈冥晝晦，逢迎楚軍，大亂壞散，而漢王乃得與數十騎遁去。欲過沛收家室，而楚亦使人之沛取漢王家；家皆亡，不與漢王相見。

漢王道逢孝惠、魯元公主，魯元公主，帝女也。服虔曰：元，長也；食邑於魯。韋昭曰：元，謚也。師古曰：公主，惠帝姊也，以其最長，故號曰元，不得爲謚。貢父曰：韋昭是也。載以行。楚騎追之，漢王急，推墮二子車下。推，吐雷翻。滕公爲太僕，滕公，夏侯嬰也。史記曰：嬰從擊秦軍洛陽東，賜爵封，轉爲滕公。漢書曰：嬰爲滕令，奉車，故號滕公。班表：太僕，秦官，掌輿馬。應劭曰：周穆王所置，蓋大御，衆僕之長，中大夫也。常下收載之；如是者三，曰：「今雖急，不可以驅，柰何棄之！」故徐行。漢王怒，欲斬之者十餘；滕公卒保護，脫二子。卒，子恤翻。審食其從太公、呂后間行求漢王，不相遇，反遇楚軍；審，姓；食其，名。食其，音異基。將間行以避楚軍，乃反與楚軍相遇也。間，古莧翻；下同。楚軍與歸，項王常置軍中爲質。質，音致。

是時，呂后兄周呂侯爲漢將兵，居下邑；班志，下邑縣屬梁國。梁國，秦碭郡；漢改焉。宋白曰：今宋州碭山縣卽古下邑城。漢王間往從之，稍稍收其士卒。諸侯皆背漢，復與楚。背，蒲妹翻。塞王欣、翟王翳亡降楚。

15 田橫進攻田假，假走楚，楚殺之；橫遂復定三齊之地。

16 漢王問羣臣曰：「吾欲捐關以東，等棄之，誰可與共功者？」師古曰：捐關以東，謂不自有其地，將以與人，令其立功共破楚也。余謂等棄之者，言捐以與人，與棄等也。張良曰：「九江王布，楚梟將，師古曰：梟，謂最勇健也。與項王有隙；彭越與齊反梁地；此兩人可急使。而漢王之將，獨韓信可屬大事，當一面。師古曰：屬，委也，音之欲翻。卽欲捐之，捐之此三人，則楚可破也！」

初，項王擊齊，徵兵九江，九江王布稱病不往，遣將將軍數千人行。漢之破楚彭城，布又稱病不佐楚。楚王由此怨布，數使使者誚讓，數，所角翻。以辭相責曰誚讓。誚，才笑翻。召布。布愈恐，不敢往。項王方北憂齊、趙，西患漢，所與者獨九江王；又多布材，師古曰：多者，猶重也。欲親用之，以故未之擊。

漢王自下邑徙軍碭，遂至虞，班志，虞縣屬梁國。師古曰：今宋州虞城縣。宋白曰：古虞國。舜禪禹，封其子商均於虞；少康奔虞卽此。謂左右曰：「如彼等者，無足與計天下事！」謁者隨何進曰：「不審陛下所謂。」姓譜：隨姓，隨侯之後。又云：杜伯之玄孫會爲晉大夫，食采於隨，曰隨武子；後因以爲姓。漢王曰：「孰能爲我使九江，令之發兵倍楚？倍，蒲妹翻。留項王數月，我之取天下可以百全。」隨何曰：「臣請使之！」漢王使與二十人俱。

17 五月，漢王至滎陽，諸敗軍皆會，蕭何亦發關中老弱未傅者傅，讀曰附。孟康曰：古者二十而傅；三年耕有一年儲，故二十三而後役之。如淳曰：律言二十三傅之，疇官各從其父疇學之；高不滿六尺二寸以下爲罷癃。漢儀注云：民年二十三爲正，一歲爲衛士，一歲爲材官、騎士，習射御，馳戰陳。又曰：年五十六乃得免爲庶民，就田里。今老弱未傅者皆發之。未二十爲弱，過五十六爲老。師古曰：傅，著也；言著名籍給公家傜役也。悉詣滎陽，漢軍復大振。楚起於彭城，常乘勝逐北，與漢戰滎陽南京、索間。京縣，秦屬三川郡；漢改曰河南郡，卽鄭共叔所居京城也。應劭曰：京縣今有大索、小索亭。括地志：京縣城在鄭州滎陽縣東南二十里，滎陽縣卽大索城。杜預曰：成臯城東有大索城；又有小索故城，在滎陽縣北四里。宋白曰：滎陽縣故城在鄭州滎澤縣南十七里平原上，索水逕其東，卽項羽圍漢王處；秦三川郡亦曾移理於此。括地志所謂滎陽縣卽大索城，乃唐之滎陽縣。晉灼曰：索，音冊。師古音求索之索。

楚騎來衆，漢王擇軍中可爲騎將者，皆推故秦騎士重泉人李必、駱甲；班志，重泉縣屬馮翊。括地志：重泉故城，在同州蒲城縣東南四十五里。姓譜：齊太公之後有公子駱，子孫以爲氏。又史記：惡來革之玄孫曰大駱。漢王欲拜之。必、甲曰：「臣故秦民，恐軍不信臣；願得大王左右善騎者傅之。」如淳曰：傅，音附，猶言隨從者。乃拜灌嬰爲中大夫令，李必、駱甲爲左右校尉，將騎兵擊楚騎於滎陽東，大破之，楚以故不能過滎陽而西。漢王軍滎陽，築甬道屬之河，以取敖倉粟。括地志：敖倉在鄭州滎陽西北十五里。縣門之東北臨汴水，南帶三皇山。屬，之欲翻。

18 周勃、灌嬰等言於漢王曰：「陳平雖美如冠玉，孟康曰：飾冠以玉，光好外見，中無所有也。其中未必有也。臣聞平居家時盜其嫂；事魏不容，亡歸楚；不中，中，竹仲翻。又亡歸漢。今日大王尊官之，令護軍。臣聞平受諸將金，金多者得善處，金少者得惡處。平，反覆亂臣也，願王察之！」漢王疑之，召讓魏無知。無知曰：「臣所言者能也，陛下所問者行也。今有尾生、孝己之行，尾生，古之信士；或曰，卽微生高。孝己，商高宗之子，以孝行著。行，下孟翻。而無益勝負之數，陛下何暇用之乎！楚、漢相距，臣進奇謀之士，顧其計誠足以利國家不耳。不，讀曰否。盜嫂、受金，又何足疑乎！」漢王召讓平曰：「先生事魏不中，事楚而去，今又從吾游，信者固多心乎？」平曰：「臣事魏王，魏王不能用臣說，故去事項王。項王不能信人，其所任愛，非諸項，卽妻之昆弟，雖有奇士不能用。聞漢王能用人，故歸大王。臣躶身來，躶，郎果翻，赤身也。不受金無以爲資。誠臣計畫有可采者，願大王用之；使無可用者，金具在，請封輸官，得請骸骨。」漢王乃謝，厚賜，拜爲護軍中尉，盡護諸將。諸將乃不敢復言。

19 魏王豹謁歸視親疾；謁歸，謂謁告而歸也。至則絕河津，反爲楚。豹都平陽，在河東，故斷其津濟以拒漢軍。爲，于僞翻。

20 六月，漢王還櫟陽。

21 壬午，立子盈爲太子；赦罪人。

22 漢兵引水灌廢丘，廢丘降，章邯自殺。盡定雍地，以爲中地、北地、隴西郡。自置中地郡後，至九年罷，屬內史。武帝建元六年，分爲右內史；太初元年，更名主爵都尉爲右扶風。

23 關中大饑，米斛萬錢，人相食。令民就食蜀、漢。

初，秦之亡也，豪桀爭取金玉，宣曲任氏獨窖倉粟。漢有長水宣曲胡騎，高祖功臣有宣曲侯，蓋地名也。張揖曰：宣曲，宮名，在昆明池西。師古曰：宣曲，觀名。索隱曰：上林賦云：西馳宣曲。當在京輔，今闕其地。窖，工孝翻；穿地以藏粟也。及楚、漢相距滎陽，民不得耕種，而豪桀金玉盡歸任氏，任氏以此起，富者數世。

24 秋，八月，漢王如滎陽，命蕭何守關中侍太子，爲法令約束，立宗廟、社稷、宮室、縣邑；事有不及奏決者，輒以便宜施行，上來，以聞。計關中戶口，轉漕、調兵以給軍，未嘗乏絕。調，徒弔翻。

25 漢王使酈食其往說魏王豹，且召之。豹不聽，曰：「漢王慢而侮人，罵詈諸侯、羣臣如罵奴耳，吾不忍復見也！」復，扶又翻。於是漢王以韓信爲左丞相，與灌嬰、曹參俱擊魏。漢王問食其：「魏大將誰也？」對曰：「柏直。」姓譜：柏，柏皇氏之後。顓頊師柏招；帝嚳師柏景。春秋柏國爲楚所滅。王曰：「是口尚乳臭，言其少不經事，弱不任事，若未離乳保之懷者。安能當韓信！」「騎將誰也？」曰：「馮敬。」曰：「是秦將馮無擇子也，雖賢，不能當灌嬰。」「步卒將誰也？」曰：「項它。」曰：「不能當曹參。吾無患矣！」韓信亦問酈生：「魏得無用周叔爲大將乎？」酈生曰：「柏直也。」信曰：「豎子耳！」遂進兵。

魏王盛兵蒲坂以塞臨晉。塞，悉則翻。信乃益爲疑兵，陳船欲渡臨晉，而伏兵從夏陽以木罌渡軍，襲安邑。班志，夏陽縣屬馮翊，秦之少梁也，秦惠文王十一年更名。史記正義曰：夏陽在同州北韓城界。木罌，服虔曰：以木柙縛罌缶以渡也。韋昭曰：以木爲器如罌缶以渡軍，無船，且尙密也。師古曰：服説是。罌缶，謂瓶之大腹小口者也。罌，一政翻，康於耕翻。魏王豹驚，引兵迎信。九月，信擊虜豹，傳詣滎陽；傳，直戀翻；言以驛馬傳送詣漢王所。悉定魏地，置河東、上黨、太原郡。

26 漢之敗於彭城而西也，陳餘亦覺張耳不死，卽背漢。背，蒲妹翻。韓信旣定魏，使人請兵三萬人，願以北擧燕、趙，東擊齊，南絕楚糧道。漢王許之，乃遣張耳與俱，引兵東，北擊趙、代。時趙王歇王趙，陳餘王代。後九月，信破代兵，禽夏說於閼與。信之下魏破代，漢輒使人收其精兵詣滎陽以距楚。

資治通鑑卷第十

翰林學士朝散大夫右諫議大夫知制誥兼侍講同提舉萬壽觀公事兼判集賢院上護軍河内郡開國侯食邑一千三百戶賜紫金魚袋臣 司馬光 奉敕編集

後學天台 胡三省 音註

漢紀二 起強圉作噩（丁酉），盡著雍閹茂（戊戌），凡二年。

太祖高皇帝上之下

三年（丁酉、前二〇四）

1 冬十月，韓信、張耳以兵數萬東擊趙。趙王及成安君陳餘聞之，聚兵井陘口，陘，音刑。杜佑曰：井陘口在鎮州鹿泉縣，今謂之土門。按宋白續通典：鎮州石邑縣有井陘山，甚險固。又，鹿泉縣，本漢石邑縣地，隋開皇十六年置，至德初改名獲鹿。又，井陘縣，穆天子傳「天子獵于鈃山」，即此地。註云：燕、趙謂山脊爲陘。陘山在縣東南十八里，四方高，中央下，如井，故曰井陘。號二十萬。廣武君李左車說成安君曰：「韓信、張耳乘勝而去國遠鬬，謂乘取代之勝勢也。說，輸芮翻。其鋒不可當。臣聞『千里餽糧，士有飢色；樵蘇後爨，樵，取薪也；蘇，取草也。師不宿飽。』今井陘之道，車不得方軌，方軌，謂車併行。騎不得成列；行數百里，其勢糧食必在其後。鄭康成曰：行道曰糧，謂糒也；止居曰食，謂米也。願足下假臣奇兵三萬人，從間路絕其輜重；師古曰：間路，微路也。間，古莧翻。師古曰：輜，衣車也；重，謂載重物車也；故行者之資，總曰輜重。釋名云：輜，廁也，所載衣服雜廁其中。重，直用翻。足下深溝高壘勿與戰。彼前不得鬬，退不得還，野無所掠，不至十日，而兩將之頭可致於麾下；否則必爲二子所禽矣。」成安君嘗自稱義兵，不用詐謀奇計，曰：「韓信兵少而疲，如此避而不擊，則諸侯謂吾怯而輕來伐我矣。」

韓信使人間視，知其不用廣武君策，則大喜，乃敢引兵遂下。未至井陘口三十里，止舍。止軍而舍息也。舍，如字。夜半，傳發，選輕騎二千人，傳發，傳令軍中使發兵。人持一赤幟，漢旗幟皆赤。幟，昌志翻。從間道萆山而望趙軍。如淳曰：萆，音蔽，依山以自覆蔽也。杜佑曰：卑山，音蔽，今名抱犢山，在鎮州石邑縣。井陘山亦在石邑，意「間道萆山」卽此地。師古曰：蔽隱於山，使敵不見。誡曰：「趙見我走，必空壁逐我；若疾入趙壁，若，汝也。疾，速也。拔趙幟，立漢赤幟。」令其裨將傳餐，曰：服虔曰：立，駐。傳餐，食也。如淳曰：小飯曰餐。言破趙乃當共飽食也。餐，千安翻。「今日破趙會食！」諸將皆莫信，佯應曰「諾。」信曰：「趙已先據便地爲壁；且彼未見吾大將旗鼓，未肯擊前行，行，戶剛翻。恐吾至阻險而還也。」信蓋謂趙聚兵塞井陘之口，欲俟信出險而後擊之；若見前鋒便縱兵接戰，則信必將阻險而還師也。還，音旋，又如字。乃使萬人先行，出，背水陳；史記正義曰：綿蔓水自并州北流入井陘縣界，卽信背水陳處。背，蒲妹翻。陳，讀曰陣。趙軍望見而大笑。

平旦，信建大將旗鼓，鼓行出井陘口；趙開壁擊之，大戰良久。於是信與張耳佯棄鼓旗，走水上軍；走，音奏。水上軍開入之，復疾戰。趙果空壁爭漢旗鼓，逐信、耳。信、耳已入水上軍，軍皆殊死戰，師古曰：殊，絕也；言決意必死。不可敗。敗，補邁翻。信所出奇兵二千騎共候趙空壁逐利，則馳入趙壁，皆拔趙旗，立漢赤幟二千。趙軍已不能得信等，欲還歸壁；壁皆漢赤幟，見而大驚，以爲漢皆已得趙王將矣，將，即亮翻。兵遂亂，遁走，趙將雖斬之，不能禁也。於是漢兵夾擊，大破趙軍，斬成安君泜水上，水經註：泜水即井陘山水，世謂之鹿泉水，東北流，屈逕陳餘壘，又東注綿蔓水。師古曰：泜，音祇，又丁計翻，又丁禮翻。禽趙王歇。

諸將効首虜，畢賀，因問信曰：「兵法：『右倍山陵，前左水澤。』今者將軍令臣等反背水陳，曰『破趙會食』，倍，與背同，蒲妹翻。臣等不服，然竟以勝。此何術也？」信曰：「此在兵法，顧諸君不察耳！兵法不曰：『陷之死地而後生，孫子九地：疾戰則存、不戰則亡爲死地。曹操註曰：前有高山，後有大水，進不得，退有礙者。置之亡地而後存』？且信非得素拊循士大夫也，此所謂『驅市人而戰之』，師古曰：言如忽入市廛，驅其人以赴戰，非素所習練者也。其勢非置之死地，使人人自爲戰；今予之生地，皆走，寧尚可得而用之乎！」予，讀曰與；下同。諸將皆服，曰：「善！非臣所及也。」

信募生得廣武君者予千金。有縛致麾下者，信解其縛，東鄉坐，師事之。予，讀曰與。鄉，讀曰鄕。問曰：「僕欲北伐燕，東伐齊，何若而有功？」何若，猶言何如也。廣武君辭謝曰：「臣，敗亡之虜，何足以權大事乎！」權，所以稱物，見其輕重也。左車蓋謂兵者國之大事，如己者敗亡之餘，不足以審處其輕重。信曰：「僕聞之：百里奚居虞而虞亡，在秦而秦霸；百里奚，虞之大夫，虞公不能用以亡；秦穆公信而用之，遂霸西戎。非愚於虞而智於秦也，用與不用，聽與不聽也。誠令成安君聽足下計，若信者亦已爲禽矣；以不用足下，故信得侍耳。言得侍左右以求教。今僕委心歸計，願足下勿辭！」廣武君曰：「今將軍涉西河，虜魏王，禽夏說；東下井陘，不終朝而破趙二十萬衆，誅成安君；名聞海內，威震天下，農夫莫不輟耕釋耒，褕衣甘食，褕，音瑜；靡也。此言當時之人，畏信之威聲，不能自保其生業，皆輟耕、釋耒，褕靡其衣，甘毳其食，以苟生於旦夕，不復爲久遠計。傾耳以待命者，此將軍之所長也。然而衆勞卒罷，罷，讀曰疲。其實難用。今將軍欲舉倦敝之兵頓之燕堅城之下，欲戰不得，攻之不拔，情見勢屈；兵，詭道也，乘勢以爲用者也。見，顯露也。屈，盡也。吾之情見則敵知所備，勢屈則敵得乘吾之敝矣。見，賢遍翻。屈，其勿翻。曠日持久，糧食單竭。單，與殫同，盡也。燕既不服，齊必距境以自強。燕、齊相持而不下，則劉、項之權未有所分也，此將軍所短也。善用兵者，不以短擊長而以長擊短。」韓信曰：「然則何由？」由，從也，言當從何計也。廣武君對曰：「方今爲將軍計，莫如按甲休兵，鎭撫趙民，百里之內，牛酒日至，以饗士大夫；北首燕路，首，式救翻；頭之所向曰首。而後遣辨士奉咫尺之書，師古曰：八寸曰咫。咫尺者，言其簡牘或長咫，或長尺，喻輕率也。暴其所長於燕，暴，顯也，示也，露也。燕必不敢不聽從。燕已從而東臨齊，雖有智者，亦不知爲齊計矣。如是，則天下事皆可圖也。兵固有先聲而後實者，此之謂也。」韓信曰：「善！」從其策，發使使燕，燕從風而靡；遣使報漢，且請以張耳王趙，漢王許之。楚數使奇兵渡河擊趙，數，所角翻。張耳、韓信往來救趙，因行定趙城邑，發兵詣漢。

2 甲戌晦，月盡爲晦。日有食之。

3 十一月，癸卯晦，日有食之。

4 隨何至九江，九江太宰主之，此太宰非周官之太宰。漢奉常屬官有太宰。師古曰：具食之官。信使入國，必使人爲之主；時布使太宰主何也。三日不得見。隨何說太宰曰：「王之不見何，必以楚爲強，漢【章：乙十一行本「漢」上有「以」字；孔本同；傳校同。】爲弱也。此臣之所以爲使。說，輸芮翻；下同。使，疏吏翻。使何得見，言之而是，大王所欲聞也；言之而非，使何等二十人伏斧質九江市，足以明王倍漢而與楚也。」倍，與背同，蒲妹翻。太宰乃言之王。

王見之。隨何曰：「漢王使臣敬進書大王御者，竊怪大王與楚何親也？」九江王曰：「寡人北鄉而臣事之。」隨何曰：「大王與項王俱列爲諸侯，北鄉而臣事之者，鄉，讀曰嚮；下同。必以楚爲強，可以託國也。項王伐齊，身負版築，爲士卒先。李奇曰：版，牆版也；築，杵也。

大王宜悉九江之衆，身自將之，爲楚前鋒；將，即亮翻。今乃發四千人以助楚。夫北面而臣事人者，固若是乎？漢王入彭城，項王未出齊也。大王宜悉九江之兵渡淮，日夜會戰彭城下；大王乃撫萬人之衆，無一人渡淮者，垂拱而觀其孰勝。垂拱者，垂衣拱手也。夫託國於人者，固若是乎？大王提空名以鄉楚而欲厚自託，臣竊爲大王不取也！然而大王不背楚者，以漢爲弱也。夫楚兵雖強，天下負之以不義之名，以其背盟約而殺義帝也。背，蒲妹翻。漢王收諸侯，還守成皋、滎陽，下蜀、漢之粟，深溝壁壘，分卒守徼乘塞。徼，循也。凡邊謂之邊徼，蓋使人循徼，機（譏）禁姦非，因以名之。索隱曰：徼，謂邊境亭障，以徼繞邊陲，常守之也。徼，吉弔翻。乘，登也；登塞垣而守之。楚人深入敵國八九百里，言楚自彭城至滎陽、成皋，中間有梁地間之；彭越時反梁地，是楚之敵國也，故云深入敵國八九百里。老弱轉糧千里之外。漢堅守而不動，楚進則不得攻，退則不能解，故曰楚兵不足恃也。使楚勝漢，則諸侯自危懼而相救；夫楚之強，適足以致天下之兵耳。故楚不如漢，其勢易見也。今大王不與萬全之漢而自託於危亡之楚，臣竊爲大王惑之！易，以豉翻。爲，于僞翻。臣非以九江之兵足以亡楚也；大王發兵而倍楚，倍，與背同，蒲妹翻。項王必留；留數月，漢之取天下可以萬全。臣請與大王提劍而歸漢，漢王必裂地而封大王；又況九江必大王有也。」九江王曰：「請奉命。」陰許畔楚與漢，未敢泄也。

楚使者在九江，舍傳舍，傳舍，客舍也；前客舍之而去，後客復來舍之，傳相受也，故謂之傳舍。傳，直戀翻。方急責布發兵。隨何直入，坐楚使者上，曰：「九江王已歸漢，楚何以得發兵？」布愕然。楚使者起。何因說布曰，「事已構，師古曰：構，結也；言背楚之事已結成也。可遂殺楚使者，無使歸，而疾走漢并力。」布曰：「如使者教。」於是殺楚使者，因起兵而攻楚。

楚使項聲、龍且攻九江，且，子余翻。龍，姓，且，名。數月，龍且破九江軍。布欲引兵走漢，恐楚兵殺之，乃間行與何俱歸漢。十二月，九江王至漢。漢王方踞牀洗足，召布入見。見，賢遍翻。布大怒，悔來，欲自殺；及出就舍，帳御、飲食、從官皆如漢王居，布又大喜過望。師古曰：高帝以布先久爲王，恐其意自尊大，故峻其禮，令布折服；已而美其帷帳，厚其飲食，多其從官，以悅其心。此權道也。帳，若今之帳設也；御，謂服御也。從，才用翻。於是乃使人入九江；楚已使項伯收九江兵，盡殺布妻子。布使者頗得故人、幸臣，將衆數千人歸漢。漢益九江王兵，與俱屯成皋。

楚數侵奪漢甬道，數，所角翻。漢軍乏食。漢王與酈食其謀橈楚權。食其，音異基。橈，女教翻，弱也；其字從「木」。食其曰：「昔湯伐桀，封其後於杞；武王伐紂，封其後於宋。今秦失德棄義，侵伐諸侯，滅其社稷，使無立錐之地。陛下誠能復立六國之後，此其君臣、百姓必皆戴陛下之德，莫不鄉風慕義，願爲臣妾。德義已行，陛下南鄉稱霸，楚必斂衽而朝。」衽，衣襟也。鄉，讀曰嚮。朝，直遙翻。漢王曰：「善！趣刻印，先生因行佩之矣。」言將使食其行使六國，授之以印而使佩之。趣，讀曰促；下同。

食其未行，張良從外來謁。漢王方食，曰：「子房前！子房，張良字也。客有爲我計橈楚權者，」具以酈生語告良，曰：「何如？」良曰：「誰爲陛下畫此計者？陛下事去矣！」漢王曰：「何哉？」對曰：「臣請借前箸，爲大王籌之：時漢王方食，故良言願借食前之箸，就用指畫。鄭玄曰：今人或謂箸爲梜提。昔湯、武封桀、紂之後者，度能制其死生之命也；度，徒洛翻。今陛下能制項籍之死命乎？其不可一也。武王入殷，表商容之閭，釋箕子之囚，封比干之墓；商容，殷賢人。里門曰閭。表，顯異也。紂囚箕子，殺比干；武王克殷，釋箕子囚，封比干墓。韓詩外傳曰：商容執羽籥，馮於馬徒，欲以化紂而不能，遂去，伏於太行山。武王欲以爲三公，辭而不受。鄭玄曰：商家樂官，知禮容，所以禮署稱容臺。今陛下能乎？其不可二也。發巨橋之粟，散鹿臺之錢，服虔曰：巨橋，倉名。許慎曰：鉅鹿之大橋有漕粟。杜佑曰：鉅橋倉在今廣平郡曲周縣。臣瓚曰：鹿臺今在朝歌城中；劉向曰：其大三里，高千尺。以賜貧窮；今陛下能乎？其不可三也。殷事已畢，偃革爲軒，蘇林曰：革者，兵車也；軒者，朱軒、皮軒也；謂廢兵車而用乘車也。說文曰：軒，曲周屏車。如淳曰：革者，革車也；軒者，赤黻乘軒也；偃武備而治禮樂也。倒載干戈，示天下不復用兵；今陛下能乎？其不可四也。復，扶又翻。休馬華山之陽，示以無爲；今陛下能乎？其不可五也。華，戶化翻。放牛桃林之陰，晉灼曰：桃林在弘農閿鄉南谷中。山海經曰：夸父之山，北有林焉，名曰桃林，廣圍三百里。十三州記：弘農有桃丘聚，即桃林也。師古曰：桃林山谷在閿鄉縣東南，西南去湖城縣三十五里。以示不復輸積；今陛下能乎？其不可六也。天下游士，離其親戚，棄墳墓，去故舊，從陛下游者，徒欲日夜望咫尺之地。今復立六國之後，天下游士各歸事其主，從其親戚，反其故舊、墳墓，陛下誰與取天下乎？其不可七也。且夫楚唯無強，六國立者復橈而從之，服虔曰：惟當使楚無強，強則六國弱而從之。晉灼曰：當今惟楚大，無有強之者；若復立六國，六國皆橈而從之，陛下安得而臣之乎！陛下焉得而臣之？其不可八也。誠用客之謀，陛下事去矣！」漢王輟食，吐哺，罵曰：哺，音步，食在口中者。「豎儒幾敗而公事！」而，汝也。公，尊稱也。高祖嫚罵人，率曰「而公」、「迺公」，蓋自尊辭。幾，居依翻。令趣銷印。

荀悅論曰：夫立策決勝之術，其要有三：一曰形，二曰勢，三曰情。形者，言其大體得失之數也；勢者，言其臨時之宜、進退之機也；情者，言其心志可否之實也。故策同、事等而功殊者，三術不同也。

初，張耳、陳餘說陳涉以復六國，自爲樹黨；事見七卷秦二世元年。酈生亦說漢王。所以說者同而得失異者，陳涉之起，天下皆欲亡秦；而楚、漢之分未有所定，今天下未必欲亡項也。故立六國，於陳涉，所謂多己之黨而益秦之敵也；且陳涉未能專天下之地也，所謂取非其有以與於人，行虛惠而獲實福也。立六國，於漢王，所謂割己之有而以資敵，設虛名而受實禍也。此同事而異形者也。

及宋義待秦、趙之斃，事見八卷秦二世三年。與昔卞莊刺虎同說者也。卞莊子刺虎。管豎子止之曰：「兩虎方食牛，牛甘必爭鬭，則大者傷，小者亡；從傷而刺，一舉必有兩獲。」莊子然之，果獲二虎。施之戰國之時，鄰國相攻，無臨時之急，則可也。戰國之立，其日久矣，一戰勝敗，未必以存亡也；其勢非能急於亡敵國也，進乘利，退自保，故累力待時，乘【章：乙十一行本「乘」作「承」；孔本同；傳校同。】敵之斃，其勢然也。今楚、趙所起，其與秦勢不並立，安危之機，呼吸成變，進則定功，退則受禍。此同事而異勢者也。

伐趙之役，韓信軍於泜水之上而趙不能敗。事見上卷三年。彭城之難，漢王戰于睢水之上，士卒皆赴入睢水而楚兵大勝。事見上卷二年。難，乃旦翻。何則？趙兵出國迎戰，見可而進，知難而退，懷內顧之心，無出死之計；韓信軍孤在水上，士卒必死，無有二心，此信之所以勝也。漢王深入敵國，置酒高會，士卒逸豫，戰心不固；楚以強大之威而喪其國都，喪，息浪翻。士卒皆有憤激之氣，救敗赴亡之急，以決一旦之命，此漢之所以敗也。且韓信選精兵以守，而趙以內顧之士攻之；項羽選精兵以攻，而漢以怠惰之卒應之。此同事而異情者也。

故曰：權不可豫設，變不可先圖；與時遷移，應物變化，設策之機也。

5 漢王謂陳平曰：「天下紛紛，何時定乎？」陳平曰：「項王骨鯁之臣，亞父、鍾離昧、龍且、周殷之屬，鍾離，古鍾離子之後，以國為姓。龍姓出於龍伯氏；又曰，出於舜納言之龍。師古曰：昧，莫曷翻，其字從本末之末。且，子余翻。不過數人耳。大王誠能捐數萬斤金，行反間，間其君臣，以疑其心；間，古莧翻。項王爲人，意忌信讒，必內相誅，漢因舉兵而攻之，破楚必矣。」漢王曰：「善！」乃出黃金四萬斤與平，恣所爲，不問其出入。平多以金縱反間於楚軍，宣言：「諸將鍾離眛等爲項王將，功多矣，然而終不得裂地而王，欲與漢爲一，以滅項氏而分王其地。」項羽果意不信鍾離眛等。

夏，四月，楚圍漢王於滎陽，急；漢王請和，割滎陽以西者爲漢。亞父勸羽急攻滎陽；漢王患之。項羽使使至漢，陳平使爲大牢具。大，讀曰太。古者諸侯遣使交聘，其牢禮各如其命數，以三牲具爲一牢。秦滅古法，軍興之時，不能備古之牢禮，故以太牢具爲盛禮。孔穎達曰：按周禮：膳夫，王日一舉，鼎十有二物，謂太牢也。是周公制禮，天子日食太牢，則諸侯日食少牢，大夫日食特牲，士日食特豚。至後世衰亂，玉藻云：天子日食少牢，朔月太牢；諸侯日食特牲，朔月少牢。則知大夫日食特豚，朔月特牲；士日食無文，朔月特豚。故內則云：見子具朔食。註云：天子太牢，諸侯少牢，大夫特豕，士特豚。諸侯祭以太牢，得殺牛；諸侯之大夫祭以少牢，得殺羊；天子大夫祭亦得殺牛，其諸侯及大夫饗食賓得用牛也。故大行人掌客，諸侯待賓，皆用牛也。公食大夫禮，大夫食賓禮，亦用牛也。舉進，見楚使，卽佯驚曰：「吾以爲亞父使，乃項王使！」復持去，更以惡草具進楚使。服虔曰：去肴肉，更以惡草之具。惡，麤惡；草，草率也。楚使歸，具以報項王；項王果大疑亞父。亞父欲急攻下滎陽城，項王不信，不肯聽。亞父聞項王疑之，乃怒曰：「天下事大定矣，君王自爲之，願賜【章：乙十一行本「賜」作「請」；孔本同。】骸骨！」歸，未至彭城，疽發背而死。疽，千余翻，癰瘡也。

五月，將軍紀信言於漢王曰：「事急矣！臣請誑楚，誑，居況翻，欺也。王可以間出。」間，古莧翻。於是陳平夜出女子東門二千餘人，楚因四面擊之。紀信乃乘王車，黃屋，左纛，李斐曰：天子車以黃繒爲蓋裏。纛，羽幢也，在乘輿車衡左方上柱之。蔡邕曰：以犛牛尾爲之，大如斗，或在騑頭，或在衡。應劭曰：雉尾爲之，在左驂，當鑣上。師古曰：應說非。爾雅翼：犛，西南夷長髦牛也，似牛，而四節、腹下及肘皆有赤毛長尺餘，而尾尤佳，其大如斗。天子之車左纛，以此牛尾爲之，繫之左騑馬軛上。蓋馬在中曰服，在外曰騑，騑，卽驂也；安最外馬頭上，以亂馬目，不令相見也。纛，徒倒翻，又音毒。曰：「食盡，漢王降。」楚皆呼萬歲，之城東觀。以故漢王得與數十騎出西門遁去，令韓王信與周苛、魏豹、樅公守滎陽。樅，千容翻。羽見紀信，問：「漢王安在？」曰：「已出去矣。」羽燒殺信。周苛、樅公相謂曰：「反國之王，難與守城！」因殺魏豹。

漢王出滎陽，至成皋，入關，收兵欲復東。轅生說漢王曰：轅，姓也。姓譜：陳大夫轅濤塗之後。以其所本考之，亦與爰、袁二姓通。「漢與楚相距滎陽數歲，漢常困。願君王出武關，項王必引兵南走。王深壁勿戰，令滎陽、成皋間且得休息，使韓信等得安輯河北趙地，連燕、齊，師古曰：輯，與集同，謂和合也。詩序曰：「勞來還定安集之」；春秋左氏傳曰：「羣臣輯睦」。他皆類此。君王乃復走滎陽。如此，則楚所備者多，力分；漢得休息，復與之戰，破之必矣！」漢王從其計，出軍宛、葉間。班志，二縣屬南陽郡。史記正義曰：宛，鄧州縣。葉，汝州縣。宛，於元翻。葉，式涉翻。與黥布行收兵。羽聞漢王在宛，果引兵南；漢王堅壁不與戰。

漢王之敗彭城，解而西也，彭越皆亡其所下城，獨將其兵北居河上，常往來爲漢游兵擊楚，絕其後糧。是月，彭越渡睢，與項聲、薛公戰下邳，破，殺薛公。睢，音雖。羽乃使終公守成皋，終，姓也。姓譜曰：陸終之後。而自東擊彭越。漢王引兵北，擊破終公，復軍成皋。

六月，羽已破走彭越，聞漢復軍成皋，乃引兵西拔滎陽城，生得周苛。羽謂苛：「爲我將，以公爲上將軍，封三萬戶。」周苛罵曰：「若不趨降漢，今爲虜矣；若非漢王敵也！」羽烹周苛，并殺樅公而虜韓王信，遂圍成皋。漢王逃，漢書「逃」作「跳」；如淳音逃；史記項羽紀作「逃」；索隱：徒彫翻。晉灼曰：跳，獨出意。如淳曰：逃，謂走也。余謂左氏傳例：民逃其上曰潰，在上曰逃。太史公蓋用此例，溫公仍之。逃，當如字。獨與滕公共車出成皋玉門，張晏曰：玉門，成皋北門。北渡河，宿小脩武傳舍。晉灼曰：在大脩武城東。晨，自稱漢使，馳入趙壁。張耳、韓信未起，卽其臥內，奪其印符以麾召諸將，易置之。信、耳起，乃知漢王來，大驚。漢王既奪兩人軍，卽令張耳循【章：乙十一行本「循」作「徇」。】行，備守趙地。行，下孟翻。拜韓信爲相國，收趙兵未發者擊齊。諸將稍稍得出成皋從漢王。楚遂拔成皋，欲西；漢使兵距之鞏，班志，鞏縣屬河南郡，卽東周君所居。汝洛地圖云：鞏，固也。鞏縣在洛水之間，言四面有山，可以鞏固。令其不得西。

6秋，七月，有星孛于大角。隋天文志：孛，彗之屬也；偏指曰彗，芒氣四出曰孛。孛者，孛孛然，非常惡氣之所生也。內不有大亂，必有大兵。天下合謀，暗蔽不明，有所傷害。晏子曰：「君若不改，孛星將出，彗何懼乎！」由是言之，災甚於彗。孛，蒲內翻，又蒲沒翻。班志：房南衆星曰騎官，左角理，右角將。大角者，天王帝坐廷。

7臨江王敖薨，子尉嗣。

8漢王得韓信軍，復大振。八月，引兵臨河，南鄉，軍小脩武，欲復與楚戰。鄉，讀曰嚮。復，扶又翻。郎中鄭忠說止漢王，漢制：議郎、中郎，秩比六百石；侍郎，比四百石；郎中，比三百石；皆屬郎中令。說，式芮翻。使高壘深塹勿與戰。塹，七艷翻。漢王聽其計，使將軍劉賈、盧綰將卒二萬人，騎數百，渡白馬津，入楚地，佐彭越，燒楚積聚，以破其業，師古曰：積聚，所畜軍糧芻藁之屬也。積，子賜翻。聚，才喻翻。無以給項王軍食而已。楚兵擊劉賈，賈輒堅壁不肯與戰，而與彭越相保。

9彭越攻徇梁地，下睢陽、外黃等十七城。睢陽，秦縣，屬碭郡，漢屬梁國，故微子所封國也；唐爲宋州宋城縣。杜佑曰：漢外黃故城，在陳留郡雍丘縣東，春秋「齊桓公會諸侯於葵丘」，即此。九月，項王謂大司馬曹咎曰：「謹守成皋！卽漢王欲挑戰，挑，徒了翻。愼勿與戰，勿令得東而已。我十五日必定梁地，復從將軍。」羽引兵東行，擊陳留、外黃、睢陽等城，皆下之。

漢王欲捐成皋以東，屯鞏、洛以距楚。酈生曰：「臣聞『知天之天者，王事可成』；王者以民爲天，而民以食爲天。大戴禮曰：食穀者智慧而巧。古史考曰：古者茹毛飲血，燧人氏鑽火，而人始裹肉而燔之曰炮。神農時，人方食穀，加米於燒石之上而食之。及黄帝時，始有釜甑，火食之道成矣。夫敖倉，天下轉輸久矣，臣聞其下乃有藏粟甚多。楚人拔滎陽，不堅守敖倉，乃引而東，令適卒分守成皋，適，讀曰謫。卒，謂卒之有罪謫者，所謂謫戍也。此乃天所以資漢也。方今楚易取而漢反卻，易，以豉翻。自奪其便，臣竊以爲過矣！且兩雄不俱立，楚、漢久相持不決，海内搖蕩，農夫釋耒，手耕曲木也。工女下機，天下之心未有所定也。願足下急復進兵，收取滎陽，據敖倉之粟，塞成皋之險，杜太行之道，距蜚狐之口，如淳曰：上黨壺關也。臣瓚曰：飛狐口在代郡。師古曰：瓚説是，壺關無飛狐之名。地道記：恆山在上曲陽縣西北百四十里，北行四百五十里，得恆山岋，號飛狐口，北則代郡也。水經註：代郡南四十里有蜚狐關。史記正義曰：按蔚州飛狐縣北百五十里有秦、漢故代郡城，西南有山，俗號蜚狐口。塞，悉則翻。行，戶剛翻。守白馬之津，以示諸侯形制之勢，謂因地形而據之以制敵。則天下知所歸矣。」王從之，乃復謀取敖倉。

食其又説王曰：「方今燕、趙已定，唯齊未下。諸田宗強，負海、岱，阻河、濟，齊地東至海，南至太山，故曰負海、岱；西阻清濟，北阻濁河，故曰阻河、濟。濟，子禮翻。南近於楚，近，其靳翻。人多變詐；足下雖遣數萬師，未可以歲月破也。臣請得奉明詔説齊王，使爲漢而稱東藩。」考異曰：史記、漢書皆以食其勸取敖倉及請說齊合爲一事，獨劉向新序分爲二；臣謂分爲二者是。上曰：「善！」

乃使酈生說齊王曰：「王知天下之所歸乎？」王曰：「不知也。天下何所歸？」酈生曰：「歸漢！」曰：「先生何以言之？」曰：「漢王先入咸陽；項王負約，王之漢中。項王遷殺義帝；漢王聞之，起蜀、漢之兵擊三秦，出關而責義帝之處。收天下之兵，立諸侯之後；降城卽以侯其將，得賂卽以分其士；與天下同其利，豪英賢才皆樂爲之用。樂音洛。項王有倍約之名，殺義帝之負；毛晃曰：背恩亡德曰負。倍，與背同，蒲妹翻。於人之功無所記，於人之罪無所忘；戰勝而不得其賞，拔城而不得其封，非項氏莫得用事；天下畔之，賢才怨之，而莫爲之用。故天下之事歸於漢王，可坐而策也！夫漢王發蜀、漢，定三秦；涉西河，破北魏；河自砥柱以上、龍門以下爲西河。索隱曰：北魏，謂魏王豹，豹國於河北故也。亦謂之西魏，以大梁於安邑爲東也。出井陘，誅成安君；此非人之力也，天之福也！今已據敖倉之粟，塞成皋之險，守白馬之津，杜太行之阪，距蜚狐之口；天下後服者先亡矣。酈生之說，形格勢禁之說也。蓋據敖倉，塞成皋，則項羽不能西；守白馬，杜太行，距蜚狐，則河北燕、趙之地盡爲漢有，齊、楚將安歸乎！白馬津在唐滑州。太行阪在唐澤州界。杜佑曰：蔚州飛狐縣，漢廣昌縣地；飛狐口在縣北，卽漢之飛狐道，通嬀川郡懷戎縣。王疾先下漢王，齊國可得而保也；不然，危亡可立而待也！」先是，齊聞韓信且東兵，使華無傷、田解將重兵屯歷下，軍【章：乙十一行本無「軍」字；孔本同；退齋校同；傳校同。熊校云：元本「軍」作

「下」，「下」字衍；胡刻改作「軍」，非。】以距漢。先，悉薦翻。華，戶化翻，姓也。姓譜：宋華父督始立華氏。張揖曰：濟南歷山之下。余據酈食其傳曰：「軍於歷城」，則歷下卽濟南郡歷城縣。及納酈生之言，遣使與漢平，乃罷歷下守戰備，與酈生日縱酒爲樂。樂，音洛。

韓信引兵東，未度平原，聞酈食其已說下齊，欲止。辨士蒯徹說信曰：「將軍受詔擊齊，而漢獨發間使下齊，間，古莧翻。使，疏吏翻。寧有詔止將軍乎，何以得毋行也？且酈生，一士，伏軾掉三寸之舌，軾，車前橫木，人所憑者。掉，徒釣翻，搖也。下齊七十餘城；將軍以數萬衆，歲餘乃下趙五十餘城。爲將數歲，反不如一豎儒之功乎！」於是信然之，遂渡河。

四年（戊戌、前二〇三）

1 冬，十月，信襲破齊歷下軍，遂至臨淄。齊王以酈生爲賣己，乃烹之；引兵東走高密，高密縣在膠西，宣帝本始元年爲高密國。宋白曰：高密，春秋時晏平仲所食邑。使使之楚請救。田橫走博陽，此據史記也。班書作「橫走博」。博陽近清河博關，此正韓信自趙進兵之路。臨淄既破，君、相皆出走。其後韓信既虜田廣於濰水，灌嬰又敗田橫於嬴下。嬴縣亦屬太山郡。括地志：故嬴城在兗州博城縣東北百里。唐之博城，漢太山之博縣；此博陽，卽博城之陽。守相田光走城陽，相，息亮翻。將軍田既軍於膠東。括地志：卽墨故城在萊州膠水縣南六十里，古齊地，漢爲膠東國，以其地在膠水之東也。

2 楚大司馬咎守成皋，漢數挑戰，數，所角翻。挑，徒了翻。楚軍不出。使人辱之，數日，咎怒，渡兵汜水。張晏曰：汜水在濟陰界。如淳曰：汜，音祀。左傳曰：「鄙在鄭地汜。」臣瓚曰：高祖攻曹咎於成皋，咎渡汜水而戰，今成皋城東汜水是也。師古曰：瓚說得之，此水不在濟陰也。「鄙在鄭地汜」，釋者云在襄城，則亦非此汜水。舊讀音凡，今彼鄉人呼之音祀。索隱曰：此水今見名汜水，音似；臣瓚說是。張晏曰：在濟陰亦未全失。按古濟水當此截河而南，又東流溢爲滎澤。水南曰陰，此亦在濟之陰，非彼濟陰郡耳。括地志：汜水源出洛州汜水縣東南三十二里方山。山海經：浮戲之山，汜水出焉。士卒半渡，漢擊之，大破楚軍，盡得楚國金玉、貨賂，咎及司馬欣皆自剄汜水上。漢王引兵渡河，復取成皋，軍廣武，孟康曰：於滎陽築兩城相對爲廣武，在敖倉西三皇山上。括地志：東廣武、西廣武在鄭州滎陽縣西二十里。戴延之西征記曰：三皇山上有二城，東曰東廣武，西曰西廣武，各在一山頭，相去百步。汴水從廣澗中東南流，今涸無水。城各有三面，在敖倉西。郭緣生述征記曰：一澗橫絕上過，名曰廣武，相對皆立城塹，遂號東、西廣武。就敖倉食。

項羽下梁地十餘城，聞成皋破，乃引兵還。漢軍方圍鍾離昧於滎陽東，聞羽至，盡走險阻。羽亦軍廣武，與漢相守。數月，楚軍食少。項王患之，乃爲俎，置太公其上，告漢王曰：「今不急下，吾烹太公！」漢王曰：「吾與羽俱北面受命懷王，約爲兄弟，吾翁卽若翁；必欲烹而翁，幸分我一桮羹！」如淳曰：俎，高几之上也。李奇曰：軍中巢櫓謂之俎。師古曰：俎者，所以薦肉，示欲烹之，故置俎上；如說是。俎，在呂翻。方言：周、晉、秦、隴謂父爲翁。若，汝也；而，亦汝也。古者以桮盛羹，今之盃側有兩耳者也。項王怒，欲殺之。項伯曰：「天下事未可知；且爲天下者不顧家，雖殺之無益，祇益禍耳！」項王從之。

項王謂漢王曰：「天下匈匈數歲者，師古曰：匈匈，喧擾之意，公休許容翻。徒以吾兩人耳。願與漢王挑戰，決雌雄，毋徒苦天下之民父子爲也！」漢王笑謝曰：「吾寧鬭智，不能鬭力。」項王三令壯士出挑戰，漢有善騎射者樓煩輒射殺之。應劭曰：樓煩，胡人也。李奇曰：後爲縣，屬鴈門。此縣人善騎射。謂士爲樓煩，取其稱耳，未必樓煩人也。師古曰：李奇說是。射，而亦翻。項王大怒，乃自被甲持戟挑戰。樓煩欲射之，項王瞋目叱之，瞋，昌眞翻。樓煩目不敢視，手不敢發，遂走還入壁，不敢復出。漢王使人間問之，間問，微問也。間，工莧翻。乃項王也，漢王大驚。

於是項王乃卽漢王，卽，就也，從也。相與臨廣武間而語。羽欲與漢王獨身挑戰。漢王數羽曰：數，所具翻。「羽負約，王我於蜀、漢，罪一；矯殺卿子冠軍，罪二；救趙不還報，而擅劫諸侯兵入關，罪三；燒秦宮室，掘始皇帝冢，收私其財，罪四；收私者，收取其財以爲私有。殺秦降王子嬰，罪五；詐阬秦子弟新安二十萬，罪六；王諸將善地而徙逐故王，罪七；出逐義帝彭城，自都之，奪韓王地，幷王梁、楚，多自與，罪八；使人陰殺義帝江南，罪九；爲政不平，主約不信，天下所不容，大逆無道，罪十也。吾以義兵從諸侯誅殘賊，使刑餘罪人擊公，何苦乃與公挑戰！」羽大怒，伏弩射中漢王。漢王傷胸，乃捫足曰：「虜中吾指。」捫，音門，摸也。師古曰：傷胸而捫足者，以安衆也。中，竹仲翻。漢王病創臥，創，初良翻。張良強請漢王起行勞軍，以安士卒，強，其兩翻。勞，力到翻。毋令楚乘勝。漢王出行軍，行，下孟翻。疾甚，因馳入成皋。

3 韓信已定臨淄，遂東追齊王。項王使龍且將兵，號二十萬，以救齊，與齊王合軍高密。客或說龍且曰：「漢兵遠鬭窮戰，其鋒不可當。齊、楚自居其地，兵易敗散。孫子九地，諸侯自戰其地爲散地。曹操曰：士卒戀土，道近易散者也。易，以豉翻；下同。不如深壁，令齊王使其信臣招所亡城；信臣，常所親信之臣。亡城聞王在，楚來救，必反漢。漢兵二千里客居齊地，齊城皆反之，其勢無所得食，可無戰而降也。」龍且曰：「吾平生知韓信爲人，易與耳！寄食於漂母，無資身之策；受辱於袴下，無兼人之勇；事見上卷元年。不足畏也。且夫救齊，不戰而降之，吾何功！今戰而勝之，齊之半可得也。」

十一月，齊、楚與漢夾濰水而陳。徐廣曰：濰水出東莞而東北流，至北海都昌縣入海。索隱曰：濰水出琅邪箕縣東北，至都昌入海。水經註：濰水逕高密縣故城西；韓信與龍且夾水而陳，卽此處。濰，音維。陳，讀曰陣。韓信夜令人爲萬餘囊，滿盛沙，壅水上流；盛，時征翻。引軍半渡擊龍且，佯不勝，還走。龍且果喜曰：「固知信怯也！」遂追信。信使人決壅囊，水大至，龍且軍太半不得渡。卽急擊殺龍且，水東軍散走，齊王廣亡去。信遂追北至城陽，虜齊王廣。史記正義曰：城陽，雷澤縣是也，在濮州東南九十一里。予據班志，濟陰郡城陽縣雷澤在西北，此梁地也；自濰水追北至城陽，此乃漢城陽國之地。正義此誤，與上卷二年田横起城陽同。漢將灌嬰追得齊守相田光，進至博陽。田横聞齊王死，自立爲齊王，還擊嬰，嬰敗横軍於嬴下。敗，補邁翻。田横亡走梁，歸彭越。嬰進擊齊將田吸於千乘，千乘縣屬北海郡，高祖分置千乘郡。括地志：千乘故城，在淄州高苑縣北二十五里。乘，繩證翻。曹參擊田既於膠東，皆殺之，盡定齊地。

4立張耳爲趙王。

5漢王疾愈，西入關。至櫟陽，梟故塞王欣頭櫟陽市。師古曰：縣首於木上曰梟。索隱曰：欣自剄於汜水上，今梟之櫟陽者，以其故都，故梟以示之也。留四日，復如軍，軍廣武。

6韓信使人言漢王曰：「齊僞詐多變，反覆之國也；南邊楚。師古曰：邊，近也。請爲假王以鎮之。」漢王發書，大怒，罵曰：「吾困於此，旦暮望若來佐我；乃欲自立爲王！」張良、陳平躡漢王足，因附耳語曰：「漢方不利，寧能禁信之自王乎！不如因而立之，善遇，使自爲守；不然，變生。」漢王亦悟，因復罵曰：「大丈夫定諸侯，卽爲眞王耳，何以假爲！」春，二月，遣張良操印立韓信爲齊王，徵其兵擊楚。操，七刀翻。

7項王聞龍且死，大懼，使盱台人武涉盱台，音吁怡。往說齊王信曰：「天下共苦秦久矣，相與勠力擊秦。秦已破，計功割地，分土而王之，以休士卒。今漢王復興兵而東，侵人之分，分，扶問翻。奪人之地；已破三秦，引兵出關，收諸侯之兵以東擊楚，其意非盡吞天下者不休，其不知厭足如是甚也！厭，於鹽翻。且漢王不可必：身居項王掌握中數矣，數，所角翻；史記正義：色庚翻。項王憐而活之；然得脫，輒倍約，倍，蒲妹翻；下同。復擊項王，其不可親信如此。今足下雖自以【章：乙十一行本「以」下有「與」字；孔本同；張校同；傳校同。】漢王爲厚交，爲之盡力用兵，必終爲所禽矣。足下所以得須臾至今者，以項王尚存也。當今二王之事，權在足下，足下右投則漢王勝，左投則項王勝。項王今日亡，則次取足下。足下與項王有故，何不反漢與楚連和，參分天下王之！參分，卽三分。今釋此時而自必於漢以擊楚，且爲智者固若此乎？」韓信謝曰：「臣事項王，官不過郎中，位不過執戟；郎中，執戟宿衞。信先仕楚爲郎中，故云然。言不聽，畫不用，故倍楚而歸漢。倍，蒲妹翻；下同。漢王授我上將軍印，予我數萬衆，予，讀曰與。解衣衣我，推食食我，衣衣，下於旣翻。推，吐雷翻。食食，下祥吏翻。言聽計用，故吾得以至於此。夫人深親信我，我倍之不祥；雖死不易！幸爲信謝項王。」

武涉已去，蒯徹知天下權在信，乃以相人之術說信曰：「僕相君之面，不過封侯，又危不安；相君之背，貴乃不可言。」以微言動信，言背漢則大貴也。相，息亮翻。韓信曰：「何謂也？」蒯徹曰：「天下初發難也，難，乃旦翻。憂在亡秦而已。師古曰：志在滅秦，所憂者唯此。今楚、漢分爭，使天下之人肝膽塗地，父子暴骸骨於中野，不可勝數。暴，步木翻，又如字；凡暴露之暴皆同。勝，音升。楚人走【章：乙十一行本「走」作「起」；孔本同，退齋校同；傳校同。】彭城，轉鬬逐北，乘利席卷，威震天下；然兵困於京、索之間，迫西山而不能進者，三年於此矣。漢王將十【章：乙十一行本「十」上有「數」字。】萬之衆，距鞏、雒，阻山河之險，一日數戰，無尺寸之功，折北不救。折，挫也。北，奔也。不救者，不能自救也。折，而設翻。此所謂智勇俱困者也。百姓罷極怨望，無所歸倚；罷，讀曰疲。以臣料之，其勢非天下之賢聖固不能息天下之禍。當今兩主之命，縣於足下，縣，讀曰懸。足下爲漢則漢勝，與楚則楚勝。誠能聽臣之計，莫若兩利而俱存之，參分天下，鼎足而居，其勢莫敢先動。夫以足下之賢聖，有甲兵之衆，據強齊，從趙、燕，出空虛之地而制其後，因民之欲，西鄉爲百姓請命，師古曰：齊國在東，故曰西鄉。止楚、漢之戰鬭，士卒不死亡，故曰請命。鄉，讀曰嚮；下同。則天下風走而響應矣，孰敢不聽！割大、弱強以立諸侯，諸侯已立，天下服聽，而歸德於齊。案齊之故，有膠、泗之地，膠、泗，二水名。深拱揖讓，則天下之君王相率而朝於齊矣。師古曰：深拱，猶高拱也。朝，直遙翻。蓋聞『天與弗取，反受其咎；時至不行，反受其殃』。願足下熟慮之！」韓信曰：「漢王遇我甚厚，吾豈可鄉利而倍義乎！」蒯生曰：「始常山王、成安君爲布衣時，相與爲刎頸之交；後爭張黶、陳澤之事，常山王殺成安君泜水之南，頭足異處。此二人相與，天下至驩也，然而卒相禽者，何也？卒，子恤翻。患生於多欲而人心難測也。今足下欲行忠信以交於漢王，必不能固於二君之相與也，而事多大於張黶、陳澤者；故臣以爲足下必漢王之不危己，亦誤矣！大夫種存亡越，霸句踐，立功成名而身死亡，野獸盡而獵狗烹。夫以交友言之，則不如張耳之與成安君者也；以忠信言之，則不過大夫種之於句踐也：種，章勇翻。句，音鉤。此二者足以觀矣，願足下深慮之！且臣聞『勇略震主者身危，功蓋天下者不賞』。今足下戴震主之威，挾不賞之功，歸楚，楚人不信；歸漢，漢人震恐。足下欲持是安歸乎？」韓信謝曰：「先生且休矣，吾將念之。」後數日，蒯徹復說曰：「夫聽者，事之候也；師古曰：謂能聽善謀也。復，扶又翻。計者，事之機也；聽過計失而能久安者鮮矣！鮮，息善翻。故知者，決之斷也；斷，丁亂反。疑者，事之害也。審豪氂之小計，豪，長毛也。十豪爲氂。遺天下之大數，智誠知之，決弗敢行者，百事之禍也。夫功者，難成而易敗，時者，難得而易失也；時乎時，不再來！」韓信猶豫，不忍倍漢；又自以爲功多，漢終不奪我齊，遂謝蒯徹。謝去，辭之使去也。因去，佯狂爲巫。

8 秋，七月，立黥布爲淮南王。

9 八月，北貉燕人來致梟騎助漢。應劭曰：北貉，國也。梟，健也。張晏曰：梟，勇也，若六博之梟也。師古曰：貉在東北方，三韓之屬，皆貉類也。蓋貉人及燕皆來助漢。孔穎達曰：經傳說貉多是東夷，故職方掌九夷、九貊。鄭志答趙商云：九貊，卽九夷也。又周官貊隸，註云征東北夷所獲。貉，讀與貊同。

10 漢王下令：軍士不幸死者，吏爲衣衾棺斂，轉送其家。棺，工喚翻。斂，力贍翻。與作衣衾而斂尸於棺也。轉送，傳送也。四方歸心焉。

11 是歲，以中尉周昌爲御史大夫。班表：中尉，秦官，掌徼循京師；武帝太初元年更名執金吾。昌，苟從弟也。從，才用翻。

12 項羽自知少助，食盡，韓信又進兵擊楚，羽患之。漢遣侯公說羽請太公。太公、呂后爲楚所得，見上卷三年。羽乃與漢約，中分天下，割洪溝以西爲漢，以東爲楚。文穎曰：於滎陽下引河東南爲洪溝，以通宋、鄭、陳、蔡、曹、衞，與濟、汝、淮、泗會于楚，即今官渡水也。應劭曰：滎陽東南二十里，蓋引河東南入淮、泗也。張華曰：大梁城在浚儀縣。此縣西北，渠水東經此城南，又北屈，分爲二渠：其一渠東南流，始皇鑿之，引河水以灌大梁，謂之洪溝；其一渠東經陽武縣南爲官渡水。杜佑曰：鄭州滎陽縣西有鴻溝，楚、漢分境之所。九月，楚歸太公、呂后，引兵解而東歸。漢王欲西歸，張良、陳平說曰：「漢有天下太半，韋昭曰：凡數，三分有二爲太半，有一分爲少半。而諸侯皆附；楚兵疲食盡，此天亡之時也。今釋弗擊，此所謂『養虎自遺患』也。」史記正義：遺，唯季翻。余謂音如字亦通；遺，留也。漢王從之。

聶崇岐標點容肇祖覆校

資治通鑑卷第十一

翰林學士朝散大夫右諫議大夫知制誥兼侍講同提舉萬壽觀公事兼判集賢院上護軍河內郡開國侯食邑一千三百戶賜紫金魚袋臣　司馬光　奉敕編集
後　學　天　台　胡三省　音　註

漢紀三

起屠維大淵獻(己亥),盡重光赤奮若(辛丑),凡三年。

太祖高皇帝中

五年(己亥、前二〇二)

1 冬,十月,漢王追項羽至固陵,徐廣曰:固陵在陽夏。晉灼曰:卽固始縣。余據班志,固始與陽夏爲兩縣,皆屬淮陽國。劉昭志:陳國陽夏縣有固陵聚。括地志:固陵,縣名,在陳州宛丘縣西北四十二里。與齊王信、魏相國越期會擊楚;信、越不至,楚擊漢軍,大破之。漢王復堅壁自守,謂張良曰:「諸侯不從,柰何?」對曰:「楚兵且破,二人未有分地,李奇曰:言信、越未有益地之分也。韋昭曰:信等雖名爲王,未爲分畫疆界。分,扶問翻。余謂韋說是。其不至固宜;君王能與共天下,可立致也。齊王信之立,非君王意,言信自請爲假王,乃立之耳,非君王本意。信亦不自堅;彭越本定梁地,始，君王以魏豹故拜越爲相國；見上卷二年。今豹死，越亦望王，而君王不早定。今能取睢陽以北至穀城皆以王彭越，班志，睢陽縣屬梁國。劉昭志：穀城縣屬東郡，春秋之小穀也。括地志：穀城故城，在濟州東阿縣東二十六里。睢陽，宋州也。自宋州以北至濟州穀城際黄河，盡以封彭越。從陳以東傅海與韓【章：甲十五行本「韓」作「齊」；乙十一行本同。孔本同。】王信。陳，古陳國，班志之淮陽國也；唐爲陳州。自陳以東至于海幷齊舊地，盡以與齊王信。信家在楚，其意欲復得故邑。能出捐此地以許兩人，使各自爲戰，則楚易破也。」易，以豉翻。漢王從之。於是韓信、彭越皆引兵來。

十一月，劉賈南渡淮，圍壽春，遣人誘楚大司馬周殷。殷畔楚，以舒屠六，舒，春秋之舒國也。班志，舒縣屬廬江郡。括地志：舒，今廬江之故舒城是也。舉九江兵迎黥布，史記正義曰：九江郡卽壽州。楚考烈王二十二年徙壽春，號曰郢；至王負芻，爲秦所滅，置九江郡；至唐爲廬、壽、滁、濠等州之地。並行屠城父，隨劉賈皆會。

十二月，項王至垓下，李奇曰：沛洨縣聚邑名。洨，下交翻。張揖三蒼註：垓，堤名，在沛郡。史記正義曰：按垓下是高岡絕巖，今猶高三四丈；其聚邑及堤在垓之側，因取名焉；今在亳州眞源縣東十里。垓，音該。兵少，食盡，與漢戰不勝，入壁；漢軍及諸侯兵圍之數重。重，直龍翻。項王夜聞漢軍四面皆楚歌，應劭曰：楚歌者，雞鳴歌也。漢已略得楚地，故楚歌者多，雞鳴時歌也。師古曰：楚歌者，爲楚人之歌，猶吳歈、越吟耳。若以雞鳴爲歌曲之名，於理則可，不得云雞鳴時也。高祖令戚夫人楚舞，自爲作楚歌，豈有雞鳴時乎！乃大驚曰：「漢皆已得楚乎？是何楚人之多也！」則夜起，飲帳中，悲歌忼慨，泣數行下；忼，苦廣翻。行，戶剛翻。泣，目中淚也。左右皆泣，莫能仰視。於是項王乘其駿馬名騅，騅，朱惟翻。蒼白雜毛曰騅。孔穎達曰：雜毛，是體有二種之色相間雜。麾下壯士騎從者八百餘人，直夜，潰圍南出馳走。平明，漢軍乃覺之，令騎將灌嬰以五千騎追之。項王渡淮，騎能屬者纔百餘人。屬，之欲翻。至陰陵，班志，陰陵縣屬九江郡。括地志：陰陵故城，在濠州定遠縣西北六十里。迷失道，問一田父，田父紿曰「左」。紿，蕩亥翻；欺誑也。左，乃陷大澤中，以故漢追及之。

項王乃復引兵而東，至東城，班志，東城縣屬九江郡。括地志：東城故城，在定遠東南五十里。乃有二十八騎；漢騎追者數千人。項王自度不得脫，度，徒洛翻。謂其騎曰：「吾起兵至今，八歲矣；身七十餘戰，未嘗敗北，遂霸有天下。然今卒困於此，卒，子恤翻。此天之亡我，非戰之罪也！今日固決死，願爲諸君快戰，必潰圍，斬將，刈旗，三勝之，令諸君知天亡我，非戰之罪也。」乃分其騎以爲四隊，四鄉。鄉，讀曰嚮。漢軍圍之數重。項王謂其騎曰：「吾爲公取彼一將。」令四面騎馳下，期山東爲三處。於是項王大呼馳下，漢軍皆披靡，呼，火故翻。披，普彼翻。史記正義曰：靡，言精體低垂。遂斬漢一將。是時，郎中騎楊喜追項王，郎中騎，卽漢官所謂騎郎。項王瞋目而叱之，喜人馬俱驚，辟易數里。辟，頻益翻。易，如字。師古曰：辟易，謂開張而易其故處。宋祁國語補音：易，以豉翻；未知其何據。項王與其騎會爲三處，漢軍不知項王所在，乃分軍爲三，復圍之。項王乃馳，復斬漢一都尉，殺數十百人；復聚其騎，亡其兩騎耳。乃謂其騎曰：「何如？」騎皆伏曰：「如大王言！」

於是項王欲東渡烏江，臣瓚曰：烏江在牛渚。索隱曰：按晉初屬臨淮。括地志：烏江亭，即和州烏江縣是也；晉初爲縣。水經曰：江水又北得黃律口，漢書所謂烏江亭長檥船待項王，即此地。余據烏江浦在今和州烏江縣東五十里，即亭長檥船待羽處。烏江亭長檥船待，徐廣曰：檥，音儀，一音俄。應劭曰：檥，正也。孟康曰：檥，音蟻，附也，附船著岸也。如淳曰：南方謂整船向岸曰檥。索隱曰：檥字，諸家各以意解耳。鄒誕本作「様船」，以尚翻；劉氏亦有此音。謂項王曰：「江東雖小，地方千里，衆數十萬人，亦足王也。願大王急渡！今獨臣有船，漢軍至，無以渡。」項王笑曰：「天之亡我，我何渡爲！且籍與江東子弟八千人渡江而西，今無一人還；縱江東父兄憐而王我，我何面目見之！縱彼不言，籍獨不愧於心乎！」乃以所乘騅馬賜亭長，令騎皆下馬步行，持短兵接戰。獨籍所殺漢軍數百人，身亦被十餘創。被，皮義翻。創，初良翻。顧見漢騎司馬呂馬童，曰：「若非吾故人乎？」馬童面之，張晏曰：以故人難親斫之，故背之也。如淳曰：面，謂不正視也。師古曰：如說非。面，謂背之，不正向也，面縛，亦反偝而縛之；杜元凱以爲但見其面，非也。貢父曰：面之，直向之耳。指示中郎騎王翳曰：「此項王也。」項王乃曰：「吾聞漢購我頭千金，邑萬戶；史記正義曰：漢以一斤金爲千金，當一萬錢也。余謂一斤金與萬戶邑，多少不稱，正義之說，未可爲據也。吾爲若德。」班書，「德」作「得」；鄧展曰：令公得我以爲功也。史記作「德」；徐廣曰：亦可是功德之德。史記正義曰：爲，于僞翻。言呂馬童與己是故人，舊有恩德於己。余謂羽蓋謂我爲汝自刎以德汝。乃自【章：甲十五行本無「自」字；乙十一行本同；孔本同。】刎而死。刎，武粉翻。王翳取其頭；餘騎相蹂踐，蹂，人九翻。爭項王，相殺者數十人；最其後，楊喜、呂馬童及郎中呂勝、楊武各得其一體；五人共會其體，皆是，故分其戶，封五人皆爲列侯。呂馬童封中水侯，王翳封杜衍侯，楊喜封赤泉侯，楊武封吳防侯，呂勝封涅陽侯。

楚地悉定，獨魯不下；秦，魯縣屬薛郡，項羽初封於此；漢爲魯國。漢王引天下兵欲屠之。至其城下，猶聞絃誦之聲；爲其守禮義之國，爲主死節，乃持項王頭以示魯父兄，魯乃降。漢王以魯公禮葬項王於穀城，宋白曰：宋州穀熟縣，古穀城也，漢於此置薄縣，又改爲穀陽縣。親爲發哀，哭之而去。爲，于僞翻。諸項氏枝屬皆不誅。封項伯等四人皆爲列侯，賜姓劉氏；諸民略在楚者皆歸之。

太史公曰：羽起隴畮之中，畮，古畝字。三年，遂將五諸侯滅秦，此時山東六國，而齊、趙、韓、魏、燕並起，從羽伐秦，故云五諸侯。分裂天下而封王侯，政由羽出；位雖不終，近古以來未嘗有也！及羽背關懷楚，師古曰：背關，謂背約不王沛公於關中；懷楚，謂思東歸彭城也。余謂背關懷楚，文意一貫，言羽棄背關中之形勝而懷鄉歸楚也，不必分爲兩節。背，蒲妹翻。放逐義帝而自立；怨王侯叛己，難矣！自矜功伐，奮其私智而不師古，謂霸王之業，欲以力征經營天下。五年，卒亡其國，卒，子恤翻。身死東城；尚不覺悟而不自責，乃引「天亡我，非用兵之罪也，」豈不謬哉！

揚子法言：或問：「楚敗垓下，方死，曰『天也！』諒乎？」曰：「漢屈羣策，羣策屈羣力；諒，信也。屈，盡也。楚憞羣策而自屈其力。憞，徒對翻，惡也。屈人者克，自屈者負；天曷故焉！」溫公曰：何預天事。

2 漢王還，至定陶，班志，定陶縣屬濟陰郡，古之陶邑；宋爲廣濟軍理所。馳入齊王信壁，奪其軍。

3 臨江王共尉不降，共敖，項羽封爲臨江王；尉，其子也。遣盧綰、劉賈擊虜之。

4 春，正月，更立齊王信爲楚王，王淮北，都下邳。更，工衡翻。封魏相國建城侯彭越爲梁王，王魏故地，都定陶。

5 令曰：「兵不得休八年，萬民與苦甚；如淳、師古皆曰與，弋庶翻。貢父曰：與，讀曰歟，助辭。今天下事畢，其赦天下殊死以下。」如淳曰：殊死，死罪之明白也；左傳曰：斬其木而弗殊。韋昭曰：殊死，斬刑也。師古曰：殊，絕也，異也；言其身首離絕而異處。貢父曰：予按說文：漢蠻夷殊。然則殊自死刑之名。

6 諸侯王皆上疏請尊漢王爲皇帝。二月甲午，王卽皇帝位于氾水之陽。蔡邕曰：上古天子稱皇，其次稱帝，其次稱王。秦承三王之末，自以德兼三皇、五帝，故幷以爲號。漢高受命，因而不改。張晏曰：氾水在濟陰界，取其氾愛弘大而潤下也。師古曰：據叔孫通傳：爲皇帝於定陶，則此水在濟陰是也。括地志：漢高祖即位壇，在曹州濟陰縣界。汜，敷劍翻。更王后曰皇后，太子曰皇太子；追尊先媼曰昭靈夫人。高祖母曰劉媼。文穎曰：幽州及漢中皆謂老嫗爲媼。師古曰：媼，女老稱，音烏老翻。

詔曰：如淳曰：詔，告也。自秦、漢以下，惟天子獨稱之。漢制度：帝之下書有四：一曰策書，二曰制書，三曰詔書，四曰誡敕。策書者，編簡也，其制長二尺，短者半之；篆書，起年月日，稱皇帝以命諸侯王；三公以罪免，亦賜策，而以隸書，用尺一木，兩行，此爲異也。制書，帝者制度之命。其文曰「制詔三公」，皆璽封，尚書令印重封，露布州郡也。詔書，詔，告也，其文曰「告某官如故事」。誡敕，謂敕刺史、太守，其文曰「有詔，敕某官」。他皆倣此。「故衡山王吳芮，從百粵之兵，佐諸侯，誅暴秦，有大功；諸侯立以爲王，項羽侵奪之地，謂之番君。其以芮爲長沙王。」吳芮封衡山王，都邾；今封長沙王，都臨湘。番，蒲何翻。又曰：「故粵王無諸，世奉粵祀；秦侵奪其地，使其社稷不得血食。諸侯伐秦，無諸身率閩中兵以佐滅秦，項羽廢而弗立。今以爲閩粵王，王閩中地。」粵王無諸，句踐之後；秦取其地置閩中郡；今復以封之。師古曰：閩越，今泉州、建安是其地。徐廣曰：今建安侯官地。史記正義曰：今閩州又改爲福。應劭曰：閩，音文飾之文。師古曰：非也；音緡。閩人本蛇種，故其字從「虫」。

7 帝西都洛陽。

8 夏，五月，兵皆罷歸家。

9 詔：「民前或相聚保山澤，不書名數。今天下已定，令各歸其縣，復故爵、田宅；復，扶目翻，還也。吏以文法教訓辨告，師古曰：辨告者，分別義理以曉喻之。勿笞辱軍吏卒；爵及七大夫以上，皆令食邑，臣瓚曰：秦制：列侯乃得食邑。今七大夫以上皆食邑，所以寵之也。師古曰：七大夫，公大夫也；爵第七，故謂之七大夫。非七大夫已下，皆復其身及戶，勿事。」應劭曰：不輸戶賦也。如淳曰：事，謂役使也。師古曰：復其身及一戶之內皆不傜賦也。復，方目翻。

10 帝置酒洛陽南宮，括地志：南宮，在洛州洛陽縣東北二十六里洛陽故城中。輿地志：秦時，洛陽已有南、北宮。上曰：蔡邕曰：上者，尊位所在也；但言上，不敢言尊號耳。「徹侯、諸將毋敢隱朕，皆言其情：徹，通也。應劭曰：言其功德通於王室也。後避武諱，改曰通侯，亦曰列侯。吾所以有天下者何？項氏之所以失天下者何？」高起、王陵對曰：張晏曰：詔使高官者起，故陵先對。臣瓚曰：漢帝年紀有信平侯臣陵、都武侯臣起。魏相、邴吉奏：高祖時，奏事有將軍臣陵、臣起。師古曰：張說非也。若言高官者起，則丞相蕭何、太尉盧綰及張良、陳平之屬皆在，陵不得而先對也。姓譜：齊太公之後，食采於高，因氏焉。「陛下使人攻城略地，因以與之，與天下同其利；項羽不然，有功者害之，賢者疑之，此其所以失天下也。」上曰：「公知其一，未知其二。夫運籌帷幄之中，決勝千里之外，吾不如子房；塡國家，撫百姓，給餉餽，不絕糧道，吾不如蕭何；塡，讀曰鎭。餽，與饋同。連百萬之衆，戰必勝，攻必取，吾不如韓信。三者皆人傑，吾能用之，此吾所以取天下者也。項羽有一范增而不能用，此所以爲我禽也。」羣臣說服。說，讀曰悅。

韓信至楚，召漂母，賜千金。召辱己少年令出跨下者，以爲中尉；事見九卷元年。漂，匹妙翻。告諸將相曰：「此壯士也。方辱我時，我寧不能殺之邪？殺之無名，故忍而就此。」

11 彭越既受漢封，田横懼誅，與其徒屬五百餘人入海，居島中。海中山曰島。史記正義曰：海州東海縣有島山，去岸八十里。余按北史，楊愔避讒東入田横島，是島以横居之而得名。島，丁老翻。帝以田横兄弟本定齊地，齊賢者多附焉；今在海中，不取，後恐爲亂。乃使使赦横罪，召之。横謝曰：「臣烹陛下之使酈生，事見上卷四年。今聞其弟商爲漢將；臣恐懼，不敢奉詔，請爲庶人，守海島中。」使還報，帝乃詔衛尉酈商曰：班表：衛尉，秦官，掌宮門衛屯兵。「齊王田横卽至，人馬從者敢動搖者，致族夷！」從，才用翻。言誅夷其族也。乃復使使持節具告以詔商狀，周禮：司節掌守邦節，辨其用以輔王命。註云：節者，執以行爲信。邦節，珍圭、牙璋、穀圭、琬圭、琰圭也。守邦國用玉節，以玉爲之；守都鄙用角節，以角爲之。邦國之使，節用金；門關之節，用符；貨賄之節，用璽；道路之節，用旌。審此，則古之所執以爲信者，皆謂之節。自秦以來，有璽、符、節，則璽自璽，符自符，節自節，分爲三矣。漢之節，卽古之旌節也。鄭氏註以符節爲漢宮中諸宮詔符，璽節爲漢之印章，旌節爲漢使者所持節；則知漢所謂節，蓋古之旌節也。賢曰：節者，所以爲信，以竹爲之，柄長八尺，以旄牛尾爲之，毦三重。此漢制也。曰：「田横來，大者王，小者乃侯耳；不來，且舉兵加誅焉。」

横乃與其客二人乘傳詣洛陽。如淳曰：四馬，高足爲置傳，中足爲馳傳，下足爲乘傳；一馬、二馬爲軺傳。急者乘一乘傳。師古曰：蓋今之驛，古者以車，謂之傳車；其後單置馬，謂之驛騎。漢律：諸當乘傳及發駕置傳者，皆持尺五寸木傳信，封以御史大夫印章；其乘傳，參封之，參，三也；有期會，累封兩端，端各兩封，凡四封；乘置馳傳，五封之，兩端各二，中央一；軺傳，兩馬再封之；一馬一封，以馬駕軺車而乘傳曰一封軺傳。史炤所謂依乘符傳而行者本此；但擇焉而不精，語焉而不詳耳，終不若顏說簡而明。傳，張戀翻。未至三十里，至尸鄉廄置。應劭曰：尸鄉，在偃師城西。臣瓚曰：按廄置，謂置馬以傳驛者。橫謝使者曰：「人臣見天子，當洗沐。」因止留，謂其客曰：「橫始與漢王俱南面稱孤；師古曰：王者自稱曰孤，蓋爲謙也。老子道德經曰：貴以賤爲本，高以下爲基，是以侯王自謂孤、寡、不穀。今漢王爲天子，而橫乃爲亡虜，北面事之，其恥固已甚矣。且吾烹人之兄，與其弟併肩而事主；併，步頂翻。縱彼畏天子之詔不敢動，我獨不愧於心乎！且陛下所以欲見我者，不過欲一見吾面貌耳；今斬吾頭，馳三十里間，形容尚未能敗，猶可觀也。」遂自剄，令客奉其頭，從使者馳奏之。帝曰：「嗟乎！起自布衣，兄弟三人更王，豈不賢哉！」更，工衡翻。爲之流涕，而拜其二客爲都尉；發卒二千人，以王者禮葬之。史記正義曰：田橫墓在偃師西十五里。既葬，二客穿其冢傍孔，皆自剄，下從之。帝聞之，大驚。以橫客皆賢，餘五百人尚在海中，使使召之；至，則聞田橫死，亦皆自殺。

12 初，楚人季布爲項籍將，季，姓也。周八士有季隨、季騧；魯有季氏。數窘辱帝。數，所角翻。窘，巨隕翻，困也。項籍滅，帝購求布千金；敢有舍匿，罪三族。舍，止也。匿，隱也。布乃髡鉗爲奴，自賣於魯朱家。髡，枯昆翻，鬄其髮也。鉗，其炎翻，以鐵束項。朱家，魯之大俠。朱家心知其季布也，買置田舍；身之洛陽見滕公，說曰：「季布何罪！臣各爲其主用，職耳；師古曰：職，常也；言此乃常道也。一曰：職，主掌其事也。爲，于僞翻。項氏臣豈可盡誅邪？今上始得天下，而以私怨求一人，何示不廣也！且以季布之賢，漢求之急，此不北走胡，南走越耳。夫忌壯士以資敵國，此伍子胥所以鞭荆平之墓也。伍子胥，楚大夫伍奢之子也。楚平王信讒而殺伍奢，子胥奔吳，藉吳師以破楚，入郢，發平王墓而鞭其尸。君何不從容爲上言之！」從，千容翻。滕公待間，言於上，如朱家指。上乃赦布，召拜郎中，朱家遂不復見之。復，扶又翻。

布母弟丁公，亦爲項羽將，逐窘帝彭城西。短兵接，帝急，顧謂丁公曰：「兩賢豈相戹哉！」孟康曰：丁公及彭城賴齮追上，故曰兩賢也。師古曰：孟說非也。兩賢者，高祖自謂併與固也，言吾與固俱是賢，豈相戹困哉！故固感此言而止也。雖與賴齮同追，而高祖獨與固言也。姓譜：丁本自姜姓，齊太公子謚丁公，因以命氏。丁公引兵而還。及項王滅，丁公謁見。見，賢遍翻。帝以丁公徇軍中，徇，辭峻翻。師古曰：行示也。曰：「丁公爲項王臣不忠，使項王失天下者也。」遂斬之，曰：「使後爲人臣無傚丁公也！」

臣光曰：高祖起豐、沛以來，罔羅豪桀，招亡納叛，亦已多矣。及卽帝位，而丁公獨以不忠受戮，何哉？夫進取之與守成，其勢不同。當羣雄角逐之際，民無定主；來者受之，固其宜也。及貴爲天子，四海之內，無不爲臣；苟不明禮義以示之，使爲臣者，人懷貳心以徼大利，則國家其能久安乎！是故斷以大義，斷，丁亂翻。使天下曉然皆知爲臣不忠者無所自容；而懷私結恩者，雖至於活己，猶以義不與也。戮一人而千萬人懼，其慮事豈不深且遠哉！子孫享有天祿四百餘年，宜矣！

13 齊人婁敬戍隴西，姓譜：婁，邾婁國之後；一曰：離婁之後。過洛陽，脫輓輅，蘇林曰：輅，音凍洛之洛；一木橫遮車前，一人輓之，三人推之。師古曰：輓，音晚。輅，胡格翻；洛音同。衣羊裘，因齊人虞將軍求見上。虞將軍欲與之鮮衣。婁敬曰：「臣衣帛，衣帛見；衣褐，衣褐見；衣，著也。帛，繒也。褐，織毛布之衣也。終不敢易衣。」於是虞將軍入言上；上召見，問之。婁敬曰：「陛下都洛陽，豈欲與周室比隆哉？」上曰：「然。」婁敬曰：「陛下取天下與周異。周之先，自后稷封邰，班志，邰縣屬右扶風。師古曰：即今武功故城是。史記正義曰：雍州武功縣西南二十三里，故斄城是也。說文曰：邰，炎帝之後姜姓所封國，棄外家也。毛萇云：邰，姜嫄國，堯以天因邰而生后稷故，因封之於邰；音吐才翻。積德絫善，絫，古累字。十有餘世，至于太王、王季、文王、武王而諸侯自歸之，遂滅殷爲天子。及成王卽位，周公相焉，乃營洛邑，以爲此天下之中也，諸侯四方納貢職，道里均矣。有德則易以王，無德則易以亡。故周之盛時，天下和洽，諸侯、四夷莫不賓服，効其貢職。及其衰也，天下莫朝，朝，直遙翻。周不能制也；非唯其德薄也，形勢弱也。今陛下起豐、沛，卷蜀、漢，定三秦，卷，讀曰捲。與項羽戰滎陽、成皋之間，大戰七十，小戰四十；使天下之民，肝腦塗地，父子暴骨中野，不可勝數，勝，音升。哭泣之聲未絕，傷夷者未起；夷，與痍同，創也，音延知翻。而欲比隆於成、康之時，臣竊以爲不侔也。且夫秦地被山帶河，四塞以爲固；卒然有急，卒，讀曰猝。百萬之衆可立具也。因秦之故，資甚美膏腴之地，此所謂天府者也。府，聚也；萬物所聚，謂之天府。陛下入關而都之，山東雖亂，秦之故地可全而有也。夫與人鬭，不搤其亢，拊其背，未能全其勝也；張晏曰：搤，與扼同，促持之也。亢，音岡，又下郎翻，喉嚨也。今陛下案秦之故地，此亦搤天下之亢而拊其背也。」帝問羣臣。羣臣皆山東人，爭言：「周王數百年，秦二世卽亡。洛陽東有成皋，西有殽、澠，師古曰：殽，謂殽山，今陝州東二殽山是也。澠，卽澠池。倍河，鄉伊、洛，河在洛陽城北，故曰倍；伊、洛二水在洛陽城南，故曰鄉。倍，蒲妹翻。鄉，讀曰嚮。其固亦足恃也。」上問張良。良曰：「洛陽雖有此固，其中小不過數百里，田地薄，四面受敵，此非用武之國也。關中左殽、函，右隴、蜀，沃野千里，師古曰：沃者，溉灌也；言其土地皆有溉灌之利，故曰沃野。南有巴、蜀之饒，北有胡苑之利，師古曰：謂安定、北地、上郡之北與胡相接之地，可以畜牧者也。養禽獸謂之苑，音於阮翻。阻三面而守，獨以一面東制諸侯；諸侯安定，河、渭漕輓天下，西給京師；漢漕關東之時，自河入渭，自渭而上輸之長安。諸侯有變，順流而下，足以委輸；康曰：委，於僞切，卽委積之委。輸，卽轉輸之輸。輸，舂遇翻。此所謂金城千里，天府之國也。府者，物所聚也。天物所聚，不假人力，故曰天府。」婁敬說是也。」上卽日車駕西，都長安。拜婁敬爲郎中，號曰奉春君，賜姓劉氏。師古曰：凡言車駕，謂天子乘車而行，不敢指斥也。長安，本秦之鄉名也，高祖作都。奉春君，張晏曰：春，歲之始也；今婁敬發事之始，故曰奉春君也。

14 張良素多病，從上入關，卽道引，不食穀，孟康曰：道，讀曰導；服辟穀藥而靜居行氣。杜門不出，曰：「家世相韓；及韓滅，不愛萬金之資，爲韓報讎強秦，天下振動。事見七卷秦始皇二十九年。今以三寸舌爲帝者師，封萬戶侯，此布衣之極，於良足矣。願棄人間事，欲從赤松子游耳。」師古曰：赤松子，仙人號也，神農時爲雨師，服水玉，教神農，能入火自燒。至昆山上，常止西王母石室，隨風雨上下。炎帝少女追之，亦得仙俱去。

臣光曰：夫生之有死，譬猶夜旦之必然；自古及今，固未【章：甲十五行本「未」下有「嘗」字；乙十一行本同；孔本同。】有超然而獨存者也。以子房之明辨達理，足以知神仙之爲虛詭矣；然其欲從赤松子游者，其智可知也。夫功名之際，人臣之所難處。處，昌呂翻。如高帝所稱者，三傑而已；淮陰誅夷，蕭何繫獄，非以履盛滿而不止耶！故子房託於神仙，遺棄人間，等功名於外物，置榮利而不顧，所謂「明哲保身」者，詩云：旣明且哲，以保其身。子房有焉。

15 六月，壬辰，大赦天下。

16 秋，七月，燕王臧荼反；上自將征之。

17 趙景王耳、長沙文王芮皆薨。

18九月，虜臧荼。壬子，立太尉長安侯盧綰爲燕王。班表：太尉，秦官，掌武事。漢制與丞相、御史大夫爲三公。應劭曰：自上安下曰尉。據史記盧綰傳，長安，故咸陽也。正義曰：秦咸陽在渭北；長安在渭南，蕭何起未央宮之處。綰家與上同里閈，閈，音汗；閭也；里門曰閈。綰生又與上同日；上寵幸綰，羣臣莫敢望，故特王之。考異曰：史記、漢書高紀，於此皆云「使丞相噲將兵平代地」。按樊噲傳：從平韓王信，乃遷左丞相；是時未爲丞相，又代地無反者，噲傳亦無此事；疑紀誤。

19項王故將利幾反；利幾以陳令降，上侯之潁川。上至洛陽，召之；利幾恐而反。風俗通：利，姓也。姓譜：楚公子食采於利，後以爲氏。上自擊破之。

20後九月，治長樂宮。程大昌雍錄曰：長樂宮，本秦之興樂宮，周迴二十里，高祖改修而居之；在長安城東隅。樂，音洛。

21項王將鍾離眛，素與楚王信善。眛，莫曷翻；下同。項王死後，亡歸信。漢王怨眛，聞其在楚，詔楚捕眛。信初之國，行縣邑，陳兵出入。行，下孟翻。

六年（庚子、前二〇一）

1冬，十月，人有上書告楚王信反者。帝以問諸將，皆曰：「亟發兵，阬豎子耳！」帝默然。又問陳平，陳平曰：「人上書言信反，信知之乎？」曰：「不知。」陳平曰：「陛下精兵孰與楚？」上曰：「不能過。」平曰：「陛下諸將，用兵有能過韓信者乎？」上曰：「莫及也。」平曰：「今兵不如楚精而將不能及，舉兵攻之，是趣之戰也，趣，讀曰促。竊爲陛下危之！」上曰：「爲之柰何？」平曰：「古者天子有巡狩，會諸侯。白虎通曰：天子所以巡狩者何？巡者，循也；狩者，收也；謂循行天下，收人道德太平，恐遠近不同，政化幽隱，有不得其所者，故必自行之，謹敬重民之意也。孟子曰：天子適諸侯曰巡守；巡守者，巡所守也。陛下第出，僞游雲夢，第，但也。會諸侯於陳。陳，楚之西界；信聞天子以好出游，其勢必無事而郊迎謁；謁而陛下因禽之，此特一力士之事耳。」帝以爲然；乃發使告諸侯會陳，「吾將南游雲夢。」上因隨以行。

楚王信聞之，自疑懼，不知所爲。或說信曰：「斬鍾離昧以謁上，上必喜，無患。」信從之。十二月，上會諸侯於陳，信持昧首謁上；上令武士縛信，載後車。信曰：「果若人言：『狡兔死，走狗烹；高鳥盡，良弓藏；敵國破，謀臣亡。』師古曰：黃石公三略之言。天下已定，我固當烹！」上曰：「人告公反。」遂械繫信以歸，械者，加以杻械；繫者，加以徽索。因赦天下。

田肯賀上曰：「陛下得韓信，又治秦中。如淳曰：山東人謂關中爲秦中，師古曰：謂關中，秦地也。秦，形勝之國也，張晏曰：得形勢之勝便也。帶河阻山，地勢便利；其以下兵於諸侯，譬猶居高屋之上建瓴水也。如淳曰：瓴，盛水瓶也。居高屋之上而翻瓴水，言其向下之勢順也。建，居偃翻。瓴，音鈴。夫齊，東有琅邪、即墨之饒，師古曰：二縣近海，財用之所出。南有泰山之固，泰山在齊之南境，齊負以爲固。西有濁河之限，晉灼曰：齊西有平原。河水東北過高唐；高唐，即平原也。孟津號黃河，故曰濁河也。

余謂孟津在河内，去平原甚遠，晉說失之拘；蓋河流渾濁，故謂之濁河也。北有勃海之利；索隱曰：崔浩云：勃，旁跌也。旁跌出者，橫在濟北，故齊都賦云：海旁出爲勃，名曰勃海郡。余據班志，齊地北至勃海，有高樂、高城、陽信、重合之地。地方二千里，持戟百萬；此東西秦也，言齊地形勝與秦亢衡也。非親子弟，莫可使王齊者。」上曰：「善！」賜金五百斤。

上還，至洛陽，赦韓信，封爲淮陰侯。信知漢王畏惡其能，惡，烏路翻。多稱病，不朝從；朝，直遙翻，朝見也。從，才用翻，從遊也。居常鞅鞅，羞與絳、灌等列。鞅鞅，志不滿也，音於兩翻。絳侯周勃、灌將軍嬰。嘗過樊將軍噲。噲跪拜送迎，言稱臣，曰：「大王乃肯臨臣！」信出門，笑曰：「生乃與噲等爲伍！」爲信怨望謀反張本。

上嘗從容與信言諸將能將兵多少。從，千容翻。將，卽亮翻；下同。上問曰：「如我能將幾何？」信曰：「陛下不過能將十萬。」上曰：「於君何如？」曰：「臣多多而益善耳。」上笑曰：「多多益善，何爲爲我禽？」信曰：「陛下不能將兵而善將將，此乃信之所以爲陛下禽也。且陛下，所謂『天授，非人力』也。」

2 甲申，始剖符封諸功臣爲徹侯。師古曰：剖，破也；與其合符而分授之也。剖，普口翻。蕭何封酇侯，班志，酇縣屬南陽郡。孟康曰：酇，音讚。所食邑獨多。按班書功臣表：蕭何封酇，八千戶，而曹參封平陽，張良封留，皆萬戶，宜不得言何封邑獨多。蓋參以十二月甲申封，何以正月丙午封；功臣言何居上其意不能平者，特同日受封樊、酈、絳、灌諸人耳。張良亦以丙午封。諸人言何而不言良者，蓋高祖先使良自擇齊三萬戶，而良止受留萬戶，故不敢言也。功臣皆曰：「臣等身被堅執銳，被，皮義翻。多者百餘戰，小者數十合。今蕭何未嘗有汗馬之勞，徒持文墨議論，顧反居臣等上，何也？」帝曰：「諸君知獵乎？」夫獵，追殺獸兔者，狗也；而發蹤指示獸處者，人也。今諸君徒能得走獸耳，功狗也；至如蕭何，發蹤指示，功人也。」師古曰：發蹤，謂解紲而放之也。指示，以手指示之，今俗言放狗。縱，子用翻；而讀者乃爲蹤蹟之「蹤」，非也，書本皆不爲「蹤」字；自有逐蹤之狗，不待人發也。洪氏隸釋曰：元祐中，洺州治河堤，得漢北海淳于長夏君碑，其辭有曰「紹縱先軌」。又北軍中候郭仲奇碑，云「有山甫之縱」，又云「徽縱顯」，又司隸校尉魯峻碑，云「比縱豹、產」，又圉令趙君碑，云「羨其縱」，外黃令高彪碑，云「莫與比縱」，皆以「縱」爲「蹤」。蕭何傳：「發縱指示獸處，」顏師古註云：書本皆不爲「蹤」字，讀者乃爲蹤蹟之「蹤」，非也。據此數碑，則漢人固多借用；顏氏之註殆未然也。羣臣皆不敢言。張良爲謀臣，亦無戰鬭功；帝使自擇齊三萬戶。良曰：「始，臣起下邳，與上會留，見八卷秦二世二年。此天以臣授陛下；陛下用臣計，幸而時中。中，竹仲翻。臣願封留足矣，不敢當三萬戶。」乃封張良爲留侯。封陳平爲戶牖侯，戶牖，鄉名，屬陳留郡陽武縣。徐廣曰：陽武屬魏地。戶牖，今爲東昏縣，屬陳留。索隱曰：徐廣云：陽武屬魏，而地理志屬河南郡，蓋後陽武屬梁國耳。徐又云：戶牖，今爲東昏縣，屬陳留，與班書地理志同。按是秦時戶牖鄉屬陽武，至漢以戶牖鄉爲東昏縣，隸陳留郡也。括地志：東昏故城，在汴州陳留縣東北九十里。陳平亦十二月甲申封。平辭曰：「此非臣之功也。」上曰：「吾用先生謀，戰勝克敵，非功而何？」平曰：「非魏無知，臣安得進？」上曰：「若子，可謂不背本矣！」乃復賞魏無知。平因無知見上事見九卷二年。背，蒲妹翻。復，扶又翻。

3 帝以天下初定，子幼，昆弟少，懲秦孤立而亡，欲大封同姓以塡撫天下。塡，讀曰鎭。春，正月，丙午，分楚王信地爲二國：以淮東五十三縣立從兄將軍賈爲荆王，索隱曰：乃王吳地，在淮東也。余據班史，時以故東陽郡、鄣郡、吳郡五十三縣王賈。東陽，漢下邳地；鄣郡，漢丹陽地；吳郡，卽會稽地；蓋其地自淮東而南，盡丹陽、會稽也。賈死後，以其地王吳王濞，故索隱云王吳地也。如淳曰：荆，亦楚也。賈逵曰：秦莊襄王名楚，故改曰荆，遂行於世。晉灼曰：「奮伐荆楚」，自秦之先固已稱荆。索隱曰：姚察按虞喜云：總言荆者，以山命國也。今西南有荆山，在陽羨界。賈分封吳地而號荆王，指取此義。太康地志：陽羨縣，本名荆溪。從，才用翻。以薛郡、東海、彭城三十六縣立弟文信君交爲楚王。薛郡，漢之魯國；東海，秦之郯郡；彭城，後爲楚國：蓋封交之時得三郡地。景、武之後，楚國僅彭城數縣耳。壬子，以雲中、鴈門、代郡五十三縣立兄宜信侯喜爲代王，以膠東、膠西、臨菑、濟北、博陽、城陽郡七十三縣立微時外婦之子肥爲齊王；據此，則博陽於秦、楚、漢兵爭之時亦嘗置郡矣。自淮東至此，雜用古地名，固不純用秦、漢所置郡名也。師古曰：外婦，謂與旁通者。諸民能齊言者皆以與齊。孟康曰：此時民流移，故使能齊言者還齊也。史記正義曰：按言齊國形勝次於秦中，故以封子肥。七十餘城近齊城邑，能齊言者咸割屬齊。親子，故大其都也。孟說恐非。

4 上以韓王信材武，所王北近鞏、洛，南迫宛、葉，東有淮陽，韓之分晉，其地南至宛、葉，西北包鞏、洛，接于新安、宜陽，東有潁川；而淮陽之地則屬于楚。及漢定天下，韓王信剖符王潁川，其地東兼有淮陽，所謂「北近」、「南迫」，言其境相迫近耳，不屬韓也。宛，於元翻。葉，式涉翻。皆天下勁兵處；乃以太原郡三十一縣爲韓國，徙韓王信王太原以北，備禦胡，都晉陽。信上書曰：「國被邊，匈奴數入寇；晉陽去塞遠，請治馬邑。」班志，太原郡領二十一縣；今以三十一縣爲韓國。蓋定襄未置郡，故太原之境，北被邊，兼有鴈門之馬邑也。晉太康地記曰：秦時建此城輒崩，不成；有馬周旋走反覆，父老異之，因依以築城，遂名馬邑。杜佑曰：秦馬邑城，在朔州善陽縣界。李奇曰：被，音被馬之被。師古曰：被，猶帶也，皮義翻。數，所角翻。上許之。

上已封大功臣二十餘人，其餘日夜爭功不決，未得行封。上在洛陽南宮，從複道望見諸將，往往相與坐沙中語。上曰：「此何語？」留侯曰：「陛下不知乎？此謀反耳！」上曰：「天下屬安定，屬，近也；言近方安定也。屬，之欲翻。何故反乎？」留侯曰：「陛下起布衣，以此屬取天下；屬，殊玉翻。今陛下爲天子，而所封皆故人所親愛，所誅皆生平所仇怨。今軍吏計功，以天下不足偏封；此屬畏陛下不能盡封，恐又見疑平生過失及誅，故卽相聚謀反耳。」上乃憂曰：「爲之柰何？」留侯曰：「上平生所憎、羣臣所共知，誰最甚者？」上曰：「雍齒與我有故怨，數嘗窘辱我；服虔曰：未起之時，與我有故怨也。師古曰：每以勇力困辱高祖。余觀帝初起，令雍齒守豐；齒雅不欲屬帝，卽以豐降魏，可以見其有故怨矣。雍，於用翻。數，所角翻。我欲殺之，爲其功多，故不忍。」爲，于僞翻。留侯曰：「今急先封雍齒，則羣臣人人自堅矣。」於是上乃置酒，封雍齒爲什方侯；蘇林曰：什方，漢中縣也。師古曰：地理志，屬廣漢，非漢中也；今則屬益州。什，音十。余按唐志，什邡縣屬漢州，蓋垂拱又分益州置漢州也。宋白曰：什方縣，舊治雍齒城，今於城北四十步立縣。而急趨丞相、御史定功行封。趨，讀曰促。漢之三公，丞相職無不總；御史大夫掌副丞相。羣臣罷酒，皆喜，曰：「雍齒尚爲侯，我屬無患矣！」

臣光曰：張良爲高帝謀臣，委以心腹，宜其知無不言；安有聞諸將謀反，必待高帝目見偶語，然後乃言之邪！蓋以高帝初得天下，數用愛憎行誅賞，數，所角翻。或時害至公，羣臣往往有觖望自危之心；觖，古穴翻。師古曰：音決。觖，謂相觖也；望，怨望也。韋昭曰：觖，猶冀也，音冀。索隱音企。故良因事納忠以變移帝意，使上無阿私之失，下無猜懼之謀，國家無虞，利及後世。若良者，可謂善諫矣。

6 列侯畢已受封，詔定元功十八人位次。師古曰：謂蕭何、曹參、張敖、周勃、樊噲、酈商、奚涓、夏侯嬰、灌嬰、傅寬、靳歙、王陵、陳武、王吸、薛歐、周昌、丁復、蟲達，自第一至十八也。余謂此但定蕭何等元功十八人位次耳。至呂后時，乃詔作高祖功臣位次，凡一百四十餘人。師古所謂自蕭何至蟲達十八人，呂后所定位次也。張敖於高祖九年始自趙王廢爲宣平侯，安得預元功十八人之數哉？故師古註功臣位次云：張耳及敖並爲無大功，蓋以魯元之故，呂后曲升之耳。此說則得之。皆曰：「平陽侯曹參，身被七十創，攻城略地，功最多，宜第一。」被，皮義翻。創，初良翻。謁者、關內侯鄂千秋進曰：「羣臣議皆誤，鄂本出姬姓，晉鄂侯之後。關內侯位次列侯，爵第十九。師古曰：言有侯號而居京畿，無國邑。夫曹參雖有野戰略地之功，此特一時之事耳。上與楚相距五歲，失軍亡衆，跳身遁者數矣；師古曰：謂輕身走出也。數，所角翻；下同。然蕭何常從關中遣軍補其處，非上所詔令召，而數萬衆會。上之乏絕者數矣，又軍無見糧；見，賢遍翻。蕭何轉漕關中，給食不乏。陛下雖數亡山東，蕭何常全關中以待陛下。此萬世之功也。今雖無曹參等百數，何缺於漢；漢得之，不必待以全。柰何欲以一旦之功而加萬世之功哉！蕭何第一，曹參次之。」上曰：「善！」於是乃賜蕭何帶劍履上殿，入朝不趨。古者君子必帶劍，所以衞身，且昭武備也。秦法：羣臣上殿，不得持尺寸之兵。草曰菲，麻曰屨，皮曰履。屨、履所以從軍，軍容不入國，故皆不許以上殿。君前必趨，崇敬也。今賜何劍履上殿，入朝不趨，殊禮也。上曰：「吾聞『進賢受上賞』。蕭何功雖高，得鄂君乃益明。」於是因鄂千秋所【章：甲十五行本「所」上有「故」字；乙十一行本同；孔本同。】食邑，封爲安平侯。索隱曰：安平縣屬涿郡，非甾川之東安平縣。是日，悉封何父子兄弟十餘人，皆有食邑；益封何二千戶。

7 上歸櫟陽。

8 夏，五月，丙午，尊太公爲太上皇。師古曰：太上者，極尊之稱也。皇，君也。天子之父，故號曰皇；不預治國，故不言帝。

9 初，匈奴畏秦，北徙十餘年。及秦滅，匈奴復稍南渡河。此北河也，在朔方北。單于頭曼有太子曰冒頓。韋昭曰：曼，音瞞；師古曰：莫安翻。索隱曰：冒，音墨，又莫報翻。後有所愛閼氏，匈奴之閼氏，猶中國之皇后。閼，於連翻。氏，音支；下月氏同。生少子，頭曼欲立之。少，詩照翻。是時，東胡强而月氏盛，括地志：涼、肅、甘、沙、庭州，本月氏地。乃使冒頓質於月氏。質，音致。既而頭曼急擊月氏，月氏欲殺冒頓。冒頓盜其善馬騎之，亡歸；頭曼以爲壯，令將萬騎。

冒頓乃作鳴鏑，應劭曰：髇箭也。韋昭曰：矢鏑飛則鳴。余見今軍中亦有鳴鏑，於近笴之處開小竅，矢飛急則凌風而鳴。鏑，音嫡。髇，呼交翻。習勒其騎射。勒其所部，使習其令也。令曰：「鳴鏑所射而不悉射者，斬之！」冒頓乃以鳴鏑自射其善馬，既又射其愛妻；左右或不敢射者，皆斬之。最後以鳴鏑射單于善馬，左右皆射之。於是冒頓知其可用；從頭曼獵，以鳴鏑射頭曼，其左右亦皆隨鳴鏑而射。射，而亦翻。遂殺頭曼，盡誅其後母與弟及大臣不聽從者。冒頓自立爲單于。

東胡聞冒頓立，乃使使謂冒頓：「欲得頭曼時千里馬。」冒頓問羣臣，羣臣皆曰：「此匈奴寶馬也，勿與！」冒頓曰：「柰何與人鄰國而愛一馬乎！」遂與之。居頃之，東胡又使使謂冒頓：「欲得單于一閼氏。」冒頓復問左右，復，扶又翻。左右皆怒曰：「東胡無道，乃求閼氏！請擊之！」冒頓曰：「柰何與人鄰國愛一女子乎！」遂取所愛閼氏予東胡。予，讀曰與；下同。東胡王愈益驕。東胡與匈奴中間，有棄地莫居，千餘里，各居其邊，爲甌脫。服虔曰：甌脫，作土室以伺也；師古曰：境上候望之處，若今之伏宿處也。甌，一侯翻。脫，土活翻。東胡使使謂冒頓：「此棄地，欲有之。」冒頓問羣臣，羣臣或曰：「此棄地，予之亦可，勿與亦可。」於是冒頓大怒曰：「地者，國之本也，柰何予之！」諸言予之者，皆斬之。冒頓上馬，令：「國中有後出者斬！」遂襲擊東胡。東胡初輕冒頓，不爲備；冒頓遂滅東胡。

既歸，又西擊走月氏，南幷樓煩、白羊河南王，師古曰：樓煩、白羊二王之居在河南。遂侵燕、代，悉復收蒙恬所奪匈奴故地蒙恬奪匈奴地，見七卷秦始皇三十三年。與漢關故河南塞至朝那、膚施。班志，朝那縣屬安定郡，膚施縣屬上郡。史記正義曰：漢朝那故城，在原州百泉縣西七十里。膚施縣，趙置，秦因而不改，今屬延州。是時，漢兵方與項羽相距，中國罷於兵革，罷，讀曰疲。以故冒頓得自強，控弦之士三十餘萬，控弦，引弓也。控，口弄翻。威服諸國。

秋，匈奴圍韓王信於馬邑。信數使使胡，求和解。漢發兵救之；疑信數間使，有二心，數，所角翻。間，古莧翻。使，疏吏翻。使人責讓信。信恐誅，九月，以馬邑降匈奴。匈奴冒頓因引兵南踰句注，郡國志：句注，山險名，在鴈門陰館縣。括地志：句注山在代州鴈門縣西北三十里。杜佑曰：句注山，即代州鴈門縣西陘嶺。句，音鉤，又如字，又音拘。攻太原，至晉陽。

10 帝悉去秦苛儀，法爲簡易。去，羌呂翻，除也；後以義推。易，以豉翻；下同。羣臣飲酒爭功，醉，或妄呼，拔劍擊柱，呼，火故翻。帝益厭之。叔孫通說上曰：叔孫本出姬姓，魯叔孫氏之後。「夫儒者難與進取，可與守成。臣願徵魯諸生，與臣弟子共起朝儀。」朝，直遙翻。帝曰：「得無難乎？」叔孫通曰：「五帝異樂，三王不同禮；禮者，因時世、人情爲之節文者也。臣願頗采古禮，與秦儀雜就之。」上曰：「可試爲之，令易知，度吾所能行者爲之！」易，以豉翻。度，徒洛翻。

於是叔孫通使，徵魯諸生三十餘人。師古曰：通爲使者而徵魯諸生。使，疏吏翻。魯有兩生不肯行，曰：「公所事者且十主，皆面諛以得親貴。通事秦始皇、二世、陳涉、項梁、楚懷王、項羽及帝，凡七主。且，幾也；言幾及十主也。今天下初定，死者未葬，傷者未起，又欲起禮、樂。禮、樂所由起，積德百年而後可興也。師古曰：言行德教百年，然後可起禮樂。吾不忍爲公所爲；公去矣，無汙我！」汙，烏故翻。叔孫通笑曰：「若眞鄙儒也，不知時變！」師古曰：若，汝也。鄙，言不通。遂與所徵三十人西，師古曰：西入關。及上左右爲學者師古曰：左右，謂近臣也。爲學，謂素有學術。與其弟子百餘人，爲綿蕞，野外習之。應劭曰：立竹及茅索營之，習禮儀其中也。如淳曰：謂以茅剪樹地，爲纂位尊卑之次也。春秋傳曰：置茅蕝。師古曰：蕝，與蕞同，子悅翻。如說是。韋昭曰：引繩爲綿，立表爲蕞。蕞，茲會翻。賈逵曰：束茅以立表位爲蕝。纂文曰：蕝，今之纂字，卽悅翻，又音纂。月餘，言於上曰：「可試觀矣。」上使行禮，曰：「吾能爲此。」乃令羣臣習肄。肄，弋二翻，亦習也。

七年（辛丑、前二〇〇）

1冬，十月，長樂宮成，諸侯羣臣皆朝賀。時未起未央宮，故帝御長樂宮受朝賀。及蕭何既起未央前殿，自惠帝以後，皆御未央；而長樂爲太后所居，謂之東朝。樂，音洛。先平明，師古曰：未平明之前。先，悉薦翻。謁者治禮，以次引入殿門，陳東、西鄉。治，直之翻。鄉，讀曰嚮。衞官俠陛衞官，侍衞之官，郎中及中郎執戟侍衞者是也。俠，與挾同，挾殿陛之兩旁也，或音夾。及羅立廷中，皆執兵，張旗幟。幟，昌志翻。於是皇帝傳警，漢儀云：帝輦動，則左右侍帷幄者稱警，是也。漢書音義：天子出稱警，傳聲而唱，以警外也。輦出房；沈約曰：輦車，周禮王后五路之卑者也。后從容宮中，所乘非王車也。漢制：乘輿御之，或使人輓，或駕果下馬，不知何代去其輪。引諸侯王以下至吏六百石漢吏六百石，銅印，墨綬，奉月七十斛。以次奉賀，莫不振恐肅敬。至禮畢，復置法酒。禮畢，謂朝禮畢也。師古曰：法酒，猶言禮爵，謂不飲之至醉。諸侍坐殿上，皆伏，抑首；師古曰：抑，屈也；謂依禮法不敢平坐而視。以尊卑次起上壽。觴九行，謁者言「罷酒」，御史執法舉不如儀者，輒引去。執法，即御史也。杜佑曰：御史之名，周官有之，蓋掌贊書而授法令，非今任也。戰國時亦有御史，秦、趙澠池之會，各令書其事。秦、漢爲糾察之任。秦以御史監郡。漢初定禮儀，「御史執法舉不如儀者輒引去」是也。竟朝置酒，無敢讙譁失禮者。竟朝，言行朝禮至禮畢也。朝，直遙翻。讙，與喧同，許元翻。於是帝曰：「吾乃今日知爲皇帝之貴也！」乃拜叔孫通爲太常，班表：奉常，秦官，掌宗廟禮儀；景帝中六年改曰太常。此不書奉常而書太常者，使人易知。賜金五百斤。

初，秦有天下，悉內六國禮儀，采擇其尊君、抑臣者存之。及通制禮，頗有所增損，大抵皆襲秦故，自天子稱號下至佐僚及宮室、官名，少所變改。其書，後與律、令同錄，藏於理官；師古曰：理官，即法官也。法家又復不傳，民臣莫有言者焉。

臣光曰：禮之爲物大矣！用之於身，則動靜有法而百行備焉；用之於家，則內外有別而九族睦焉；行，下孟翻。別，彼列翻。用之於鄉，則長幼有倫而俗化美焉；用之於國，則君臣有敍而政治成焉；治，直吏翻。用之於天下，則諸侯順服而紀綱正焉；豈直几席之上、戶庭之間得之而不亂哉！夫以高祖之明達，聞陸賈之言而稱善，見下卷十一年。睹叔孫之儀而歎息；然所以不能肩【張：「肩」上脫「比」字。】於三代之王者，病於不學而已。當是之時，得大儒而佐之，與之以禮爲天下，其功烈豈若是而止哉！惜夫，叔孫生之【章：甲十五行本「之」下有「爲」字；乙十一行本同。】器小也！徒竊禮之糠粃，以依世、諧俗、取寵而已，穀皮曰糠；穀不成曰粃；粃，與秕同。遂使先王之禮淪沒而不振，以迄于今，豈不痛甚矣哉！是以揚子譏之曰：「昔者魯有大臣，史失其名。曰：『何如其大也！』曰：『叔孫通欲制君臣之儀，召先生於魯，所不能致者二人。』曰：『若是，則仲尼之開迹諸侯也非邪？』」曰：『仲尼開迹，將以自用也。宋咸曰：謂開布其迹於諸侯之國，猶言歷聘也。如委己而從人，雖有規矩、準繩，焉得而用之！』」焉，於虔翻。善乎揚子之言也！夫大儒者，惡肯毀其規矩、準繩以趨一時之功哉！惡，音烏。趨，七喻翻。

2 上自將擊韓王信，破其軍於銅鞮，班志，銅鞮縣屬上黨郡。上黨記：晉銅鞮，伯華所邑，去銅鞮故宮二十里；唐屬潞州。宋白曰：縣有銅鞮水，故名。鞮，丁奚翻。斬其將王喜。信亡走匈奴；白土人曼丘臣、王黃等立趙苗裔趙利爲王，班志，白土縣屬上郡。括地志：白土故城，在鹽州白池東北九十里；又云：近延州。余據班志：圜水出白土縣西，東入河。師古曰：圜，音銀，今銀州銀水是。則白土縣在唐銀州界。按「圜」字乃「圁」字之誤。通典：圁水在銀州儒林縣東北，今謂之無定河。師古又曰：曼丘、毋丘，本一姓也，語有緩急耳。曼音萬。姓譜：齊有曼丘不擇。復收信敗散兵，與信及匈奴謀攻漢。匈奴使左、右賢王將萬餘騎，與王黃等屯廣武以南，至晉陽，班史：匈奴置左、右賢王，左、右谷蠡王，最爲大國。班志，廣武縣屬太原郡。史記正義：廣武故城在代州鴈門界句注山南。杜佑曰：代州鴈門郡治鴈門縣；漢廣武縣故城在西南。宋白曰：隋改廣武縣爲鴈門，避太子諱也。漢兵擊之，匈奴輒敗走，已復屯聚，漢兵乘勝追之。會天大寒，雨雪，大戴記曰：盛陰之氣在雨水，則凝滯而爲雪。雨，于具翻。自上而下曰雨；後以義推。士卒墮指者什二三。師古曰：什人之中二三墮指。

上居晉陽，聞冒頓居代谷，史記正義曰：代谷，今嬀州。余據唐嬀州在幽州西北，此代谷在句注之北。

後魏都平城，建爲代都，蓋因代谷而名也；唐屬雲州界。欲擊之。使人覘匈奴，覘，丑廉翻，又勑艷翻，窺偵也。冒頓匿其壯士、肥牛馬，但見老弱及羸畜。羸，倫爲翻。畜，許救翻。使者十輩來，皆言匈奴可擊。上復使劉敬往使匈奴，復，扶又翻。未還；漢悉兵三十二萬北逐之，踰句注。劉敬還，報曰：「兩國相擊，此宜夸矜，見所長；見，賢遍翻，示也；下欲見同。今臣往，徒見羸瘠、老弱，此必欲見短，伏奇兵以爭利。愚以爲匈奴不可擊也。」是時，漢兵已業行，凡事已爲而未成曰業。上怒，罵劉敬曰：「齊虜以口舌得官，今乃妄言沮吾軍！」沮，才汝翻，止也。械繫敬廣武。

帝先至平城，兵未盡到；冒頓縱精兵四十萬騎，圍帝於白登七日，班志：平城縣屬鴈門郡。服虔曰：白登，臺名，去平城七里。師古曰：白登在平城東南，去平城十餘里。括地志：朔州定襄縣，本漢平城縣，東北三十里有白登山，山上有臺，名曰白登臺。漢兵中外不得相救餉。帝用陳平祕計，使使間厚遺閼氏。應劭曰：陳平使畫工圖美女，間遺閼氏曰：「漢有美女如此；今皇帝困急，欲獻之。」閼氏畏其奪己寵，言於冒頓，令解圍。余謂祕計者，以其失中國之體，故祕而不傳。間，古莧翻。遺，于季翻。閼氏謂冒頓曰：「兩主不相困。今得漢地，而單于終非能居之也。且漢主亦有神靈，單于察之！」冒頓與王黄、趙利期，而黄、利兵不來，疑其與漢有謀，乃解圍之一角。會天大霧，漢使人往來，匈奴不覺。陳平請令強弩傅兩矢，外鄉，師古曰：傅，讀曰附。每一弩而加兩矢，外嚮以禦敵也。鄉，讀曰嚮。從解角直出。帝出圍，欲驅；太僕滕公固徐行。至平城，漢大軍亦到，胡騎遂解去。漢亦罷兵歸，令樊噲止定代地。

上至廣武，赦劉敬，曰：「吾不用公言，以困平城；吾皆已斬前使十輩矣！」乃封敬二千戶爲關內侯，號爲建信侯。帝南過曲逆，班志，曲逆縣屬中山國。張晏曰：濡水於城北曲而西流，故曰曲逆；後漢章帝醜其名，改曰蒲陰。杜佑曰：中山郡北平縣，秦曲逆縣，後漢蒲陰縣。曲逆，讀皆如字。文選高祖功臣贊註曰：曲，區句翻；逆，音遇；非也。顏之推曰：俗儒讀曲逆侯爲去遇；票姚校尉曰飄搖。票姚，諸儒有兩音；最無謂者，曲逆爲去遇也。曰：「壯哉縣！吾行天下，獨見洛陽與是耳。」乃更封陳平爲曲逆侯，盡食之。平從帝征伐，凡六出奇計，輒益封邑焉。

3 十二月，上還，過趙。趙王敖執子壻禮甚卑；敖尚帝女魯元公主，故執子壻禮。上箕倨慢罵之。師古曰：箕倨者，謂伸兩脚，其形如箕。曲禮曰：坐毋箕。孔穎達曰：箕，謂舒展兩足，狀如箕舌也。趙相貫高、趙午等皆怒；貫，姓也；原伯貫之後。曰：「吾王，孱王也！」孟康曰：孱，音潺湲之潺，冀州謂懦弱者爲孱。師古音士連翻。乃說王曰：「天下豪傑並起，能者先立。今王事帝甚恭，而帝無禮；請爲王殺之！」張敖齧其指出血，曰：師古曰：自齧其指出血，以表至誠而爲誓，約不背漢也。爲，于僞翻。「君何言之誤！先人亡國，賴帝得復國，張耳亡國事見九卷元年，復國事見十卷三年。德流子孫；秋豪皆帝力也。豪至秋而纖銳。秋豪，言其細微也。願君無復出口！」復，扶又翻。貫高、趙午等皆相謂曰：「乃吾等非也。吾王長者，不倍德；長，知兩翻。倍，蒲妹翻。且吾等義不辱。今帝辱我王，故欲殺之，何洿王爲！洿，烏故翻，染涴也。事成歸王，事敗獨身坐耳。」言獨以身坐弒帝之罪。

4 匈奴攻代。代王喜棄國自歸，喜，卽帝兄仲也。六年春正月，以代地立喜爲代王，韓王信故國。赦爲郃陽侯。班志，郃陽縣屬左馮翊，詩所謂「在郃之陽」者也。括地志：郃陽故城，在同州河西縣南三十里。郃，音合。辛卯，立皇子如意爲代王。如意，戚夫人之子，後徙王趙。

5 春，二月，上至長安。蕭何治未央宮，未央宮在長安城西南隅，周迴二十八里。元和志曰：東距長樂宮一里，中隔武庫。括地志：未央宮，在雍州長安縣西北十里長安故城中。上見其壯麗，甚怒，謂何曰：「天下匈匈，勞苦數歲，成敗未可知，是何治宮室過度也！」何曰：「天下方未定，故可因以就宮室。且夫天子以四海爲家，非壯麗無以重威，且無令後世有以加也。」上說。說，讀曰悅。

臣光曰：王者以仁義爲麗，道德爲威，未聞其以宮室塡服天下也。塡，讀曰鎭。天下未定，當克己節用以趨民之急；趨，七喩翻。而顧以宮室爲先，豈可謂之知所務哉！昔禹卑宮室而桀爲傾宮。孔子曰：禹卑宮室而盡力乎溝洫。桀爲傾宮、瑤臺以殫百姓之財。創業垂統之君，躬行節儉以示子孫，其末流猶入於淫靡，況示之以侈乎！乃云「無令後世有以加」，豈不謬哉！至于孝武，卒以宮室罷敝天下，卒，子恤翻。罷，讀曰疲。未必不由酇侯啓之也！

6 上自櫟陽徙都長安。先雖以婁敬、張良之言西都關中，然都邑未成，則猶居櫟陽；今未央宮成，始自櫟陽徙都長安。

7 初置宗正官，以序九族。班表：宗正，秦官，掌親屬；平帝元始元年，更名宗伯。

8 夏，四月，帝行如洛陽。

聶崇岐標點容肇祖覆校

資治通鑑卷第十二

翰林學士朝散大夫右諫議大夫知制誥兼侍講同提舉萬壽觀公事
兼判集賢院上護軍河内郡開國侯食邑一千三百戶賜紫金魚袋臣　司馬光　奉敕編集
後　學　天　台　胡三省　音　註

漢紀四 起玄黓攝提格（壬寅），盡昭陽赤奮若（癸丑），凡十二年。

太祖高皇帝下

八年（壬寅、前一九九）

1冬，上【章：甲十五行本「上」下有「東」字；乙十一行本同；孔本同。】擊韓王信餘寇於東垣，班志，高帝十一年，更名東垣曰眞定；武帝元鼎四年，置眞定國。垣，音轅。過柏人。班志，柏人縣屬趙國。括地志：柏人故城，在邢州柏人縣西北十二里；至唐天寶元年，更柏人曰堯山。貫高等壁人於廁中，欲以要上。文穎曰：置人廁壁中以伺高祖也。要，一遙翻。上欲宿，心動，問曰：「縣名爲何？」曰：「柏人。」上曰：「柏人者，迫於人也。」遂不宿而去。十二月，帝行自東垣至。

2春，三月，行如洛陽。

3令賈人毋得衣錦、繡、綺、穀、絺、紵、罽，操兵、乘、騎馬。師古曰：賈人，坐販賣者也。綺，文繒也，卽今之細綾也。絺，細葛也。紵，織紵爲布及疏也。罽，織毛，若今毼及氍毹之類也。操，持也。兵，凡兵器也。乘，駕車也。騎，單騎也。賈，音古。衣，於旣翻。絺，充知翻。紵，音佇。罽，居例翻。操，千高翻。余據：錦，織文也；繡，刺文而五采備者也；穀，縐紗也。騎，奇寄翻。

4秋，九月，行自洛陽至；淮南王、梁王、趙王、楚王皆從。從，才用翻。

5匈奴冒頓數苦北邊。數，所角翻；下同。上患之，問劉敬，劉敬曰：「天下初定，士卒罷於兵，罷，讀曰疲。未可以武服也。冒頓殺父代立，妻羣母，以力爲威，未可以仁義說也。說，式芮翻。獨可以計久遠，子孫爲臣耳；然恐陛下不能爲。」上曰：「柰何？」對曰：「陛下誠能以適長公主妻之，適，讀曰嫡；謂皇后所生也。長，知兩翻。厚奉遺之，遺，于季翻；下同。彼必慕，以爲閼氏，閼氏，音煙支。生子，必爲太子。陛下以歲時漢所餘、彼所鮮，數問遺，鮮，息善翻，少也。因使辨士風諭以禮節。風，與諷同。冒頓在，固爲子壻；死，則外孫爲單于；豈嘗聞外孫敢與大父抗禮者哉！可無戰以漸臣也。若陛下不能遣長公主，而令宗室及後宮詐稱公主，彼知，不肯貴近，無益也。」帝曰：「善！」近，其靳翻。欲遣長公主。呂后日夜泣曰：「妾唯太子、一女，柰何棄之匈奴！」上竟不能遣。

九年（癸卯、前一九八）

1冬，上取家人子名爲長公主，師古曰：於外庶人家取女，而名之爲公主。以妻單于；妻，千細翻。使劉敬往結和親約。

臣光曰：建信侯謂冒頓殘賊，不可以仁義說，而欲與爲婚姻，何前後之相違也！夫骨肉之恩，尊卑之敍，唯仁義之人爲能知之；柰何欲以此服冒頓哉！蓋上世帝王之御夷狄也，服則懷之以德，叛則震之以威，未聞與爲婚姻也。且冒頓視其父如禽獸而獵之，奚有於婦翁！建信侯之術，固已疏矣；況魯元已爲趙后，又可奪乎！

2劉敬從匈奴來，因言：「匈奴河南白羊、樓煩王，去長安近者七百里，輕騎一日一夜可以至秦中。秦中新破，秦中，謂關中，故秦地也。新破，謂經兵革之後未殷實。少民，地肥饒，可益實。少，詩沼翻；下同。夫諸侯初起時，非齊諸田、楚昭、屈、景莫能興。齊之王族，諸田也；楚之王族，昭、屈、景也；皆二國之強家。師古曰：今高陵、櫟陽諸田，華陰、好時諸景及三輔諸屈、諸懷尚多，皆此時之所徙也。屈，九勿翻。今陛下雖都關中，實少民，東有六國之強族；一日有變，陛下亦未得高枕而臥也。枕，之鴆翻。臣願陛下徙六國後及豪桀、名家居關中；無事可以備胡，諸侯有變，亦足率以東伐。此強本弱末之術也。」上曰：「善！」十一月，徙齊、楚大族昭氏、屈氏、景氏、懷氏、田氏五族及豪桀於關中，與利田、宅，謂便利田宅也。凡十餘萬口。

3十二月，上行如洛陽。

4貫高怨家知其謀，上變告之。謀，謂謀弒上，事始上卷七年。怨，於元翻，又如字。變，非常也；謂上告非常之事。於是上逮捕趙王及諸反者。師古曰：逮捕，謂事相連及者皆捕之。一曰：在道守禁相屬不絕，若今之傳送囚耳。貢父曰：逮者，其人存在，直追取之；捕者，其人亡，當討捕也；故有或但言逮，或但言捕，知異義也。一曰：逮，易辭；捕，加力也。逮，徒呼召之；捕，則加束縛矣。趙午等十餘人皆爭自剄；貫高獨怒罵曰：「誰令公爲之？今王實無謀，而幷捕王。公等皆死，誰白王不反者？」白，明白也。乃轞車膠致，師古曰：轞車者，車而爲檻形，以版四周之，無所通見。史記正義曰：膠致者，膠密不得開，送致京師也。與王詣長安。高對獄曰：「獨吾屬爲之，王實不知。」吏治，搒笞數千，刺剟，搒，音彭。剟，丁劣翻。索隱曰：剟，亦刺也；應劭曰：以鐵刺之也。身無可擊者；終不復言。呂后數言：「張王以公主故，不宜有此。」數，所角翻。上怒曰：「使張敖據天下，豈少而女乎！」少，詩沼翻。而，汝也。不聽。

廷尉以貫高事辭聞。上曰：「壯士！誰知者？以私問之。」蓋欲求貫高平日相知昵者，以其私問之。中大夫泄公曰：班表：郎中令之屬有太中大夫、中大夫，皆掌論議。泄，音薛。泄，姓也；秦時衞有泄姬。「臣之邑子，素知之，此固趙國立義不侵、爲然諾者也。」言以義自立，不受侵辱，重於然諾也。上使泄公持節往問之箯輿前。韋昭曰：如今輿牀，人輿以行。師古曰：箯輿者，編竹木以爲輿形，如今之食輿。高時搒笞刺剟委困，故以箯輿處之。索隱曰：服虔云：編竹木如今峻，可以糞除也。何休註公羊：筍，音峻。箯者，竹箯，一名編，齊、魯以北名爲箯。郭璞三蒼註云：箯，轝土器，音鞭。泄公與相勞苦，如生平驩，勞，力到翻。相勞，且問其所苦也。因問：「張王果有計謀不？」不，讀曰否。高曰：「人情寧不各愛其父母、妻子乎？今吾三族皆以論死，謂以罪論抵死。豈愛王過於吾親哉？顧爲王實不反，爲，于僞翻。獨吾等爲之。」具道本指所以爲者、王不知狀。於是泄公入，具以報上。春，正月，上赦趙王敖，廢爲宣平侯，徙代王如意爲趙王。

上賢貫高爲人，使泄公具告之曰：「張王已出。」因赦貫高。貫高喜曰：「吾王審出乎？」泄公曰：「然。」泄公曰：「上多足下，故赦足下。」貫高曰：「所以不死、一身無餘者，白張王不反也。今王已出，吾責已塞，塞，悉則翻。死不恨矣。且人臣有篡弑之名，何面目復事上哉！復，扶又翻。縱上不殺我，我不愧於心乎！」乃仰絕亢，遂死。蘇林曰：亢，頸大脈也，俗所謂胡脈也。師古曰：亢者，總謂頸耳。爾雅云：亢，鳥嚨，卽喉嚨也。亢，音岡，又下郎翻。

荀悅論曰：貫高首爲亂謀，殺主之賊；殺，讀曰弑。雖能證明其王，小亮不塞大逆，私行不贖公罪。塞，悉則翻。行，下孟翻。春秋之義大居正，大居正者，以居正爲大也。罪無赦可也。

臣光曰：高祖驕以失臣，貫高狠以亡君。使貫高謀逆者，高祖之過也；使張敖亡國者，貫高之罪也。

5 詔：「丙寅前有罪，殊死已下，皆赦之。」

6 二月，行自洛陽至。

7 初，上詔：「趙羣臣賓客敢從張王者，皆族。」郎中田叔、孟舒皆自髡鉗爲王家奴以從。田叔、孟舒，皆趙國郎中也。從，才用翻。及張敖既免，上賢田叔、孟舒等。召見，與語，漢廷臣無能出其右者。師古曰：古者以右爲尊；言材用無有過之者，故云無出其右也。貢父曰：古者居則貴左，兵則貴右；貴右似戰國時俗也。上盡拜爲郡守、諸侯相。班表：郡守，秦官，掌治其郡，秩二千石。漢初，諸侯王國亦置丞相，統衆官，羣卿大夫都官，如漢朝。景帝中五年，令諸侯王不得復治國，天子爲置吏，改丞相曰相，秩二千石。

8 夏，六月【章：甲十五行本「月」下有「乙未」二字；乙十一行本同；孔本同；張校同；退齋校同。】晦，日有食之。

9 更【章：甲十五行本「更」上有「是歲」二字；乙十一行本同；孔本同。】以丞相何爲相國。自丞相進相國，則相國之位尊於丞相矣。

十年（甲辰、前一九七）

1 夏，五月，太上皇崩于櫟陽宮。秋，七月，癸卯，葬太上皇于萬年，師古曰：三輔黃圖云：高祖初居櫟陽，太上皇因居櫟陽；既崩，葬其北原，起萬年邑，置長、丞焉。考異曰：漢書：「五月，太上皇后崩。」「七月，癸卯，太上皇崩，葬萬年。」荀紀，五月無「后」字，七月無「崩」字。蓋荀悅之時，漢書本尚未訛謬故也；今從之。楚王、梁王皆來送葬。赦櫟陽囚。臣瓚曰：萬年陵在櫟陽縣，故特赦之。

2 定陶戚姬有寵於上，如淳曰：姬，音怡。衆妾之總稱也。漢官曰：姬妾數百。臣瓚曰：漢秩祿令及茂陵書：姬，內官也，秩比二千石，位次倢伃下，在七子、八子之上。索隱曰：如淳音怡，非也。茂陵書，姬是內官，是矣；然官號及婦人通稱姬者，姬，周之姓，所以左傳稱伯姬、叔姬；以言天子之宗女貴於他姓，故遂以姬爲婦人美號。生趙王如意。上以太子仁弱，謂如意類己；雖封爲趙王，常留之長安。上之關東，戚姬常從，從，才用翻。日夜啼泣，欲立其子。呂后年長，常留守，益疏。長，知兩翻。守，式又翻。疏，與疎同。上欲廢太子而立趙王！大臣爭之，皆莫能得。御史大夫周昌廷爭之強，上問其說。昌爲人吃，吃，音訖，言之難也。又盛怒，曰：「臣口不能言，然臣期期知其不可！陛下欲廢太子，臣期期不奉詔！」師古曰：以口吃故，重言期期。貢父曰：期，讀如荀子「目欲綦色」之綦；楚人謂極爲綦。孔穎達曰：釋詁曰：蹶，汔也；杜預曰：汔，期也。然則期字雖別，皆是近義，言其近當如此。史記稱高祖欲廢太子，周昌曰：「臣期知其不可」；周昌又曰：「臣期不奉詔。」言期者，意亦與汔同。上欣然而笑。呂后側耳於東廂聽，韋昭曰：東廂，殿東堂也。師古曰：正寢之東西室皆曰廂，言似箱篋之形。既罷，見昌，爲跪謝，曰：「微君，太子幾廢。」爲，于僞翻。幾，居依翻。

時趙王年十歲，上憂萬歲之後不全也；符璽御史趙堯符璽御史，御史之掌符璽者也，屬御史大夫。璽，斯氏翻。請爲趙王置貴強相，爲，于僞翻。相，息亮翻。及呂后、太子、羣臣素所敬憚者。上曰：「誰可者？」堯曰：「御史大夫昌，其人也。」上乃以昌相趙，爲呂后殺戚夫人及如意張本。而以堯代昌爲御史大夫。考異曰：史記、漢書張良傳，皆云「十二年上擊黥布還，愈欲易太子」。按百官表：「十年，趙堯爲御史大夫」，則是時太子位已定；今從之。

3 初，上以陽夏侯陳豨爲相國，監趙、代邊兵；夏，音賈。豨，許豈翻，又音希。徐廣曰：爲趙相國，將兵守代。監，古銜翻。豨過辭淮陰侯。淮陰侯挈其手，辟左右，辟，音闢，除也；屏除左右也。與之步於庭，仰天嘆曰：「子可與言乎？」豨曰：「唯將軍令之！」淮陰侯曰：「公之所居，天下精兵處也；而公，陛下之信幸臣也。人言公之畔，陛下必不信；再至，陛下乃疑矣；三至，必怒而自將。將，卽亮翻。吾爲公從中起，天下可圖也。」爲，于僞翻。陳豨素知其能也，信之，曰：「謹奉教！」

豨常慕魏無忌之養士，魏無忌，信陵君也。及爲相守邊，告歸，漢律：二千石有予告，有賜告。予告者，在官有功最，法所當得也。賜告者，病滿三月當免，天子優賜其告，使得帶印綬、將官屬歸家治病。至成帝時，郡國二千石賜告不得歸家；至和帝時，賜、予皆絕。師古曰：告者，請謁之言，謂請休耳。或謂之謝，謝，亦告也。左傳曰：韓獻子告老；禮記曰：若不得謝。漢書諸云謝病，皆同義。過趙，賓客隨之【章：甲十五行本「之」下有「者」字；乙十一行本同；孔本同。】千餘乘，乘，繩證翻。邯鄲官舍皆滿。趙相周昌求入見上，見，賢遍翻。具言豨賓客甚盛，擅兵於外數歲，恐有變。上令人覆案豨客居代者諸不法事，多連引豨。豨恐；韓王信因使王黃、曼丘臣等說誘之。說，式芮翻。誘，音酉。

太上皇崩，上使人召豨，豨稱病不至；九月，遂與王黃等反，自立爲代王，劫略趙、代。上自東擊之。至邯鄲，喜曰：「豨不【章：甲十五行本「不」下有「南」字；乙十一行本同；孔本同；張校同。】據邯鄲而阻漳水，吾知其無能爲矣！」

周昌奏：「常山二十五城，亡其二十城；請誅守、尉。」秦滅趙，置鉅鹿、邯鄲郡；漢始置常山郡。杜佑通典曰：漢常山郡故城，在趙州元氏縣西。守者，郡守；尉者，都尉。守，式又翻。上曰：「守、尉反乎？」對曰：「不。」不，讀曰否。上曰：「是力不足，亡罪。」

上令周昌選趙壯士可令將者，白見四人。將，卽亮翻；下同。見，賢遍翻。上嫚罵曰：「豎子能爲將乎？」四人慙，皆伏地；上封各千戶，以爲將。左右諫曰：「從入蜀、漢，伐楚，賞未偏行；今封此，何功？」上曰：「非汝所知。陳豨反，趙、代地皆豨有。吾以羽檄徵天下兵，未有至者，今計唯獨邯鄲中兵耳；吾何愛四千戶，不以慰趙子弟！」皆曰：「善！」

又聞豨將皆故賈人；上曰：「吾知所以與之矣。」乃多以金購豨將，豨將多降。師古曰：與，如也，言能如之何也。貢父曰：與，猶待也。原父曰：知與之者，知所以與之之術也。豨將皆故賈人，賈人嗜利，乃多以金購之。賈，音古。

十一年（乙巳、前一九六）

1 冬，上在邯鄲。陳豨將侯敞將萬餘人游行，王黄將騎千餘軍曲逆，張春將卒萬餘人渡河攻聊城；班志，聊城縣屬東郡。括地志：聊城故城，在博州聊城縣西二十里，春秋時齊之西界。聊，攝也。戰國時亦爲齊地。漢將軍郭蒙與齊將擊，大破之。太尉周勃道太原入定代地，至馬邑，不下，攻殘之。殘，謂多所殺戮。趙利守東垣，帝攻拔之，更命曰眞定。更，工衡翻。帝購王黄、曼丘臣以千金，其麾下皆生致之。於是陳豨軍遂敗。

淮陰侯信稱病，不從擊豨，陰使人至豨所，與通謀。信謀與家臣夜詐詔赦諸官徒、奴，有罪而居作者爲徒；有罪而沒入官者爲奴。欲發以襲呂后、太子；部署已定，待豨報。其舍人得罪於信，信囚，欲殺之。春，正月，舍人弟上變，告信欲反狀於呂后。按班書功臣表，告信反者，舍人樂説也，封愼陽侯。呂后欲召，恐其儻不就；儻，或然之辭。乃與蕭相國謀，詐令人從上所來，言豨已得，死，列侯、羣臣皆賀。相國紿信曰：「雖疾，強入賀。」強，其兩翻。信入，呂后使武士縛信，斬之長樂鐘室。師古曰：懸鐘之室。信方斬，曰：「吾悔不用蒯徹之計，不用蒯徹，見十卷四年。乃爲兒女子所詐，豈非天哉！」遂夷信三族。

臣光曰：世或以韓信【章：甲十五行本「信」下有「爲」字；乙十一行本同；孔本同。】首建大策，與高祖起漢中，定三秦，遂分兵以北，禽魏，取代，仆趙，脅燕，東擊齊而有之，南滅楚垓下，漢之所以得天下者，大抵皆信之功也。觀其距蒯徹之說，迎高祖於陳，見上卷六年。豈有反心哉！良由失職怏怏，遂陷悖逆。夫以盧綰里閈舊恩，猶南面王燕，信乃以列侯奉朝請；閈，侯旰翻。王，于況翻。朝，直遙翻。請，才性翻，又如字。豈非高祖亦有負於信哉？臣以爲高祖用詐謀禽信於陳，言負則有之；雖然，信亦有以取之也。始，漢與楚相距滎陽，信滅齊，不還報而自王；見十卷四年。其後漢追楚至固陵，與信期共攻楚而信不至；見十卷五年。當是之時，高祖固有取信之心矣，顧力不能耳。及天下已定，【章：甲十五行本「定」下有「則」字；乙十一行本同；孔本同。】信復何恃哉！復，扶又翻。夫乘時以徼利者，市井之志也；徼，一遙翻。醻功而報德者，士君子之心也。醻，時流翻。信以市井之志利其身，而以士君子之心望於人，不亦難哉！是故太史公論之曰：「假令韓信學道謙讓，不伐己功，不矜其能，則庶幾哉！幾，居衣翻。於漢家勳，可以比周、召、太公之徒，後世血食矣！不務出此，而天下已集，乃謀畔逆；夷滅宗族，不亦宜乎！」

2 將軍柴武斬韓王信於參合。姓譜：柴姓，高柴之後。班志，參合縣屬代郡。括地志：參合故城在朔州定襄縣北。

3 上還洛陽，聞淮陰侯之死，且喜且憐之；喜者，喜除其偪；憐者，憐其功大。問呂后曰：「信死亦何言？」呂后曰：「信言恨不用蒯徹計。」上曰：「是齊辯士蒯徹也。」乃詔齊捕蒯徹。

蒯徹至，上曰：「若教淮陰侯反乎？」對曰：「然，臣固教之。豎子不用臣之策，故令自夷於此；如用臣之計，陛下安得而夷之乎！」上怒曰：「烹之！」徹曰：「嗟乎！冤哉烹也！」上曰：「若教韓信反，何冤？」對曰：「秦失其鹿，天下共逐之，高材疾足者先得焉。跖之狗吠堯；堯非不仁，狗固吠非其主。當是時，臣唯獨知韓信，非知陛下也。且天下銳精持鋒銳精，言磨淬精鐵而銳之也。欲爲陛下所爲者甚衆，顧力不能耳，師古曰：顧，念也。余謂顧，反視也，反己而自視其力有所不能也。又可盡烹之邪？」上曰：「置之。」置，猶舍也，又赦也。

4 立子恆爲代王，都晉陽。晉陽，漢爲太原郡治所。如淳曰：文紀言都中都。又文帝過太原，復晉陽、中都二歲，似還都於中都也。恆，戶登翻。

5 大赦天下。

6 上之擊陳豨也，徵兵於梁；梁王稱病，使將將兵詣邯鄲。上怒，使人讓之。梁王恐，欲自往謝。其將扈輒曰：「王始不往，見讓而往，往則爲禽矣；不如遂發兵反。」梁王不聽。梁太僕得罪，亡走漢，告梁王與扈輒謀反。於是上使使掩梁王，梁王不覺，遂囚之洛陽。有司治：「反形已具，臣瓚曰：扈輒勸越反而越不誅，是反形已具也。請論如法。」上赦以爲庶人，傳處蜀青衣。青衣道屬蜀郡。臣瓚曰：今漢嘉是也。章懷太子賢曰：青衣道，在大江、青衣二水之會，今嘉州龍遊縣也。傳，張戀翻。處，昌呂翻。西至鄭，逢呂后從長安來。彭王爲呂后泣涕，自言無罪，願處故昌邑。二世二年，彭越起於昌邑。爲，于僞翻。呂后許諾，與俱東。至洛陽，呂后白上曰：「彭王壯士，今徙之蜀，此自遺患；不如遂誅之。妾謹與俱來。」於是呂后乃令其舍人告彭越復謀反。復，扶又翻。廷尉王恬開奏請族之，上可其奏。三月，夷越三族。此以漢書本紀爲據；史記高祖紀作「夏，夷彭越三族」，年表書「越反，誅」，又在十年夏誅彭越，蓋以盧綰言爲據。梟越首洛陽，下詔：「有收視者，輒捕之。」

梁大夫欒布使於齊，姓譜：欒，晉卿欒氏之後。還，奏事越頭下，祠而哭之。吏捕以聞。上召布，罵，欲烹之。方提趨湯，提，挈也；挈而趨鼎，欲投之於湯。趨，七喻翻。布顧曰：「願一言而死。」上曰：「何言？」布曰：「方上之困於彭城，敗滎陽、成皋間，項王所以遂不能西者，徒以彭王居梁地，與漢合從苦楚也。從，子容翻。當是之時，王一顧，與楚則漢破，與漢則楚破。且垓下之會，微彭王，項氏不亡。天下已定，彭王剖符受封，亦欲傳之萬世。今陛下一徵兵於梁，彭王病不行，而陛下疑以爲反；反形未具，以苛小案誅滅之。臣恐功臣人人自危也。今彭王已死，臣生不如死，請就烹！」於是上乃釋布罪，拜爲都尉。

7 丙午，立皇子恢爲梁王；考異曰：漢書諸侯王表作「三月丙午」。按劉羲叟長曆：三月丙辰朔，無丙午；今從史記年表。今按史記年表作「二月丙午」，但通鑑先書「三月夷彭越三族」，方於此書「立子恢爲梁王」，則又是三月丙午。丙寅，立皇子友爲淮陽王。罷東郡，頗益梁；罷潁川郡，頗益淮陽。

8 夏，四月，行自洛陽至。

9 五月，詔立秦南海尉趙佗爲南粵王，晉志：秦使任囂、趙佗攻粵，略取陸梁地，遂定南粵，以爲桂林、南海、象三郡，非三十六郡之限；乃置南海尉以典之，所謂「東南一尉」也。余謂始皇二十六年，分天下爲三十六郡，郡置守、尉、監。三十三年，取南粵，置南海、桂林、象郡；此南海尉止典南海一郡兵，猶三十六郡之尉也，安得兼典桂林、象郡！任囂既死，秦已破滅，趙佗始擊幷桂林、象郡，以此知非兼典也。佗，徒河翻。使陸賈即授璽綬，姓譜：陸，古天子陸終之後。與剖符通使，使和集百越，無爲南邊患害。

初，秦二世時，南海尉任囂病且死，任，音壬。囂，音敖。召龍川令趙佗，班志：龍川縣屬南海郡。裴氏廣州記：龍川本博羅縣之東鄉，有龍穿地而出，即穴流泉，因以爲號。師古曰：今循州。語曰：語，牛倨翻。「秦爲無道，天下苦之。聞陳勝等作亂，天下未知所安。南海僻遠，吾恐盜兵侵地至此，欲興兵絕新道自備，蘇林曰：新道，秦所新通越道。待諸侯變；會病甚。且番禺負山險，阻南海，班志：番禺縣屬南海郡，尉佗所都。今爲廣州治所。番，音潘。禺，音愚，又魚容翻。東西數千里，頗有中國人相輔；此亦一州之主也，可以立國。郡中長吏，無足與言者，長，知兩翻。故召公告之。」即被佗書，韋昭曰：被之以書，音光被之被，皮義翻。行南海尉事。囂死，佗即移檄告橫浦、陽山、湟谿關曰：武帝伐南越，遣楊僕出豫章，下橫浦；則橫浦通豫章之路也。杜佑曰：橫浦關在虔州大庾縣西南。南康記曰：南野大庾嶺三十里至橫浦，有秦時關，其下謂爲塞上。班志：陽山侯國屬桂陽郡。姚氏曰：連州陽山縣上流百餘里有騎田嶺，當是陽山關。新唐書地理志：連州陽山縣有故秦湟谿關。郡國志：陽山縣理洭水之南，卽其故墟，本南越置關之邑，故關在縣西北四十里茂溪口。湟，音皇。「盜兵且至，急絕道，聚兵自守！」因稍以法誅秦所置長吏，以其黨爲假守。秦已破滅，佗卽擊幷桂林、象郡，桂林，後武帝改爲鬱林郡。象郡，武帝改爲日南郡。自立爲南越武王。韋昭曰：生以武爲號，不稽於古也。

陸生至，尉佗魋結、服虔曰：今兵士椎頭髻也。師古曰：椎髻者，一撮之髻，其形如椎。魋，音椎。結，讀曰髻。箕倨見陸生。陸生說佗曰：「足下中國人，尉佗本眞定人，故賈云然。親戚、昆弟、墳墓在眞定。今足下反天性，棄冠帶，背父母之國，不念墳墓、宗族，是反天性也；椎髻以從蠻夷之俗，是棄冠帶也。欲以區區之越與天子抗衡爲敵國，禍且及身矣！且夫秦失其政，諸侯、豪傑並起，唯漢王先入關，據咸陽。項羽倍約，自立爲西楚霸王，倍，蒲妹翻。諸侯皆屬，可謂至強。然漢王起巴、蜀，鞭笞天下，遂誅項羽，滅之；五年之間，海內平定。此非人力，天之所建也。天子聞君王王南越，王王，下于況翻；下故王同。不助天下誅暴逆，將相欲移兵而誅王。天子憐百姓新勞苦，故且休之，遣臣授君王印，剖符通使。君王宜郊迎，北面稱臣；乃欲以新造未集之越，師古曰：未集，言未成也。屈強於此！師古曰：屈強，謂不柔服也。屈，其勿翻。漢誠聞之，掘燒王先人冢，夷滅宗族，使一偏將將十萬衆臨越，則越殺王降漢如反覆手耳！」於是尉佗乃蹶然起坐，師古曰：蹶然，驚起之貌也。蹶，音厥。謝陸生曰：「居蠻夷中久，殊失禮義。」因問陸生曰：「我孰與蕭何、曹參、韓信賢？」陸生曰：「王似賢也。」復曰：「我孰與皇帝賢？」復，扶又翻。陸生曰：「皇帝繼五帝、三皇之業，統理中國；中國之人以億計，地方萬里，萬物殷富；政由一家，自天地剖判未始有也。今王衆不過數十萬，皆蠻夷，崎嶇山海間，崎，丘宜翻。嶇，音區。譬若漢一郡耳，何乃比於漢！」尉佗大笑曰：「吾不起中國，故王此；使我居中國，何遽不若漢！」師古曰：言有何迫促而不如漢也。余謂遽者，急促也，今江南人謂之便；何至便不如漢也。遽，其庶翻。乃留陸生與飲，數月，曰：「越中無足與語。至生來，令我日聞所不聞。」賜陸生橐中裝直千金，張晏曰：橐中裝，珠玉之寶也。裝，裹也。如淳曰：明月珠之屬也。師古曰：有底曰囊，無底曰橐；言其寶物質輕而價重，可入囊橐以齎行，故曰橐中裝。他送亦千金。蘇林曰：非橐中物，故曰他送。師古曰：他，猶餘也。陸生卒拜尉佗爲南越王，卒，子恤翻。令稱臣，奉漢約。歸報，帝大悅，拜賈爲太中大夫。

陸生時時前說稱詩、書，帝罵之曰：「乃公居馬上而得之，安事詩、書！」陸生曰：「居馬上得之，寧可以馬上治之乎？治，直之翻。且湯、武逆取而以順守之；文武並用，長久之術也。昔者吳王夫差、智伯、秦始皇，皆以極武而亡。鄉使秦已并天下，行仁義，法先聖，陛下安得而有之！」鄉，讀曰嚮。帝有慙色，曰：「試爲我著秦所以失天下、吾所以得之者及古成敗之國。」陸生乃粗述存亡之徵，爲，于僞翻。粗，坐五翻，略也。凡著十二篇。每奏一篇，帝未嘗不稱善，左右呼萬歲；號其書曰「新語」。

10帝有疾，惡見人，惡，烏路翻。臥禁中，詔戶者無得入羣臣，戶者，謂守門戶者也。羣臣絳、灌等莫敢入，十餘日。舞陽侯樊噲排闥直入，班志，舞陽縣屬潁川郡。應劭曰：舞水出其縣之南。史記正義：在許州葉縣東十里。師古曰：闥，宮中小門也；一曰：門屏也；音土曷翻。大臣隨之。上獨枕一宦者臥。枕，之鴆翻。噲等見上，流涕曰：「始，陛下與臣等起豐、沛，定天下，何其壯也！今天下已定，又何憊也！憊，蒲拜翻，疲極也。且陛下病甚，大臣震恐；不見臣等計事，顧獨與一宦者絕乎！且陛下獨不見趙高之事乎？」謂與李斯謀殺扶蘇立胡亥也。帝笑而起。

11秋，七月，淮南王布反。

初，淮陰侯死，布已心恐。及彭越誅，醢其肉以賜諸侯。師古曰：反者被誅，皆以爲醢，卽刑法志所謂「菹其骨肉」是也。賈公彥曰：有骨爲臡，無骨爲醢；菜、肉通。全物若牒爲菹，細切爲齏。作臡、醢者，必先膊乾其肉及漬剉之，雜以粱、麯及鹽，漬以美酒，塗置甀中，百日則成矣。菹，醢、醬所和。使者至淮南，淮南王方獵，見醢，因大恐，陰令人部聚兵，候伺旁郡警急。布所幸姬，病就醫，醫家與中大夫賁赫對門，賁，音肥，姓也；赫，其名也。姓譜有賁姓，以爲縣賁父之後；風俗通，魯有賁浦；皆音奔。赫乃厚餽遺，從姬飲醫家；遺，于季翻。王疑其與亂，欲捕赫。赫乘傳詣長安上變，傳，柱戀翻。言「布謀反有端，可先未發誅也。」上讀其書，語蕭相國，相國曰：「布不宜有此，恐仇怨妄誣之。語，牛倨翻。怨，於元翻。請繫赫，使人微驗淮南王。」師古曰：微驗者，不顯言其事。淮南王見赫以罪亡上變，固已疑其言國陰事；漢使又來，頗有所驗；遂族赫家，發兵反。反書聞，上乃赦賁赫，以爲將軍。

上召諸將問計。皆曰：「發兵擊之，坑豎子耳，何能爲乎！」汝陰侯滕公班志，汝陰縣屬汝南郡，春秋胡子之國。史記正義曰：汝陰即今陽城。余據唐陽城縣屬河南郡，與漢汝南之汝陰相去頗遠。又據史記滕公傳：「平城圍解，增食細陽千戶」，細陽縣屬汝南郡，蓋與汝陰鄰境。索隱曰：汝陰屬汝南，亦據班志也。召故楚令尹薛公問之。令尹曰：「是固當反。」滕公曰：「上裂地而封之，疏爵而王之；疏，分也。其反何也？」令尹曰：「往年殺彭越，前年殺韓信；此三人者，同功一體之人也，自疑禍及身，故反耳！」滕公言之上，上乃召見，問薛公，薛公對曰：「布反不足怪也。使布出於上計，山東非漢之有也；出於中計，勝敗之數未可知也；出於下計，陛下安枕而臥矣。」上曰：「何謂上計？」對曰：「東取吳，西取楚，并齊，取魯，傳檄燕、趙，固守其所，山東非漢之有也。」「何謂中計？」「東取吳，西取楚，并韓，取魏，據敖倉之粟，塞成皋之口，勝敗之數未可知也。」「何謂下計？」「東取吳，西取下蔡，歸重於越，身歸長沙，吳，謂荆王劉賈所封之地；楚，謂楚王交所封之地；齊，謂齊王肥所封之地。魯亦入楚境；韓地，時以益淮陽國；魏地，梁王友所封也。下蔡縣屬沛郡，春秋時之州來也。越，會稽地，故越王句踐之墟也。長沙，吳芮所封國，時其子臣嗣封。黥布都六，阻淮爲固，故策其西取下蔡，東取劉賈，以據全淮。越在東南，故策其歸輜重於越以自厚，爲深固不可取之計；布娶於長沙王，故策其身歸長沙；料其出於麗山之徒，慮不及遠也。重，直用翻。陛下安枕而臥，漢無事矣。」上曰：「是計將安出？」對曰：「出下計。」上曰：「何爲廢上、中計而出下計？」對曰：「布，故麗山之徒也，麗，與驪同。事見八卷秦二世一年。自致萬乘之主，此皆爲身，不顧後、爲百姓萬世慮者也；皆爲，于僞翻；下間爲、爲妻、爲上同。故曰出下計。」上曰：「善！」封薛公千戶。乃立皇子長爲淮南王。考異曰：史記諸侯年表云：「十二月，庚子，厲王長元年。」漢書諸侯王表：「十月庚午立。」今從漢書帝紀。

是時，上有疾，欲使太子往擊黥布。太子客東園公、綺里季、夏黃公、角里先生此所謂四皓也，避秦之亂，隱於商山。索隱曰：按陳留志云：園公，姓唐，字宣明，居園中，因以爲號。夏黃公，姓崔，名廣，字少通，齊人，隱居夏里脩道，故號曰夏黃公。角里先生，河內軹人，太伯之後，姓周，名術，字元道，京師號曰霸上先生，一曰角里先生。角，盧谷翻。說建成侯呂釋之曰：班志，建成侯國屬沛郡。「太子將兵，有功則位不益，師古曰：太子嗣君，位已至矣，雖更立功，位無加益。無功則從此受禍矣。君何不急請呂后，承間爲上泣言：『黥布，天下猛將也，善用兵。今諸將皆陛下故等夷，間，古莧翻。師古曰：夷，平也；言故時皆齊等。乃令太子將此屬，無異使羊將狼，莫肯爲用；且使布聞之，則鼓行而西耳。上雖病，強載輜車，強，其兩翻。師古曰：輜車，衣車也。臥而護之，諸將不敢不盡力。上雖苦，爲妻子自強！』」於是呂釋之立夜見呂后。呂后承間爲上泣涕而言，如四人意。考異曰：史記、漢書皆云「呂澤夜見呂后」，按恩澤侯表有周呂侯澤、建成侯釋之。今此上云建成侯，而下云呂澤，恐誤；當爲釋之是。又留侯世家：「上欲廢太子，立戚夫人子趙王如意，大臣多諫爭，未能得堅決者也。呂后恐，不知所爲。人或謂呂后曰：『留侯善畫計策，上信用之。』呂后乃使建成侯呂澤劫留侯，曰：『君常爲上謀臣。今上易太子，君安得高枕而臥乎？』留侯曰：『始，上數在困急之中，幸用臣筴；今天下安定，以愛欲易太子，骨肉之間，雖臣等百餘人何益！』呂澤強要曰：『爲我畫計。』留侯曰：『此難以口舌爭也。顧上有不能致者，天下有四人。四人者，年老矣，皆以爲上嫚侮人，故逃匿山中，義不爲漢臣；然上高此四人。今公誠能無愛金、玉、璧、帛，令太子爲書，卑辭安車，因使辯士固請；宜來。來，以爲客，時時從入朝，令上見之，則必異而問之。問之，上知此四人賢，則一助也。』於是呂后令呂澤使人奉太子書，卑辭厚禮，迎此四人。四人至，客建成侯所。上欲使太子擊黥布，四人相謂曰：『凡來者，將以存太子。太子將兵，事危矣。』乃說建成侯云云。上遂自行。上破布歸，置酒，太子侍。四人從太子，年皆八十有餘，鬚眉皓白，衣冠甚偉。上怪問之，曰：『彼何爲者？』四人前對，各言名姓：曰東園公、角里先生、綺里季、夏黃公。上乃大驚曰：『吾求公數歲，公辟逃我；今公何自從吾兒游乎？』四人皆曰：『陛下輕士，善罵，臣等義不受辱，故恐而亡匿。竊聞太子爲人，仁孝，恭敬，愛士，天下莫不延頸欲爲太子死者，故臣等來耳。』上曰：『煩公幸卒調護太子。』四人爲壽已畢，起去。上目送之，召戚夫人指示四人者曰：『我欲易之，彼四人輔之，羽翼已成，難動矣！呂氏眞而主矣！』戚夫人泣。上曰：『爲我楚舞，吾爲若楚歌。』歌曰：『鴻鵠高飛，一舉千里，羽翮已就，橫絕四海。橫絕四海，當可柰何！雖有繒繳，尚安所施！』歌數闋，戚夫人噓唏流涕。上起去，罷酒。竟不易太子者，留侯本招此四人之力也。」按高祖剛猛伉厲，非畏搢紳譏議者也。但以大臣皆不肯從，恐身後趙王不能獨立，故不爲耳。若決意欲廢太子，立如意，不顧義理，以留侯之久故親信，猶云「非口舌所能爭」，豈山林四叟片言遽能柅其事哉！借使四叟實能柅其事，不過汚高祖數寸之刃耳，何至悲歌云「羽翮已成，繒繳安施」乎！若四叟實能制高祖使不敢廢太子，是留侯爲子立黨以制其父也；留侯豈爲此哉！此特辯士欲夸大四叟之事，故云然；亦猶蘇秦約六國從，秦兵不敢闚函谷關十五年；魯仲連折新垣衍，秦將聞之卻軍五十里耳。凡此之類，皆非事實。司馬遷好奇，多愛而采之，今皆不取。上曰：「吾惟豎子固不足遣，惟，思也。而公自行耳。」

於是上自將兵而東，羣臣居守，守，式又翻。皆送至霸上。留侯病，自强起，至曲郵，司馬彪曰：長安縣東有曲郵聚。索隱曰：今在新豐西，俗謂之郵頭。漢書舊儀云：五里一郵，郵人居間相去一里半。按郵乃今之候也。見上曰：「臣宜從，從，才用翻。病甚。楚人剽疾，剽，匹妙翻。願上無與爭鋒！」因說上令太子爲將軍，監關中兵。上曰：「子房雖病，强臥而傅太子。」監，古銜翻。强，其兩翻。是時，叔孫通爲太傅，留侯行少傅事。班志：太子太傅、少傅，古官。予據古世子有三師、三少，至漢惟太傅、少傅耳。少，詩照翻。發上郡、北地、隴西車騎、巴蜀材官及中尉卒三萬人爲皇太子衛，軍霸上。應劭曰：材官，有材力者。漢官儀曰：民年二十三爲正，一歲爲衛士，二歲爲材官、騎士，習射、御、騎馳、戰陳，常以八月，太守、都尉、令、長、丞、尉會都試，課殿最；水處則習船；邊郡將萬騎行障塞，烽火，追虜。師古曰：車，常擬軍興者，若近代之戎車也；騎，常所養馬，并其人使行充騎，若今武馬及所養者主也；至光武罷省。班表：中尉，秦官，掌徼循京師；武帝太初元年，更名執金吾。

布之初反，謂其將曰：「上老矣，厭兵，必不能來。使諸將，諸將獨患淮陰、彭越，今皆已死，餘不足畏也。」故遂反。果如薛公之言，東擊荆。荆王賈走死富陵；班志，富陵縣屬臨淮郡。括地志：富陵故城，在楚州盱眙縣東北六十里。盡劫其兵，渡淮擊楚。楚發兵與戰徐、僮間，班志，臨淮郡有徐縣、僮縣，楚蓋發兵與布戰於二縣之間。杜預曰：徐在下邳僮縣東。括地志：大徐城在泗州徐城縣北四十里，古徐國也。爲三軍，欲以相救爲奇。師古曰：不聚一處而分爲三，欲互相救，出奇譎。或說楚將曰：「布善用兵，民素畏之。且兵法：『諸侯自戰其地爲散地』，今別爲三，彼敗吾一軍，散，如字。敗，補邁翻。餘皆走，安能相救！」不聽。布果破其一軍，其二軍散走；布遂引兵而西。

十二年（丙午、前一九五）

1 冬，十月，上與布軍遇於蘄西，班志，蘄縣屬沛郡。布兵精甚。上壁庸城，以布軍鋭甚，故堅壁以挫之。庸城，地名，必亦在蘄縣西。望布軍置陳如項籍軍，上惡之。陳，讀曰陣。惡，烏路翻。與布相望見，遥謂布曰：「何苦而反？」布曰：「欲爲帝耳！」上怒罵之，遂大戰。布軍敗走，渡淮，數止戰，不利，數，所角翻。與百餘人走江南，上令別將追之。

2 上還，過沛，留，置酒沛宫，括地志：沛宫故地，在徐州沛縣東南二十里一十步。悉召故人、父老、諸母、子弟佐酒，道舊故爲笑樂。酒酣，樂，音洛；下同。應劭曰：不醒、不醉曰酣；一曰：酣，洽也，音戶甘翻。上自爲歌，起舞，慷慨傷懷，泣數行下，行，戶剛翻。謂沛父兄曰：「游子悲故鄉。師古曰：游子，行客也。悲，謂顧念也。朕自沛公以誅暴逆，遂有天下；其以沛爲朕湯沐邑，復其民，世世無有所與。」復除其民，不豫賦役。復，方目翻。與，讀曰預。樂飲十餘日，乃去。

3漢別將擊英布軍洮水南、北，皆大破之。蘇林曰：洮，音兆。徐廣曰：洮，音道，在江、淮間。余據布軍既敗走江南，則洮水當在江南。羅含湘中記：零陵有洮水。水經註：洮水出洮陽縣西南，東流注于湘水。如淳註：洮陽之洮，音韜。蓋布舊與長沙王婚，其敗也，往從之，而洮水又在長沙境內，疑近是也。杜佑曰：漢洮陽縣城在永州湘源縣西北。按今全州，漢洮陽縣地，有洮水，在清湘縣北。布故與番君婚，以故長沙成王臣使人誘布，僞欲與亡走越，布信而隨之。番陽人殺布茲鄉民田舍。番，音婆。師古曰：茲鄉，鄱陽縣之鄉也。班志，鄱陽縣屬豫章郡。鄱，古么翻。余據史記及漢書高紀，皆言「追斬布番陽」，竊意茲鄉當在番陽界，非鄱陽。

4周勃悉定代郡、雁門、雲中地，斬陳豨於當城。班志，當城縣屬代郡。闞駰十三州記：當城在高柳東八十里；縣當桓都山作城，故曰當城。史記正義曰：當城在朔州定襄縣界。考異曰：盧綰傳云：「漢使樊噲擊斬豨」，按斬豨者周勃，非樊噲也。

5上以荊王賈無後，更以荊爲吳國；辛丑，立兄仲之子濞爲吳王，服虔曰：濞，音帔，普懿翻。王三郡、五十三城。爲後濞以吳反張本。

6十一月，上過魯，以太牢祠孔子。

7上從破黥布歸，疾益甚，愈欲易太子。張良諫不聽，因疾不視事。良先行太子少傅事，以諫不聽，因稱疾不肯視事。叔孫通諫曰：「昔者晉獻公以驪姬之故，廢太子，立奚齊，晉國亂者數十年，爲天下笑。晉獻公嬖驪姬，欲立其子，故廢太子申生，而以驪姬之子奚齊屬荀息而立之。公薨，里克殺奚齊。荀息立其弟卓子。里克殺卓子，迎立惠公。惠公爲秦所執，既歸而薨，子懷公立。秦納文公而殺懷公，晉乃定。秦以不蚤定扶蘇，令趙高得以詐立胡亥，自使滅祀，事見秦紀。此陛下所親見。今太子仁孝，天下皆聞之。呂后與陛下攻苦食啖，徐廣曰：攻，猶今人言擊也。「啖」，一作「淡」。如淳曰：食無菜茹爲啖。師古曰：「啖」，當作「淡」；淡，謂無味之食也。言共攻擊勤苦之事，食無味之食也。孔文祥曰：與帝俱攻冒苦難，俱食淡也。或曰：攻，治也。余按周禮丱人註：物地占其形色，知鹹啖也。釋文：啖，直覽翻；疏作「鹹淡」。則知「啖」、「淡」古字通用。其可背哉！背，蒲妹翻。陛下必欲廢適而立少，適謂太子，少謂趙王。適，讀曰嫡。臣願先伏誅，以頸血汙地！」汙，烏故翻。帝曰：「公罷矣，吾直戲耳！」叔孫通曰：「太子，天下本，本一搖，天下振動；柰何以天下爲戲乎！」時大臣固爭者多；上知羣臣心皆不附趙王，乃止不立。

相國何以長安地陿，陿，與狹同。上林中多空地，棄；願令民得入田，毋收稾，爲禽獸食。師古曰：稾，禾稈也，言恣人田之，不收其稾稅也。索隱曰：苗子還種田人，收稾入官。稾，工老翻。上大怒曰：「相國多受賈人財物，乃爲請吾苑！」下相國廷尉，械繫之。賈，音古。爲，于僞翻。下，遐嫁翻。數日，王衞尉侍，前問曰：師古曰：前問，謂進而請也。「相國何大罪，陛下繫之暴也？」上曰：「吾聞李斯相秦皇帝，有善歸主，有惡自與。今相國多受賈豎金，而爲之請吾苑以自媚於民，師古曰：媚，愛也；求愛於民。故繫治之。」王衛尉曰：「夫職事苟有便於民而請之，眞宰相事；陛下柰何乃疑相國受賈人錢乎？且陛下距楚數歲，陳豨、黥布反，陛下自將而往；當是時，相國守關中，關中搖足，則關以西非陛下有也！相國不以此時爲利，今乃利賈人之金乎？且秦以不聞其過亡天下；李斯之分過，又何足法哉！陛下何疑宰相之淺也！」帝不懌。師古曰：懌，悅也；感衛尉之言，故慙悔而不悅也。是日，使使持節赦出相國。相國年老，素恭謹，入，徒跣謝。帝曰：「相國休矣！相國爲民請苑，吾不許；我不過爲桀、紂主，而相國爲賢相。吾故繫相國，欲令百姓聞吾過也。」

9 陳豨之反也，燕王綰發兵擊其東北。陳豨反於代，代在燕之西南，故綰擊其東北。當是時，陳豨使王黃求救匈奴；燕王綰亦使其臣張勝於匈奴，言豨等軍破。張勝至胡，故燕王臧荼子衍出亡在胡，見張勝曰：「公所以重於燕者，以習胡事也；燕所以久存者，以諸侯數反，數，所角翻。兵連不決也。今公爲燕，欲急滅豨等；爲，于僞翻。豨等已盡，次亦至燕，公等亦且爲虜矣。公何不令燕且緩陳豨，而與胡和！事寬，得長王燕；王，于況翻。卽有漢急，可以安國。」張勝以爲然，乃私令匈奴助豨等擊燕。燕王綰疑張勝與胡反，上書請族張勝。勝還，具道所以爲者；燕王乃詐論他人，脫勝家屬，使得爲匈奴間。間，古莧翻。而陰使范齊之陳豨所，欲令久亡，連兵勿決。欲使之連兵相持，勝負久而不決也。

漢擊黥布，豨常將兵居代。漢擊斬豨，其裨將降，言燕王綰使范齊通計謀於豨所。帝使使召盧綰，綰稱病；【章：甲十五行本「病」下有「上」字；乙十一行本同；孔本同。】又使辟陽侯審食其、班志，辟陽縣屬信都國。辟，必亦翻。姓譜有審姓。食其，音異基。御史大夫趙堯往迎燕王，因驗問左右。綰愈恐，閉匿，謂閉其蹤跡，藏匿其人也。謂其幸臣曰：「非劉氏而王，獨我與長沙耳。往年春，漢族淮陰，夏，誅彭越，皆呂氏計。今上病，屬任呂后；屬，之欲翻。呂后婦人，專欲以事誅異姓王者及大功臣。」乃遂稱病不行，其左右皆亡匿。語頗泄，辟陽侯聞之，歸，具報上，上益怒；又得匈奴降者，言張勝亡在匈奴爲燕使。於是上曰：「盧綰果反矣！」春，二月，使樊噲以相國將兵擊綰，立皇子建爲燕王。

10 詔曰：「南武侯織，亦粵之世也，立以爲南海王。」文穎曰：高祖五年，以象郡、桂林、南海、長沙立吳芮爲長沙王。象郡、桂林、南海屬尉佗；佗未降，遙奪以封芮耳。後佗降漢，十一年，更立佗爲南越王。自此王三郡，芮惟得長沙、桂陽耳。今封織南海王，復遙奪佗一郡，織未得王之。

11 上擊布時，爲流矢所中，行道，疾甚。呂后迎良醫。醫入見，曰：「疾可治。」治，直之翻；下同。上嫚罵之曰：「吾以布衣提三尺取天下，師古曰：三尺，謂劍也。中，竹仲翻。見，賢遍翻。此非天命乎！命乃在天，雖扁鵲何益！」扁鵲，古之良醫。扁，補辨翻。遂不使治疾，賜黃金五十斤，罷之。呂后問曰：「陛下百歲後，蕭相國既死，誰令代之？」上曰：「曹參可。」問其次，曰：「王陵可；然少戇，少者，多少之少。師古曰：戇，愚也；古者下紺翻，今則竹巷翻。陳平可以助之。陳平知有餘，然難獨任。周勃重厚少文，知，讀曰智。少，詩沼翻。然安劉氏者必勃也，可令爲太尉。」呂后復問其次，復，扶又翻。上曰：「此後亦非乃所知也。」師古曰：乃，汝也；言自此之後，汝亦終矣，不復知之。夏，四月，甲辰，帝崩于長樂宮。壽五十三。考異曰：漢書云：「呂后與審食其謀盡誅諸將。酈商見審食其，說以：『如此，大臣內畔，諸將外反，亡可蹻足待也。』審食其入言之，乃以丁未發喪。」按呂后雖暴戾，亦安敢一旦盡誅大臣！又時陳平不在滎陽，樊噲不在代；此說恐妄，今不取。丁未，發喪，大赦天下。

12 盧綰與數千人居塞下候伺，幸上疾愈，自入謝；師古曰：冀得上疾愈自入謝，以爲己身之幸也。聞帝崩，遂亡入匈奴。

13 五月，丙寅，葬高帝於長陵。班志：長陵縣，高帝置，屬左馮翊。皇甫謐曰：長陵在渭水北，去長安城三十五里。臣瓚曰：在長安北四十里。括地志：在雍州咸陽縣東三十里。漢官儀曰：古不墓祭；秦始皇起寢於墓側，漢因而不改。諸陵寢皆以晦、朔、二十四氣、三伏、社、臘及四時上飯；其親陵所宮人，隨鼓漏理被、枕，具盥水，陳妝具。陵旁起邑，置令、丞、尉奉守。

初，高祖不脩文學，而性明達，好謀，能聽，自監門、戍卒，見之如舊。初順民心作三章之約。見九卷元年。天下既定，命蕭何次律、令，帝既滅項羽，四夷未附，兵革未息，三章之法，不足以禦奸，蕭何攈摭秦法，取其宜於時者，作律九章。韓信申軍法，帝命張良、韓信序次兵法，凡百八十二家；刪取要用，定著三十五家；諸呂用事而盜取之。張蒼定章程，如淳曰：章，曆數之章術也；程者，權、衡、尺、斗、斛之平法也。師古曰：程，法式也。叔孫通制禮儀；見上卷六年、七年。又與功臣剖符作誓，丹書、鐵契，金匱、石室，藏之宗廟。剖符作誓，謂剖符封功臣，刑白馬與爲山河帶厲之盟也。丹書、鐵契者，以鐵爲契，以丹書之。如淳曰：金匱，猶金縢也。師古曰：以金爲匱，以石爲室，重緘封之，重愼之義。蓋謂以丹書盟誓之言於鐵券，盛之以金匱、石室而藏之宗廟也。雖日不暇給，規摹弘遠矣。鄧展曰：若畫工規模物之摹。韋昭曰：正員之器曰規。摹者，如畫工未施，朱土摹之矣。師古曰：取喻規摹，謂立制立範也。給，足也；日不暇給，言衆事繁多，常汲汲也。余謂日不暇給，蓋言項羽既平，諸侯又叛也。

14 己巳，太子卽皇帝位，尊皇后曰皇太后。

15 初，高帝病甚，人有惡樊噲云：「黨於呂氏，卽一日上晏駕，師古曰：惡，謂毀譖，言其罪惡也，音如字。晏駕者，天子當晨起早作；而忽崩殞，不出臨朝，凡臣子之心，猶謂宮車晚出也。欲以兵誅趙王如意之屬。」帝大怒，用陳平謀，召絳侯周勃受詔床下，曰：「陳平亟馳傳載勃代噲將；平至軍中，卽斬噲頭！」二人既受詔，馳傳，未至軍，如淳曰：四馬，高足爲置傳，中足爲馳傳。律：諸當乘傳及發駕置傳，皆持尺五寸木傳信，封以御史大夫印章。其乘傳，參封之；參，三也。有期會，累封兩端，端各兩封，凡四封也。傳，株戀翻。行計之曰：「樊噲，帝之故人也，功多；且又呂后弟呂嬃之夫，嬃，音須。師古曰：行計，謂於道中行且計也。有親且貴。帝以忿怒故欲斬之，則恐後悔；寧因而致上【章：甲十五行本重「上」字；乙十一行本同；孔本同；退齋校同。】自誅之。」未至軍，爲壇，以節召樊噲。噲受詔，卽反接，師古曰：反縛兩手也。載檻車傳詣長安；傳，柱戀翻，遞也。而令絳侯勃代將，將兵定燕反縣。

平行，聞帝崩；師古曰：未至京師，於道中聞高帝崩。畏呂嬃讒之於太后，乃馳傳先去。逢使者，詔平與灌嬰屯滎陽。平受詔，立復馳至宮，哭殊悲；因固請得宿衞中。請得宿衞禁中也。復，扶又翻；下同。太后乃以爲郎中令，班表：郎中令，秦官，掌宮殿掖門戶；武帝太初元年，更名光祿勳。使傅教惠帝。是後呂嬃讒乃不得行。樊噲至，則赦，復爵邑。

16 太后令永巷囚戚夫人，髡鉗，衣赭衣，令舂。赭衣，囚服也；以赤土染之。赭，止也翻。遣使召趙王如意。使者三反，趙相周昌謂使者曰：「高帝屬臣趙王，屬，之欲翻。王年少；少，詩照翻；下同。竊聞太后怨戚夫人，欲召趙王幷誅之，臣不敢遣王。王且亦病，不能奉詔。」太后怒，先使人召昌。昌至長安，乃使人復召趙王。王來，未到；帝知太后怒，自迎趙王霸上，與入宮，自挾與起居飲食。太后欲殺之，不得間。間，古莧翻；隙也。

孝惠皇帝荀悅曰：諱「盈」之字曰「滿」。師古曰：臣下以「滿」字代「盈」者，則知帝諱盈也；他皆類此。高帝嫡長子。應劭曰：禮謚法：柔質慈民曰惠。師古曰：孝子善述人之志，故漢家之謚，自惠帝以下皆稱孝也。

元年（丁未、前一九四）

1冬，十二月，帝晨出射。趙王年【章：甲十五行本無「年」字；乙十一行本同；孔本同。】少，不能蚤起；太后使人持酖飲之。廣志：鴆鳥大如鴞，毛紫綠色，有毒；頸長七八寸，食蝮蛇。雄名運日，雌名陰諧。以其毛歷飲食則殺人。范成大曰：鴆，聞邕州朝天鋪及山深處有之，形如鵶差大，黑身，赤目，音如羯鼓，唯食毒蛇，遇蛇則鳴聲邦邦然。蛇入石穴，則於穴外禹步作法；有頃，石碎，啄蛇呑之。山有鴆，草木不生。秋冬之間脫羽。往時人以銀作爪拾取，著銀瓶中；否則手爛墮。鴆矢着人立死；集於石，石亦裂。此禽至兇極毒。所謂酖，即鴆酒也。陸佃埤雅曰：鴆，似鷹而紫、黑，喙長七八寸，作銅色。食蛇，蛇入口輒爛；屎溺着石石亦爲之爛。羽翮有毒，以櫟酒，飲殺人；惟犀角可以解，故有鴆處必有犀。飲，於禁翻。犂明，徐廣曰：犂，猶比也；比至天明也。諸言犂明者，將明時也。呂靜曰：犂，結也，力奚翻。程大昌曰：徐說非也。犂、黎，古字通。黎，黑也；黑與明相雜，欲曉未曉之交也，猶曰昧爽也。昧，暗也；爽，明也；亦明暗相雜也。遲明，即未及乎明也。厥明、質明，則已曉也。康云力追切。未知何據。帝還，趙王已死。太后遂斷戚夫人手足，去眼，煇耳，飲瘖藥，斷，丁管翻。去，羌呂翻。師古曰：去其眼睛，以藥薰耳令聾也。瘖，不能言也；以瘖藥飲之。瘖，於今翻。使居廁中，命曰「人彘」。居數日，乃召帝觀人彘。帝見，問知其戚夫人，乃大哭，因病，歲餘不能起。使人請太后曰：「此非人所爲。臣爲太后子，終不能治天下。」師古曰：令太后治事，已自如太子然。余謂惠帝之意，蓋以謂身爲太后子而不能容父之寵姬，是終不能治天下也。治，直之翻。帝以此日飲爲淫樂，不聽政。樂，音洛。

臣光曰：爲人子者，父母有過則諫；諫而不聽，則號泣而隨之。見記曲禮。號，戶高翻。安有守高祖之業，爲天下之主，不忍母之殘酷，遂棄國家而不恤，縱酒色以傷生！若孝惠者，可謂篤於小仁而未知大誼也。

2 徙淮陽王友爲趙王。高祖十一年，封友於淮陽。

3 春，正月，始作長安城西北方。漢都長安，蕭何雖治宮室，未暇築城，帝始築之，至五年乃畢，故書以始事。杜佑曰：惠帝所築長安城，在今大興城西北苑中。

二年（戊申、前一九三）

1 冬，十月，齊悼惠王來朝；高祖庶長子肥也。朝，直遙翻。飲於太后前，帝以齊王，兄也，置之上坐。蓋於宮中以兄弟齒列爲序，非外朝君臣之禮。坐，徂臥翻。太后怒，酌酖酒置前，賜齊王爲壽。齊王起，帝亦起取卮；太后恐，自起泛帝卮。漢書音義：泛，音幡；索隱音捧。余據泛駕之泛，其義爲覆，則音覂亦通。齊王怪之，因不敢飲，佯醉去；問知其酖，大恐。齊內史士說王，師古曰：內史，王國官；士，其名也。班表：王國有內史，掌治民。使獻城陽郡爲魯元公主湯沐邑。太后喜，乃罷歸齊王。

2春，正月，癸酉，有兩龍見蘭陵家人井中。班志：蘭陵縣屬東海郡。師古曰：家人，言庶人之家。五行志曰：溫陵之家。見，賢遍翻。

3隴西地震。

4夏，旱。

5郃陽侯仲薨。仲，即代王喜；封郃陽事見上卷高祖七年。

6酇文終侯蕭何病，謚法：有始有卒曰終。蒙曰：克成令名曰終。上親自臨視，因問曰：「君卽百歲後，誰可代君者？」對曰：「知臣莫如主。」帝曰：「曹參何如？」何頓首曰：「帝得之矣，臣死不恨！」

秋，七月，辛未，何薨。何置田宅，必居窮僻處，爲家，不治垣屋。師古曰：僻，隱也。垣，牆也。治，直之翻。曰：「後世賢，師吾儉；不賢，毋爲勢家所奪。」

癸巳，以曹參爲相國。參聞何薨，告舍人：「趣治行！師古曰：舍人，猶言家人也。一曰：私屬官主家事者也。余據戰國時，蘇秦使舍人資送張儀入秦，李斯爲呂不韋舍人，謂爲私屬官可也，以爲主家事則拘矣。趣，讀曰促，速也。治行，謂飭治行裝也。吾將入相。」居無何，居無何，謂居無幾時也。相，息亮翻；下同。使者果召參。始，參微時，與蕭何善；及爲將相，有隙；至何且死，所推賢惟參。言推舉以爲賢也。參代何爲相，舉事無所變更，師古曰：舉，皆也；言凡事無更改。更，工衡翻。一遵何約束。

擇郡國吏木訥於文辭、木，質朴也。訥，謇於言也。重厚長者，卽召除爲丞相史；漢制：丞相官屬，長史之下有掾史、令史等。吏之言文刻深、欲務聲名者，輒斥去之。斥，卻也，逐也。日夜飲醇酒；師古曰：醇酒不澆，謂厚酒也。去，羌呂翻。卿、大夫以下吏及賓客見參不事事，言不事丞相之事。來者皆欲有言，參輒飲以醇酒；間欲有所言，復飲之，醉而後去，終莫得開說，以爲常。開，啓也；謂有所啓白。以爲常者，飲之以酒也。飲，於禁翻。復，扶又翻。見人有細過，專掩匿覆蓋之；覆，敷救翻。府中無事。

參子窋爲中大夫，窋，張律翻。帝怪相國不治事，以爲「豈少朕與？」師古曰：言豈以我爲年少故也。治，直之翻。與，讀曰歟。使窋歸，以其私問參。參怒，笞窋二百，曰：「趣入侍！天下事非若所當言也！」至朝時，帝讓參曰：「乃者我使諫君也。」師古曰：乃者，猶言曩者。朝，直遙翻。參免冠謝曰：「陛下自察聖武孰與高帝？」上曰：「朕乃安敢望先帝！」又曰：「陛下觀臣能孰與蕭何賢？」上曰：「君似不及也。」參曰：「陛下言之是也。高帝與蕭何定天下，法令既明。今陛下垂拱，參等守職，遵而勿失，不亦可乎！」帝曰：「善！」

參爲相國，出入三年，百姓歌之曰：「蕭何爲法，較若畫一。較若，猶今言較然也。畫一，言其整齊也。曹參代之，守而勿失；載其清淨，師古曰：載，猶乘也。民以寧壹。」

三年（己酉、前一九二）

1春，發長安六百里內男女十四萬六千人城長安，三十日罷。

2以宗室女爲公主，嫁匈奴冒頓單于。是時，冒頓方強，爲書，使使遺高后，辭極褻嫚。遺，于季翻；下同。褻，息列翻，汚也。嫚，傲也。高后大怒，召將相大臣，議斬其使者，發兵擊之。樊噲曰：「臣願得十萬衆橫行匈奴中！」中郎將季布曰：「噲可斬也！漢有五官、左、右中郎三將，秩二千石，典領中郎，屬郎中令。前匈奴圍高帝於平城，見上卷高祖七年。考異曰：季布傳云：「前陳豨反於代時，匈奴圍高帝於平城。」按平城之圍，乃韓王信反，非陳豨反也。漢兵三十二萬，噲爲上將軍，不能解圍。今歌吟之聲未絕，傷夷者甫起，而噲欲搖動天下，妄言以十萬衆橫行，是面謾也。謾，莫連翻，又莫官切，又音慢，欺誑也。且夷狄譬如禽獸，得其善言不足喜，惡言不足怒也。」高后曰：「善！」令大謁者張釋報書，謁者，秦官，掌賓贊受事，員七十人。大謁者，蓋其長也。考異曰：史記文帝本紀及惠景間侯者表、漢書匈奴傳皆作「澤」；史記呂后本紀：「八年，中大謁者張釋」，漢書紀作「釋卿」，恩澤侯表及周勃傳皆云「張釋」；顏師古註曰：荆燕吳傳云「張擇」。今從史記呂后本紀、漢書恩澤侯表、周勃傳。深自謙愻以謝之，愻，與遜同，順也。幷遺以車二乘，馬二駟。乘，繩證翻。冒頓復使使來謝，復，扶又翻。曰：「未嘗聞中國禮義，陛下幸而赦之。」因獻馬，遂和親。

3夏，五月，立閩越君搖爲東海王。搖與無諸，皆越王句踐之後也，句音鉤。從諸侯滅秦，功多，其民便附，故立之。都東甌，世號東甌王。閩越王無諸，高祖五年受封，都冶，今福州侯官是也。

帝又封搖於東海。東海，卽東甌，今溫州永嘉是也。應劭曰：搖封東海，在吳郡東南濱海，此閩越、東越所由分也。

4 六月，發諸侯王、列侯徒隸二萬人城長安。自元年始作長安城西北方；今年春，又發長安六百里內男女就役；不欲復勞之，故發王侯徒隸。

5 秋，七月，都廄災。都廄，大廄也，屬太僕。

6 是歲，蜀湔氏反，班志，湔氏道屬蜀郡嶓山，在西徼外，江水所出。又百官表：有蠻夷曰道，則其地蓋湔氏居之，故曰道也。湔，則前翻；裴松之音翦。氏，丁奚翻。擊平之。

四年（庚戌、前一九一）

1 冬，十月，立皇后張氏。后，帝姊魯元公主女也，太后欲爲重親，故以配帝。后，張敖女也。魯元公主降敖而生后。因下文重親，故直書帝姊魯元公主女；旣以紀人倫之變，且著外戚固寵也。重，直龍翻。

2 春，正月，舉民孝、弟、力田者，復其身。善事父母爲孝；善事兄長爲弟；力田者，取其竭力服勤於田事。孝、弟，人倫之大；力田，人生之本；故令郡國舉之。復其身，以風厲天下也。弟，讀曰悌。復，方目翻。

3 三月，甲子，皇帝冠，赦天下。帝年十七卽位，至是始冠。孔穎達曰：案略說：周公對成王云：古者冒而句領。註云：古人，謂三皇時以冒覆頭，句領繞頸，至黃帝時則有冕也。世本謂黃帝造火食、旃冕，是冕起於黃帝也。但黃帝以前，則以羽皮爲之冠；黃帝以後，乃用布帛。其冠之年，則天子、諸侯十二而冠。故襄九年左傳云：古者國君十五而生子；冠而生子，禮也。其士則二十而冠。古者行冠禮於廟，初加緇布冠，次加皮弁冠，三加爵弁冠，所謂「三加彌尊，加有成也」。諸侯則四加而有玄冕，故大戴禮云「公冠四加」也。諸侯尚四加，則天子當五加，袞冕也。鄭樵曰：漢改皇帝冠爲加元服；初加緇布進賢，次爵弁，次武弁，次通天冠；冠訖，皆於高祖廟如禮謁見。

4 省法令妨吏民者；除挾書律。應劭曰：挾，藏也。張晏曰：秦律，挾書者族。今始除之。

5 帝以朝太后於長樂宮及間往，數蹕煩民。師古曰：非大朝見、中間小謁見曰間往。天子出入警蹕，辟止行人；數蹕，則人以爲煩。鄭氏周禮註曰：國有事，王當出，則禁絕行者，若今時衛士塡街蹕也。賈公彥疏曰：漢儀：大駕行幸，使衛士塡塞街巷，備非常也。蹕，壁吉翻。乃築複道於武庫南。武庫在長樂、未央之間，故築複道始於武庫南。奉常叔孫通諫曰：「此高帝月出遊衣冠之道也，服虔曰：持高廟中衣冠，月旦以遊於衆廟，已而復之。應劭曰：月旦，出高帝衣冠，備法駕，名曰遊衣冠。如淳曰：高祖之衣冠藏在宮中之寢，三月出遊，其道正直今之所作複道下，故言「乘宗廟道上行」也。晉灼曰：黃圖：高廟在長安城門街東，寢在桂宮北；服言衣冠藏於廟中，如言宮中，皆非也。師古曰：諸家之說皆未允也。謂從高帝陵寢出，衣冠遊於高廟，每月一爲之，漢制則然。而後之學者不曉其意，謂以月出之時，夜遊衣冠，皆非也。子孫奈何乘宗廟道上行哉！」帝懼曰：「急壞之！」壞，音怪。通曰：「人主無過舉；今已作，百姓皆知之矣。願陛下爲原廟渭北，師古曰：原，重也；先已有廟，今更立之，故云重也。月【章：甲十五行本「月」上有「衣冠」二字；乙十一行本同；孔本同；張校同。】出遊之，益廣宗廟，大孝之本。」上乃詔有司立原廟。鄭氏曰：廟之言貌也；死者精神不可得而見，但以生時之居，立宮室象貌爲之耳。孝經註：宗，尊也。廟，貌也。

臣光曰：過者，人之所必不免也；惟聖賢爲能知而改之。古之聖王，患其有過而不自知也，故設誹謗之木，置敢諫之鼓；後漢書曰：堯置敢諫之鼓。賈誼曰：三代之君，則有進善之旌，誹謗之木，敢諫之鼓。豈畏百姓之聞其過哉！是以仲虺美成湯曰：「改過不吝。」傅說戒高宗曰：「無恥過作非。」由是觀之，則爲人君者，固不以無過爲賢，而以改過爲美也。今叔孫通諫孝惠，乃云「人主無過舉」，是教人君以文過遂非也，豈不繆哉！

6長樂宮鴻臺災。三輔黃圖：鴻臺在長樂宮中。秦始皇二十七年築，高四十丈，上起觀宇；帝嘗射飛鴻於臺上，故曰鴻臺。

7秋，七月，乙亥，未央宮凌室災；丙子，織室災。凌室，藏冰之室；織室，掌織作繒帛之處。班表：少府有東織、西織。凌，力證翻，又音陵。

五年（辛亥、前一九〇）

1冬，雷；洪範論曰：陽用事百八十三日而終，陰用事百八十三日而終。雷出地百八十三日而入地，入地百八十三日而復出地，是其常經也；冬雷爲失常。桃李華，棗實。

2春，正月，復發長安六百里內男女十四萬五千人城長安，三十日罷。

3夏，大旱，江河水少，谿谷水絕。

4秋，八月，平【章：甲十五行本「平」上有「己丑」二字，乙十一行本同；孔本同。】陽懿侯曹參薨。謚法：溫柔賢善曰懿。

六年（壬子、前一八九）

1 冬，十月，以王陵爲右丞相，陳平爲左丞相。

2 齊悼惠王肥薨。

3 夏，留文成侯張良薨。周公謚法：安民立政曰成。賀琛臣謚：佐相克終曰成。

4 以周勃爲太尉。

七年（癸丑、前一八八）

1 冬，發車騎、材官詣滎陽，太尉灌嬰將。將，即亮翻。

2 春，正月，辛丑朔，日有食之。

3 夏，五月，丁卯，日有食之，既。

4 秋，八月，戊寅，帝崩于未央宮。大赦天下。九月，辛丑，葬安陵。臣瓚曰：壽二十四。安陵在長安北三十里。師古曰：去長陵一十里。

初，呂太后命張皇后取他人子養之，而殺其母，以爲太子。既葬，太子即皇帝位，年幼；太后臨朝稱制。師古曰：天子之言，一曰制書，二曰詔書。制書者，謂制度之命也，非皇后所得稱。今太后臨朝，行天子事，故稱制。

聶崇岐標點　容肇祖覆校